Gläubigerschutz durch Kapitalschutz bei der englischen *private company limited by shares* mit Verwaltungssitz in Deutschland

Europäische Hochschulschriften
Publications Universitaires Européennes
European University Studies

Reihe II
Rechtswissenschaft

Série II Series II
Droit
Law

Bd./Vol. 4803

PETER LANG
Frankfurt am Main · Berlin · Bern · Bruxelles · New York · Oxford · Wien

Sascha Alexander Berlin

Gläubigerschutz durch Kapitalschutz bei der englischen *private company limited by shares* mit Verwaltungssitz in Deutschland

Zur Anwendbarkeit des deutschen Kapitalerhaltungs- und Kapitalersatzrechts unter Berücksichtigung der aktuellen Reformvorhaben

PETER LANG
Internationaler Verlag der Wissenschaften

Bibliografische Information der Deutschen Nationalbibliothek
Die Deutsche Nationalbibliothek verzeichnet diese Publikation in der Deutschen Nationalbibliografie; detaillierte bibliografische Daten sind im Internet über <http://www.d-nb.de> abrufbar.

Zugl.: Augsburg, Univ., Diss., 2008

D 384
ISSN 0531-7312
ISBN 978-3-631-58845-1

www.peterlang.de

Vorwort

Die Juristische Fakultät der Universität Augsburg hat im Wintersemester 2007/2008 die vorliegende Arbeit als Dissertation angenommen. Gesetzgebung, Rechtsprechung und Literatur konnten im Wesentlichen bis Ende 2007 berücksichtigt werden.

Mein Dank gilt Herrn Professor Dr. Peter Kindler, der das Thema angeregt und das Erstgutachten erstellt hat. Besonders danke ich ihm für die mir gewährte wissenschaftliche Freiheit bei der Ausarbeitung und für den zügigen Ablauf des Promotionsverfahrens. Herrn Professor Dr. Christoph Becker danke ich für die Übernahme des Zweitgutachtens.

Diese Arbeit widme ich meinen Eltern, die meinen Werdegang stets vorbehaltlos gefördert haben.

Dortmund, im September 2008 Sascha Alexander Berlin

Inhaltsverzeichnis

A. Grundlagen

I. Einleitung

In Deutschland wird von einem stetig wachsenden Kreis interessierter Existenzgründer die Möglichkeit wahrgenommen, durch die Wahl einer Gesellschaftsform, bei der weit gefasste Kapitalisierungsregeln und weniger strikte Haftungsvorschriften gelten, das Risiko eines wirtschaftlichen Engagements zu minimieren. Moderate Gründungsbedingungen in einigen europäischen Ländern verleihen ausländischen Gesellschaften mit beschränkter Haftung im Vergleich zur deutschen GmbH zunehmend Attraktivität.[1] Ungeachtet der Konkurrenz durch andere ausländische Gesellschaftsformen entwickelt sich die *private company limited by shares* nach dem Recht von England und Wales (folgend englische Limited genannt) zu der derzeit führenden ausländischen Rechtsform in Deutschland.[2] Einige Autoren preisen die englische Limited als Unternehmensform, die die deutsche GmbH verdrängen wird.[3] Sie sind der Auffassung, dass das deutsche Kapitalgesellschaftsrecht zu kompliziert, zu unflexibel und insbesondere das Gründungsrecht der GmbH überreguliert sei.[4]
In nicht unerheblichem Maße verdankt die Limited ihre Popularität der zunehmenden Anzahl von Internet-Agenturen, die sich auf diese Gesellschaftsform spezialisiert haben und die den Gründer bis zur Errichtung seiner Gesellschaft begleiten. Die operative Spannbreite einer Limited reicht von kleingewerblichen Ein-Mann-Unternehmen bis zu Holding-Gesellschaften, unter deren Dach das europaweite Geschäft eines internationalen Konzerns aufgebaut ist.[5]

Im Hinblick auf die vielschichtigen Möglichkeiten erscheint es für die folgenden Ausführungen hilfreich, sich gedanklich am praktischen Regelfall des Auftretens einer englischen Limited in Deutschland zu orientieren: Ein deutscher Unternehmer gründet eine Limited, die ihren Satzungssitz in England hat und dort ordnungsgemäß in das Gesellschaftsregister eingetragen wird, um mit einem geringen finanziellen Aufwand in den Genuss der Haftungsbeschränkung zu gelangen. Unmittelbar nach der Gründung verlegt diese Limited ihren effek-

---

1 einen Überblick über die vergleichbaren Gesellschaftsformen in Europa gibt *Mellert*, BB 2006, 8 ff.

2 *V. Heinz*, S. 9; *Karsten*, NJ 2006, 385; *Zöllner*, GmbHR 2006, 1; zur Verbreitung der Limited in Deutschland siehe *Römermann*, GmbHR 2006, 673; *Westhoff*, GmbHR 2007, 474 ff.

3 *Hirte*, GmbHR 2003, R 421; *Triebel*, BB 2003, Die erste Seite.

4 *v. Hase*, BB 2006, 2141; *Koegel*, GmbHR 2003, 1225, 1230; *Meilicke*, GmbHR 2003, 793, 807 ff.; *Triebel*, BB 2003, Die erste Seite.

5 *Just*, Rn. 13.

tiven Verwaltungssitz nach Deutschland und nimmt ausschließlich in der Bundesrepublik als Gesellschaft englischen Rechts am Rechtsverkehr teil.

Durch die Vorgaben des Europarechts ist diese transnationale Sitzverlegung uneingeschränkt möglich. Der Europäische Gerichtshof (EuGH) hat mit seiner Rechtsprechung zur Niederlassungsfreiheit zugezogener EU-Auslandsgesellschaften Fakten geschaffen, die für das deutsche Internationale Gesellschaftsrecht von erheblicher Bedeutung sind. Die Entscheidungen in den Rechtssachen Centros,[6] Überseering[7] und Inspire Art[8] ermöglichen es europäischen Kapitalgesellschaften, ihren effektiven Verwaltungssitz in einen anderen Mitgliedstaat zu verlegen, ohne dass dies ihre Rechtsform berührt. Spätestens mit dem Inspire-Art-Urteil hat der EuGH die grenzüberschreitende Mobilität von Kapitalgesellschaften erleichtert, die Rechtswahlfreiheit im Gesellschaftsrecht erlaubt und den Wettbewerb der Rechtsordnungen eröffnet.

Die Anerkennung der ausländischen Rechts- und Parteifähigkeit ist unentbehrlich für den internationalen Wirtschaftsverkehr, da durch den europäischen Binnenmarkt die nationalen Märkte fest miteinander verknüpft sind. International einheitliche kollisionsrechtliche Kriterien oder materiellrechtliche Voraussetzungen für die Marktteilnahme ausländischer Kapitalgesellschaften bestehen nicht und auch in der EU fehlt es nach wie vor an einer gemeinschaftsrechtlichen Norm, nachdem das EG-Abkommen zur gegenseitigen Anerkennung von Gesellschaften[9] und juristischen Personen mangels Ratifizierung durch die Niederlande nicht in Kraft getreten ist.

Als ausländische Kapitalgesellschaft ist die englische Limited ein Fremdkörper im deutschen Rechtssystem, denn im Gegensatz zur deutschen GmbH könnten Limiteds im Extremfall mit einem Stammkapital von einem Pence gegründet werden. In der Praxis wird ein *nominal capital* von mindestens einem britischen Pfund verlangt.[10] Ein derartig geringes Grundkapital lässt Bedenken aufkommen, ob die Gesellschaftsgläubiger ohne einen gesetzlich normierten Mindest-Haftungsfonds hinreichend gesichert sind. Es wird befürchtet, dass es infolge der EuGH-Rechtsprechung zu einer *race to the bottom* kommt, bei der sich letztlich jene Gesellschaftsform durchsetzt, die den Gründern die größtmögliche Freiheit und den Gläubigern den geringstmöglichen Schutz bietet.[11] Bedeutsam ist, dass tatsächlich eine Vielzahl von Gesellschaftern nur die Gründung der Gesellschaft im Ausland vornimmt und die eigentliche Geschäfts-

---

6 EuGH, Urt. v. 9.3.1999, Rs. C-212/97, NJW 1999, 2027 - *Centros*.

7 EuGH, Urt. v. 5.11.2002, Rs. C-208/00, NJW 2002, 3614 - *Überseering*.

8 EuGH, Urt. v. 30.9.2003, Rs. C-167/01, NJW 2003, 3331 - *Inspire Art*.

9 v. 29.2.1968, BGBl. 1972 II, S. 370.

10 *V. Heinz*, AnwBl 2004, 612, 613.

11 vgl. z.B. *Bechtel*, NZG 2001, 21 ff.; *Fleischer* in Lutter, S, 55 f.; *v. Hase*, BuW 2003, 944 ff.; *Kersting*, NZG 2003, 9, 10 m.w.N.; allgemein zu den der Gründungstheorie entgegengebrachten Befürchtungen BGH, DB 2000, 1114 ff.

tätigkeit ausschließlich im Inland ausgeübt wird. Ihr wirtschaftliches Engagement wirkt sich daher stark auf den inländischen Rechtsverkehr aus.[12]

Der Gläubigerschutz ist traditionell eines der wesentlichen Prinzipien des deutschen Rechts, auf das nicht verzichtet werden kann und soll. Es wird daher angestrebt, dem inländischen Gläubiger im Rahmen der bestehenden Regelungen einen möglichst effektiven Schutz zu gewähren. Bereits nach der Centros-Entscheidung wurden Fragen nach Schutzinstrumenten vor zugezogenen ausländischen Kapitalgesellschaften aufgeworfen. Die Probleme für den inländischen Rechtsverkehr stellen sich angesichts der Folgeentscheidungen Überseering und Inspire Art noch zwingender.

Die nachfolgende Arbeit untersucht Wege, wie ein möglichst hohes Schutzniveau für inländische Gläubiger von EU-Auslandsgesellschaften erzielt werden kann, ohne dabei die Niederlassungsfreiheit der Gesellschaft außer Acht zu lassen.

II. Ziel der Arbeit und Gang der Darstellung

Schutzmöglichkeiten inländischer Gläubiger vor Vermögensverlusten bei Geschäften mit EU-Auslandsgesellschaften aufzuzeigen ist das Ziel dieser Arbeit. Die Gläubigerschutzproblematik wird insbesondere unter dem Aspekt der Kapitalausstattung untersucht und die Interessen der Gesellschaftsgläubiger an Kapitalerhaltung und Kapitalersatz werden im Vordergrund stehen. Es gilt zu klären, ob und in welchem Umfang die entsprechenden Regelungen des deutschen GmbH-Rechts auf EU-Auslandsgesellschaften übertragbar sind.

Vor Erörterung der zentralen Fragen nach der Anwendbarkeit deutschen Kapitalserhaltungs- und Kapitalersatzrechts wird kurz dargelegt, inwieweit die Entscheidungen des EuGH in den Rechtssachen Centros, Überseering und Inspire Art das deutsche Internationale Gesellschaftsrecht beeinflusst haben. Der Stand des Internationalen Gesellschaftsrechts gibt den Rahmen für die Anwendung inländischer Gläubigerschutzinstrumente auf ausländische Gesellschaften vor. Von besonderem Interesse ist, inwieweit die Niederlassungsfreiheit innerhalb der Europäischen Union Einfluss auf das Internationale Gesellschaftsrecht der Mitgliedstaaten hat.

---

12 Derartige Gestaltungen wurden vielfach unter dem Begriff „Scheinauslandsgesellschaft" oder „Briefkastengesellschaft" diskutiert. Innerhalb der Europäischen Union ist von einer solchen Bezeichnung Abstand zu nehmen. Der EuGH hat klargestellt, dass die Niederlassung einer Gesellschaft, die im Ausland registriert ist, auch dann als Zweigniederlassung dieser Gesellschaft zu betrachten ist, wenn der Verwaltungssitz im Inland liegt und die Auslandsgesellschaft hier zu 100 % ihrer geschäftlichen Tätigkeit nachgeht. Es kann insoweit nicht mehr von einer Scheinauslandsgesellschaft gesprochen werden, sondern es handelt sich vielmehr um eine normale Auslandsgesellschaft, vgl. die amtl. Begr. zum MoMiG, S. 112 f.

Um Regelungsdefizite oder den Gläubiger gefährdende Niveaugefälle aufzudecken, wird ein Vergleich der englischen Regelungen zu denen des deutschen Rechts gezogen. Die Reform des englischen Gesellschaftsrechts[13] und die geplante Reform im deutschen GmbH-Recht[14] sowie deren Auswirkungen auf EU-Auslandsgesellschaften sind in die Betrachtungen eingeschlossen.
Unter Zugrundelegung der ermittelten Schutzlücken werden dann die Notwendigkeit einer Korrektur durch deutsches Kapitalerhaltungs- und Kapitalersatzrecht und die Vereinbarkeit mit den europarechtlichen Vorgaben geprüft.
Die Arbeit endet mit einer thesenartigen Zusammenfassung der Ergebnisse zum Gläubigerschutz durch Kapitalschutz bei der englischen Limited mit Verwaltungssitz in Deutschland.

III. Das deutsche Internationale Gesellschaftsrecht

Das Internationale Gesellschaftsrecht ermittelt die auf gesellschaftsrechtliche Fragen anwendbare Rechtsordnung. Um Abgrenzungsschwierigkeiten und Rechtsunsicherheiten zu vermeiden, soll nach der Lehre vom gesellschaftsrechtlichen Einheitsstatut das Personal- oder Gesellschaftsstatut für alle gesellschaftsrechtlich zu qualifizierenden Sachverhalte einheitlich ermittelt werden.[15]
Da die Anerkennung der Rechtsfähigkeit einer Gesellschaft und ihr Gesellschaftsstatut sich aufgrund dieser Einheitlichkeit nach derselben Rechtsordnung richten, existiert keine vom Gesellschaftsstatut getrennte Anerkennungsproblematik.[16]
Das Gesellschaftsstatut (lex societas) bezeichnet die Summe der nationalen Sachrechtsnormen, die die Verhältnisse der Gesellschaft vom Beginn bis zum Ende determinieren[17], d.h. die Voraussetzungen festlegen, unter denen die Gesellschaft „entsteht, lebt und vergeht".[18] Wie das Gesellschaftsstatut zu bestimmen ist, war schon immer[19] die „questio famosa" des Internationalen Gesellschaftsrechts.

1. Der bisherige Stand des Internationalen Gesellschaftsrechts

Zur Ermittlung des einschlägigen Gesellschaftsrechts stehen traditionell zwei unterschiedliche Kollisionsnormen zur Verfügung: Die Sitztheorie und die

---

13 Companies Act 2006, folgend CA 2006.
14 Gesetz zur Modernisierung des GmbH-Rechts und zur Bekämpfung von Missbräuchen, folgend MoMiG.
15 BGH, ZIP 2000, 967, 968; *Kindler* in Münchener Kommentar, IntGesR, Rn. 520 ff.
16 vgl. *Behrens*, IPRax 2003, 193, 204.
17 *Großfeld* in Staudinger, IntGesR, Rn. 17, *v. Halen*, S. 27.
18 BGHZ 25, 134, 144; *Herdegen*, IntWirtschR, § 15, Rn.1.
19 vgl. bereits *Beitzke*.

Gründungstheorie. Nach der Sitztheorie ist das Recht am tatsächlichen Verwaltungssitz der Gesellschaft maßgeblich, während die Gründungstheorie unabhängig vom Verwaltungssitz auf das Recht am Inkorporationsort abstellt. Durch die Rechtsprechung des EuGH zur Niederlassungsfreiheit hat die Frage nach dem innerhalb der EU auf eine Gesellschaft anwendbaren Recht erneut an Aktualität gewonnen. Seit der Centros-Entscheidung erhalten vermittelnde Anknüpfungslehren, die die Gründungstheorie durch teilweise Übernahme des Rechtes des Sitzstaates zu modifizieren versuchen, zunehmend Zuspruch.

a) Sitztheorie

Die Sitztheorie entwickelte sich im 19. Jahrhundert mit der Idee des Nationalstaates in Frankreich und Belgien und war seitdem in vielen kontinentaleuropäischen Ländern verbreitet.[20] Nach der Sitztheorie wurde seither auch in Deutschland die für eine Gesellschaft einschlägige Rechtsordnung ermittelt.[21]
Als allseitige Kollisionsregel knüpft die Sitztheorie an den effektiven Verwaltungssitz der Gesellschaft an, also an den Ort, „wo die grundlegenden Entscheidungen der Unternehmensleitung effektiv in laufende Geschäftsführungsakte umgesetzt werden".[22] Die Gesellschaft wird daher von der Rechtsordnung des Sitzstaates beherrscht. Das so ermittelte Gesellschaftsstatut regelt alle gesellschaftsrechtlichen Fragen einheitlich, so dass Sonderanknüpfungen weitgehend vermieden werden.
Beim Zuzug einer ausländischen Kapitalgesellschaft nach Deutschland würde diese unter Anwendung der Sitztheorie nicht anerkannt, denn sie wäre nicht ordnungsgemäß im Sinne des deutschen Rechts gegründet. Die Gesellschaft müsste aufgrund des Statutenwechsels als inländische Kapitalgesellschaft unter Beachtung der deutschen Vorgaben hier neu gegründet werden.[23] Bei ausreichend körperschaftlicher Strukturierung käme gegebenenfalls eine rechtliche Neuqualifikation als Personengesellschaft deutschen Rechts ohne die von den Gründern angestrebte Haftungsbeschränkung in Betracht.[24]

---

[20] ausführlich zur Geschichte: *Sandrock*, RIW 1989, 505 ff.

[21] dazu repräsentativ BGHZ 25, 134, 144; 97, 269, 271; BGH, JZ 1992, 570 ff.; RG, JW 1904, 231; *Großfeld* in Staudinger, IntGesR, Rn. 20, 26 ff., 38 ff., 84 ff.; *Kindler* in Münchener Kommentar, IntGesR, Rn. 400 ff.; *Westermann* in Scholz, Einl., Rn. 83 ff.

[22] BGHZ 97, 269, 272 im Anschluss an *Sandrock*, Beitzke-FS, S. 669, 683; vgl. zur Bestimmung des effektiven Verwaltungssitzes ausführlich *Werner*, S. 9 ff.

[23] RGZ 159, 33, 43; *Kegel/Schurig*, § 17 II 2; *Knobbe-Keuk*, ZHR 154 (1990), 325, 34; „Nichtanerkennungstheorie".

[24] BGH, IPRax 2003, 62, 63; *Behrens*, IPRax 2004, 20, 21; *ders.*, IPRax 2003, 193, 199; *Forsthoff*, BB 2002, 318, 320; *Kindler*, IPRax 2003, 41, 42 f.; *Leible*, RIW 2002, 925, 927: Neue Sitztheorie.

Als Schutztheorie entspricht die Nichtanerkennung der ausländischen Rechtsfähigkeit der „unter falschem Recht“[25] handelnden Gesellschaft dem Grundgedanken der Sitztheorie. Sie trägt den Interessen des von der Geschäftstätigkeit der Gesellschaft am meisten betroffenen Staates Rechnung, indem sie verhindert, dass liberalere ausländische Regelungen inländische gesellschaftsrechtliche Vorschriften unterlaufen. Der zwangsläufige Statutenwechsel stellt sie als eine sehr mobilitätsfeindliche Kollisionsnorm dar. Der Staat hat dadurch ein Wächteramt[26] beziehungsweise eine Kontrollfunktion über die Gesellschaftsformen in seinem Hoheitsgebiet. Diese Schutztheorie soll eine „Überflutung“ mit „Billig-Gesellschaften“[27] vereiteln.[28] Der Sitztheorie ist demnach eine die Niederlassungsfreiheit beschränkende Tendenz immanent.

b) Gründungstheorie

Die im 18. Jahrhundert entwickelte Gründungs- oder Inkorporationstheorie sollte bei der Durchsetzung englischer Wirtschaftsinteressen in Übersee helfen.[29] Die überseeischen Wirtschaftsaktivitäten der damaligen Groß- und Kolonialmacht wurden dadurch unterstützt, dass die Gründer ihre Gesellschaft nach englischem Recht inkorporieren und sich am Ort der tatsächlichen Geschäftstätigkeit dem Schutz ihres heimischen Rechts unterstellen konnten.[30] Insofern war eine Verlegung des Verwaltungssitzes mit verbriefter Rechtssicherheit garantiert.[31]

Bei der Gründungstheorie handelt es sich ebenfalls um eine allseitige Kollisionsregel, bei der das Statut, nach welchem die Gesellschaft errichtet und registriert wurde, maßgeblich ist. In ihrer reinen Form unterstellt die Gründungstheorie die Gesellschaft umfassend dem Gründungsrecht.[32]

Die Anknüpfung an das Recht des Gründungsortes trägt der Parteiautonomie Rechnung und gewährleistet eine problemlose und verlässliche Bestimmung des Gesellschaftsstatuts.[33] Nach der Gründungstheorie ist es nicht möglich, die Verkehrsinteressen desjenigen Staates durchzusetzen, in dem die Gesellschaft ihren tatsächlichen Verwaltungssitz hat. Diese Anknüpfungsmethode ist prinzi-

---

25 *Behrens*, IPRax 2003, 193, 195.

26 *Kindler* in Münchener Kommentar, IntGesR, Rn. 348.

27 *K. Schmidt*, GesR, § 1 II 8, S. 27.

28 BayObLG, WM 1992, 1371; *Großfeld* in Staudinger, IntGesR, Rn. 40 ff.; *Leible* in Michalski, Syst.Darst. 2, Rn. 5.

29 *v. Halen*, S. 33; *Kindler* in Münchener Kommentar, IntGesR, Rn. 339.

30 *Großfeld*, Westermann-FS, S. 199, 200 ff.; *Kindler* in Münchener Kommentar, IntGesR, Rn. 339.

31 *Kindler* in Münchener Kommentar, IntGesR, Rn. 339.

32 *v. Halen*, S. 33.

33 *Großfeld* in Staudinger, IntGesR, Rn. 22; *v. Hoffmann/Thorn*, § 7, Rn. 24; *Kindler* in Münchener Kommentar, IntGesR, Rn. 348.

piell mobilitätsfreundlich, da eine transnationale Sitzverlegung unproblematisch formwahrend möglich ist.

c) Vermittelnde Anknüpfungslehren

Da man die Sitztheorie auch schon vor den Entscheidungen des EuGH zur Niederlassungsfreiheit kritisch betrachtete und da zugleich die Gründungstheorie als extrem liberal und deshalb korrekturbedürftig angesehen wurde, entwickelten sich differenzierende Anknüpfungsmodelle, die im Ansatz von der Gründungstheorie ausgehen, das Gründungsrecht aber durch die Anwendung zwingender Normen des Sitzrechts einschränken wollen, um Missbräuche zu verhindern. In der neueren deutschen Literatur wird die Gründungstheorie kaum noch uneingeschränkt vertreten.[34]
Koppensteiner[35] empfiehlt, die Gründungstheorie unter Hinzuziehung fraudulöser Grundsätze und einer extensiven Anwendung des nationalen ordre public einzugrenzen. *Grothe*[36] will alle zwingenden drittschützenden Normen des Sitzstaates qua Sonderanknüpfung zur Anwendung bringen. Die von *Sandrock*[37] für den europäischen Bereich entwickelte Überlagerungstheorie basiert auf dem Gesellschaftsrecht der US-Bundesstaaten New York und Kalifornien.[38] Diese Theorie bestimmt das Gesellschaftsstatut nach dem Recht des Gründungsstaates, das von den zwingenden Normen des Sitzstaates überlagert und verdrängt wird.[39] Eine solche Verdrängung soll nach *Sandrocks* Idee dann stattfinden, wenn sich die von der inländischen Norm geschützte Person auf die höhere Schutzintensität des Sitzrechts beruft.[40] In einer neueren Stellungnahme[41] räumt *Sandrock* ein, der Kreis der inländischen Normen, die für eine Überlagerung des Gründungsrechts zu erwägen sind, müsse eng begrenzt werden, da dies regelmäßig einen rechtfertigungsbedürftigen Eingriff in die Niederlassungsfreiheit der Gesellschaft mit sich bringe. Jedenfalls sollen die deutschen Regeln zu Kapi-

---

34 *v. Halen*, S. 34.
35 *Koppensteiner*, S. 130 ff.
36 *Grothe*, S. 193 ff.
37 *Sandrock*, BerDtGesVR 18 (1978), 169, 191 ff.; *ders.*, Beitzke-FS, S. 669 ff.; *ders.*, RabelsZ 42, (1978), 227, 246 ff.; erstmals als geschlossenes System: *Latty*, Pseudo-Foreign Corporations, Yale Law Journal Bd. 65 (1955/56), 157, 159 ff.
38 §§ 1316-1320 des NY Business Corporation Law 1962, § 2115 Abs. e des Corporation Code, der 1977 in Kraft trat.
39 *Sandrock*, BerDtGesVR 18 (1978), 169, 201 ff.
40 *Sandrock*, BerDtGesVR 18 (1978), 169, 191, 202; *ders.* Beitzke-FS, 690 ff.; *ders.*, RabelsZ 42 (1978), 227, 246 ff.; *ders.*, ZVglRWiss 102 (2003) 447, 449 f.; *Sandrock/Austmann*, RIW 1989, 249, 252 f.
41 *Sandrock*, ZVglRWiss 102 (2003), 447, 450.

talerhaltung und Kapitalersatz für eine Überlagerung nicht mehr in Betracht kommen.[42]

Die Differenzierungslehre *Grasmanns*[43] modifiziert die Gründungstheorie dahingehend, dass sie zwischen dem Innen- und Außenverhältnis der Gesellschaft unterscheidet. Im Innenverhältnis will *Grasmann* das mit dem Gründungsstatut gewählte Recht beachtet wissen, da insofern die Privatautonomie zu respektieren sei.[44] Im Außenverhältnis solle aus Gründen des Verkehrsschutzes und der Drittbegünstigung auf das Vornahme-,[45] Wirkungs-[46] oder Organisationsstatut[47] abgestellt werden. Durch diese Anknüpfungsmethode könnten Parteiautonomie der Gesellschaftsgründer und bestmöglicher Schutz der Gesellschaftsgläubiger einem für beide Seiten zufriedenstellenden Ausgleich zugeführt werden.[48]

Die von *Wiedemann*[49] entwickelte Schwerpunkttheorie versucht durch die Bildung von Fallgruppen eine Spaltung des Gesellschaftsstatuts zu vermeiden. *Wiedemann* möchte das Recht des Staates anwenden, dessen Einwohner von der Marktteilnahme der Gesellschaft am stärksten tangiert werden. Dafür stellt er zunächst den wirtschaftlichen Interessenmittelpunkt der Gesellschaft fest. Soweit bei einer nach dem Recht eines EU-Staates gegründeten Gesellschaft der Satzungs- und der effektive Verwaltungssitz in demselben Mitgliedstaat liegen, sei ausschließlich das Gründungsrecht maßgeblich.[50] Sofern die nach ausländischem Recht gegründete Gesellschaft ihren Interessenschwerpunkt jedoch in das Inland verlagere, solle das Recht des Sitzstaates gelten.[51]

Die Kombinationslehre *Zimmers*[52] überträgt die im Internationalen Vertragsrecht geltenden Grenzen der Parteiautonomie als allgemeine Grundsätze auf das Gesellschaftsrecht. Die Gründungstheorie wird als Ausprägung der Parteiautonomie angesehen, so dass die Gründung einer Gesellschaft nach einem bestimmten Recht einer Rechtswahl nach Art. 27 III EGBGB gleichkomme. Eine Rechtswahl sei im Internationalen Vertragsrecht sowie im Internationalen Gesellschaftsrecht grundsätzlich nur dann möglich, wenn ein Sachverhalt mit Bezug zu mindestens zwei Staaten vorliege.[53] Sofern substanzielle Auslandsbeziehungen bestehen, sei das Gründungsrecht als Gesellschaftsstatut heranzu-

---

42 *Sandrock*, ZVglRWiss 102 (2003) 447, 476.
43 *Grasmann*, Rn. 615 ff., 848.
44 *Grasmann*, Rn. 997.
45 *Grasmann*, Rn. 759.
46 *Grasmann*, Rn. 745.
47 *Grasmann*, Rn. 766.
48 *Grasmann*, Rn. 615 ff.; 745 ff.
49 *Wiedemann*, Kegel-FS, 1977, S.187 ff.
50 *Wiedemann*, Kegel-FS, 1977, S.187, 202.
51 *Wiedemann*, Kegel-FS, 1977, S. 187, 197.
52 *Zimmer*, IntGesR, S. 220 ff., 232.
53 *Zimmer*, IntGesR, S. 223 f.

ziehen. Bei im Ausland gegründeten Gesellschaften, die ausschließlich im Inland tätig werden, dürfe hingegen nur das inländische Gesellschaftsrecht zur Anwendung kommen.[54]
Nach der von *Behrens*[55] entwickelten eingeschränkten Gründungstheorie wird prinzipiell auf das Gründungsrecht abgestellt. Soweit das Gründungsrecht Gläubiger und Gesellschafter in „untragbarer Weise schutzlos stellt" und soweit „zwingende Vorbehalte" des Sitzrechts in Rede stehen,[56] könne das Gründungsrecht zugunsten des Sitzrechts eingeschränkt werden,[57] ohne dass der inländische ordre public im engeren Sinne betroffen sein muss. *Behrens* lässt jedoch offen, welche Bereiche im Einzelnen einer solchen Sonderanknüpfung unterliegen sollen.[58]

Die Lösungskonzepte knüpfen - abgesehen von der reinen Gründungstheorie - entweder direkt an das Recht des Sitzstaates an oder bringen dieses jedenfalls hilfsweise zur Anwendung. Inwieweit die unterschiedlichen Theorien dogmatisch überzeugend sind und ihre Ergebnisse wünschenswert erscheinen, soll in dieser Studie nicht geklärt werden.[59] Da ausschließlich auf Sachverhalte mit europarechtlichem Bezug abgestellt wird, müssen sich die kollisionsrechtlichen Lösungsansätze an der durch Art. 43, 48 EG gewährleisteten Niederlassungsfreiheit messen lassen.

2. Auswirkungen der Niederlassungsfreiheit

Art. 43, 48 EG gewähren allen Staatsangehörigen der Mitgliedstaaten die Freiheit, sich in einem anderen Mitgliedstaat niederzulassen und dort einer selbstständigen Tätigkeit nachzugehen. Die Niederlassungsfreiheit gilt nicht nur für natürliche Personen, sondern auch für Gesellschaften, die nach der Legaldefinition des Art. 48 II EG neben juristischen Personen des privaten und öffentlichen Rechts sowie Genossenschaften, die einem Erwerbszweck dienen, auch nichtrechtsfähige Vereine und BGB-Gesellschaften einschließt. Die Niederlassungsfreiheit gewährt das Recht, unternehmerische Tätigkeiten durch eine Hauptniederlassung in einem anderen Mitgliedstaat auszuüben. Von dieser primären Niederlassungsfreiheit zu unterscheiden ist die sekundäre Niederlassungsfreiheit, die dazu berechtigt, über Agenturen, Zweigniederlassungen und Tochter-

---

54 *Zimmer*, IntGesR, S. 232.
55 *Behrens*, S. 16 - 18; *ders.* in Hachenburg, Einl., Rn. 126 ff.
56 *Behrens* in Hachenburg, Einl., Rn. 127 f.
57 *Behrens* in Hachenburg, Einl., Rn. 127 f.; *ders.*, ZGR 1978, 499, 501; *ders.*, Die Gesellschaft mit beschränkter Haftung im internationalen und europäischen Recht, IPR, Rn. 22 ff.; *ders.*, RabelsZ 52 (1988), 498, 515; dazu auch *Knobbe-Keuk*, ZHR 154 (1990), 325 ff.
58 *Zimmer*, IntGesR, S. 215.
59 vgl. dazu *v. Halen*, Das Gesellschaftsstatut nach Centros; *Jüttner*, S. 17 ff.

gesellschaften tätig zu werden. Des Weiteren ist es möglich, sich an Unternehmen zu beteiligen, die in dem anderen Mitgliedstaat bereits bestehen.
Wie das nationale Recht die international-privatrechtliche Anknüpfung durchzuführen hat, ist den Art. 43, 48 EG nicht zu entnehmen. Die Mitgliedstaaten werden lediglich dazu verpflichtet, ihre nationalen Rechtsnormen so anzuwenden, dass keine ungerechtfertigte Beschränkung der Niederlassungsfreiheit möglich ist. Der EuGH hatte sich, wie eingangs erwähnt, in den wegweisenden Entscheidungen Centros, Überseering und Inspire Art mit der Reichweite der Niederlassungsfreiheit im Zusammenhang mit der grenzüberschreitenden Verlegung des Verwaltungssitzes europäischer Kapitalgesellschaften auseinanderzusetzen. Von der Reichweite der europarechtlich angeordneten Niederlassungsfreiheit wird die Spannbreite der Überlegungen für nationale Schutzkonzepte vorgegeben.
Im Folgenden soll konkretisiert werden, inwieweit die Niederlassungsfreiheit es gebietet, den identitätswahrenden Zuzug von in anderen EU-Mitgliedstaaten inkorporierten Kapitalgesellschaften zu erlauben und inwiefern Modifikationen des ausländischen Gründungsrechts möglich sind. Unter „Zuzug“ wird dabei die Verlegung des effektiven Verwaltungssitzes verstanden, die zu einem Auseinanderfallen von Satzungs- und Verwaltungssitz führt. Davon zu unterscheiden ist die einen Statutenwechsel bedeutende Verlegung des satzungsmäßigen Sitzes. Der identitätswahrende grenzüberschreitende Rechtsformwechsel ist nach der aktuellen Rechtslage nicht möglich.[60]
Um den Spielraum für die theoretischen Überlegungen zum Gläubigerschutz und für die deutsche Rechtspraxis ausmessen zu können, ist es angezeigt, die Entscheidungen des EuGH zur Niederlassungsfreiheit in ihren Kernaussagen in der gebotenen Kürze noch einmal nachzuvollziehen.

a) Centros

Die erste der drei Entscheidungen, die der EuGH zur transnationalen Verlegung des effektiven Verwaltungssitzes einer Kapitalgesellschaft innerhalb Europas zu treffen hatte, war die Rechtssache Centros im Jahre 1999. Formal ging es um die Errichtung einer Zweigniederlassung einer englischen Limited in Dänemark, also um die sekundäre Niederlassungsfreiheit gemäß Art. 43 I 2 EG (= Art. 52 I 2 EGV a.F.).
Der Gerichtshof hat klargestellt, dass es kein Missbrauch der Niederlassungsfreiheit ist, wenn Gesellschaftsgründer eine ihnen genehme ausländische Gesellschaftsform wählen, um nationale Mindestanforderungen zu umgehen. Hierdurch werde vielmehr ein begrüßenswerter Wettbewerb der Rechtsordnungen

---

[60] *Bayer*, BB 2003, 2357, 2359.

ausgelöst.[61] Die Anerkennung einer Gesellschaft darf im Zuzugsstaat nicht von Voraussetzungen abhängen, die über eine wirksame Errichtung hinausgehen.
Das Urteil in der Rechtssache Centros rief im Schrifttum eine lebhafte Diskussion über die Tragweite der Entscheidung hervor.[62] Soweit es um die Probleme der Anerkennung geht, ist festzuhalten, dass der EuGH zwischen Sachnormen unterscheidet, die die Errichtung der Gesellschaft betreffen und solchen, die auf die Tätigkeit der zugezogenen Kapitalgesellschaft im Inland abzielen. Insbesondere die Errichtung und damit der Marktzugang der Gesellschaft werden durch die Niederlassungsfreiheit geschützt.
Der EuGH stellt es den Mitgliedstaaten frei, geeignete Maßnahmen zu treffen, um Betrügereien zu verhindern.[63] Die Zulässigkeit solcher Bestimmungen wird von vier Voraussetzungen abhängig gemacht: Sie müssen in nichtdiskriminierender Weise angewandt werden, zwingenden Gründen des Allgemeininteresses entsprechen, zur Erreichung des verfolgten Zieles geeignet sein und dürfen nicht über das zur Erreichung des Zieles Erforderliche hinausgehen.[64] Der Centros-Fall zeigt, dass die Errichtung einer unterkapitalisierten EU-Auslandsgesellschaft weder als Betrug noch als Missbrauch angesehen werden kann. Den Mitgliedstaaten ist es folglich untersagt, Maßnahmen zu ergreifen, die eine solche „strukturelle Missbrauchslage"[65] verhindern.
Um den Interessen des Sitzstaates gerecht zu werden, darf die Ausübung der geschäftlichen Aktivität einer einmal inkorporierten Gesellschaft im Inland dennoch an bestimmte Voraussetzungen geknüpft sein.[66] Diese Differenzierung entspricht der *Keck*- oder *Gebhard*-Formel,[67] die zwischen verbotenen Marktzugangshindernissen und erlaubten Tätigkeitsausübungsregelungen unterscheidet. Wenngleich der EuGH klar zum Ausdruck bringt, dass eine Einwirkung auf die Errichtung der Gesellschaft nicht mit der Niederlassungsfreiheit vereinbar ist, bleibt unklar, wie andere Regeln europarechtlich einzuordnen sind. Ohne Zweifel ist lediglich, dass für Tätigkeitsausübungsregeln eine in Bezug auf die Niederlassungsfreiheit geringere Schutzintensität in Betracht kommt. Demnach sind diese zwar an der Niederlassungsfreiheit zu messen, eine Beschränkung der Niederlassungsfreiheit ist jedoch leichter zu rechtfertigen.

---

61 *GA La Pergola*, Slg. 1999, I-1459, Tz. 20.
62 vgl. dazu nur die Nachweise bei *Kieninger,* ZEuP 2004, 685, 687, Fn. 15.
63 EuGH, NJW 1999, 2027, 2028, Tz. 34, 38 - *Centros*.
64 EuGH, Slg. 1995, I-4165, Tz. 37 - *Gebhard*; NJW 1999, 2027, 2028, Tz. 34 - *Centros*.
65 *Weller*, S. 60.
66 *Everlink*, Knobbe-Keuk-GS, S. 607, 617 ff; *Weller*, S. 58; *Werlauff*, ZIP 1999, 867, 875.
67 EuGH, Slg. 1993, I-6097, I-6131 f., Tz. 14 ff. - *Keck*; Slg. 1995, I-4165, Tz. 37 - *Gebhard*.

b) Überseering

In der Rechtssache Überseering hatte sich der EuGH ebenfalls grundlegend mit der Niederlassungsfreiheit auseinanderzusetzen. Die Problematik dieses Falles lag in der Frage, ob die Rechts- und Parteifähigkeit einer niederländischen Gesellschaft, die ihren faktischen Verwaltungssitz in das Bundesgebiet verlegt hatte, auch hier anzuerkennen ist.[68]
Einen Verlust der Rechts- und Parteifähigkeit sieht der EuGH als Beschränkung der Niederlassungsfreiheit an und stellt in seinem zweiten Leitsatz fest, dass der Aufnahmestaat verpflichtet ist, „die Rechtsfähigkeit und damit die Parteifähigkeit zu achten, die diese Gesellschaft nach dem Recht ihres Gründungsstaates besitzt".[69] Auch zwingende Gründe des Allgemeinwohls könnten nicht dazu führen, der Überseering BV[70] pauschal die Rechts- und Parteifähigkeit abzuerkennen.[71] Der Gerichtshof stellt auf die Schwere des Eingriffs ab und folgt weiter seiner ständigen Rechtsprechung, nach der Eingriffe in die Grundfreiheiten von einer Intensität, die die verbriefte Freiheit gleichsam verneint, grundsätzlich nicht zu rechtfertigen sind.[72] Die Entscheidung betont, dass die Rechtsfähigkeit der Gesellschaft nicht nur anzuerkennen, sondern ausschließlich nach dem Recht ihres Gründungsstaates zu beurteilen ist. Die Überseering BV kann als Gesellschaft niederländischen Rechts in Deutschland von ihrer Niederlassungsfreiheit Gebrauch machen.[73]
Dieses Urteil ist eine Absage an die zwischenzeitlich vom II. Zivilsenat des BGH[74] entwickelte Lösung, eine ausländische Kapitalgesellschaft bei Verlegung des effektiven Verwaltungssitzes in die Bundesrepublik als Personengesellschaft des deutschen Rechts umzuqualifizieren.[75] Auf diese Weise würde die Rechts- und Parteifähigkeit der Gesellschaft zwar erhalten, aber es wäre ihr damit verwehrt, in ihrer Rechtsform als ausländische Kapitalgesellschaft von der Niederlassungsfreiheit Gebrauch zu machen. Bereits der Verlust der Haftungsprivilegierung der Gesellschafter stellt eine unzulässige Beschränkung der Niederlassungsfreiheit dar.[76]
Die Überseering-Entscheidung legt gleichzeitig fest, dass zwingende Gründe des Allgemeininteresses, wie der Gläubigerschutz, der Schutz von Minderheitsgesellschaftern, Arbeitnehmern und fiskalischen Interessen, „unter bestimmten

---

68 OLG Düsseldorf, JZ 2000, 203 ff.; dazu *Kindler*, NJW 2003, 1073 ff.
69 EuGH DB 2002, 2425, 2. Leitsatz - *Überseering*.
70 BV = Besloten Vennootschap me beperkte aansprakIijkheid.
71 EuGH, ZIP 2002, 2037, Tz. 93 - *Überseering*.
72 *Forsthoff*, DB 2002, 2471, 2473.
73 EuGH, ZIP 2002, 2037, Tz. 81 - *Überseering*.
74 BGH, BB 2002, 2032 ff.
75 *Forsthoff*, DB 2002, 2471, 2474.
76 *Bayer*, BB 2003, 2357, 2362.

Umständen und unter Beachtung bestimmter Voraussetzungen Beschränkungen der Niederlassungsfreiheit rechtfertigen können".[77] In dieser Entscheidung definiert der EuGH erstmalig diese Interessen, die zur Rechtfertigung einer Einschränkung der Niederlassungsfreiheit herangezogen werden können. Seine Formulierung lässt allerdings erkennen, dass von einer zu großzügigen Berufung auf diese Gründe abzusehen ist.[78]

c) Inspire Art

Das der Rechtssache Überseering folgende Verfahren ging der Frage nach, inwieweit es die Niederlassungsfreiheit gestattet, auf ausländische Kapitalgesellschaften gesellschaftsrechtliche Rechtsnormen des Zuzugsstaates ergänzend anzuwenden.

Zunächst unterstreicht der EuGH, dass es für die Niederlassungsfreiheit wie im Fall Centros ohne Bedeutung ist, ob die Auslandsgründung nur zur Umgehung zwingender inländischer Vorschriften erfolgt ist.[79] Der Gerichtshof ordnet die Niederlassung der Inspire Art Limited in den Niederlanden als Zweigniederlassung ein, obwohl die Gesellschaft in Großbritannien nicht am Marktgeschehen teilnimmt und dort mithin auch keine Hauptniederlassung besitzt. Der EuGH stellt weiterhin fest, dass die vom englischen Gründungsrecht abweichenden Vorschriften des niederländischen WFBV[80] über Mindestgesellschaftskapital und Geschäftsführerhaftung die Niederlassungsfreiheit beeinträchtigen[81] und betont, dass die Brandmarkung einer ausländischen Gesellschaft als „Briefkastengesellschaft" den Mitgliedstaaten verwehrt ist. Die elfte gesellschaftsrechtliche Richtlinie über Zweigniederlassungen[82] sieht eine solche Sonderfirmierungspflicht nicht vor und ihr abschließender Charakter untersagt es den Mitgliedstaaten, strengere Vorschriften zu erlassen.[83] Außerdem sei die Niederlassungsfreiheit in unzulässiger Weise eingeschränkt, da den Betreibern die Aufnahme von Geschäftsbeziehungen unverhältnismäßig erschwert würde. Eine Warnung für potenzielle Gläubiger könne demnach nur durch die zulässige Pflicht zur Firmierung mit ausländischem Rechtsformzusatz „Limited" geschaffen werden.

Das Inspire-Art-Urteil trägt zur Konkretisierung des Umfanges der zulässigen einzelstaatlichen Schutzmaßnahmen bei. Die entscheidende Aussage des EuGH ist, dass die Vorschriften über das Mindestkapital und die Geschäftsführerhaf-

---

77 EuGH, ZIP 2002, 2037, 2044, Tz. 92 - *Überseering.*

78 EuGH, ZIP 2002, 2037, 2044, Tz. 92 - *Überseering.*

79 EuGH, NJW 2003, 3331, Tz. 94-96 - *Inspire Art.*

80 WFBV = Wet op de formeel buitenlandse vennootschappen.

81 EuGH, NJW 2003, 3331, Tz. 98-104 - *Inspire Art.*

82 89/666/EWG.

83 EuGH, NJW 2003, 3331, Tz. 65-72 - *Inspire Art.*

tung, die für inländische Kapitalgesellschaften gelten, nicht pauschal auf Gesellschaften mit ausländischer Rechtsform ausgeweitet werden dürfen. Die Heranziehung dieser Vorschriften ist ebenso wenig mit der Niederlassungsfreiheit zu vereinbaren wie Sanktionen für die Nichterfüllung inländischer Kapitalisierungsvorschriften, denn das ausländische Gesellschaftsrecht kann nicht auf das Niveau einer vergleichbaren inländischen Gesellschaftsform „hochreguliert" werden.[84] Dem Urteil ist insoweit zu entnehmen, dass bestimmte Sonderanknüpfungen unzulässig sind. Die Mitgliedstaaten müssen ein geringeres Schutzniveau einer nach ausländischem Recht zu beurteilenden Gesellschaftsform hinnehmen, da die möglichen Gläubiger über den Rechtsformzusatz darüber informiert sind, dass die Gesellschaft anderen Rechtvorschriften unterliegt als eine inländische GmbH.[85]

Der EuGH eröffnet auch weiterhin ausdrücklich die Möglichkeit, Maßnahmen gegen konkrete Missbräuche der Niederlassungsfreiheit zu ergreifen.[86] Dass der Gläubigerschutz zu den zwingenden Allgemeininteressen zählt und deshalb geeignete und verhältnismäßige Beschränkungen der Niederlassungsfreiheit rechtfertigen könnte,[87] wird durch diese EuGH-Entscheidung ebenfalls nicht verneint.

3. Auswirkungen der EuGH-Rechtsprechung

a) Reichweite der Niederlassungsfreiheit

Nur wenige Rechtssprüche des EuGH haben eine solche Wirkung hervorgerufen wie die zur Niederlassungsfreiheit ergangenen Grundsatzurteile Centros, Überseering und Inspire Art. Die Bedeutung der Entscheidungen für das deutsche Internationale Gesellschaftsrecht erfährt eine kritische Würdigung durch die umfangreiche juristische Fachliteratur.

Die Auswirkungen der Entscheidungen für den Anwendungsbereich der Niederlassungsfreiheit werden noch einmal ausgelotet und anschließend geklärt, auf der Basis welcher Kollisionsregel die Anknüpfung einzelner nationaler Schutznormen denkbar ist. Es muss sich grundsätzlich jedes anzuwendende Rechtsinstrument an der Niederlassungsfreiheit messen lassen,[88] wobei aus europarechtlicher Sicht allein die tatsächlichen Auswirkungen des inländischen Rechtsinstituts entscheidend sind.[89]

---

84 *Meilicke*, GmbHR 2003, 1271.

85 EuGH, NJW 2003, 3331, 3334 Tz. 134 ff. - *Inspire Art*.

86 EuGH, NJW 2003, 3331, 3335, Tz. 143 - *Inspire Art*.

87 *GA Alber*, NZG 2003, 262, 272, Rn. 125 ff.

88 *Eidenmüller*, ZIP 2002, 2233, 2242; *ders.*, JZ 2004, 24, 25; *Paefgen*, DB 2003, 487, 491; *Weller*, S. 200.

89 *Eidenmüller*, ZIP 2002, 2233, 2242; *Leible*, RIW 2002, 925, 929; *Schanze/Jüttner*, AG 2003, 30, 33; *Schulz/Sester*, EWS 545, 551; *Spindler/Berner*, RIW 2004, 7, 10; *Weller*, S. 200.

aa) Der Schutzbereich der Niederlassungsfreiheit

Der Umfang des durch die Niederlassungsfreiheit geschützten Verhaltens wird in erster Linie durch die Art. 43, 48 EG sowie durch die entsprechenden Sekundärrechtsakte des europäischen Gesetzgebers determiniert.

Im Regelungsbereich einer Richtlinie ist in Bezug auf die Europarechtskonformität einer mitgliedstaatlichen Maßnahme darauf abzustellen, ob die Richtlinie lediglich einen Mindeststandard formuliert und den Mitgliedstaaten einen Gestaltungsspielraum eröffnet.[90] Sofern der Schutzbereich durch eine europäische Richtlinie für bestimmte Bereiche abschließend geregelt wird, ist es den Mitgliedstaaten verwehrt, darüber hinausgehende strengere Rechtsakte zu erlassen. Dies kann der Entscheidung Inspire Art entnommen werden, die sich mit der elften gesellschaftsrechtlichen Richtlinie[91] auseinanderzusetzen hatte. Der EuGH gelangt zu der Überzeugung, dass es sich in diesem Bereich um eine abschließende Harmonisierung handelt, so dass weitergehende Offenlegungspflichten nicht europarechtskonform sind.[92]

Für andere Bereiche, die nicht durch eine Richtlinie definiert werden, bestimmt sich der Schutzbereich direkt nach Art. 43, 48 EG. Die nach dem Recht eines Mitgliedstaates gegründeten Gesellschaften werden in ihrer Freiheit geschützt, ihre Hauptniederlassung in einen anderen Mitgliedstaat zu verlegen (primäre Niederlassungsfreiheit) sowie über Zweigniederlassungen und Tochtergesellschaften am dortigen Marktgeschehen teilzunehmen (sekundäre Niederlassungsfreiheit). Die Zugehörigkeit der Gesellschaft zu der Rechtsordnung eines Mitgliedstaates kann alternativ nach ihrem satzungsmäßigen Sitz, ihrer Hauptniederlassung oder ihrer Hauptverwaltung bestimmt werden.[93]

Der EuGH schenkt der Differenzierung zwischen der primären und der sekundären Niederlassungsfreiheit in seinen Entscheidungen kaum Beachtung. Er unterstellt auch „Zweigniederlassungen“ dem Schutz der Art. 43, 48 EG, wenn es sich dabei um die einzige Niederlassung und somit um die faktische Hauptniederlassung der Gesellschaft handelt,[94] denn der Gerichtshof versteht unter dem Begriff der „Zweigniederlassung“ jede Niederlassung einer Gesellschaft

---

90 *Ziemons*, ZIP 2003, 1913, 1914 f.

91 89/666/EWG.

92 EuGH, RIW 2003, 957, 960, Tz. 135 - *Inspire Art.*

93 EuGH, Slg. 1986, 2375, 2387, Tz. 13 - *Segers*; DB 2002, 2425, 2426, Tz. 57 - *Überseering*; dazu *Müller-Huschke* in Schwarze, Art. 48, Rn. 7.

94 so z.B. EuGH, RIW 2003, 957 ff. - *Inspire Art*: Der EuGH hielt hier den Anwendungsbereich der Zweigniederlassungsrichtlinie für eröffnet, ohne dass die Gesellschaft in England jemals geschäftlich tätig geworden war; bereits EuGH, Slg. 1986, 2375, 2388, Tz. 16 - *Segers*; DB 1999, 625, Tz. 17 - *Centros*; *Leible/Hoffmann*, EuZW 2003, 677, 679; *Roth*, ZGR 2000, 311, 316 ff.; a.A. *Behrens*, IPRax 2004, 20, 24; *Kieninger*, ZGR 1999, 724, 729 ff.; *Kindler*, NJW 1999, 1993, 2000; *Leible*, ZGR 2004, 530, 533; *Mülbert/Schmolke*, ZVglRWiss 100 (2001), 23, 241 f.

außerhalb ihres ursprünglichen Gründungsstaates. Bei EU-Auslandsgesellschaften steht folglich regelmäßig allein die sekundäre Niederlassungsfreiheit in Rede. Dass der EuGH bei EU-Auslandsgesellschaften nach der Verlegung des tatsächlichen Verwaltungssitzes stets von einer Zweigniederlassung ausgeht, hat auch zur Konsequenz, dass sie an den für Zweigniederlassungen geltenden Regeln des sekundären Gemeinschaftsrechts, insbesondere an der elften gesellschaftsrechtlichen (Publizitäts-)Richtlinie, zu messen ist.

Den Art. 43, 48 EG entnimmt der EuGH sowohl ein Diskriminierungs- als auch ein Beschränkungsverbot.[95] Er reiht die Niederlassungsfreiheit nahtlos in seine Rechtsprechung zu den übrigen Grundfreiheiten des EG-Vertrages ein. Folge dieser Sichtweise ist, dass auch nationale Maßnahmen, die Inländer wie Ausländer gleichermaßen betreffen, gegen die Niederlassungsfreiheit verstoßen können.

Grundgebot der Niederlassungsfreiheit ist es, die Niederlassung ausländischer Gesellschaften im eigenen Hoheitsgebiet zu akzeptieren. Der EuGH hat diese Freiheit dahingehend konkretisiert, dass auch die Rechts- und Parteifähigkeit der ausländischen Gesellschaft anzuerkennen ist, da die Nichtanerkennung gleichsam eine Negierung der Niederlassungsfreiheit darstellt.[96] Die Entscheidung Inspire Art präzisiert die Vorgaben insoweit, als die Begünstigungen durch die Grundfreiheiten nicht von der generellen Beachtung des nationalen Gesellschaftsrechts abhängig gemacht werden dürfen.[97] Aufgrund der Einheitlichkeit des Gesellschaftsstatuts ergibt sich dies schon aus der im Überseering-Urteil formulierten Vorgabe, die Rechtsfähigkeit der Gesellschaft nach ihrem Gründungsrecht anzuerkennen.[98]

Für einzelne inländische Normen kommt die Anwendung auch auf ausländische Kapitalgesellschaften in Betracht. Internationalprivatrechtlich ist für gesellschaftsrechtliche Normen die Durchbrechung des einheitlichen Gesellschaftsstatuts etwa im Wege der Sonderanknüpfung oder des ordre public möglich.

Dabei sollte in die Betrachtung einbezogen werden, dass der Anwendungsvorrang der Grundfreiheiten nicht nur für kollisionsrechtliche, sondern auch für materiellrechtliche Normen zu beachten ist.[99] Demgemäß muss sich jede die Niederlassungsfreiheit beschränkende nationale Regelung an den Art. 43, 48 EG

---

95 EuGH, Slg. 1995, I-4165, Tz. 37 ff. - *Gebhard*; vgl. auch *Eidenmüller*, S. 48, Rn. 4; *Schanze/Jüttner*, AG 2003, 661, 666.

96 EuGH, DB 2002, 2425, 2428, Tz. 81, 93 - *Überseering*.

97 EuGH, RIW 2003, 957, 960, Tz. 105 - *Inspire Art*.

98 *Behrens*, ZGR 1978, 499 ff.; *ders.*, IPRax 2003, 193, 204 f.; a.A. *Großfeld*, RIW 2002, Heft 12, Die erste Seite.

99 *Großerichter* DStR 2003, 159, 162; *Schön*, Lutter-FS, 2002, S. 685, 687; *Zimmer*, ZHR 164 (2000), 23, 25.

messen lassen.[100] Der EuGH beabsichtigt, Gesellschaften möglichst umfassend ihrem Gründungsrecht zu unterstellen, um die Wahrnehmung der Niederlassungsfreiheit in größtmöglichem Rahmen zu gewährleisten. Beschränkungen sind nach seiner Diktion alle Maßnahmen, die die Ausübung der Niederlassungsfreiheit unterbinden, behindern oder weniger attraktiv machen.[101] Der Gerichtshof geht von einem außerordentlich weiten Beschränkungsbegriff aus.[102] So beschränkt zum Beispiel eine anders geartete Geschäftsleiter- oder Gesellschafterhaftung mittelbar die Niederlassungsfreiheit der Gesellschaft, denn jegliche Veränderung in diesen sensiblen Bereichen löst Anpassungsbedarf aus und ist grundsätzlich geeignet, die Gesellschaft von einer Sitzverlegung abzuhalten. Auf die rechtliche Einkleidung einer Vorschrift kommt es im Bereich der Niederlassungsfreiheit nicht entscheidend an und auch Vorschriften, die durch andere als gesellschaftsrechtliche Anknüpfungen zur Anwendung gebracht werden, können eine rechtfertigungsbedürftige Beschränkung der Niederlassungsfreiheit der Gesellschaft darstellen.[103] Auch wenn die Urteile Centros, Überseering und Inspire Art nur Aussagen zu gesellschaftsrechtlichen Fragen beinhalten, kann den Entscheidungen keine Bereichsausnahme für andere Regelungsmaterien entnommen werden, denn für eine solche Ausnahme ist kein Grund zu erkennen. Der Unterschied zwischen gesellschaftsrechtlichen und beispielsweise delikts- oder insolvenzrechtlichen Vorschriften ergibt sich auf sachrechtlicher Ebene allein aus deren dogmatischer Anbindung. Da auch delikts- oder insolvenzrechtliche Vorgaben geeignet sind, die Niederlassungsfreiheit zu beschränken, bedarf es hier ebenfalls einer Rechtfertigung. Normen,

---

100 *Bayer*, BB 2003, 2357, 2363 ff.; *Borges*, ZIP 2004, 733, 741; *Sonnenberger/Großerichter*, RIW 1999, 721, 722; *Zimmer*, NJW 2003, 3585, 3588 ff.; a.A. *Kindler*, NJW 2003, 1073, 1074; *ders.* IPRax 2003, 41, 43; *ders.* NJW 1999, 1993, 1997: Unantastbarkeit des mitgliedstaatlichen Internationalen Gesellschaftsrechts; *Ulmer*, NJW 2004, 1201, 1205, 1207.

101 EuGH, Slg. 1993, I-1663, Tz. 32 - *Kraus*; Slg. 2002, I-305, Tz. 22 - *Kommission/Italien*.

102 *Eidenmüller*, S. 48, Rn. 4.

103 *Borges*, ZIP 2004, 733, 740; *Eidenmüller*, S. 49, Rn. 8; *ders.*, ZIP 2002, 2233, 2242; *ders.*, JZ 2004, 24, 27; *ders./Rehm*, ZGR 2004, 159, 166; *Goette*, ZIP 2006, 541 ff.; *v. Hase*, BB 2006, 2141, 2146 ff.; *Paefgen*, DB 2003, 487, 488 f.; *Spindler/Berner*, RIW 2004, 7, 10; *Wachter*, BB 2006, 1463, 1464; *Zimmer*, NJW 2003, 3585, 3591.; a.A.: *Bayer*, BB 2003, 2357, 2364 f.; *Kersting/Schindler*, RdW 2003, 621, 625; *Kindler* in Münchener Kommentar, IntGesR, Rn. 371, 413, 420, 659: Tätigkeitsausübungs- und Marktrückzugsregeln, also insbesondere insolvenzrechtliche Vorschriften, unterfallen nicht dem Beschränkungsverbot in Art. 43, 48 EG; *ders.*, NJW 2007, 1785, 1787; *Meilicke*, GmbHR 2003, 1271, 1272; *Schumann*, DB 2004, 743, 745 f.; *Ulmer*, NJW 2004, 1201, 1205, 1207 f.; *Weller*, DStR 2003, 1800, 1804; *Ziemons*, ZIP 2003, 1913, 1917.

die nicht als gesellschaftsrechtlich qualifiziert werden, sind folglich nicht automatisch niederlassungsfreiheitsresistent.[104]

Die Reichweite des Gesellschaftsstatuts ist insofern aber entscheidend, als Regelungen, die dem Gesellschaftsrecht unterfallen, grundsätzlich ausschließlich der Gründungsrechtsordnung zu entnehmen sind. Zu der daraus resultierenden Zuordnungsproblematik ist im Schrifttum bereits vielfach kontrovers Stellung bezogen worden.[105] Aus dem Inspire-Art-Urteil lässt sich entnehmen, dass zumindest die Vorschriften zur Gründung der Gesellschaft und zur Haftung der Gesellschafter und der Geschäftsführer zum Bereich des Gesellschaftsrechts gezählt werden müssen.[106] Ob auch andere Bereiche, insbesondere die Kapitalerhaltung und das Kapitalersatzrecht, genuin dem Gesellschaftsrecht zuzuordnen sind, wird im weiteren Verlauf der Arbeit ausführlich betrachtet. Die Zuordnung einer Norm zum Gesellschaftsrecht schließt nicht aus, dass sie zum Schutz zwingender Gründe des Allgemeinwohls auf ausländische Gesellschaften angewendet werden kann.

Auch wenn die Zuordnung zu einem bestimmten Rechtsbereich nicht als entscheidendes Kriterium herangezogen werden kann, um zu bestimmen, ob der Schutzbereich der Niederlassungsfreiheit eröffnet ist, wird diskutiert, ob die Beschränkung eine gewisse Intensitätsschwelle überschreiten muss, um ein Rechtfertigungsbedürfnis im Sinne der Art. 43, 48 EG auszulösen. Rechtstechnisch handelt es sich hierbei um eine teleologische Reduktion des Schutzbereichs der Art. 43, 48 EG. Es wird gefolgert, Regelungen, die ausschließlich die Tätigkeitsausübung der niedergelassenen Gesellschaft betreffen und allenfalls die Niederlassung in dem Staat weniger attraktiv machen, seien nicht von dem Beschränkungsverbot erfasst.[107] In derartigen Fällen sei nur das allgemeine Diskriminierungsverbot einschlägig.[108] Dies wird in erster Linie auf eine Übertragung der Keck-Rechtsprechung auf die Art. 43, 48 EG zurückgeführt, die zu einer Einschränkung des Schutzbereiches der Niederlassungsfreiheit führen soll.[109] Dadurch wird die Reichweite der Grundfreiheiten insoweit beschränkt, als Maßnahmen, die nicht geeignet sind, den Marktzugang zu erschweren und

---

104 *Eidenmüller*, S. 50, Rn. 9; so ist beispielsweise ein direkter Rekurs auf Art. 4 EuInsVO zur Begründung der Unbedenklichkeit insolvenzrechtlicher Regelungen nicht möglich, da es sich insoweit um Sekundärrecht handelt; die in dieser Vorschrift zum Ausdruck kommende Wertung kann jedoch bei der Frage, ob eine konkrete nationale Vorschrift die Niederlassungsfreiheit beschränkt, berücksichtigt werden.

105 vgl. dazu z.B. *Horn*, NJW 2004, 893, 899; *Schanze/Jüttner*, AG 2003, 661, 666; *Spindler/Berner*, RIW 2004, 7, 10.

106 EuGH, RIW 2003, 957, 959 f., Tz. 98, 100, 104 - *Inspire Art*.

107 *Forsthoff*, DB 2002, 2471, 2477; *Randelzhofer/Forsthoff* in Grabitz/Hilf, vor Art. 39-55, Rn. 106; *Habersack*, EuropGesR, Rn. § 3, Rn. 3 ff.

108 *Roth*, Knobbe-Keuck-GS, 729, 739.

109 ausführlich *Lackhoff*, S. 329 ff.

die die inländischen und ausländischen Marktteilnehmer rechtlich und tatsächlich in gleicher Weise treffen, vom Schutzbereich der Grundfreiheiten des EG-Vertrages auszunehmen sind.[110] In der Rechtssache Keck hatte der EuGH zur Warenverkehrsfreiheit ausgeführt, dass andere als produktbezogene Vorschriften nicht geeignet sind, den Marktzugang für ausländische Erzeugnisse zu versperren oder stärker zu behindern als sie dies für inländische Erzeugnisse tun.[111] Im Hinblick auf vertriebsbezogene Beschränkungen wird die Warenverkehrsfreiheit dadurch auf ein bloßes Diskriminierungsverbot reduziert.[112] Mitgliedstaatliche Regelungen, die unterschiedslos gelten und lediglich zu einer geringfügigen Beschränkung der Warenverkehrsfreiheit führen, sollen von der strengen Rechtfertigungsnotwendigkeit über Art. 30 EG beziehungsweise über die zwingenden Gründe des Allgemeinwohles vollständig ausgenommen werden.

Im Schrifttum mehren sich die Stimmen für eine Übertragung der Keck-Grundsätze auf den Schutzbereich der Niederlassungsfreiheit.[113] Es wird argumentiert, dass die Art. 43, 48 EG nicht zu einer Überprüfung der gesamten Rechtsordnung eines Mitgliedstaates führen sollen.[114] Trotz ihrer überragenden Rolle könne die Niederlassungsfreiheit nicht zum Generalmaßstab aller die Wirtschaft betreffenden Gesetze gemacht werden.[115] Wer seinen Sitz innerhalb der Europäischen Union verlege und in einem anderen Staat am Marktgeschehen teilnehme, akzeptiere aufgrund seiner Integration in die Volkswirtschaft des Zuzugsstaates auch dessen Standortbedingungen.[116] Marginale nationale Beschränkungen berühren den Schutzbereich der Niederlassungsfreiheit nach dieser Ansicht nicht, sofern sie alle Marktteilnehmer gleichmäßig belasten.[117] Die jeweiligen mitgliedstaatlichen Maßnahmen wären dann nicht mehr an einem mehrstufigen Rechtfertigungssatz, sondern nur noch am Diskriminierungsverbot zu messen. Allerdings sollen tätigkeitsbezogene Beschränkungen einer umfassenden Kontrolle am Maßstab der Art. 43, 48 EG unterworfen sein, wenn sie

---

110 EuGH, Slg. 1993, I-6097, I-6131 f., Tz. 14 ff. - *Keck*.

111 EuGH, Slg. 1993, I-6097, I-6131 f., Tz. 17 - *Keck*.

112 *Eidenmüller*, S. 51, Rn. 11.

113 *Eidenmüller*, S. 52, Rn. 16; *Kindler* in Münchener Kommentar, IntGesR, Rn. 371; *Müller-Graff* in Streinz, Art. 43 EGV, Rn. 58, 62; *Randelzhofer/Forsthoff* in Grabitz/Hilf, Art. 43, Rn. 89 ff., 100 ff.; *Schanze/Jüttner*, AG 2003, 661, 666 f.; *Spindler/Berner*, RIW 2004, 7, 10 f.; *Ulmer*, NJW 2004, 1201, 1207.

114 *Eidenmüller/Rehm*, ZGR 2004, 159, 167; *Schanze/Jüttner*, AG 2003, 661, 667; *Ulmer*, NJW 2004, 1201, 1206.

115 *Eidenmüller*, S. 50, Rn. 10.

116 *Eidenmüller*, S. 52, Rn. 16.

117 *Schanze/Jüttner*, AG 2003, 661, 667; *Ulmer*, NJW 2004, 1201, 1206.

ausnahmsweise ein entscheidendes Marktzugangshindernis für ausländische Gesellschaften darstellen.[118]

Es erscheint jedoch vorzugswürdig, auch marginale Beschränkungen prinzipiell am vollen Gewährleistungsinhalt der Niederlassungsfreiheit zu messen. Ob die Keck-Grundsätze auch im Bereich der Niederlassungsfreiheit Geltung beanspruchen können, hat der EuGH bislang offengelassen. Wie den bisherigen Entscheidungen jedoch entnommen werden kann, ist dem Gerichtshof die Niederlassungsfreiheit der Gesellschaften ein wichtiges Anliegen. In der Gesamtkonzeption des EGV kommt der Niederlassungsfreiheit eine herausragende Bedeutung zu. Sie muss als Einzelbestimmung des EGV vor dem Hintergrund der durch den EG-Vertrag angestrebten allgemeinen Ziele teleologisch ausgelegt werden.[119] Der Präambel des EGV kann entnommen werden, dass die Schaffung einer Wirtschaftsunion und eines gemeinsamen Marktes, der allein durch die ökonomischen Kräfte gesteuert werden soll, die zentrale Gemeinschaftsaufgabe ist. Gestützt wird diese Argumentation durch Art. 4 I EGV, der die Mitgliedstaaten anhält, eine offene Marktwirtschaft mit freiem Wettbewerb zu ermöglichen. Unter der Formulierung des freien Wettbewerbs kann insbesondere auch ein freier Wettbewerb der Gesellschaftsformen verstanden werden, die als Standortfaktoren das Wirtschaftsleben innerhalb der Mitgliedstaaten nachhaltig beeinflussen. Dies legt den Schluss nahe, dass jegliche mitgliedstaatliche Maßnahme marktsteuernder Art, die die Niederlassung in dem Mitgliedstaat weniger attraktiv macht, begründungsbedürftig ist. Somit muss davon ausgegangen werden, dass von Art. 43, 48 EG auch geringfügige und unbedeutende Beschränkungen der Niederlassungsfreiheit erfasst werden.[120]

Eine teleologische Reduktion des Schutzbereichs der Niederlassungsfreiheit auf marktzugangshindernde Maßnahmen scheidet insofern aus. Sämtliche die Niederlassungsfreiheit tangierenden Maßnahmen sind rechtfertigungsbedürftig und unterliegen sowohl dem Diskriminierungs- als auch dem Beschränkungsverbot.

bb) Eingriff

Beschränkungen der Niederlassungsfreiheit sind alle Maßnahmen, die die Ausübung der Niederlassungsfreiheit unterbinden, behindern oder weniger attraktiv machen.[121] Erfasst werden auch mittelbare Sanktionen und rein faktische

---

[118] *Eidenmüller*, S. 52, Rn. 16.

[119] *Bleckmann*, EuR 1979, 239, 243.

[120] vgl. EuGH, Slg. 2000, I-995, Tz. 21, 49 - *Kommission/Frankreich* zu Art. 52 EGV (jetzt Art. 43 EG); GmbHR 2004, 504, 509, Tz. 43 - *Lasteyrie du Saillant*; dafür, Tätigkeitsausübungsregeln ebenfalls grundsätzlich sowohl am Diskriminierungs- als auch am Beschränkungsverbot zu messen, spricht die Entscheidung EuGH, Slg. 1992, I-3351 - *Ramrath*.

[121] EuGH, Rs. C-439/99, Tz. 22 - *Kommission/Italien*.

Beschränkungen. Der EuGH wertet die Nichtanerkennung der Rechts- und Parteifähigkeit der Gesellschaft,[122] die Eintragungsverweigerung[123] und das Aufstellen zusätzlicher Erfordernisse für eine Teilnahme am Markt[124] als Eingriffe in die Niederlassungsfreiheit. Aber auch die Haftung von Gesellschaftern und Geschäftsführern sind als Eingriff in die Niederlassungsfreiheit der Gesellschaft anzusehen.[125]

cc) Rechtfertigung

Der EuGH hält Rechtfertigungen von Eingriffen in die Niederlassungsfreiheit sowohl nach dem Missbrauchskriterium als auch aus zwingenden Gründen des Allgemeinwohls für möglich.
In den Entscheidungen Centros, Überseering und Inspire Art hat der Gerichtshof jeweils darauf hingewiesen, dass die Mitgliedstaaten befugt sind, Maßnahmen gegen eine missbräuchliche Ausnutzung der Niederlassungsfreiheit zu erlassen.[126] Es soll verhindert werden, dass sich Gesellschaftsgründer durch ein missbräuchliches Ausnutzen der Niederlassungsfreiheit den zwingenden Vorschriften des inländischen Rechts entziehen können. In einer Auslandsgründung, die allein den Zweck verfolgt, das permissivere Gründungsrecht auszunutzen, sieht der EuGH keinen Missbrauch der Niederlassungsfreiheit, sondern einen erlaubten und erwünschten Gebrauch. Diese Wertung wird verständlich, wenn man sich vor Augen führt, dass die Gesellschaft selbst niederlassungsfreiheitsberechtigt ist, so dass bei ihrem Umzug nicht auf die dahinterstehenden natürlichen Personen als Gesellschafter abgestellt werden darf.[127]
Wann positiv ein Missbrauch vorliegt, kann der Rechtsprechung des EuGH nicht entnommen werden. Der Gerichtshof beschränkt sich vielmehr auf eine Negativ-Abgrenzung, in welchen Fällen kein Missbrauch der Niederlassungsfreiheit gegeben ist. In seiner Centros-Entscheidung hebt der EuGH hervor, dass die mitgliedstaatlichen Gerichte aufgrund eines konkreten Missbrauchs oder Betruges im Einzelfall die Berufung auf die Niederlassungsfreiheit verwehren können.[128] Zu differenzieren ist dabei zwischen dem Missbrauch der Gründungsrechtsordnung und dem gemeinschaftsrechtlichen Missbrauch der europa-

---

[122] EuGH, DB 2000, 2425, 2428, Tz. 80 ff. - *Überseering.*
[123] EuGH, DB 1999, 625, 626, Tz. 21 - *Centros.*
[124] EuGH, NJW 2003, 3331, 3332, Tz. 65 ff., 95 ff. - *Inspire Art.*
[125] EuGH, NJW 2003, 3331, 3332, Tz. 100 ff.
[126] EuGHE 1979, 399, Tz. 25 - *Knoors*; EuGHE 1990, I-3551, Tz. 14 - *Bouchoucha*; EuGH, DB 1999, 625, 626, Tz. 24 - *Centros*; DB 1999, 1222, Tz. 20 - *Kefalas*; RIW 2003, 957, 960, Tz. 136 - *Inspire Art*; zur Einschränkung des Schutzbereichs der Niederlassungsfreiheit aufgrund des Missbrauchseinwandes s. *Schön*, Wiedemann-FS, S. 1271, 1290 ff.
[127] *Eyles*, Niederlassungsrecht, S. 88.
[128] EuGH, DB 1999, 625, 626, Tz. 25 - *Centros.*

rechtlich verbrieften Niederlassungsfreiheit.[129] Einem Missbrauch des Gründungsrechts kann nur durch dessen korrekte und dem Missbrauch vorbeugende Anwendung begegnet werden. Da der EuGH von der grundsätzlichen Einschlägigkeit des Gründungsrechts ausgeht, kann dessen Missbrauch nicht mit Schutzinstrumenten des Sitzrechts entgegengetreten werden.[130] Um eine partielle Anwendung der Rechtsordnung des Aufnahmestaates zu rechtfertigen, ist ein Missbrauch der Niederlassungsfreiheit an sich erforderlich. Diesen Missbrauch können die Mitgliedstaaten mit den Bewertungsmaßstäben ihres nationalen Rechts feststellen.[131] Den Entscheidungen Centros, Überseering und Inspire Art kann entnommen werden, dass der Gerichtshof mit einer etwaigen Missbrauchswertung sehr zurückhaltend ist, denn der Missbrauchseinwand ist „gleichsam der natürliche Feind des vom EuGH hervorgehobenen *effet utile*-Prinzips".[132] Nach der Auffassung des Gerichtshofes setzt die Feststellung eines Missbrauchs voraus, dass „eine Gesamtwürdigung der objektiven Umstände ergibt, dass trotz formaler Einhaltung der gemeinschaftsrechtlichen Bedingungen das Ziel der Regelung nicht erreicht wurde. Zum anderen bedarf es eines subjektiven Elementes, nämlich der Absicht, sich einen gemeinschaftsrechtlichen Vorteil dadurch zu verschaffen, dass die Voraussetzungen dafür willkürlich geschaffen werden".[133] Erst wenn sich die Gesellschaft einen nicht mehr vom Sinn und Zweck der Niederlassungsfreiheit getragenen Vorteil verschaffen will, kann ein Missbrauch vorliegen. Es ist erforderlich, dass im Einzelfall konkrete Anzeichen für einen Betrug oder Missbrauch nachgewiesen werden können.[134] Auf das Kriterium der Einzelfallbezogenheit legt der EuGH besonderes Augenmerk.[135] Der Erlass oder die Anwendung einer die Niederlassungsfreiheit einschränkenden mitgliedstaatlichen Norm kann nicht über das Missbrauchskriterium gerechtfertigt werden, da eine generell-abstrakte Regelung dem Einzelfallerfordernis nicht gerecht werden kann.[136] Dem Missbrauchskriterium kommt infolge der EuGH-Rechtsprechung höchstens ein sehr kleiner Anwendungsbereich zu, der im We-

---

129 *Borges*, ZIP 2004, 733, 742.

130 *Meilicke*, GmbHR 2003, 1271, 1272.

131 EuGH, Slg. 1998, I-2843, Tz. 28 - *Kefalas*; Slg. 2000, I-1705 - *Diamantis*, Tz. 33 f.; *Ottersbach*, S. 49 ff.

132 *Eidenmüller*, S. 71, Rn. 82.

133 EuGH, Slg. 2000, I-11569, Tz. 52 f. - *Emsland Stärke*; die hier formulierte Missbrauchswertung betraf zwar den Missbrauch sekundärrechtlicher Regelungen, kann jedoch auch auf den Missbrauch von Grundfreiheiten übertragen werden.

134 EuGH, DB 1999, 625, 626, Tz. 24 - *Centros*; RIW 2003, 957, 960, Tz. 136 - *Inspire Art*.

135 *Eidenmüller*, S. 70, Rn. 80.

136 so auch *Brand*, JR 2004, 89, 92; *Eidenmüller*, S. 75, Rn. 98, 99; *Großerichter*, DStR 2003, 160, 167; *Kersting/Schindler*, RdW 2003, 621, 624; *Kieninger*, ZGR 1999, 724, 743; *Leible*, RIW 2002, 925, 929; *Ulmer*, NJW 2004, 1201, 1203 f.

sentlichen auf Fälle beschränkt sein wird, in denen ohnehin ein betrügerisches Verhalten nachgewiesen werden kann.

Darüber hinaus kann eine verhältnismäßige Beschränkung der Niederlassungsfreiheit aus zwingenden Gründen des Allgemeinwohls gerechtfertigt sein.[137] Eine Rechtfertigung nach Art. 46 EG muss ausscheiden,[138] denn diese Ausnahmevorschrift ist eng auszulegen und besitzt keine große praktische Relevanz. Die Norm ermöglicht es nur aus Gründen der öffentlichen Ordnung, Sicherheit und Gesundheit, Sondervorschriften für Ausländer, d.h. offene Diskriminierungen, zu erlassen. Nach der Rechtsprechung des EuGH ist der Gläubigerschutz kein Belang der öffentlichen Sicherheit oder Ordnung.[139]
Insofern ist auf die ungeschriebene Schranke der Verhältnismäßigkeit abzustellen, die als Einschränkungsmöglichkeit den allgemeinen Grundsätzen der Grundfreiheitsdogmatik entnommen werden kann.[140] Danach können Eingriffe im Interesse des Allgemeinwohles gerechtfertigt werden, wenn sie in nichtdiskriminierender Weise erfolgen, zur Erreichung des Zieles geeignet sind und den Rahmen des Erforderlichen einhalten.[141] Zu den Gründen des Allgemeinwohles zählen beispielsweise der Schutz der Gläubiger, der Arbeitnehmer, der Minderheitsgesellschafter, der Fiskalinteressen, der Lauterkeit des Handelsverkehrs und der Schutz vor missbräuchlicher Ausnutzung der Niederlassungsfreiheit.[142] Dass der Gläubigerschutz auch im internationalen Gesellschaftsrecht einen zwingenden Grund des Allgemeinwohles darstellt, steht spätestens seit der Überseering-Entscheidung fest. Der Gläubigerschutz ist einer der tragenden innereuropäischen Rechtsgrundsätze,[143] wie zahlreichen diesbezüglichen Richtlinien[144] entnommen werden kann.
Das eingesetzte Mittel müsste entsprechend dem Verhältnismäßigkeitsgrundsatz zur Erreichung des angestrebten Zieles geeignet sein. Geeignet ist ein Mittel dann, wenn durch seinen Einsatz das Ziel grundsätzlich zu erreichen ist.[145] Bei der Beurteilung der Geeignetheit kommt dem Mitgliedstaat ein gewisser

---

137 EuGH, NJW 2003, 3331, 3334, Tz. 133 ff. - *Inspire Art* m.w.N.
138 EuGH, DB 1999, 625, 626, Tz. 34 - *Centros*.
139 EuGH, NJW 2003, 3331, 3334, Tz. 131 - *Inspire Art*.
140 *Randelzhofer/Forsthoff* in Grabitz/Hilf, EGV, vor Art. 39–55 EGV, Rn. 154 ff. m.w.N.
141 EuGH, Slg. 1993, I-1663, Tz. 32 - *Kraus*; Slg. 1995, I-4165, Tz. 37 - *Gebhard*; DB 1999, 625, 626, Tz. 24 - *Centros*.
142 EuGH, DB 1999, 625, 626, Tz. 24 - *Centros*; DB 2002, 2425, 2428, Tz. 92 - *Überseering*; RIW 2003, 957, 960 f., Tz. 135, 136, 140 - *Inspire Art*.
143 *Schluck-Amend*, S. 153 ff.
144 vgl. z.B. Erwägungsgrund Nr. 2 der RL über die Sanierung und Liquidation von Versicherungsunternehmen vom 19.3.2001 (2001/17/EG) und die Erwägungsgründe Nrn. 11, 20, 28 der RL über die Sanierung und Liquidation von Kreditunternehmen vom 4.4.2001 (2001/24/EG).
145 *Schroeder* in Streinz, EUV/EGV, Art. 30, Rn. 55.

Prognosespielraum zu, so dass ein Mittel nur dann als ungeeignet angesehen werden kann, wenn die Zweckerreichung ungewiss ist[146] oder das Ziel durch den Mitgliedstaat in inkonsequenter Weise verfolgt wird.[147]
Erforderlich ist eine Maßnahme, wenn sie zugleich das mildeste Mittel ist.[148] Unter dem Merkmal der Erforderlichkeit prüft der EuGH sowohl die Erforderlichkeit im eigentlichen Sinne als auch die Angemessenheit im Sinne einer Verhältnismäßigkeitsprüfung im deutschen Recht. Auf diese Weise beinhaltet jede Erforderlichkeitsprüfung eine Abwägung zwischen der beeinträchtigten Niederlassungsfreiheit und dem angestrebten Allgemeinwohlbelang. Auch hierbei kommt den Mitgliedstaaten ein gewisser Beurteilungsspielraum zu.[149] Der Begriff der Erforderlichkeit ist nach den Vorgaben des Gerichtshofes jedoch eng auszulegen, da in die Prüfung einzubeziehen ist, ob das angestrebte Ziel ebenso durch das Gründungsrecht oder durch Publizitätspflichten erreicht werden kann.[150] Der informierte Geschäftspartner einer ausländischen Gesellschaft solle sich grundsätzlich selbst schützen, so dass es eines Schutzes durch das Sitzrecht prinzipiell nicht bedürfe.[151]
Eine Regelung ist nicht erforderlich, wenn bereits im Herkunftsland Kontroll- und Sanktionsmöglichkeiten bestehen.[152] Doppelkontrollen einer Gesellschaft durch das Gründungs- und das Sitzrecht sind zu vermeiden.[153] Sofern diese ausgeschlossen sind, wird nach den Vorgaben des EuGH zu prüfen sein, ob das angestrebte Ziel durch mildere Mittel des Sitzstaates erreicht werden kann.[154]
Bei der Bewertung ist nicht nur darauf abzustellen, ob die vom Gründungs- und Sitzrecht eingesetzten Schutzinstrumente gleichwertig sind,[155] sondern ob das Gründungsrecht überhaupt einen hinreichenden Gläubigerschutz ermöglicht. Der EuGH geht von einer Vergleichbarkeit der Schutzstandards grundsätzlich auch dann aus, „wenn eine Methode im Einzelfall einen stärkeren Schutz gewähren kann als eine andere".[156] Der Einsatz des Niederlassungsrechts ist nur

---

146 EuGH, Slg. 1995, I-4921, Tz. 109 - *Bosman*; Slg. 1980, 833, Tz. 19; *Müller-Graff* in Streinz, EUV/EGV, Art. 43 EGV, Rn. 76.
147 *Müller-Graff* in Streinz, EUV/EGV, Art. 43 EGV, Rn. 79.
148 *Schroeder* in Streinz, EUV/EGV, Art. 30, Rn. 53.
149 *Eidenmüller*, S. 58, Rn. 31 m.w.N.
150 *Behrens*, IPRax 2004, 20, 25; *Eidenmüller/Rehm*, ZGR 2004, 159, 173 f.
151 EuGH, NJW 2003, 3331, 3334, Tz. 135 - *Inspire Art*; zur (Un-)wirksamkeit des Informationsmodells eingehend *Eidenmüller*, S. 59, Rn. 36 ff.
152 EuGH, Slg. 1986, 3755, 3756 f., Leitsatz 4 - *Kommission/Deutschland.*
153 zu Einfuhrkontrollen mit der gleichen Intention: Slg. 1986, 3755, Tz. 27 - *Kommission/Deutschland*; EuGH, Slg. 1992, I-3351, Tz. 31 - *Ramrath.*
154 EuGH, DB 1999, 625, 627 – Tz. 37 - *Centros.*
155 so aber *Roth*, IPRax 2003, 117, 125.
156 EuGH, Slg. 1996, I-2691, 2725, Tz. 17 - *Kommission/Italien.*

dann erforderlich, wenn ohne Anwendung des Sitzrechts eine nicht zu schließende Schutzlücke entsteht.[157]

Für den Bereich des Gesellschaftsrechts ist durch die Entscheidungen Centros, Überseering und Inspire Art nunmehr geklärt, dass gesellschaftsrechtliche Regelungen des Sitzstaates kaum erforderlich sein können. Der EuGH geht vielmehr vom aufgeklärten Geschäftspartner aus, der durch Informationsmöglichkeiten seinem Schutz selbst Rechnung trägt.

dd) Zusammenfassung

Ungeachtet dessen, ob man die Rechtsprechung des EuGH in methodischer und dogmatischer Hinsicht befürwortet oder nicht, entfalten die Urteile Bindungswirkung,[158] so dass sich für das Internationale Gesellschaftsrecht bei EU-Auslandsgesellschaften nur noch Anknüpfungsmodelle vertreten lassen, die nicht zu einer europarechtswidrigen Diskriminierung der Gesellschaft führen.

Die Leitentscheidungen des EuGH statuieren folgende Grundsätze:

- Die Niederlassungsfreiheit verbietet jegliche Diskriminierung ausländischer Gesellschaften im Zuzugsstaat.
- Jeder Mitgliedstaat muss die Rechtspersönlichkeit einer nach europäisch-ausländischem Recht gegründeten Gesellschaft anerkennen. Gesellschaften, die nach dem Recht eines Mitgliedstaates ordnungsgemäß errichtet worden sind, sind in jedem anderen Mitgliedstaat, in dem sie sich niedergelassen haben, rechts- und parteifähig.
- Die Gründung einer Gesellschaft im Ausland mit dem Ziel, strengere inländische Vorschriften zu umgehen, stellt keinen Missbrauch der Niederlassungsfreiheit dar, selbst wenn sie ihre Geschäftstätigkeit ausschließlich im Inland entfaltet.
- Sowohl für die Rechts- als auch für die Parteifähigkeit ist das Gründungsrecht entscheidend. Die Haftungsverfassung muss ebenfalls prinzipiell nach dem Recht des Gründungsstaates beurteilt werden. Deutsche Kapitalaufbringungsvorschriften sind irrelevant für ausländische Gesellschaften.
- Die Mitgliedstaaten dürfen zugezogenen Gesellschaften keinerlei rechtliche Erschwernisse auferlegen, sofern diese nicht durch zwingende

---

157 *Bayer*, BB 2004, 1, 4; *Behrens*, IPRax 2003, 193, 206; *ders.*, IPRax 2004, 20, 25; *Eidenmüller/Rehm*, ZGR 2004, 159, 173 ff.; *Roth*, IPRax 2003, 117, 125; *Spindler/Berner*, RIW 2004, 949, 954; *Ulmer*, NJW 2004, 1201, 1209; *Ziemons*, ZIP 2003, 1913, 1917; a.A. *Altmeppen*, NJW 2004, 97, 101; *ders./Wilhelm*, DB 2004, 1083, 1088; *Borges*, ZIP 2004, 733, 741 f.

158 vgl. Art. 220 EG: Der Gerichtshof sichert die Wahrung des Rechts bei der Auslegung und Anwendung dieses [=des EG-]Vertrages.

Gründe des Allgemeininteresses oder durch einen im Einzelfall nachweisbaren Missbrauch gerechtfertigt sind. Dies gilt grundsätzlich für alle Beeinträchtigungen der Niederlassungsfreiheit, gleichgültig ob tatsächlich oder potenziell, mittelbar oder unmittelbar.
- Auf das Gesellschaftsrecht des Sitzstaates darf nur in Ausnahmefällen, nämlich wenn das Gründungsrecht keinen adäquaten Gläubigerschutz zu vermitteln vermag, zurückgegriffen werden.

b) Konsequenzen für das deutsche Internationale Gesellschaftsrecht

Vor dem Hintergrund der aufgezeigten Grundsätze kann die questio famosa des Internationalen Gesellschaftsrechts, wie das Gesellschaftsstatut richtigerweise zu bestimmen ist, zumindest für Zuzugsfälle innerhalb der EU beantwortet werden. Bereits nach der Rechtssache Centros wurden 1999 in der Literatur Stimmen laut, die das Ende der Sitztheorie und eine Hinwendung zur Gründungstheorie innerhalb Europas prognostizierten.[159] Die Gegenansicht ging seinerzeit davon aus, dass die Centros-Entscheidung auf das deutsche Internationale Gesellschaftsrecht keinen Einfluss habe, da das Urteil zu einem Sachverhalt aus einem Staat ergangen war, der der Gründungstheorie folgte.[160] Die Überseering-Entscheidung aus dem Jahre 2002 begrenzte die Anwendung der Gründungstheorie als Kollisionsnorm noch auf die Rechts- und Parteifähigkeit der Gesellschaft.[161] Die eingeschränkte Sitztheorie, die eine ausländische Kapitalgesellschaft in eine inländische Personengesellschaft umqualifiziert, war mit diesem Urteil nicht in Einklang zu bringen. Dem Rettungsversuch des II. Zivilsenats des BGH steht der letzte Satz des Überseering-Urteils entgegen, in dem der EuGH die Mitgliedstaaten verpflichtet, die Rechts- und Parteifähigkeit der Gesellschaft zu achten, die die Gesellschaft *nach dem Recht des Gründungsstaates* besitzt. Dem schloss sich der VII. Zivilsenat des BGH in seiner Abschlussentscheidung an. Die Rechtsfähigkeit der Überseering BV ist als Gesellschaft des niederländischen Rechts zu achten; sie darf in keine andere Gesellschaftsform mit größeren Haftungsrisiken gedrängt werden.[162] Spätestens mit der Inspire-Art-Entscheidung hat der EuGH allen Beschränkungen der Zuzugsmöglichkeiten von in Europa gegründeten Gesellschaften eine Absage erteilt.[163] Aus der oben wiedergegebenen Rechtsprechung ergibt sich, dass eine generalpräventive Anwendung des Gesellschaftsrechts des Sitzstaates in keinem Fall europarechtskonform ist. Die Rechtfertigung eines solchen Vorgehens

---

159 vgl. nur die Nachweise bei *Kieninger*, ZEuP 2004, 685, 686, Fn. 15.
160 *Kindler*, NJW 1999, 1993, 1998.
161 *v. Bernstorff*, RIW 2004, 489, 500.
162 *Behrens*, IPRax 2003, 193, 204; *Kieninger*, ZEuP 2004, 685, 689 ; *Lutter*, BB 2003, 7, 9.
163 *Bayer*, BB 2003, 2357, 2363; *Behrens*, IPRax 2004, 20, 26; *Kieninger*, ZEuP 2004, 685, 690 ; *Schulz/Sester*, EWS 2002, 545.

scheitert an der fehlenden Erforderlichkeit eines Rückgriffs auf das Sitzrecht, denn der EuGH geht davon aus, dass der Gesellschaftsgläubiger von der als prinzipiell gleichwertig anzusehenden Gründungsrechtsordnung hinreichend geschützt wird.[164] Das Ziel des EuGH, Doppelkontrollen im gesellschaftsrechtlichen Bereich zu vermeiden, tritt in seiner Rechtsprechung zu anderen Regelungsfeldern bereits deutlich zutage. Der Gerichtshof verweist in seinen Entscheidungen zu Einfuhrkontrollen auf die Ausfuhrkontrollen des Herkunftslandes[165] und hält es für zumutbar, die Gleichwertigkeit beruflicher Qualifikationen aus anderen Mitgliedstaaten zu überprüfen.[166] Von den Mitgliedstaaten kann somit auch erwartet werden, vor einer etwaigen Anwendung eigener Rechtsnormen das Gründungsrecht auf dessen Gleichwertigkeit hin zu untersuchen, wobei geringe Niveauunterschiede mit Blick auf die herausragende Stellung der Niederlassungsfreiheit zu tolerieren sind.
Zudem wird aus den richtungweisenden Entscheidungen deutlich, dass der EuGH von einem aufgeklärten Gläubiger ausgeht, der seine Interessen für sich vertreten kann.[167] Dem Gläubiger sei es möglich, die ausländische Rechtsform der Gesellschaft aufgrund der europäischen Publizitätspflichten zu erkennen und sein Geschäftsgebaren entsprechend anzupassen.[168] Die Informationskosten seien als Preis des Wettbewerbs anzusehen.[169] Die Eigeninitiative der (potenziellen) Gläubiger sei ohnehin schon weit verbreitet.[170] Auch wenn dieses Informationsmodell nicht auf gesetzliche Gläubiger übertragbar ist,[171] existieren Möglichkeiten wie zum Beispiel Versicherungen zur Abfederung des entsprechenden Risikos, so dass eine generelle Anwendung des Gründungsrechts auch in diesen Fällen nicht mit dem Erforderlichkeitskriterium des EuGH in Einklang zu bringen ist.

Eine Anwendung des deutschen Gesellschaftsrechts musste auch schon unter Geltung der Sitztheorie für „echte" Auslandsgesellschaften, bei denen Satzungs- und Verwaltungssitz im selben ausländischen Mitgliedstaat liegen, ausscheiden. Aus diesem Grund erscheint die Anwendung der Sitztheorie auf „Schein"-Auslandsgesellschaften unter dem Gesichtspunkt der Verhältnismäßigkeit zwei-

---

164 EuGH, RIW 2003, 957, 960, Tz. 135 - *Inspire Art.*

165 EuGH, Slg. 1986, 3755, Tz. 27 - *Kommission/Deutschland*; Slg. 1992, I-3351 - *Ramrath.*

166 EuGH, Slg. 1991, I-2357 - *Vlassoupoulou/Ministerium für Justiz, Bundes- und Europaangelegenheiten Baden-Württemberg.*

167 EuGH, DB 1999, 625, 627, Tz. 36 - *Centros;* RIW 2003, 957, 960, Tz. 135 - *Inspire Art*; der EuGH überträgt seine Rechtsprechung zur Warenverkehrsfreiheit, die vom Konzept des mündigen Verbrauchers ausgeht, in das Gesellschaftsrecht; vgl. dazu auch *Ziemons*, ZIP 2003, 1913, 1916.

168 kritisch *Geyrhalter/Gänßler*, NZG 2003, 409, 412; *Weller*, DStR 2003, 1800, 1802.

169 *Eidenmüller*, ZIP 2003, 2233, 2237; a.A. *Borges*, ZIP 2004, 733, 742.

170 *Happ/Holler*, DStR 2004, 730, 732; *Paefgen*, DB 2003, 487, 490.

171 *Spindler/Berner*, RIW 2004, 7, 14.

felhaft.[172] Der inländische Rechtsverkehr muss sich ohnehin wegen der zunehmenden Globalisierung der Märkte mit ausländischen Gesellschaftsformen abfinden.

Die deutsche Rechtsprechung ist den Vorgaben des EuGH gefolgt und hat für Zuzugsfälle innerhalb der Europäischen Union einen Kurswechsel von der Sitz- zur Gründungstheorie vollzogen. Sowohl durch den BGH[173] als auch durch verschiedene Oberlandesgerichte[174] ist geklärt, dass EU-Auslandsgesellschaften in ihrer Gründungsrechtsform als rechts- und parteifähig anerkannt und in das Handelsregister eingetragen werden. Auch die herrschende Literatur geht davon aus, dass spätestens seit Inspire Art die Sitztheorie für Zuzugsfälle innerhalb Europas obsolet geworden ist.[175]

Das gesellschaftsrechtliche Herkunftslandsprinzip gilt nicht nur bei einer nachträglichen Verwaltungssitzverlegung, sondern ebenso für den Fall, dass bereits bei der Gründung Satzungs- und Verwaltungssitz räumlich auseinanderfallen.

Lediglich *Altmeppen*[176] geht von einer Fortgeltung der Sitztheorie aus. Für in Deutschland ansässige Kapitalgesellschaften sei weiterhin grundsätzlich deutsches Kapitalgesellschaftsrecht einschlägig, und zwar unabhängig davon, in welchem Mitgliedstaat die Gesellschaft gegründet wurde. Das vollständige englische Kapitalgesellschaftsrecht könne auf die Limited in Deutschland ohnehin nicht angewendet werden, da es dem deutschen Recht fremde Instrumente, insbesondere eine repressive Staatsaufsicht, kennt. Insofern sei es unmöglich, mit dem wegen Anwendungsschwierigkeiten lückenhaften englischen Gesellschaftsrecht in Deutschland einen effektiven Gläubigerschutz zu erzielen.[177] Aus den Grundfreiheiten des EG-Vertrages leite sich lediglich ab, dass eine nach dem Recht eines anderen Staates wirksam als Gesellschaft mit beschränkter Haftung gegründete juristische Person im Inland anzuerkennen sei. Gleichzeitig seien aber auch die Grundsatzentscheidungen der Gesellschaft am Recht des Gründungsstaates zu messen. Unter diesen Grundlagenentscheidungen versteht *Altmeppen* nur die Rechtsverhältnisse, die „auf das Engste“ mit der Gründung zusammenhängen.[178]

---

172 *Kersting/Schindler*, RdW 2003, 621, 623; *Ziemons*, ZIP 2003, 1913, 1916.

173 BGH, BB 2003, 915.

174 OLG Celle, IPRax 2003, 245; OLG Zweibrücken, BB 2003, 864; weitere Nachweise bei *Leible/Hoffmann*, ZIP 2003, 925, 927.

175 aus der zahlreichen Literatur vgl. z.B. *Bayer*, BB 2003, 2357, 2363; *Behrens*, IPRax 2004, 20, 26; *Kieninger*, ZEuP 2004, 685, 690; *Lutter*, BB 2003, 7, 9; *Schulz/Sester*, EWS 2002, 545; *Spindler/Berner*, RIW 2003, 949, 950.

176 *Altmeppen*, NJW 2004, 97, 99.

177 *Altmeppen*, NJW 2004, 97, 99; *ders./Wilhelm*, DB 2004, 1083.

178 *Altmeppen*, NJW 2004, 97, 100: Verfassung, Erlöschen und Möglichkeit der Umwandlung der ausländischen Kapitalgesellschaft.

Als maßgebliche Kollisionsregel rekurriert *Altmeppen* auf den Satz *Savignys,*[179] „daß bei jedem Rechtsverhältnis dasjenige Rechtsgebiet aufgesucht werde, welchem dieses Rechtsverhältnis seiner eigenthümlichen Natur nach angehört oder unterworfen ist (worin dasselbe seinen Sitz hat)". Dies führe zu einer „Sitztheorie", die in- oder ausländisches Recht immer dann zur Anwendung bringe, wenn die Natur der Sache dies rechtfertige.[180] Materiellrechtlich finde deshalb deutsches Gläubigerschutzrecht Anwendung. Die Niederlassungsfreiheit könne den Zuzugsstaat jedoch dazu verpflichten, eine inländische Gläubigerschutzvorschrift nicht anzuwenden, wenn hierdurch die Niederlassung im Zuzugsstaat weniger attraktiv werde. Ob eine solche Behinderung vorliege, müsse an der Gebhard-Formel gemessen werden, wobei sich das deutsche Gläubigerschutzrecht insbesondere deshalb als erforderlich erweise, „weil wir keine englischen, lettischen, portugiesischen oder tschechischen Konzepte haben, sondern unser geschlossenes Schutzkonzept".[181]
Der Ansicht *Altmeppens* ist nicht zu folgen. Schon seine Prämisse ist wenig überzeugend. Für die ausländischen Kapitalgesellschaften mit inländischem Sitz gilt nicht vorrangig das deutsche Gesellschaftsrecht, sondern vielmehr das von den Gesellschaftern gewählte ausländische Gründungsrecht als lex societas. EU-angehörige Kapitalgesellschaften sind nach der Rechtsprechung des EuGH nach ihrem Gründungsrecht zu beurteilen. Dieser kollisionsrechtlichen Schlussfolgerung kann nach der Entscheidung in Sachen Inspire Art heute niemand mehr mit überzeugenden Argumenten entgegentreten; insofern ist das Gründungsrecht im Prinzip auch für den Gläubigerschutz zur Anwendung berufen.[182] Nur in Ausnahmefällen gestattet es die europäische Niederlassungsfreiheit, deutsches gläubigerschützendes Gesellschaftsrecht auf hier residierende EU-ausländische Gesellschaften anzuwenden.[183]

Für die Ausübung der Niederlassungsfreiheit ergeben sich keine Konflikte, wenn die europäischen Gesellschaften nach Art. 48 I, II EG auf der Grundlage der Gründungstheorie anerkannt werden. Die Folge eines Statutenwechsels oder einer Neugründung der zuziehenden Gesellschaft sind der Gründungstheorie fremd. Sie eröffnet die Rechtswahlfreiheit im Gesellschaftsrecht. Ihr Vorteil liegt in der Möglichkeit der Sitzverlegung und einer einfachen und eindeutigen

---

179 *Savigny*, S. 107, 108; des Weiteren S. 125; „Das für eine Person als solche geltende Recht gilt darum nicht auch für die einzelnen Rechtsverhältnisse, in welche sich die Person begiebt, und durch die sie in die verschiedensten Rechtsgebiete eintreten kann. ... wir können uns bei diesen nicht der Nothwendigkeit entziehen, für jedes derselben das ihm angemessene Rechtsgebiet mit völliger Unbefangenheit besonders zu ermitteln."

180 *Altmeppen/Wilhelm*, DB 2004, 1083, 1086.

181 *Altmeppen/Wilhelm*, DB 2004, 1083, 1088.

182 *Sandrock*, BB 2004, 897, 898.

183 *Sandrock*, BB 2004, 897, 899.

Bestimmung des einschlägigen Gesellschaftsstatuts.[184] Eine Diskriminierung der Gesellschaft ist nicht zu befürchten.
Der Meinungsstreit zwischen Sitz- und Gründungstheorie ist damit für Zuzugsfälle im Geltungsbereich des EG-Vertrages zugunsten der Gründungstheorie zwar entschieden worden,[185] jedoch ist der Rechtsverkehr weiterhin mit den der Gründungstheorie und den ausländischen Gesellschaften entgegengebrachten Bedenken konfrontiert. Innerhalb der Europäischen Union sind die nationalen Interessen nicht zu vernachlässigen[186] und es wird zu überlegen sein, wie inländischen Schutzinteressen auf dem Boden der Gründungstheorie zur Durchsetzung verholfen werden kann.

Es bleibt die Frage, ob den vermittelnden Theorien unter dem Gesichtspunkt der Niederlassungsfreiheit Bedenken entgegenstehen. Als Folge der Rechtsprechung des EuGH sind grundsätzlich diejenigen Theorien, die das Sitzrecht in bestimmten Fallkonstellationen generell angewendet wissen wollen, abzulehnen, weil der EuGH die zugezogene Gesellschaft nach ihrem Gründungsrecht behandelt sehen will. Da der Gerichtshof in Ausnahmefällen einen Rückgriff auf das Sitzrecht erlaubt, können jedoch Anknüpfungstheorien, die diesem Diktum entsprechen, innerhalb Europas zur Bestimmung des Gesellschaftsstatuts herangezogen werden.

Aus dem Schrifttum ist zunächst *Grothe* zu nennen, gegen den vorzubringen ist, dass die Sonderanknüpfung sämtlicher drittschützender Normen des Sitzstaates den Entscheidungen des Gerichtshofes zuwiderläuft. Eine Anerkennung der Gesellschaft als eine solche des ausländischen Rechts kann in diesem Fall nicht gewährleistet werden. Vielmehr würde dies zu einer Hochregulierung des ausländischen Rechts unter dem Vorwand des Drittschutzes führen, was nach Inspire Art gerade zu vermeiden ist. Die *Sandrock'sche* Überlagerungstheorie ist nur vertretbar, wenn keine Diskriminierung der ausländischen Gesellschaft zu befürchten wäre. Ausschließlich auf die Günstigkeit einer Rechtsordnung abzustellen, erscheint zweifelhaft.[187] Auch die Überlagerungstheorie kann zu einer generellen Geltung des Sitzrechts führen, die mit dem vom EuGH postulierten Einzelfallbezug und Erforderlichkeitskriterium nicht zu vereinbaren ist. Gegen die Lehre *Grasmanns* lässt sich allgemein einwenden, dass eine Differenzierung zwischen Innen- und Außenverhältnis selten problemlos möglich ist. *Grasmann* will von einer Anwendung des Drittgünstigkeitsprinzips absehen, sofern die Gesellschaft nachweisen kann, dass der Geschäftspartner von der ausländischen

---

184 *Koppensteiner*, S. 121; zur grundsätzlichen Kritik an der Gründungstheorie vgl. *Kindler* in Münchener Kommentar, IntGesR, Rn. 348 ff.

185 zur Geltung der Gründungstheorie für Gesellschaften innerhalb der Europäischen Union siehe *Kindler* in Münchener Kommentar, IntGesR, Rn. 406 ff.

186 *Großfeld*, WM 1992, 2121, 2128: „Es ist einfach, sich eine europäische Feder an den Hut zu heften und damit als fortschrittlich und liberal zu erscheinen"; *v. Halen*, S. 230.

187 *v. Halen*, S. 233.

Gesellschaftsform gewusst hat. Anderenfalls führt sein Ansatz jedoch ebenfalls zu einer pauschalen Anwendung des Sitzrechts. Eine Rechtfertigung der Sonderanknüpfung sämtlicher inländischer Gläubigerschutznormen scheitert an der Gebhard-Formel, so dass die Differenzierungstheorie abzulehnen ist. Auch die Überlegungen *Wiedemanns* sind mit der Rechtsprechung des EuGH nicht in Einklang zu bringen, denn für Gesellschaften, deren wirtschaftlicher Schwerpunkt nicht in demselben Land wie der Satzungssitz liegt, soll das anwendbare Recht nach dem Interessenschwerpunkt bestimmt werden, so dass die Schwerpunkttheorie für alle „Schein-"Auslandsgesellschaften pauschal in das Sitzrecht verweisen würde. Bei der Kombinationslehre *Zimmers* ist zu bedenken, dass zwar im Prinzip das Gründungsrecht berufen ist, das Sitzrecht gleichwohl pauschal eingreift, wenn die Gesellschaft tatsächliche Verbindungen zu nur einem Staat aufweist.[188] Auf sogenannte Briefkasten- oder Scheinauslandsgesellschaften würde im Ergebnis die Sitztheorie mit ihren bekannten gemeinschaftsrechtswidrigen Folgen zur Anwendung kommen. Sie ist deshalb abzulehnen.

Unter Beachtung der europarechtlichen Vorgaben erscheint es möglich, auf der Basis einer eingeschränkten Gründungstheorie das Gesellschaftsstatut zu bestimmen. Das prinzipiell geltende Gründungsrecht wird nach der Ansicht von *Behrens* nur durchbrochen, sofern dies zum Schutz inländischer Interessen zwingend geboten ist, wobei im Einzelfall auch die Schutzmechanismen des Gründungsrechts Berücksichtigung finden.[189] Auch die Selbstinformationsmöglichkeiten der Gesellschaftsgläubiger sollen mit in die Betrachtung einfließen. Dieser Ansicht haben sich seit der Inspire-Art-Entscheidung zahlreiche Stimmen in der Literatur angenähert.[190] Das Gründungsrecht soll lediglich einzelfallbezogen durch die Sonderanknüpfung bestimmter inländischer Normen eingeschränkt oder durch die Umqualifizierung bislang undifferenziert dem Gesellschaftsrecht zugeordneter Rechtsinstitute[191] durchbrochen werden. Auch der von *Koppensteiner* vorgeschlagene Ansatz erscheint grundsätzlich anwendbar, denn er lässt einen Rückgriff auf das inländische Recht nur in eng begrenzten Ausnahmefällen zu. Inwieweit eine Anwendung inländischer Gläubigerschutzvorschriften unter fraudulösen Gesichtspunkten oder nach Art. 6 EGBGB praktisch möglich ist, wird in den weiteren Ausführungen unter Kapitel C untersucht.

---

188 *Zimmer*, IntGesR, S. 220 ff., 331 f.

189 *Behrens*, RabelsZ 52 (1988), 498, 523; *ders.*, IPRax 2003, 193, 196; *ders.*, IPRax 2004, 20, 25.

190 siehe z.B. *Eidenmüller*, ZIP 2002, 2233, 2242; *Eidenmüller/Rehm*, ZGR 2004, 159, 165; *Forsthoff*, DB 2003, 979, 981; *ders.* DB 2002, 2471, 2476; *Geyrhalter/Gänßler*, NZG 2003, 409, 415; *Großerichter*, DStR 2003, 159, 168; *Kersting/Schindler*, RdW 2003, 621, 624; *Leible*, RIW 2002, 925, 935; *ders./Hoffmann*, EuZW 2003, 677, 682; *Schanze/Jüttner*, AG 2003, 30, 33; *Ziemons*, ZIP 2003, 1913, 1917 f.

191 *Weller*, IPRax 2003, 207, 208; *ders.*, DStR 2003, 1800, 1804.

Im deutschen Internationalen Gesellschaftsrecht ist demgemäß einer Gründungstheorie zu folgen, die auf europarechtskonforme Weise durch Sonderanknüpfungen zugunsten inländischer Interessen modifiziert und durch den ordre public sowie durch fraudulöse Grundsätze beschränkt wird.[192]

4. Zusammenfassung und Ausgangspunkt der weiteren Überlegungen

Die Entscheidungen Centros, Überseering und Inspire Art haben dazu geführt, dass innerhalb Europas die Gründungstheorie die einschlägige Kollisionsnorm zur Bestimmung des Gesellschaftsstatuts ist. Damit ist der transnationalen Mobilität europäischer Kapitalgesellschaften der Weg geebnet.

Die Mitgliedstaaten werden durch die Gründungstheorie verpflichtet, die hinzugezogenen Gesellschaften prinzipiell nach dem Recht ihres Gründungsstaates zu behandeln, das im Interesse des Schutzes inländischer Gläubiger nach Maßgabe der eingeschränkten Gründungstheorie durch partielle Sonderanknüpfungen von gläubigerschützenden Normen des Sitzrechts zur Schließung von Schutzlücken modifiziert werden kann. Alle dadurch entstehenden unmittelbaren und mittelbaren Beschränkungen der Niederlassungsfreiheit müssen sich an den Art. 43, 48 EG messen lassen und bedürfen einer europarechtlichen Rechtfertigung im Sinne der Gebhard-Formel.

In seiner Inspire-Art-Entscheidung stellt der EuGH insbesondere auf die Vorschriften ab, die im innerstaatlichen Recht die Gründung von Gesellschaften betreffen.[193] Hieraus kann abgeleitet werden, dass gesellschaftsrechtliche Vorschriften, die an die Tätigkeitsausübung der niedergelassenen Gesellschaft und nicht an deren Gründung anknüpfen, eher mit der Niederlassungsfreiheit vereinbar sind.[194]

Im Folgenden wird auch darüber nachgedacht, inwieweit Gläubigerschutzvorschriften, die nicht als gesellschaftsrechtlich zu qualifizieren sind, Anwendung finden können. Eine Umqualifikation oder eine Mehrfachqualifikation ist für bestimmte Normen in Betracht zu ziehen, die man ohne nähere Diskussion bislang dem Gesellschaftsstatut zugerechnet hat. Teilweise werden hiermit andere, zum Beispiel delikts- oder insolvenzrechtliche Zwecke verfolgt. Diese Sachnormen kommen bei ausländischem Gesellschaftsstatut zur Anwendung, wenn für die anderen Rechtsbereiche deutsches Recht einschlägig ist. Das englische und das französische Recht zeigen, dass der Gläubigerschutz auch über das Insolvenzrecht gewährleistet werden kann.[195] Deutsche Gläubigerschutznormen wer-

---

192 *Forsthoff*, DB 2002, 2471, 2476 f.; *Großerichter*, DStR 2003, 159, 167; *v. Halen*, WM 2003, 571, 575; *Leible*, RIW 2002, 925, 935; *Leible* in Michalski, Syst.Darst. 2, Rn. 31; *Rehberg*, IPRax 2003, 175, 180; *Schanze/Jüttner*, AG 2003, 30, 36; *Weller*, S. 87.

193 EuGH, NJW 2003, 3331, Tz. 138, 2. Leitsatz - *Inspire Art*.

194 *Altmeppen*, NJW 2004, 97, 99.

195 *Group of German Experts on Corporate Law*, ZIP 2003, 863, 870, 873.

den durch die Umqualifizierung nicht niederlassungsfreiheitsresistent, sondern müssen sich ebenfalls an dem Vier-Kriterien-Test der Gebhard-Formel messen lassen.

Im Interesse des Gläubigerschutzes werden nun rechtsvergleichend Schutzlücken ermittelt, die aus dem Gründungsrecht der zuziehenden englischen Limited resultieren und die eine Anwendung des Rechts des Sitzstaates rechtfertigen können. Es wird geprüft, ob eine ergänzende Anwendung des deutschen Kapitalerhaltungs- und Kapitalersatzrechts diese Lücken schließen kann.

B. Gläubigerschutz bei GmbH und Limited im Überblick

Bevor in den Kapiteln C und D eingehend geprüft wird, ob eine Anwendung des deutschen Kapitalerhaltungs- und Kapitalersatzrechts auf die Limited kollisionsrechtlich und europarechtlich möglich ist, soll zunächst untersucht werden, warum und inwieweit Bedarf für die Anwendung inländischer Schutznormen auf hinzugezogene Auslandsgesellschaften besteht. Aus der Perspektive des Gesellschaftsgläubigers wird ermittelt, welchen Gefahren er bei Geschäften mit einer „deutschen Limited"[196] ausgesetzt ist. Daraus wird sich ergeben, ob und inwieweit der Umzug einer englischen Limited nach Deutschland zu Lücken im Gläubigerschutz führt, die gegebenenfalls durch ergänzende Anwendung deutschen Rechts geschlossen werden müssen. Solche Lücken sind unter zwei Gesichtspunkten denkbar: Einerseits, wenn zwischen dem deutschen und dem englischen Gesellschaftsrecht ein enormes Regelungsgefälle besteht und andererseits, wenn es aufgrund der Internationalität des Sachverhalts zu einem Normenmangel[197] kommt. Im letztgenannten Fall könnte dann die Gesellschaft bildlich sowohl durch das Normennetz des Gründungsstaates als auch des Zuzugsstaates „hindurchschlüpfen".[198]
Nur wenn feststeht, dass die Gläubiger einer in Deutschland domizilierten Limited durch die Regelungen des englischen Rechts in eklatanter Weise schutzlos gestellt sind oder aber einzelne englische Schutzmechanismen versagen und die Gläubiger der „deutschen Limited" schlechter gestellt sind als die einer in England operierenden, kann die Anwendung deutscher gesellschaftsrechtlicher Rechtsinstitute zur Lückenfüllung erwogen werden.

Es wird zunächst geklärt, ob zwischen dem deutschen und dem englischen Recht ein bedeutender Niveauunterschied besteht. Eine Voraussetzung für ein ähnliches Schutzniveau ist, dass die Gläubiger durch vergleichbar wirkende Schutzmechanismen gesichert sind.[199] Wegen des bei der Limited fehlenden Mindestkapitals ist dies bereits im Ansatz fraglich, doch ein derart schlichter Pauschalhinweis kann eine Untersuchung des gesamten, aus unterschiedlichen Regelungsgebieten bestehenden englischen Gläubigerschutzsystems nicht ersetzen.[200]
Des Weiteren wird überprüft, welche der untersuchten Vorschriften im konkreten Fall auf die in Deutschland ansässige Limited anzuwenden sind. Hierbei steht zu erwarten, dass einzelne Vorschriften oder bestimmte Regelungsbereiche des englischen Gläubigerschutzrechts in Deutschland nicht anwendbar sind und

---

196 der Begriff geht zurück auf *Pohl*, Raupach-FS, S. 375 ff.
197 zum Begriff *Kegel/Schurig*, § 1 VII 2; *Kropholler*, § 3 II 2 b.
198 *Weller*, IPRax 2003, 207, 208 f.; *ders.*, S. 100.
199 *Roth*, ZGR 2000, 311, 332.
200 *Zimmer*, BB 2000, 1361, 1365.

den Gläubiger nach einer Sitzverlegung der Gesellschaft nicht adäquat schützen können. Die möglichen Normenmängel und daraus resultierende Schutzlücken beruhen vor allem auf der analytischen Methode des Internationalen Privatrechts. Danach wird ein Rechtsfall in seine einzelnen Komponenten aufgespaltet und jede einzelne Frage unterliegt einer eigenen kollisionsrechtlichen Anknüpfung.[201] Der Gläubigerschutz wird in den meisten Rechtsordnungen nicht nur durch gesellschaftsrechtliche Normen sichergestellt, sondern er ergibt sich erst aus dem Zusammenspiel unterschiedlicher und aufeinander abgestimmter Rechtsinstitute verschiedener Regelungsbereiche. Im nationalen Bereich ist auf diese Weise gewährleistet, dass die einzelnen Vorschriften zu einem differenzierten Gesamtgefüge ineinandergreifen und dem Gläubiger der Gesellschaft ein hohes Maß an Schutz bieten. Bei Sachverhalten mit Auslandsberührung ist es jedoch möglich, dass einzelne Teile dieses Normennetzes nicht zum Einsatz kommen können. Dies basiert darauf, dass die einzelnen Regelungsbereiche unterschiedlichen internationalprivatrechtlichen Anknüpfungen unterliegen, so dass zusammengehörige Vorschriften aufgrund abweichender Qualifikation zur Anwendbarkeit verschiedener Rechtsordnungen führen und auseinandergerissen werden.[202]
Die Gefahr von Normenwidersprüchen wird durch das Auseinanderfallen von Satzungs- und Verwaltungssitz als kollisionsrechtlich bedeutsame Anknüpfungsmomente begünstigt.[203] Für gesellschaftsrechtliche Fragen ist nach der Rechtsprechung des EuGH grundsätzlich das Recht am Satzungssitz der Gesellschaft, mithin das Gründungsrecht zur Anwendung berufen. Alle anderen Regelungsmaterien richten sich regelmäßig nach dem Recht des Verwaltungssitzes, da dieser mit dem Handlungsort als internationalprivatrechtlich entscheidendes Anknüpfungsmoment in den meisten Fällen identisch ist.[204] Die Anknüpfungsmomente des Deliktsrechts, des Insolvenzrechts und des öffentlichen Rechts stellen letztlich auf den Verwaltungssitz der Gesellschaft ab. Ein Normenmangel ist folglich bei Gründungsrechtsordnungen zu befürchten, die den Gläubigerschutz nicht ausschließlich über gesellschaftsrechtliche, sondern auch über deliktische, insolvenzrechtliche und hoheitliche Möglichkeiten absichern.[205]

Vor diesem Hintergrund werden die Finanzverfassungen beider Gesellschaftsformen, Rechnungslegungs- und Publizitätsvorschriften, Haftungstatbestände, staatsaufsichtsrechtliche Vorschriften sowie insolvenzrechtliche Regelungen diskutiert. In die Untersuchung einbezogen werden die geplanten Neuregelun-

---

201 *Kropholler*, § 18 I 1; § 26 I.
202 *Zimmer*, IntGesR, S. 292 f.
203 *Weller*, S. 106.
204 *Weller*, S. 106.
205 *Weller*, S. 107.

gen aufgrund des Regierungsentwurfs des MoMiG[206] sowie die wesentlichen Neuregelungen des in weiten Teilen im Oktober 2008 in Kraft tretenden CA 2006.

Der deutsche Gesetzgeber hatte schon 2005 mit einem Regierungsentwurf versucht, das Stammkapital zu verringern, war damit aber im Vermittlungssausschuss gescheitert. Danach wurde ein erweiterter Referentenentwurf erarbeitet, der den Bundesressorts am 29.5.2006 zur Stellungnahme zugeleitet wurde. Unter Änderung einiger Vorschläge des Referentenentwurfes[207] wurde der Regierungsentwurf am 23.5.2007 durch das Bundeskabinett beschlossen. Das Inkrafttreten der Reform ist für Mitte 2008 geplant. In dieser Form hat das MoMiG bei der Erstellung dieser Arbeit vorgelegen.[208]

Auch das englische Gesellschaftsrecht steht vor einer umfassenden Reform. Nachdem das *House of Lords* im November 2006 dem CA 2006[209] zugestimmt und das Gesetz seinen *Royal Assent* erhalten hat, sollen die Neuerungen schrittweise bis zum 1.10.2008 in Kraft treten. Einige Vorgaben sind bereits seit dem 1.1.2007 geltendes Recht.[210] Die *Company Reform Bill*[211] ist das Ergebnis langjähriger Reformüberlegungen, deren Ausgangspunkt ein Arbeitspapier des *Department of Trade and Industry (DTI)* aus dem Jahre 1998 mit dem Titel „*Modern Company Law for a Competetive Economy*" war. Über die Reformbedürftigkeit bestand weitgehend Einigkeit.

Der CA 2006 hat einen bedeutenden Umfang von 760 Textseiten, 47 Abschnitten, 1300 Normen und 16 Anhängen. Zu den einzelnen Normen existieren weitere *explanatory notes*[212] mit einem Umfang von ebenfalls 275 Seiten. Die Reform ergänzt und ändert den bislang noch gültigen CA 1985 in wesentlichen Teilen.[213]

---

206 die einzelnen Normen des MoMiG werden als Entwurf des entsprechenden zu reformierenden Gesetzes zitiert, z.B. GmbHG-E 2007; InsO-E 2007; AnfG-E 2007.

207 zu den geplanten Neuregelungen vgl. *Dierksmeier*, BB 2006, 1517 ff.; *Karsten*, NJ 2006, 385 ff.; *Noack*, DB 2006, 1475 ff.; *Römermann*, GmbHR 2006, 673 ff.; *Seibert*, ZIP 2006, 1157 ff.

208 der Volltext des Entwurfes ist einschließlich der amtlichen Begründung im Internet abrufbar unter http://www.bmj.de/files/-/2109/MoMiG-RegE%2023%2005%2007.pdf; Seitenangaben bezüglich der amtlichen Begründung beziehen sich auf dieses Dokument.

209 abrufbar im Internet unter http://www.opsi.gov.uk./acts/acts2006/pdf/ukpga_20060046 _en.pdf.

210 vgl. zum Inkrafttreten *Torwegge*, GmbHR 2007, 195, 196 ff.

211 CLRB; jetzt CA 2006.

212 abrufbar im Internet unter http://www.opsi.gov.uk/acts/en2006/ukpgaen_20060046 _en. pdf; Zitate aus den explanatory notes beziehen sich auf dieses Dokument.

213 zu den wesentlichen Regelungsinhalten und Neuerungen vgl. *Dierksmeier*, BB 2006, 1517 ff.; *Jänig*, RIW 2006, 270 ff.; *Torwegge*, GmbHR 2006, 919 ff.

I. Finanzverfassung

1. Deutsche GmbH

Die GmbH muss mit einem gesellschaftsvertraglich festgelegten Stammkapital ausgestattet sein, das gemäß § 5 I 3 GmbHG in die einzelnen Stammeinlagen zerfällt und als Gegenleistung für die rechtliche Selbstständigkeit und die beschränkte Haftung anzusehen ist.[214] Jeder Gesellschafter kann grundsätzlich nur eine Stammeinlage übernehmen. Das Mindestgesellschaftskapital einer GmbH beträgt derzeit 25.000 €. Funktion des Stammkapitals ist zunächst, sich als verselbstständigtes Sondervermögen zu konstituieren.[215] Später stellt es den Haftungs- und Garantiefonds dar, auf den die Gläubiger zur Befriedigung ihrer Forderungen zurückgreifen können. Dies ist angesichts der Haftungsbeschränkung erforderlich, sofern man die Gesellschaftsgläubiger nicht auf unsichere Überschüsse aus der Gesellschaftstätigkeit verweisen will.[216] Da das Stammkapital neben dem Gläubigerschutz auch der Finanzierung dient, steht es der Gesellschaft als Betriebskapital zur Verfügung und nimmt damit am Verlustrisiko teil. Des Weiteren wird das Stammkapitalerfordernis als Seriositätsschwelle angesehen,[217] da die Gläubigerschutzfunktion des Stammkapitals als Haftungsfonds in der letzten Zeit zunehmend in die Kritik geraten ist.[218] Im Zuge des MoMiG soll das Stammkapital auf 10.000 € herabgesetzt werden,[219] so dass insbesondere Unternehmern aus dem Dienstleistungsgewerbe die Betätigung in der Rechtsform der GmbH erleichtert wird. Der Regierungsentwurf stellt darauf ab, dass ein Mindestkapital von 10.000 € auch im europäischen Vergleich angemessen erscheint.

In Zukunft darf ein Gesellschafter mehrere Gesellschaftsanteile jeweils gegen eine Einlage auf das Stammkapital übernehmen.[220] Die Zahl der Geschäftsanteile ist im Gesellschaftsvertrag festzulegen. Durch die Neuregelung wird die Beteiligung der Einleger an der Gesellschaft gegenüber ihrer Einlageverpflichtung in den Vordergrund gerückt.[221] § 5 II GmbHG-E 2007 sieht vor, dass die Nennbeträge der Geschäftsanteile individueller bestimmt werden können. Diese müssen künftig nur noch auf volle Euro lauten; das bisherige Teilbarkeitserfordernis entfällt.

---

214 *V. Heinz*, AnwBl 2004, 612, 613; *Riegger*, ZGR 2004, 510, 522 f.

215 *Lutter*, S. 51.

216 *Burkert/Elser*, S. 286.

217 so auch die amtliche Begründung des Regierungsentwurfs des MoMiG, amtl. Begr., S. 71.

218 vgl. z.B. *Koegel*, GmbHR 2003, 1225, 1230; *Meilicke*, GmbHR 2003, 793, 807 ff.; *Triebel*, BB 2003, Die erste Seite.

219 § 5 GmbHG-E 2007.

220 § 3 I GmbHG-E 2007.

221 amtl. Begr. S. 6.

Um Existenzgründern den Weg in die Haftungsbeschränkung zu ebnen, soll eine haftungsbeschränkte Unternehmergesellschaft[222] als Unterform der GmbH geschaffen werden. Diese kann zunächst ohne ein bestimmtes Stammkapital gegründet werden, darf ihre Gewinne jedoch nicht voll ausschütten, sondern muss das Mindestkapital einer normalen GmbH sukzessive aus den erzielten Gewinnen ansparen.

a) Kapitalaufbringung

Gesetzlicher Regelfall der Kapitalaufbringung ist die Bargründung, bei der auf jede Stammeinlage mindestens ein Viertel einzuzahlen ist, wobei die Gesamtsumme der Einzahlungen zumindest 12.500 € zu betragen hat, § 7 II 1, 2 GmbHG. Bei Einpersonengesellschaften muss für das noch nicht einbezahlte Stammkapital eine Sicherheit geleistet werden.[223] Sofern bei Gründung der GmbH die Stammeinlagen nicht vollständig geleistet wurden, haben die Gesellschafter den Anspruch zu erfüllen, sobald die Gesellschafterversammlung dies fordert.[224] Im Gegensatz zur Bargründung sind bei einer Sachgründung die Einlagen sofort in voller Höhe einzubringen, damit sie dem Geschäftsführer noch vor Eintragung der Gesellschaft in das Handelsregister zur Verfügung stehen.[225] Die Sacheinlage muss funktionell einer Bareinlage entsprechen, d.h. sie muss einen zu beziffernden Vermögenswert haben und, sofern es sich um ein Recht gegen den Einleger handelt, aus dessen Vermögen aussonderungsfähig sein.[226] Der eingebrachte Gegenstand muss keine Sache im Sinne des § 90 BGB sein, darf jedoch keine Dienstleistung sein. Diese erschien dem Gesetzgeber nicht ausreichend werthaltig. Dasselbe gilt nach herrschender Meinung auch für Dienstleistungsverpflichtungen Dritter.[227] Im Falle einer Sachgründung hat die Gesellschaft einen Sachgründungsbericht zu erstellen, in dem alle zur angemessenen Bewertung erforderlichen Umstände festgehalten werden, § 5 IV GmbHG. Bei einer Überbewertung der eingebrachten Sachen kann das Registergericht die Eintragung zurückweisen.[228]
Versuchen die Gründer der GmbH diese strengen Vorschriften zu umgehen, indem sie zunächst eine Bargründung vornehmen und alsbald mit dem aufgebrachten Bargeld eine Sache vom Gesellschafter erwerben, liegt eine verdeckte Sacheinlage vor. Bei wirtschaftlicher Betrachtung fließt der Gesellschaft keine

---

222 § 5 a GmbHG-E 2007.
223 dieses Erfordernis wird durch das MoMiG aufgehoben, vgl. § 7 II GmbHG-E 2007.
224 § 46 Nr. 2 GmbHG.
225 §§ 7 III, 8 II GmbHG.
226 *Burkert/Elser*, S. 68.
227 *Winter* in Scholz, § 5, Rn. 52 m.w.N.
228 § 9 c I GmbHG.

Barleistung zu.[229] Das Verbot verdeckter Sacheinlagen ist im GmbHG zwar nicht normiert,[230] aber allgemein anerkannt.[231] Im Falle einer verdeckten Sacheinlage gilt die im Gründungsvertrag festgelegte Barsumme als nicht geleistet. Das Verpflichtungs- und das Erfüllungsgeschäft sind nichtig[232] und der Gesellschafter bleibt weiterhin zur Erbringung seiner Einlage verpflichtet. In der Insolvenz der Gesellschaft müsste der Gesellschafter seine Einlage rein wirtschaftlich ein zweites Mal erbringen.[233]
Der Gesellschafter kann seine Einlage auch nicht dadurch erbringen, dass er mit einer Forderung gegen die Gesellschaft aufrechnet.[234] Hierdurch stellt der Gesetzgeber sicher, dass die geleistete Einlage vollwertig ist und dass durch die Aufrechnung mit einer minderwertigen Forderung nicht weniger Kapital als verlangt dem Gesellschaftsvermögen zufließt. Nach dem MoMiG ist es ebenfalls nicht möglich, die Einlagepflicht durch Aufrechnung mit einer Forderung gegen die Gesellschaft zu erfüllen.[235] Für die GmbH gilt ferner das Verbot der unter-pari-Emission,[236] d.h. die Stammeinlagen dürfen nicht zu einem geringeren als dem Nennbetrag ausgegeben werden.

Durch das MoMiG sollen hinsichtlich der Kapitalaufbringung in erster Linie Rechtsunsicherheiten, die die verdeckte Sacheinlage betreffen, beseitigt werden. Das Rechtsinstitut der verdeckten Sacheinlage erfährt nach dem Regierungsentwurf eine ausdrückliche Regelung im GmbHG.[237] Der Entwurf sieht vor, dass die Gesellschafter in Zukunft auch mit einer verdeckten Sacheinlage ihre Einlageverpflichtung erfüllen können, sofern der betreffende Gesellschafter beweisen kann, dass der Wert der eingebrachten Sache den Betrag der eigentlich geschuldeten Barleistung erreicht. Kann er dies nicht, hat er die Differenz in bar zu erbringen. Unklarheiten über die Werthaltigkeit gehen zu seinen Lasten. Durch das Aufgeben der verhältnismäßig strikten Regeln der Rechtsprechung und durch die Einführung einer Differenzenhaftung soll in erster Linie den mangelnden gesellschaftsrechtlichen Kenntnissen der Beteiligten bei der Gründung von kleinen und mittleren Unternehmen Rechnung getragen werden. Die GmbH wird hierdurch für die mittelständische Wirtschaft leichter handhabbar.

---

229 *Hueck/Fastrich* in Baumbach/Hueck, § 19, Rn. 38.
230 vgl. aber § 27 III AktG.
231 *Hermanns* in Michalski, § 56, Rn. 10.
232 BGH, ZIP 2003, 1540 ff.
233 *Hueck/Fastrich* in Baumbach/Hueck, § 19, Rn. 44; *Roth/Altmeppen*, § 19, Rn. 59.
234 § 19 II GmbHG; diese Möglichkeit wird dem Gesellschafter durch das MoMiG nunmehr eingeräumt, sofern es sich um eine Forderung aus der Überlassung von Vermögensgegenständen im Zuge einer Sachgründung handelt, vgl. § 19 II 2 GmbHG-E 2007.
235 § 19 GmbHG-E 2007.
236 vgl. § 14 GmbHG.
237 § 19 IV 1 GmbHG-E 2007.

b) Kapitalerhaltung

Das zur Erhaltung des Stammkapitals erforderliche Vermögen darf nicht an die Gesellschafter ausbezahlt werden. Eine Verminderung der Haftsumme ist insbesondere bei Gewinnausschüttungen, verdeckten Gewinnausschüttungen, Kapitalherabsetzungen, dem Erwerb eigener Anteile und der Unterstützung Dritter beim Anteilserwerb zu befürchten.
Die zentrale Vorschrift des deutschen Kapitalerhaltungsrechts ist § 30 GmbHG, der das Verbot der Einlagenrückgewähr statuiert. § 31 I GmbHG sanktioniert Zuwiderhandlungen mit einem Erstattungsanspruch der Gesellschaft gegen die Gesellschafter.
§ 30 I GmbHG wird im Zuge des MoMiG durch einen zweiten Satz ergänzt. Danach gilt der Grundtatbestand aus Satz 1 nicht, sofern die Leistungen aufgrund eines Beherrschungs- oder Gewinnabführungsvertrages erfolgen oder durch einen vollwertigen Gegenleistungs- oder Rückgewährsanspruch gegen den empfangenden Gesellschafter gedeckt sind. Hierdurch sollen Rechtsunsicherheiten im Bereich von *upstream loans* und *cash-pooling* beseitigt werden.[238] Diese Problematik hat sich aus der neueren Rechtsprechung des BGH ergeben. Der BGH geht davon aus, dass Kreditgewährungen an Gesellschafter, die zulasten des gebundenen Vermögens erfolgen, selbst dann als verbotene Auszahlungen gelten, wenn dem ein vollwertiger Rückzahlungsanspruch gegen die Gesellschafter gegenübersteht.[239] Diese Rechtsprechung lässt sich nur damit erklären, dass der Gegenanspruch gegen den Gesellschafter geistig ausgeblendet und somit von einer bilanziellen Betrachtungsweise im Rahmen des § 30 GmbHG Abstand genommen wird. Der an sich bezweckte Vermögensschutz würde dann zu einem gegenständlichen Schutz ausgebaut.[240] Für die Praxis ist damit das Problem entstanden, sicher festzustellen, wann eine solche Betrachtungsweise angezeigt ist.
Im Einklang mit dem Sinn und Zweck des § 30 GmbHG, das Vermögen der Gesellschaft zu schützen, stellt der Gesetzesentwurf entgegen der Rechtsprechung nunmehr klar, dass stets von einer bilanziellen Ausschüttungssperre auszugehen ist und § 30 GmbHG keinen gegenständlichen Vermögensschutz gewährt.
Das Gesetz will es den Gesellschaften erleichtern, mit ihren Gesellschaftern wirtschaftlich sinnvolle Leistungsbeziehungen zu unterhalten.[241] Das Deckungsgebot bildet dabei eine Schutzschwelle, die im Interesse der Gläubiger sicherstellen soll, dass der Gesellschaft im Ergebnis kein Kapital entzogen werden kann.

---

238 dazu *Bormann*, DB 2006, 2616, 2620 f.
239 BGHZ 157, 72–79.
240 amtl. Begr., S. 95.
241 amtl. Begr., S. 95.

aa) Gewinnausschüttungen

Gewinnausschüttungen beurteilen sich nach § 29 GmbHG. Die Gesellschafter haben einen Anspruch auf Ausschüttung des Jahresüberschusses. Die Höhe des Gewinns bestimmt sich nach dem Jahresabschluss, der sich als Saldo der Gewinn- und Verlustrechnung[242] und gleichzeitig als Überschuss der Aktiv- über die Passivposten der Bilanz[243] ergibt.
Der Jahresüberschuss betrifft das abgelaufene Geschäftsjahr mit einer Höchstdauer von zwölf Monaten,[244] die unabhängig vom Kalenderjahr zu zählen sind. Vermehrt um die bestehenden Gewinnvorträge und Rücklagen im Sinne des § 272 HGB und verringert um etwaige Verlustvorträge ergibt der Jahresabschluss das Jahresergebnis im Sinne des § 29 II GmbHG. Der Bilanzgewinn gemäß § 29 I 2 GmbHG unterscheidet sich von dem Jahresabschluss im Wesentlichen dadurch, dass bei ihm bereits ein Teil des Ergebnisses durch die Bildung beziehungsweise Auflösung von Rücklagen oder durch sogenannte Wertaufholungen[245] verwendet worden ist.
Die Aufstellung des Jahresabschlusses obliegt dem Geschäftsführer,[246] die Feststellung hat innerhalb der Frist des § 42 a II GmbHG durch die Gesellschafter zu erfolgen.[247] Die Gesellschafter regeln daran anschließend in einem Verwendungsbeschluss, wie mit dem Jahresergebnis beziehungsweise dem Bilanzgewinn verfahren werden soll.[248]
Die Gewinnverteilung orientiert sich an dem Verhältnis der Geschäftsanteile, sofern der Gesellschaftsvertrag nichts anderes regelt.[249] Bei eigenen Anteilen der Gesellschaft ist der auf diese Anteile entfallende Gewinn in die Rücklagen einzustellen oder unter den übrigen Gesellschaftern zu verteilen, da die Gesellschaft keinen Gewinnanspruch gegen sich selbst haben kann.

bb) Verdeckte Gewinnausschüttungen

Wenn Zuwendungen der Gesellschaft an die Gesellschafter nicht als Ausschüttungen deutlich gemacht, sondern zum Beispiel als Leistung aufgrund eines gegenseitigen Vertrages deklariert werden, liegen verdeckte Gewinnausschüttungen vor.[250] Dass es sich um eine solche Gewinnausschüttung handelt, ist

---

242 § 275 II Nr. 20, III Nr. 19 HGB.
243 § 266 III A V HGB.
244 § 240 II HGB.
245 § 29 IV GmbHG.
246 § 42 a I 1 GmbHG.
247 §§ 42 a, 46 Nr. 1 GmbHG.
248 § 46 Nr. 1 GmbHG.
249 § 29 III GmbHG.
250 *V. Heinz*, AnwBl 2004, 612, 613.

daran zu erkennen, dass die Leistung der Gesellschaft höherwertiger ist als die Gegenleistung des Gesellschafters.
Im deutschen Aktienrecht bestehen zu diesem Problem gesetzliche Regelungen,[251] die verdeckte Gewinnausschüttungen verbieten. Im Gegensatz dazu sind bei der GmbH verdeckte Gewinnausschüttungen zulässig, unterliegen jedoch gewissen von der Rechtsprechung und der Literatur entwickelten Beschränkungen. Verdeckte Gewinnausschüttungen sind zulässig, soweit hierdurch das Stammkapital nicht angegriffen wird, sie allen Gesellschaftern gleichmäßig zugute kommen[252] und entsprechend der innergesellschaftlichen Kompetenzverteilung von den Gesellschaftern beschlossen worden sind. Verdeckte Gewinnausschüttungen sind unzulässig, wenn ein Gesellschafter besonderen Einfluss ausübt, um die Ausschüttung im eigenen oder sonst gesellschaftsfremden Interesse zu ermöglichen.[253] Eine Ausschüttung, die gegen § 30 GmbHG verstößt, löst einen Erstattungsanspruch nach § 31 GmbHG aus.[254]

cc) Kapitalherabsetzungen

Eine Kapitalherabsetzung unterliegt zum Schutz der Gläubiger bestimmten Reglementierungen. Bei einer Kapitalherabsetzung ist zu unterscheiden, ob Mittel aus dem Gesellschaftsvermögen an die Gesellschafter zurückfließen. In diesem Fall liegt eine effektive, anderenfalls eine nominelle Kapitalherabsetzung vor. Für beide Arten der Kapitalherabsetzung ist ein Gesellschafterbeschluss mit satzungsändernder Mehrheit erforderlich.
Die Interessen der Gesellschaftsgläubiger wären bei einer effektiven Kapitalherabsetzung beeinträchtigt, wenn die Kapitalziffer vorbehaltlos gesenkt werden könnte. Diese verringert den Umfang des gebundenen Vermögens. Ausschüttungen an die Gesellschafter werden wieder zulässig. Zum Schutz der Gesellschaftsgläubiger sind bei einer effektiven Kapitalherabsetzung die Voraussetzungen des § 58 GmbHG zu erfüllen. Erforderlich ist ein Gläubigeraufruf,[255] die Meldung der Gläubiger bei der Gesellschaft und deren Anspruch auf Sicherheitsleistung[256] sowie die Einhaltung des Sperrjahres,[257] bevor der Beschluss zum Handelsregister angemeldet werden kann.
Sofern das Gesellschaftskapital ohnehin teilweise aufgezehrt ist, bedarf es eines Gläubigerschutzes im Sinne des § 58 GmbHG nicht mehr. Wird das Stammkapital herabgesetzt, ist das freiwerdende Kapital nur zur Deckung von Verlusten

---

[251] §§ 57, 62 AktG.
[252] *Burkert/Elser*, S. 164 ff.
[253] *Burkert/Elser*, S. 164 ff.
[254] ausführlich Hirte, S. 253 ff.
[255] § 58 I Nr. 1 GmbHG.
[256] § 58 I Nr. 2 GmbHG.
[257] § 58 I Nr. 3 GmbHG.

sowie zur Bildung neuer Rücklagen zu verwenden. Die Gesellschaftsgläubiger sind durch eine nominelle Kapitalherabsetzung insoweit betroffen, als zukünftige Gewinne schneller an die Gesellschafter ausgezahlt werden können. Aus diesem Grunde gibt es die Gewinnausschüttungsbeschränkungen gemäß § 58 d GmbHG für die der Kapitalherabsetzung folgenden fünf Jahre. Diese Regelung ergänzt den § 58 c GmbHG, der festlegt, dass auch Beträge, die wider Erwarten im Jahr der Kapitalherabsetzung oder in den beiden folgenden Geschäftsjahren freibleiben, nicht an die Gesellschafter ausgeschüttet werden dürfen. Diese Summe ist in die Kapitalrücklage einzustellen und unterliegt der Bindung des § 58 b III GmbHG.

dd) Erwerb eigener Anteile

Aus Gründen der Kapitalerhaltung ist der GmbH der entgeltliche Erwerb eigener Geschäftsanteile verboten, solange ein Teil der geschuldeten Einlage für diesen Anteil aussteht.[258] Voll einbezahlte Geschäftsanteile darf die Gesellschaft gemäß § 33 II GmbHG erwerben, wenn das Entgelt gezahlt werden kann, ohne dass eine Unterbilanz entsteht.
Rechtsfolge des Verstoßes gegen § 33 GmbHG ist die Nichtigkeit des Kausalgeschäfts. Bei Wirksamkeit der dinglichen Verfügung ergibt sich daraus, dass der Geschäftsführer die Rückzahlung der aufgewendeten Gelder gegen Rückübertragung des Anteils veranlassen muss. Anspruchsgrundlage ist § 812 I BGB. Da der Erwerb eigener Anteile als Rückgewähr von Einlagen zu verstehen ist, konkurriert bei einem Verstoß gegen § 30 GmbHG der Anspruch aus § 31 GmbHG mit den Regelungen des Bereicherungsrechts.[259] Die Konsequenz ist, dass der Anspruch nicht gemäß § 814 BGB entfallen kann.

ee) Finanzielle Unterstützung beim Anteilserwerb Dritter

Der GmbH sind anders als im Aktienrecht[260] Unterstützungshandlungen beim Anteilserwerb Dritter nicht prinzipiell verboten, sofern durch die finanzielle Unterstützung das Stammkapital nicht angegriffen wird. § 30 GmbHG erfasst grundsätzlich nur Leistungen, die causa societas an Gesellschafter im Sinne des § 16 GmbHG geleistet werden, nicht jedoch an Personen, die erst nach Abschluss des Verpflichtungsgeschäfts Gesellschafter werden.[261] Gegenteiliges ergibt sich jedoch, wenn die Verpflichtung im Hinblick auf ein künftiges Gesell-

---

258 vgl. zu dieser Problematik und insbesondere auch zur Inpfandnahme eigener Anteile *Westermann* in Scholz, § 33 Rn. 1 ff.

259 *Roth/Altmeppen*, § 33, Rn. 28.

260 vgl. § 71 a AktG.

261 *Goerdeler/Müller* in Hachenburg, § 30, Rn. 55, 63; *Lutter/Hommelhoff* in Lutter/Hommelhoff, § 30, Rn. 22; *Westermann* in Scholz, § 30, Rn. 42.

schafterverhältnis begründet worden ist,[262] hauptsächlich bei der Zusage einer finanziellen Unterstützung beim Anteilserwerb.[263]

c) Kapitalersatz

Praxisrelevant und von besonderer Bedeutung sind Gesellschafterdarlehen zur Finanzierung der GmbH. Eigenkapitalersetzende Gesellschafterdarlehen werden, obwohl sie rechtlich Fremdkapital darstellen, im Insolvenzfall in Eigenkapital umgewandelt. Werden der Gesellschaft in der Krise Darlehen gewährt, obwohl ordentliche Kaufleute Eigenkapital zugeführt oder die Gesellschaft liquidiert hätten, kann der Gesellschafter seinen Anspruch auf Rückgewähr des Darlehens nur als nachrangiger Insolvenzgläubiger geltend machen, §§ 39 I Nr. 5 InsO, 32 a I GmbHG. War das Darlehen eines Dritten bereits vor Eröffnung des Insolvenzverfahrens zurückgezahlt, muss der Gesellschafter, der durch die Rückzahlung bereichert ist, den Betrag erstatten, wenn die Rückgewähr innerhalb eines Jahres vor dem Antrag oder erst nach Stellung des Insolvenzantrages geleistet wurde, § 32 b GmbHG. Die Rückzahlungspflicht ist auf den Wert der Sicherheit, die für das Darlehen vereinbart worden ist, beschränkt. Ferner existieren Anfechtungstatbestände in den §§ 135 InsO, 6 AnfG.
Daneben wendet die Rechtsprechung die §§ 30, 31 GmbHG analog auf eigenkapitalersetzende Gesellschafterdarlehen auch ohne Eintreten des Insolvenzfalles an, wenn das Darlehen im Zeitpunkt der Rückzahlung zur Deckung des Stammkapitals benötigt wurde.[264]

Durch das MoMiG soll das deutsche Kapitalersatzrecht weitgehend dereguliert und vereinfacht werden. Den Organen und Gesellschaftern steht dann ein einfacher Rechtsrahmen für die Gesellschaftsfremdfinanzierung zur Verfügung. Hierbei werden die Gesetzesregeln über kapitalersetzende Gesellschafterleistungen im Insolvenzrecht neu geordnet[265] und die Rechtsprechungsregeln zur analogen Anwendung der §§ 30, 31 GmbHG ausdrücklich aufgegeben.[266] In Zukunft soll auch nicht mehr zwischen kapitalersetzenden und normalen Gesellschafterdarlehen differenziert werden, sondern alle Gesellschafterdarlehen, die binnen eines Jahres vor Eintritt der Insolvenz gewährt worden sind, sind als nachrangige Insolvenzforderungen zu begleichen.[267]

---

[262] *Goerdeler/Müller* in Hachenburg, § 30, Rn. 55; *Pentz* in Rowedder/Schmidt-Leithoff, § 30, Rn. 18; *Canaris*, Fischer-FS, S. 31, 32 ff.

[263] z.B. die Überlassung von Darlehen, die Bestellung von Sicherheiten und Übernahme von Verbindlichkeiten; vgl. OLG Brandenburg, NZG 2006, 550, 551; *Goerdeler/Müller* in Hachenburg, § 30, Rn. 55.

[264] *Raiser*, § 38, Rn. 56; siehe im folgenden Kapitel D.

[265] vgl. §§ 19 II, 39 I Nr.5, IV, V, 44 a, 135 InsO-E 2007.

[266] § 30 I 3 GmbHG-E 2007.

[267] ausf. siehe Kapitel D.

2. Englische Limited[268]

Die Haftung der Limited ist auf das Gesellschaftsvermögen beschränkt. Das Privatvermögen der Gesellschafter wird mit Erteilung des *certificate of incorporation* durch den *veil of incorporation* vor dem Zugriff der Gläubiger geschützt. Die Haftung der Gesellschafter ist bei der Liquidation der Limited auf die Höhe der Einlagen beschränkt.[269] Im englischen Recht existieren ebenfalls Normen, die garantieren sollen, dass das gesellschaftsvertraglich bestimmte Stammkapital einbezahlt und erhalten wird. Für Gesellschaften, die tatsächlich nur mit einem *issued capital* von einem Pfund ausgestattet sind, haben diese Normen kaum Bedeutung, sie sind jedoch relevant für Gesellschaften, die etwa aus Gründen der Kreditwürdigkeit mit einem nennenswerten *issued capital* operieren.

a) Paying up of capital

Das englische Gesellschaftsrecht sieht bei der Limited weder für das *nominal capital*, das *issued capital* oder das *paid-up capital* noch für den Nennwert der Anteile und die darauf zu leistenden Einlagen Mindestbeträge vor. Das *share capital* und seine Stückelung werden im *memorandum* festgelegt. Das *nominal capital* ist der Gesamtbetrag der Anteile, die von der Gesellschaft ausgegeben werden dürfen. Diese Kapitalziffer stellt lediglich eine Ermächtigungsfunktion im Innenverhältnis der *directors* zur Gesellschaft dar. Das *issued capital* hingegen sind die Anteile, die schon von den Gesellschaftern tatsächlich übernommen worden sind. Üblich ist eine Summe von 100 Pfund, aufgeteilt in 100 Anteilen zu je 1 Pfund.[270] Die Gesellschaft ist nicht verpflichtet, alle Anteile zur Zeichnung durch die Gesellschafter bereitzustellen.[271]

Das *nominal capital* einer Limited ist weniger mit dem Stammkapital einer deutschen GmbH als vielmehr mit dem genehmigten Kapital einer deutschen AG vergleichbar.[272] Haftungsrechtlich relevant ist das tatsächlich ausgegebene *issued capital.*[273] Nur das *paid-up capital* gibt Aufschluss darüber, welches Vermögen der Limited tatsächlich zur Verfügung steht,[274] wobei sich dieser

---

[268] es werden zu diesem Thema die englischen Begriffe verwendet; Erklärungen zu den wesentlichen Fachbegriffen finden sich in dem angefügten Glossar.

[269] s. 74 (1), (2) (d) IA 1986.

[270] *Campos Nave*, NWB, Fach 18, 1107, 1110; vgl. auch *Davies*, AG 1998, 346, 347; *Mayson/French/Ryan*, S. 50.

[271] *Davies*, AG 1998, 346, 347.

[272] *Schumann*, DB 2004, 743.

[273] *Fleischer*, DStR 2000, 1015, 1016: gebundenes Kapital im haftungsrechtlichen Sinne.

[274] *Davies*, AG 1998, 346, 348; *Hannigan*, Company Law, S. 563; *Mayson/French/Ryan*, S. 49.

Betrag regelmäßig mit dem *issued capital* decken wird.[275] Regelungen über die Kapitalaufbringung unterliegen der Satzungsautonomie der Gründer.[276] Schreiben die *articles* im Innenverhältnis ein bestimmtes Mindestkapital vor, muss dies nicht unmittelbar bei Gründung der Gesellschaft einbezahlt sein.[277] Zur Gründung der Gesellschaft wird lediglich verlangt, dass jeder Gesellschafter mindestens einen Anteil zeichnet, s. 2 (5) (b) CA 1985.

Als Einlagen sind *money or money's worth (including goodwill and know-how)* möglich.[278] Bei Zahlung von Geld auf ein Konto, Übergabe eines nach objektiven Kriterien als gedeckt anzusehenden Schecks, Befreiung der Gesellschaft von einer Verbindlichkeit und bei Abgabe eines Schuldanerkenntnisses geht das englische Recht von einer Bargründung aus.[279] Auch die Aufrechnung mit einer Forderung des zeichnenden Gesellschafters ist ausdrücklich gestattet.[280] Falls eine Leistung nicht einer der vorgenannten Formen entspricht, gilt sie als Sacheinlage. Eigene Dienstleistungen der Gesellschafter sind sacheinlagefähig.[281] Dem *Companies House* muss unter Beilegung eines etwaigen Sacheinlagenvertrages mitgeteilt werden, ob eine Bar- oder Sachgründung erfolgt ist.[282] Einer entsprechenden Vereinbarung im Gesellschaftsvertrag bedarf es nicht. Es gilt die *consideration doctrine*, wonach jede Einlage einen wirtschaftlichen Wert haben muss. Die *directors* sind bei Sacheinlagen verpflichtet, sie angemessen zu bewerten. Das Gericht kann zwar die Vollwertigkeit überprüfen, der Bewertung jedoch nur entgegentreten, wenn bewiesen ist, dass die Direktoren *dishonestly* oder in *bad faith* gehandelt haben. Ein offensichtlich überhöhter Preis für die eingebrachten Sachen reicht nicht aus, um eine Differenzhaftung der Gesellschafter zu begründen.[283] Für eine solche Haftung muss bei einer überbewerteten Sacheinlage eine Schädigungsabsicht zum Nachteil der Gesellschaftsgläubiger nachgewiesen werden.[284] Im englischen Recht stellt sich das Problem der verdeckten Sacheinlage nicht.[285]

Eine gesetzliche Einlageverpflichtung besteht zum Gründungszeitpunkt nicht. Die ausstehenden Beträge dürfen spätestens bei der Abwicklung der Gesell-

---

275 *Gower/Davies*, S. 234; wenn dies ausnahmsweise nicht der Fall ist, verpflichtet s. 351 (2) CA 1985 die Gesellschaft, sofern sie auf ihren Geschäftsbriefen eine bestimmte Summe angibt, das paid-up capital anzugeben.

276 *Behrens*, S. 881.

277 *Ebert/Levedag*, GmbHR 2003, 1337, 1343.

278 s. 99 CA 1985; s. 99 (2) CA 1985 gilt nur für die public limited company (plc).

279 s. 738 CA 1985.

280 s. 738 (2) CA 1985.

281 *Mayson/French/Ryan*, S. 200.

282 s. 88 CA 1985; *Gower/Davies*, S. 235.

283 *Pennington*, S. 175, 178.

284 Re Wragg Ltd [1897] 1 Ch 796.

285 *V. Heinz*, S. 38.

schaft eingefordert werden. Die Zahlung hat erst nach Anforderung durch die *directors* zu erfolgen. Wird trotz Aufforderung nicht gezahlt, können nach der Mustergesellschaftssatzung[286] die Anteile verfallen, so dass sich das *issued capital* verringert. Der betreffende Gesellschafter verliert durch die Einziehung seine Gesellschafterstellung, haftet jedoch weiterhin auf den zu zahlenden Restbetrag. Der Gesellschaft obliegt es, den Anteil auf einen Dritten zu übertragen, der in die Verpflichtung des ursprünglichen Gesellschafters eintritt, wobei dessen bereits erbrachte Leistungen anzurechnen sind.[287] Neben der Einziehung von Gesellschaftsanteilen ist auch die freiwillige Aufgabe von Geschäftsanteilen möglich, wobei die Grundsätze zur Einziehung entsprechend gelten.[288]

In der Praxis ist es üblich, dass alle Gesellschaftsanteile voll einbezahlt werden.[289] Im Falle der Insolvenz der Gesellschaft haften die ursprünglichen Anteilserwerber sowie deren Rechtsnachfolger auf einen noch nicht erbrachten Restbetrag zuzüglich eines möglicherweise vereinbarten Agio.[290]

Eine unter-pari-Emission ist für die Limited unzulässig.[291] Gemäß s. 100 (2) CA 1985 haftet der Gesellschafter für die Differenz mit angemessener Verzinsung. Diese Haftung wird auf den Rechtsnachfolger des Gesellschafters übertragen.[292] Sofern der Betrag weder bei dem Gesellschafter noch bei seinem Rechtsnachfolger eingezogen werden kann, haften die *directors* der Gesellschaft für den Fehlbetrag.[293]

S. 97 CA 1985 ermöglicht unter engen Voraussetzungen als Ausnahme vom Verbot der unter-pari-Emission die Reduktion des für die Anteile zu zahlenden Betrages als Ausgleich für die Übernahme von Anteilen oder deren Vermittlung. Neben dieser eng auszulegenden Ausnahmevorschrift ist jegliche Zahlung von Gründerlohn, Maklergebühren oder ähnlichem verboten.[294] Auszahlungen, die gegen ss. 97, 98 CA 1985 verstoßen, sind nichtig; bereits erhaltene Zahlungen sind zurückzugewähren.[295]

---

286 Art. 18 und 19 Table A.

287 New Balkis Eersteling Ltd v Randt Gold Mining Co [1904] AC 165; Re Randt Gold Mining Co [1904] 2 Ch D 468.

288 *Pennington*, S. 203.

289 *Hannigan*, Company Law, S. 562; *Mayson/French/Ryan*, S. 48, 49.

290 s. 74 (1) und (2) IA 1986.

291 s. 100 CA 1985; die Norm geht auf Ooregum Gold Mining Co of India v Roper [1892] AC 125 HL zurück.

292 s. 112 CA 1985; ausnahmsweise kann er sich als purchaser for value auf den gutgläubigen Erwerb berufen, s. 112 (3) CA 1985.

293 *Pennington*, S. 186.

294 s. 98 CA 1985, Gegenausnahme s. 98 (3) CA 1985, der Zahlungen von Maklergebühren an eine Bank, einen stockbroker oder Marktvermittler zulässt; dazu *Pennington*, S. 383 f.; Metropolitan Coal Consumers' Association v Scimgeour [1895] 2 QB 604; Andreae v Zinc Mines of Great Britain Ltd [1918] 2 KB 457.

295 *Gower/Davies*, S. 234.

Auch aufgrund einer Sacheinlage ist eine unter-pari-Emission möglich.[296] Das Anzeigeerfordernis kann durch zwei getrennte Verträge mit anschließender Verrechnung der gegenseitigen Geldforderungen - vergleichbar einer verdeckten Sacheinlage im deutschen Recht - umgangen werden.[297] Diese Konstellation wird von den englischen Gerichten zwar als problematisch erkannt, im Ergebnis jedoch als Bareinlage angesehen.[298]

Der CA 2006 regelt in Part 17, ss. 540 ff. die Fragen des Gesellschaftskapitals und der Finanzverfassung der Limited und ersetzt damit Part 4 und Teile von Part 5 des CA 1985. In den ss. 540 ff. CA 2006 sind einige Neuregelungen enthalten, die die alten Regelungen ersetzen und zu einem großen Teil Normen, die die alten Regelungen in das neue Regelwerk übernehmen, ohne diese inhaltlich zu verändern.[299] Die Vorschriften sind im Wesentlichen wortgleich in das neue Gesetz übertragen worden. Nach s. 542 CA 2006 können nunmehr Anteile in allen gültigen Währungen ausgegeben werden, wobei die Währung bei verschiedenen Klassen von Anteilen differieren kann. Diese Regelung war im *Common Law* bereits seit längerer Zeit anerkannt und ist nunmehr gesetzlich fixiert.[300]

S. 583 CA 2006 ersetzt s. 738 (2) – (4) CA 1985 und legt fest, unter welchen Umständen eine Bargründung vorliegt. Auch hier bleibt es bei einem relativ weiten Verständnis des Begriffs „Barzahlung", denn es werden weiterhin die Befreiung von einer Verbindlichkeit oder die Versicherung, zu einem späteren Zeitpunkt zu zahlen, erfasst. Der *Secretary of State* kann darüber hinaus den genannten Möglichkeiten, die einer Barzahlung gleichstehen, weitere hinzufügen.[301]

S. 617 CA 2006 legt fest, dass das Gesellschaftskapital einer Limited nur auf den gesetzlich vorgesehenen Wegen verändert werden darf.

b) Maintenance of capital

Das allgemeine Gebot der Kapitalerhaltung ist auch im englischen Rechtskreis bekannt[302] und beinhaltet in erster Linie das Verbot der Einlagenrückgewähr.[303] Die Kapitalerhaltungsregeln des englischen Rechts beziehen sich auf die Summe

---

296 *Farrar's*, S. 174; *Gower/Davies*, S. 235.

297 *Gower/Davies*, S. 235.

298 *Farrar's*, S. 180 f.

299 so handelt es sich bei den ss. 541, 543-544, 547-548, 552-553, 558, 561, 563-568, 570-572, 574-577, 579-582, 584-588, 590-605, 607-609, 611-616, 645-648 und 655-656 CA 2006 um Normen, die zwar alte Normen des CA 1985 ablösen, jedoch keine Änderungen mit sich bringen.

300 vgl. explanatory notes zu s. 542 CA 2006.

301 s. 583 (4) CA 2006.

302 *Charlesworth&Morse*, S. 127; Guinness v Land Corporation of Ireland [1882] 22 Ch D 349.

303 *Behrens*, S. 881.

des *issued capital.*[304] Die *doctrine of capital maintenance* wurde im *Flitcroft's Case*[305] festgeschrieben, wonach Auszahlungen an die Gesellschafter nur aus dem erwirtschafteten Gewinn erfolgen dürfen. Wegbereitend war auch die Entscheidung *Trevor v Whitworth,*[306] nach der das gebundene Kapital dem Zugriff der Gesellschafter entzogen ist und nur aufgrund einer ordnungsgemäßen Kapitalherabsetzung an sie ausbezahlt werden darf. Seine positivrechtliche Ausprägung findet dieser Rechtssatz in s. 263 CA 1985.

In der Vergangenheit waren im englischen Recht unentgeltliche Geschäfte, die nicht dem Unternehmenszweck dienten, unwirksam.[307] Diese Rechtsprechung diente der Erhaltung des Gesellschaftsvermögens und basierte auf der ultra-vires-Doktrin, nach der die Gesellschaft nur aus Geschäften innerhalb des Gesellschaftszwecks gebunden werden konnte. Nachdem diese Lehre aufgegeben worden ist, kann eine Unwirksamkeit des Geschäfts nicht mehr über den fehlenden Zusammenhang zum Gesellschaftszweck konstruiert werden. In der neueren Rechtsprechung stellen die englischen Gerichte deshalb auf das Rechtsinstitut der verdeckten Einlagenrückgewähr ab.

Auch in England werden Gewinnausschüttungen, verdeckte Gewinnausschüttungen, Kapitalherabsetzungen, der Erwerb eigener Anteile und die finanzielle Unterstützung Dritter beim Anteilserwerb als gläubigerschutzrelevante Regelungsbereiche eingeordnet.

aa) Profit distributions

Die Zulässigkeit von Gewinnausschüttungen richtet sich neben den genannten Regeln des *Common Law*[308] und den *Common-Law*-Pflichten der Geschäftsführer, die stets *bona fide and in the best interests of the company* zu handeln haben, nach den ss. 263 - 281 CA 1985. Eine Ausschüttung ist jede Übertragung von Gesellschaftsvermögen an die Gesellschafter und zwar unabhängig von ihrer rechtlichen Einkleidung, wobei die Ausgabe von *bonus shares*, *redeemable shares*, Zahlungen aufgrund einer Kapitalherabsetzung oder im Rahmen der *liquidation* ausgenommen sind.[309] Im Interesse der Kapitalerhaltung dürfen ausschließlich Bilanzgewinne ausgeschüttet[310] und die Einlagen nicht verzinst wer-

---

304 *Charlesworth&Morse*, S. 118.

305 Re Exchange Banking Co, Flitcroft's Case, [1882] 21 Ch D 519.

306 Trevor v Whitworth [1887] 12 AC 409, 423, 424,

307 Re Halt Garage [1982] 3 All ER 1016; Barclays Bank v British and Commonwealth Holdings plc [1996] 1 BCLR; *Micheler*, ZGR 2004, 324, 328 f.

308 Trevor v Whitworth [1887] 12 AC 409; bestätigt in Aveling Barford Ltd v Perion Ltd [1989] BCLC 626; die Regelung findet sich schon in Re Exchange Banking Co, Flitcroft's Case [1882] 21 Ch D 519.

309 s. 263 (2) (a)-(d) CA 1985.

310 s. 263 (1) CA 1985; siehe hierzu *Gower/Davies*, S. 244 ff.

den. Eine Ausschüttung ist in der Höhe erlaubt, in der die kumulierten realisierten Gewinne, die realisierten Veräußerungsgewinne und die Gewinnvorträge die Verluste des Wirtschaftsjahres sowie die Verlustvorträge übersteigen.[311] Dabei kommt es nicht allein auf die Gewinne des jeweiligen Jahres an, sondern es müssen auch Verluste früherer Geschäftsjahre in die Berechnung einbezogen werden. Nur wenn sich über den gesamten Zeitraum ein positiver Saldo errechnet, ist eine Ausschüttung möglich. Zahlungen, die die Solvenz der Limited beeinträchtigen könnten, sind unzulässig.[312] Gewinne aus schwebenden Geschäften können ebenfalls nicht ausgeschüttet werden, sondern sind einer Rücklage zuzuführen.
Die Ausschüttbarkeit der Dividende bestimmt sich nach den Verhältnissen am Bilanzstichtag. Wollen die Gesellschafter eine höhere Dividende als die im letzten Abschluss ausgewiesenen realisierten Gewinne auszahlen, müssen sie eine Zwischenbilanz nach ss. 272, 273 CA 1985 aufstellen. Die Auszahlung erfolgt in der Regel im Verhältnis zum Gesellschaftsanteil des Gesellschafters, bestimmt sich aber - abgesehen von den Berechnungs- und Bilanzierungsvorschriften - nach dem Gesellschaftsvertrag. Ein Anspruch der Gesellschafter entsteht erst mit dem Gewinnverwendungsbeschluss des *general meeting*.[313]
Bei einem Verstoß gegen s. 273 CA 1985 bestehen Rückforderungsansprüche nach Gesetz[314] und *Common Law*[315] gegen den begünstigten Gesellschafter sowie Schadensersatzansprüche gegen die Geschäftsführer wegen *breach of trust*,[316] sofern der Empfänger Kenntnis von den Umständen hatte, die den *breach of trust* begründen.[317]
Da in der Praxis die Gesellschafter mit den Geschäftsführern zumeist identisch sind, ist es unüblich, Gewinnverteilungen vorzunehmen. Die Gewinne werden regelmäßig über die Geschäftsführer-Gehälter ausgekehrt.[318]

Die Regelungen zur Gewinnverteilung werden in ss. 829 ff. CA 2006 übernommen. Der gesamte Part 23 befasst sich mit der Verteilung des Gewinnes an

---

311 s. 263 A CA 1985.

312 Re Exchange Banking Co, Flitcroft's Case [1882] Ch D 519.

313 Bond v Barrow Haematite Steel Co [1902] 2 Ch D 40.

314 s. 277 CA 1985; daneben können noch Ansprüche aufgrund eines constructive trust for the benefit of the company treten, wenn der Empfänger die Unzulässigkeit der Zahlung kannte oder kennen musste; im Falle der Gutgläubigkeit des Empfängers, der nicht den vollen Marktpreis bezahlt hat, das sogen. tracing; dazu Agip (Africa) Ltd v Jackson and Others [1991] Ch D 547; *Ferran*, Corporate Finance, S. 425; *Reinbach*, S. 68; die Relevanz dieser Rechtsinstitute ist gering: *Gower/Davies*, S. 286; *Hannigan*, Company Law, S. 623.

315 Re Exchange Banking Co, Flitcroft's Case [1882] Ch D 519; Trevor v Whitworth [1887] 12 AC 409.

316 *Ebert/Levedag*, GmbHR 2003, 1337, 1344.

317 *Ferran*, Corporate Finance, S. 424.

318 *Hannigan*, Company Law, S. 618.

die Gesellschafter. Geändert wurden nur die Regelungen zu Sachleistungen der Gesellschaft an die Gesellschafter, ss. 845 ff. CA 1985, die sich mit der verdeckten Gewinnausschüttung befassen.

bb) Hidden profit distributions

Das grundsätzliche Verbot der Einlagenrückgewähr betrifft auch verdeckte Gewinnausschüttungen.[319] Das Problem ist von der englischen Rechtsprechung durchaus erkannt, allerdings mit wenig Beachtung verfolgt worden.[320] Unter anderem wurde von der englischen Rechtsprechung die Zahlung eines überhöhten Geschäftsführergehalts als verdeckte Gewinnausschüttung angesehen[321] und ebenso die Veräußerung von Vermögenswerten unter dem Marktwert.[322] Eine gesicherte einheitliche Rechtsprechung existiert nicht und eine Haftung des Gesellschafters kommt nur in Betracht, wenn ein krasses Missverhältnis zwischen Leistung und Gegenleistung vorliegt.[323] Die Haftung erstreckt sich in persönlicher Hinsicht auch auf Drittempfänger als *knowing recipients of trust property*. Über den objektiven Maßstab hinaus verlangt die Rechtsprechung noch weitere subjektive Momente, zum Beispiel eine Umgehungsabsicht. Nur wenn auch diese nachgewiesen werden, kann von den Gesellschaftern Rückgewähr oder Schadensersatz verlangt werden. Wegen der hieraus resultierenden Beweisschwierigkeiten ist die Haftung erheblich eingeschränkt.

Durch ss. 845, 846 CA 2006, die sich auf Sachleistungen der Gesellschaft an die Gesellschafter beziehen, sollen die Unklarheiten über das Vorliegen verteilbarer Gewinne bereinigt werden, die nach der Entscheidung in Sachen *Aveling Barford Ltd v Perion Ltd*[324] aufgetreten sind. Die neuen Normen ändern nichts an der zitierten Entscheidung, die den Verkauf eines Vermögensgegenstandes der Gesellschaft unter Wert als eine verdeckte Gewinnausschüttung klassifizierte und für unzulässig erklärte, da die Gesellschaft zu diesem Zeitpunkt nicht über ausschüttbare Gewinne verfügte. Es wird durch die Vorschriften vielmehr klargestellt, wann verteilbare Gewinne vorliegen, die im Wege eines Kaufvertrages oder ähnlicher Gestaltungen an die Gesellschafter ausgekehrt werden dürfen. Durch s. 846 (2) CA 2006 wird s. 276 CA 1985 ersetzt. S. 851 CA 2006 erklärt die ss. 845, 846 CA 2006 für abschließend, so dass keine weiteren diesbezüglichen *Common-Law*-Rechtssätze angewendet werden dürfen. Darüber

---

319 *Fleischer*, DStR 2000, 1015, 1016; *Hannigan*, Company Law, S. 616; *Schumann*, DB 2004, 743, 744.

320 *Fleischer*, DStR 2000, 1015, 1016; *V. Heinz*, AnwBl 2004, 612, 614; Überblick bei Doran, 10 Company Lawyer [1991], 169, 171.

321 Re Halt Garage (1964) Ltd [1982] 3 All ER 1016.

322 Aveling Barford Ltd v Perion Ltd [1989] BCLC 626.

323 *V. Heinz*, S. 40; *ders.*, AnwBl 2004, 612, 614.

324 Aveling Barford Ltd v Perion Ltd [1989] BCLC 626.

hinaus bleibt es bei der Anwendung des Richterrechts zu ungesetzlichen Ausschüttungen.[325]

cc) Reduction of capital

Eine Kapitalherabsetzung ist bei der Limited für die Gläubiger nur entscheidend, wenn das haftende *issued capital* betroffen ist. Die Voraussetzungen dazu sind im CA 1985 detailliert normiert[326] und dienen vorrangig den Interessen der Gesellschaftsgläubiger.[327] Notwendig ist zuerst, dass die *articles* eine Kapitalherabsetzung vorsehen. Die Mustersatzung Table A enthält in Art. 34 eine solche Möglichkeit. S. 135 (2) CA 1985 nennt typische Wege der Kapitalherabsetzung, ohne eine abschließende Regelung darzustellen. Erforderlich sind für eine ordentliche Kapitalherabsetzung eine *special resolution* mit Dreiviertel-Mehrheit[328] und die Zustimmung des Gerichts. Das Gericht berücksichtigt gemäß ss. 136, 137 CA 1985 die Belange der Gläubiger und stimmt zu, wenn die bekannten Gläubiger verständigt wurden, der Gläubigeraufruf publiziert worden ist und keiner der Gläubiger der Herabsetzung des haftenden Kapitals widersprochen hat.[329] Da bei effektiven Kapitalherabsetzungen die Interessen der Gläubiger besonders tangiert werden, sind diese gemäß s. 136 (2) CA 1985 am Verfahren entsprechend zu beteiligen[330] und die Gläubiger sind berechtigt, der Kapitalherabsetzung zu widersprechen.[331] In der Praxis wird dem Gericht über eine Bankgarantie oder über die Bereitstellung finanzieller Reserven nachgewiesen, dass die Gläubiger bei der beabsichtigten Kapitalherabsetzung nicht gefährdet sind. Das Gericht hat im Rahmen seines Bestätigungsverfahrens einen weiten Ermessensspielraum und kann zum Beispiel verlangen, dass die Gesellschaft die Gründe für die Kapitalherabsetzung bekannt gibt und den Namenszusatz *„and reduced"* trägt. Praktisch relevant sind derartige Auflagen jedoch kaum.

Nachdem das Gericht die Kapitalherabsetzung genehmigt hat, wird das Nennkapital im *memorandum* angepasst. Dem *Companies House* sind das geänderte *memorandum*, der entsprechende Gerichtsbeschluss und das Protokoll der Gesellschafterversammlung zuzusenden.[332] Der *registrar of companies* stellt

---

325 s. 851 (1) CA 2006, vgl. auch explanatory notes zu s. 851 CA 2006.

326 ss. 135 - 141 CA 1985; *Charlesworth&Morse*, S. 129 ff.

327 *Hannigan*, Company Law S. 610 ff., die darauf abstellt, dass die Vorschriften auch dem Schutz der Minderheitsgesellschafter zu dienen bestimmt sind.

328 s. 378 (1) und (2) CA 1985.

329 *Micheler*, ZGR 2004, 324, 328; *Pennington*, S. 214.; zu den Voraussetzungen des Widerspruchs der Gläubiger: s. 136 (3) CA 1985.

330 dazu *Ferran*, Corporate Finance, S. 367 f.

331 s. 136 (3) CA 1985.

332 s. 138 CA 1985.

sodann das *certificate of registration* aus, das bestätigt, dass die Kapitalherabsetzung den gesetzlichen Regeln entspricht.[333] Mit der Registrierung wird die Kapitalherabsetzung wirksam.
Eine solche ordentliche Kapitalherabsetzung ist bei der Limited zwar möglich, aber unüblich, da durch die Ausgabe von *redeemable shares* oder *share buybacks* einfachere und effektivere Möglichkeiten zur Verfügung stehen.[334]

Im Rahmen des CA 2006 wird s. 135 (1), (2) CA 1985 durch s. 641 CA 2006 ersetzt. Nach der Reform ist es nicht mehr erforderlich, dass die *articles* eine Kapitalherabsetzung vorsehen. Es ist weiterhin zulässig, dass eine Limited in ihren *articles* eine Kapitalherabsetzung ausschließt. Nach s. 641 (1) (a) CA 2006 kann eine Kapitalherabsetzung nun nach einem in ss. 642, 643 CA 2006 näher geregelten *solvency statement procedure* erfolgen; das alte aus dem CA 1985 bekannte Verfahren bleibt weiterhin möglich.[335]
Verwendet eine Gesellschaft das neue *solvency-statement*-Verfahren, muss nach der Kapitalherabsetzung noch zumindest ein Gesellschafter übrig bleiben, der wenigstens einen Anteil hält, bei dem es sich nicht um eine *redeemable share* handelt. Diese Regelung entspricht der s. 162 (3) CA 1985 zum Erwerb eigener Anteile.
Nachdem sämtliche *directors* eine unterschriebene Solvenzerklärung im Sinne von s. 643 CA 2006 abgegeben haben, bedarf es eines Gesellschafterbeschlusses, das Gesellschaftskapital zu verringern. Dieser hat zu einem Zeitpunkt zu erfolgen, in dem die Solvenzerklärung nicht älter als 15 Tage ist. Vor der Abstimmung muss es sämtlichen Gesellschaftern möglich gewesen sein, von der Solvenzerklärung Kenntnis zu nehmen.
Die Solvenzerklärung muss gemäß s. 643 CA 2006 die Ansicht der *directors* wiedergeben, dass die Gesellschaft ihre Verbindlichkeiten, die innerhalb eines Jahres anfallen, begleichen kann und dass die Gesellschaft zudem im Falle der Insolvenz innerhalb eines Jahres nach der Kapitalherabsetzung in der Lage sein wird, sämtliche Schulden in voller Höhe zu tilgen. Geben die *directors* ohne vernünftige Gründe eine unrichtige Solvenzerklärung ab, machen sie sich gemäß s. 643 (4), (5) CA 2006 strafbar. Binnen einer Frist von 15 Tagen nachdem die Kapitalherabsetzung beschlossen worden ist, müssen dem *registrar of companies* gemäß s. 644 CA 2006 eine Kopie der Solvenzerklärung sowie eine Erklärung zum Gesellschaftskapital zugeleitet werden. Nachdem der *registrar of companies* die Dokumente registriert hat, wird die Kapitalherabsetzung wirksam.[336]

---

333 s. 138 (2) CA 1985.
334 vgl. s. 159 ff. CA 1985; dazu *Just*, Rn. 211, 219 ff.
335 s. 641 (1) (b) CA 2006.
336 s. 644 (4) CA 2006.

dd) Acquisition of compay's own shares

Der Rückerwerb eigener Anteile ist gemäß s. 143 (1) CA 1985 im Grundsatz unzulässig. Diese Rechtsnorm basiert auf den zur Kapitalerhaltung entwickelten Regeln des *Common Law.*[337] Ss. 143 (3), 144, 145 CA 1985 normieren Ausnahmen von dem grundsätzlichen Verbot des Rückkaufs eigener Anteile, zum Beispiel im Rahmen einer Kapitalherabsetzung, einer Einziehung, einer freiwilligen Aufgabe oder im Wege des unentgeltlichen Erwerbs.

Auch ss. 159 - 181 CA 1985 regeln Ausnahmen vom Verbot des Rückkaufs eigener Anteile beziehungsweise *redeemable shares.*[338] Ein *purchase of own shares* ist erlaubt, wenn die *articles* eine derartige Rückkaufmöglichkeit vorsehen. Dies ist durch Art. 35 Table A regelmäßig gewährleistet. Ferner wird ein entsprechender Gesellschafterbeschluss vorausgesetzt, der auch die Bedingungen des Rückkaufs betreffen muss.[339] Erforderlich ist weiter, dass der Erwerb entweder durch ausschüttungsfähige Gewinne bezahlt wird oder dass der Erlös aus dem Verkauf neuer Anteile, die nur zur Finanzierung des Rückerwerbs ausgegeben wurden, der Finanzierung des Rückkaufs dient.[340] Sofern der Rückkauf durch *distributable profits* finanziert wird, ist eine *capital redemption reserve* anzulegen. Diese ist Teil des gebundenen Gesellschaftsvermögens und darf nicht an die Gesellschafter ausgeschüttet werden.

Unter Beachtung weiterer Regelungen ist es *private companies* auch möglich, den Rückerwerb durch *payment out of capital* zu finanzieren.[341] Notwendig ist, dass die *articles* einen Anteilserwerb in dieser Form erlauben. Dies ist bei Art. 34 Table A der Fall. Der Rückerwerb eigener Anteile soll weitestgehend durch freies Kapital finanziert und nur der Fehlbetrag durch gebundenes Kapital ausgeglichen werden.[342] Die *directors* müssen in einer *statutory declaration of solvency* versichern, dass die Gesellschaft nach dem Rückkauf noch in der Lage sein wird, ihre Verbindlichkeiten zu erfüllen.[343] Ein solches Statement ist durch einen unabhängigen Wirtschaftsprüfer zu bestätigen.[344] Der Beschluss zum Anteilserwerb über *payment out of capital* in Form einer *special resolution* ist publizitätspflichtig, wobei die Gläubiger der Limited innerhalb einer Frist von fünf Wochen gerichtlich die Aufhebung des Beschlusses beantragen können.[345]

---

[337] vgl. Trevor v Whitworth [1887] 12 AC 409; dazu *Ferran*, Corporate Finance, S. 444.

[338] vgl. dazu *Reinbach*, S. 76, Fn. 385.

[339] s. 164 (1) und (2) CA 1985.

[340] ss. 160 (1), 168 (1), 162 (2) CA 1985.

[341] ss. 171 ff. CA 1985.

[342] s. 171 (3) CA 1985, permissible capital payment.

[343] s. 173 (3), (4) CA 1985.

[344] s. 173 (5) CA 1985.

[345] ss. 175 (1), 176 (1) CA 1985.

Ist eine fehlerhafte Solvenzerklärung abgegeben worden, sind die *directors* und die Verkäufer verpflichtet, Fehlbeträge der Gesellschaft zu erstatten, wenn die Gesellschaft innerhalb eines Jahres nach der *declaration* wegen Insolvenz liquidiert wird.[346] Die Haftung ist sowohl für die *directors* als auch für die Gesellschafter auf den empfangenen Betrag beschränkt. Überdies kann eine unrichtige Solvenzerklärung zu strafrechtlichen Konsequenzen führen.[347] Die Anteile bestehen nach dem Rückkauf nicht mehr und das *issued capital* wird um den entsprechenden Nominalbetrag verringert.[348] Jeder Anteilserwerb der Gesellschaft ist dem *registrar* innerhalb von 28 Tagen mitzuteilen. Verstöße sind bußgeldbewehrt[349] und führen zur Unwirksamkeit des Erwerbs.[350]

Der CA 2006 bringt für die Limited bezüglich des Rückerwerbs eigener Gesellschaftsanteile nur wenige Neuerungen. Die wesentlichen Regelungen des CA 1985 werden in Part 18 des CA 2006 übernommen.[351] Gemäß s. 690 CA 2006 ist es einer Limited erlaubt, eigene Anteile zu erwerben. Das Erfordernis, dass dies in den *articles* vorgesehen sein muss, wird aufgegeben. Es wird jedoch klargestellt, dass der Erwerb eigener Anteile durch die *articles* eingeschränkt werden kann. Die Möglichkeiten zur Finanzierung eines solchen Rückkaufs werden in s. 692 CA 2006 festgelegt und entsprechen denen des CA 1985. Nach s. 707 CA 2006 ist es weiterhin erforderlich, den *registrar of companies* innerhalb von 28 Tagen von dem Anteilserwerb in Kenntnis zu setzen.
Ein *payment out of capital* bleibt für die Limited auch weiterhin möglich;[352] eine entsprechende Ermächtigung in den *articles* setzt s. 709 CA 2006 nicht mehr voraus. Erforderlich ist wie bisher eine Solvenzerklärung, die im Gegensatz zu der *statutory declaration* nicht mehr vor einem *solicitor* zu beeiden ist. Die Solvenzerklärung entspricht der aus s. 643 CA 2006. Eine fehlerhafte Erklärung, die ohne vernünftige Gründe abgegeben worden ist, hat auch hier für die *directors* strafrechtliche Konsequenzen.[353]

---

346 s. 76 IA 1986.

347 s. 173 (6) CA 1985.

348 s. 160 (4) CA 1985.

349 s. 169 CA 1985.

350 *Reinbach*, S. 78.

351 ss. 558-659, 662, 666-677, 680-683, 687, 691, 693, 695-701, 704-706, 710-713, 716-719, 721-726, 728-729, 731 und 733-736 CA 2006 überführen lediglich die Regelungen der Chapters 6 und 7 des Part 5 des CA 1985 in das neue Gesetz, jedoch ohne Änderung der Rechtslage.

352 ss. 709 ff. CA 2006.

353 s. 715 CA 2006.

ee) Financial assistance

Die Unterstützung kaufbereiter Dritter beim Erwerb von Gesellschaftsanteilen kann ebenfalls zu einem die Gesellschaftsgläubiger gefährdenden Abfluss des Gesellschaftsvermögens führen.[354] *Financial assistance*[355] umfasst sämtliche Formen der direkten und indirekten Unterstützung Dritter beim Erwerb eigener Anteile der Gesellschaft und ist grundsätzlich verboten. Insbesondere werden Darlehen an die Gesellschafter erfasst, die unter der *doctrine of capital maintenance* an sich erlaubt sind, da ihnen auf der Aktivseite ein Rückzahlungsanspruch gegen den empfangenden Gesellschafter gegenübersteht. Hier besteht jedoch eine erhöhte Missbrauchsgefahr.[356] Von diesem Verbot existieren verschiedene Ausnahmen in s. 153 CA 1985 sowie eine *whitewash procedure* für *private companies* in ss. 155 –158 CA 1985. Eine Ausnahme ist gemäß s. 153 CA 1985 dann gegeben, wenn der Anteilserwerb nicht der ausschließliche Zweck der Hilfestellung ist, sondern wenn die Unterstützung einer vollständigen Umstrukturierung der Gesellschaft dient und der Anteilserwerb hierbei eine untergeordnete Rolle spielt. Die Unterstützungshandlung muss dabei im objektiven Interesse der Gesellschaft stehen.[357] Die *whitewash procedure* wird vor allem deshalb gewählt, um Auslegungsschwierigkeiten bei s. 153 CA 1985 zu vermeiden. Eine Finanzierungshilfe darf geleistet werden, wenn sie das gebundene Vermögen nicht angreift, sondern aus *distributable profits* erfolgt.[358] Die Gesellschafter müssen die Finanzierungshilfe in einer *special resolution* beschließen,[359] nachdem die *directors* eine *statutory declaration of solvency* abgegeben haben.[360] Minderheitsgesellschafter können dem Beschluss innerhalb von 28 Tagen widersprechen. Ebenso wie beim Anteilskauf wird die *declaration* von einem Wirtschaftsprüfer kontrolliert und ist publizitätspflichtig. In ihrer Ausgestaltung ist die *whitewash procedure* somit dem Verfahren beim Erwerb eigener Anteile ähnlich. Den Gläubigern ist es nicht möglich, der *financial assistance* zu widersprechen, denn sie werden durch die Beschränkung des ver-

---

354 *Gower/Davies*, S. 247 f.

355 *V. Heinz*, S. 43; financial assistance gem. ss. 151-158 CA 1985, insbes. s. 152 (1) (a), die die Handlungsalternativen der finanziellen Unterstützung definiert; siehe dazu *Gower/Davies*, S. 271 ff.; Brady v Brady [1989] A.C. 755 (HL); Wallersteiner v Moir (No.2) [1975] Q.B. 373; die zivilrechtlichen Folgen einer verbotenen financial assistance sind gesetzlich nicht normiert und unterliegen demgemäß dem Common Law; zur aktuellen Rechtslage und den Neuregelungen durch den CA 2006 siehe auch *Tal*, GmbHR 2007, 254 ff.

356 Chaston v SWP Group plc [2003] BCC 140.

357 s. 153 (1), (2) CA 1985.

358 s. 155 CA 1985.

359 s. 157 CA 1985.

360 ss. 155 (6), 156 CA 1985.

wertbaren Kapitals und durch die Kontrolle der Solvenz der Gesellschaft nach englischem Verständnis hinreichend geschützt.[361]
Sofern die *financial assistance* nicht entsprechend den Ausnahmevorschriften gewährt wird, stellt sie ein für die Geschäftsführer strafbares Verhalten dar.[362] Als zivilrechtliche Konsequenz ist nach *Common Law* die Vereinbarung der finanziellen Unterstützung unwirksam.[363] Diese Unwirksamkeit wirkt sich jedoch nicht zwingend auf den Anteilserwerb aus.[364] Wurde die Unterstützung bereits gewährt, ist diese Transaktion nichtig und die Gesellschaft kann Rückzahlungsansprüche gegen die empfangenden Gesellschafter, die *directors* sowie gegen beteiligte Dritte geltend machen.[365] Einer unzulässigen Gewinnausschüttung vergleichbar kann die Zustimmung zu einer unzulässigen *financial assistance* zu Schadensersatzansprüchen gegen den *director* führen.[366] Die Rückzahlungspflicht des Empfängers ergibt sich bei Kenntnis der Umstände, die die Unzulässigkeit der *financial assistance* begründen, aus *constructive trust*[367] und gegen den Dritten wegen *knowing assistance* ebenfalls aus dem *law of trust*,[368] sofern er den *director* bösgläubig bei dessen pflichtwidrigem Verhalten unterstützt hat.

Durch den CA 2006 werden für die Limited - wie vom *Company Law Review* vorgeschlagen[369] - die Regeln zur finanziellen Unterstützung Dritter beim Erwerb von Anteilen der eigenen Gesellschaft aufgegeben.[370] S. 153 CA 1985 als Ausnahme vom grundsätzlichen Unterstützungsverbot entfällt ebenso wie die sogenannte *whitewash procedure* gemäß ss. 155 - 158 CA 1985. Die Normen zur *financial assistance* gelten fortan nur noch für *public companies*.[371]

---

361 *Hannigan*, Company Law S. 637.

362 s. 151 (3) CA 1985.

363 Brady v Brady [1988] 2 All ER 617; Plaut v Steiner [1989] 5 BCC 352; Neilson v Stewart [1991] SC 22 HL.

364 South Western Mineral Water Co Ltd v Ashmore [1967] 1 WLR 1110; Carney v Herbert [1985] AC 301 PC; *Ferran*, Corporate Finance, S. 405; *Gower/Davies*, S. 271; *Mayson/French/Ryan*, S. 333.

365 für den Fall bestellter Sicherheiten: Heald v O'Connor [1971] WLR 497; *Reinbach*, S. 85.

366 Rolled Steel Products (Holdings) Ltd v British Steel Corporation [1985] 3 All ER 52; Bairstow v Queens Moat Houses plc [2001] 2 BCLC 531; *Gower/Davies*, S. 272; *Reinbach*, S. 85.

367 Belmont Finance Corp v Williams Furniture Ltd (No. 2) [1980] 1 All ER 393; *Mayson/French/Ryan*, S. 333.

368 Royal Brunei Airlines v Tan [1995] 2 AC 378.

369 Final Report, para. 10.6.

370 etwaigen Missbräuchen soll durch verschärfte Geschäftsleiterpflichten vorgebeugt werden, vgl. *Torwegge*, GmbHR 2006, 919, 923.

371 ss. 678 ff. CA 2006.

c) Kapitalersatz

Der Limited sind die Mittel der Kapitalbeschaffung im Wesentlichen freigestellt. Gesellschafterdarlehen können ohne Einschränkung zur Finanzierung der Gesellschaft eingesetzt werden und die *shareholder* laufen nicht Gefahr, dass Fremdkapital in Eigenkapital umqualifiziert wird.[372]

3. Rechtsvergleichende Gegenüberstellung

Zwischen der Finanzverfassung der englischen Limited und der deutschen GmbH bestehen gravierende Unterschiede.

a) Kapitalaufbringung

Eine herausragende Rolle spielt das im englischen Recht fehlende Mindestkapitalerfordernis. Dieses ist nach herkömmlicher deutscher Ansicht die Gegenleistung für die rechtliche Selbstständigkeit der Gesellschaft sowie für die Haftungsbeschränkung und spielt eine zentrale Rolle beim Gläubigerschutz. Das im *capital clause* festgelegte Nominalkapital der Limited stellt hingegen in erster Linie „eine bloße Prognosezahl ohne praktische Aussagekraft“[373] dar.[374] Dem Stammkapital der GmbH entspricht funktional das *issued capital* der Limited.[375] Im englischen Gesellschaftsrecht wird davon ausgegangen, dass ein Mindestgesellschaftskapital nur einen unzureichenden Schutz der Gesellschaftsgläubiger gewährleisten kann.[376] Diese Ansicht stellt darauf ab, dass die Mindestkapitalziffer lediglich im Zeitpunkt der Gesellschaftsgründung vorliegen muss, jedoch im weiteren Verlauf keine verlässliche Aussage über die Kapitalausstattung der Gesellschaft zulässt.[377]
Bei der Kapitalaufbringung wird ein deutliches Regelungsgefälle zwischen Deutschland und England erkennbar. Anders als im deutschen Recht wird im englischen Gesellschaftsrecht die Kapitalaufbringung auch durch dispositive Regelungen gesichert, die in der regelmäßig verwendeten Mustersatzung Table A enthalten sind.
Die gesetzlichen Bestimmungen zur Einlagefähigkeit sind im englischen Recht wesentlich liberaler als im deutschen Recht. Dort können auch Arbeits- und Dienstleistungen als Sacheinlagen in die Gesellschaft eingebracht werden. Aus-

---

372 *Prentice* in Rickett & Grantham, Corporate Personality, S. 102 f. spricht insoweit von phantom equity; *Wachter*, GmbHR 2004, 88, 92.
373 *Fleischer*, DStR 2000, 1015, 1016.
374 *Gower/Davies*, S. 236.
375 *Fleischer*, DStR 2000, 1015, 1016; *Kallmeyer*, DB 2004, 636.
376 *Davies*, AG 1998, 346, 353; *Prentice* in Rickett & Grantham, Corporate Personality, S. 101 ff.
377 *Cheffins*, Company Law, S. 532.

schließlich in Fällen des Rechtsmissbrauchs kann die Überbewertung von Sacheinlagen in England gerichtlich verfolgt werden. Durch die subjektiven Tatbestandsvoraussetzungen wird die Anfechtbarkeit der Einlagen weitestgehend ausgeschlossen. Der weitgreifende Ermessensspielraum, der den *directors* offen steht, lädt zu Überbewertungen von Sachen und Dienstleistungen geradezu ein.[378] Das Problem der verdeckten Sacheinlage ist dem englischen Recht unbekannt. Ebenso wenig existiert im englischen Recht für *private companies* ein dem § 7 II GmbHG vergleichbares Mindesteinzahlungsgebot. Im Gegensatz zu § 7 II, III GmbHG unterliegt bei der Limited die Fälligkeit der Einlagen der privatautonomen Vereinbarung der Gesellschafter. Zudem ist im englischen Recht die Inpfandnahme eines noch nicht voll einbezahlten Gesellschaftsanteils möglich, was in Deutschland wegen der damit verbundenen Gefahr, die Einlageforderung zu verlieren, verboten ist.[379]
Die Kapitalaufbringungsregeln beider Länder statuieren ein Verbot der unter-pari-Emission. Dies wirkt unabhängig davon, ob ein bestimmtes Mindestkapital vorgeschrieben ist oder nicht. Die Gläubiger vertrauen auf die publizierte Kapitalkennzahl, so dass eine unter-pari-Emission zu einer Täuschung der Gläubiger führen würde.[380]
Vergegenwärtigt man sich, dass die liberalen englischen Kapitalisierungsregeln voll ausgenutzt werden[381] und bedenkt man die damit einhergehende Bewertungsfreiheit der Sacheinlagen und Dienstleistungen, so zeigt sich, dass die Kapitalaufbringung nach englischem Recht den Gesellschaftsgläubigern nur geringen Schutz zu gewährleisten vermag.[382]
Durch die geplanten Änderungen des GmbHG infolge des MoMiG werden die vorhandenen Differenzen zwischen der Limited und der GmbH leicht aufgeweicht. Das Stammkapital der GmbH wird auf 10.000 € abgesenkt und kann damit auch nach deutschem Verständnis nicht primär als Haftungsfonds angesehen werden. Von dem System des Grundkapitals wird jedoch im Interesse einer beachtlichen Seriositätsschwelle nicht vollständig Abstand genommen.
Auch die deutschen Regeln zur Sachgründung werden erleichtert und entsprechen sodann eher den Vorschriften zur Limited. Die Aufrechnung gegen eine Forderung der Gesellschaft zur Erfüllung der Einlageverpflichtung wird zulässig. Die Bewertung von Sacheinlagen bedarf in Zukunft nicht mehr der Überprü-

---

378 *Fleischer*, DStR 2000, 1015, 1016; Ooregum Gold Mining Co of India v Roper [1892], AC 125, 137: „The rule is capable of beeing abused and I have little doubt that it has been liberally construed in practice."; *Gower/Davies*, S. 238.

379 *Pentz* in Rowedder/Schmidt-Leithoff, § 33, Rn. 1, 20.

380 *Micheler*, ZGR 2004, 324, 334.

381 der überwiegende Teil der am Markt tätigen Limiteds verfügt über ein issued capital von 1000 Pfund oder weniger; vgl. DTI Annual Report, Companies in 2005-2006, Table A 7; online im Internet, abrufbar unter http://www.berr.gov.uk/files/file34501.pdf; dort S. 23.

382 *Fleischer*, DStR 2000, 1015, 1017; *Gower/Davies*, S. 295.

fung durch einen Wirtschaftsprüfer, sondern kann durch die Gesellschafter allein vorgenommen werden. Ähnlich dem englischen Recht führt die Überbewertung zukünftig nicht mehr zu einem neuen Aufleben der Einlageverpflichtung, sondern zu einer Differenzenhaftung des leistenden Gesellschafters.
Bezüglich der Regeln zur Kapitalaufbringung ergeben sich aus dem CA 2006 keine Neuerungen.

b) Kapitalerhaltung

aa) Gewinnausschüttungen

Sowohl im deutschen als auch im englischen Recht sind die Gewinnausschüttungen in vergleichbaren Normenkomplexen geregelt. Es ist grundsätzlich nur der realisierte Gewinn ausschüttungsfähig. Die Ähnlichkeit der Normenkomplexe ergibt sich daraus, dass die ss. 263 - 281 CA 1985 auf der zweiten gesellschaftsrechtlichen Richtlinie[383] beruhen.
Begrenzt werden die Ausschüttungen an die Gesellschafter jeweils vom Verbot der Einlagenrückgewähr. Der CA 1985 bezweckt mit diesem Verbot, dass nur ausschüttungsfähige Gewinne ausgezahlt werden dürfen, wohingegen es das Ziel der Regelungen des GmbHG ist, das Stammkapital unangetastet zu lassen. Bei Verstößen sind nach beiden Rechtsordnungen die empfangenen Zahlungen zurückzugewähren. Die Geschäftsführer beziehungsweise *directors* können zudem auf Schadensersatz in Anspruch genommen werden. Die Regelungen des § 31 II GmbHG sind hier rigoroser als die der s. 274 (1) CA 1985, da in Deutschland die Rückzahlung des Betrages, der zur Befriedigung der Gläubiger erforderlich ist, auch verlangt werden kann, wenn der empfangende Gesellschafter gutgläubig war. Für diesen Fall ist im englischen Recht die Rückzahlung ausgeschlossen.
Im englischen Recht ist ein ordnungsgemäßer Jahresabschluss eine zwingende Bedingung für die Gewinnausschüttung. Dies entspricht eher der Rechtslage bei einer deutschen Aktiengesellschaft.[384]
Unabhängig von einem bestimmten Grundkapital darf auch bei der englischen Limited das für die Gläubigerbefriedigung erforderliche Vermögen nicht an die Gesellschafter ausgeschüttet werden, denn dies würde einen Verstoß gegen die *directors' duties* darstellen und zum Schadensersatz verpflichten. Diese Regelungen werden im Wesentlichen wortgleich in den CA 2006 übernommen. Das GmbH-Recht stellt dagegen auf die wertmäßige Deckung der Stammkapitalziffer ab und geht bei deren Ermittlung zwar von einer bilanziellen Betrachtung aus,[385] vor der Ausschüttung bedarf es jedoch keiner Zwischenbilanz. Sowohl

---

383 77/91/EWG.
384 *Lutter* in Kölner Kommentar, AktG, § 57, Rn. 5.
385 *Pentz* in Rowedder/Schmidt-Leithoff, § 30, Rn. 7, 9.

bei der GmbH als auch bei der Limited wird durch die Ausschüttungssperren ein relativ hoher Schutz gewährleistet.
Die Änderungen in § 30 I 2 GmbHG-E 2007 haben im Wesentlichen klarstellende Funktion und schreiben fest, dass nur ein wertmäßiger Schutz des Gesellschaftsvermögens bezweckt ist und dass insofern bei der Prüfung, ob eine Auszahlung das Stammkapital angreift, eine bilanzielle Betrachtungsweise angezeigt ist.

bb) Verdeckte Gewinnausschüttungen

Bezüglich verdeckter Gewinnausschüttungen differieren die Regelungen des deutschen und die des englischen Rechts. Bei der GmbH sind verdeckte Gewinnausschüttungen zwar möglich, aber durch die von Rechtsprechung und Literatur entwickelten Regeln stark eingeschränkt. Unzulässig sind verdeckte Gewinnausschüttungen nur, wenn das Stammkapital der Gesellschaft angegriffen wird. Auch im englischen Recht ist das Problem der verdeckten Gewinnausschüttungen bekannt; die subjektiven Komponenten führen dazu, dass verdeckte Gewinnausschüttungen wegen der damit verbundenen Beweisschwierigkeiten seltener sanktioniert werden können. Durch den CA 2006 steht nunmehr fest, wann verteilbare Gewinne vorliegen, die im Wege einer *distribution in kind* an die Gesellschafter ausgekehrt werden dürfen.

cc) Kapitalherabsetzung

Unter Einhaltung zahlreicher gläubigerschützender Vorschriften sind im deutschen wie im englischen Recht Herabsetzungen des haftenden Kapitals erlaubt. Erforderlich ist in beiden Rechtsordnungen ein mit qualifizierter Mehrheit gefasster Gesellschafterbeschluss. Das Prozedere unterscheidet sich dahingehend, dass das englische Recht die Mitwirkung des Gerichts zwingend vorschreibt. Dieses Erfordernis entfällt bei dem neu eingeführten *solvency-statement*-Verfahren nach Inkrafttreten des CA 2006.
Sowohl die englischen als auch die deutschen Regeln zur Kapitalherabsetzung tragen dem Interesse der Gläubiger Rechnung, indem sie verhindern, dass die zur Befriedigung erforderlichen Beträge ausgeschüttet werden.[386] Die Gläubiger sind jeweils an den Verfahren zu beteiligen. Eine mit der in § 58 I Nr. 3 GmbHG normierten Sperrfrist vergleichbare Regelung gibt es bei der Limited nicht, jedoch können nicht berücksichtigte Gläubiger der Limited gemäß s. 140 (2) und (3) CA 1985 auch noch nach der Eintragung Zahlungen verlangen. Ein Verfahren zur Kapitalherabsetzung wie in §§ 58 a ff. GmbHG existiert im englischen Recht nicht.

---

[386] zum deutschen Recht *Raiser*, § 40, Rn. 5.

dd) Erwerb eigener Anteile

Der Erwerb eigener Anteile ist in beiden Rechten unter strengen Voraussetzungen in Ausnahmefällen zulässig. Der Rückkauf kann im englischen Recht nur mit ausschüttungsfähigem Gewinn finanziert werden. Die Regeln des deutschen GmbH-Rechts räumen den Gesellschaftern hier ausnahmsweise eine größere Flexibilität ein.
Die Vorschriften des CA 1985, die für den Erwerb eigener Anteile eine *capital redemption reserve* verlangen, sind mit den Anteilskaufregeln des § 33 II GmbHG vergleichbar.[387] Für den Erwerb darf lediglich das über das Stammkapital hinausgehende Vermögen verwendet werden und die entsprechende Summe ist in die Rücklagen der Gesellschaft einzustellen. Das englische Recht lässt die weitergehende Möglichkeit zu, von vornherein rückkaufbare Anteile auszugeben. Unter Einhaltung strikter Voraussetzungen, insbesondere zu umfassender Publizität, ist ein *permissible capital payment* möglich, wobei gebundenes Vermögen zur Finanzierung des Anteilserwerbs eingesetzt werden kann. Wird eine Limited binnen eines Jahres nach dem Anteilserwerb insolvent, führt dies zu einer Haftung des ehemaligen Anteilsinhabers.[388] Eine derartige Haftung ist dem deutschen Recht unbekannt. Der CA 2006 betrifft nur marginale Vereinfachungen des Prozedere, die Grundwertungen des CA 1985 werden beibehalten.

ee) Unterstützung Dritter beim Anteilserwerb

Die Fälle, die in England vom Verbot der *financial assistance* erfasst werden, unterfallen in Deutschland teilweise dem § 30 I GmbHG.[389] Bei der Limited greift das Verbot jedoch auch dann, wenn das *issued capital* unangetastet bleibt. Der Kreis der von dem Verbot berührten Personen ist in England weiter, denn hier werden auch alle Dritten erfasst, sofern sie von dem Verstoß wussten, während in Deutschland der Dritte in einer qualifizierten Nähebeziehung zu einem Gesellschafter stehen muss. Das englische Recht ist insoweit enger, als vom Tatbestand der *financial assistance* nur Zuwendungen zum Anteilserwerb erfasst werden. Das englische Verbot umfasst dabei auch die Befreiung eines Gesellschafters von Verbindlichkeiten, die dieser zum Zwecke des Anteilserwerbs eingegangen ist. Nach deutschem Recht werden derartige Konstellationen im Rahmen des § 19 II GmbHG relevant.
Der CA 2006 hebt sämtliche die Limited betreffenden Vorschriften zur *financial assistance* auf. Hierin liegt die größte Veränderung der Finanzverfassung des

387 *V. Heinz*, S. 42.
388 s. 76 (1) und (2) IA 1986.
389 *Höfling*, S. 158.

englischen Pendants zur deutschen GmbH.[390] Die englische Rechtslage wird insoweit der deutschen angeglichen.

c) Kapitalersatzrecht

Ein weiterer bezeichnender Unterschied zwischen den Finanzverfassungen der Limited und der GmbH ergibt sich für eigenkapitalersetzende Gesellschafterdarlehen. Während das deutsche Recht hierzu ein detailliertes Normengefüge und darüber hinaus richterrechtliche Regelungen bereithält, fehlen im englischen Recht vergleichbare Regeln vollständig.
Durch das MoMiG wird dieser Unterschied eher verstärkt als aufgehoben. Zwar wird die Rechtsfigur des eigenkapitalersetzenden Gesellschafterdarlehens aufgegeben, doch werden sämtliche Gesellschafterdarlehen, die in dem kritischen Zeitraum von einem Jahr vor der Insolvenz der Gesellschaft gewährt worden sind, mit insolvenzrechtlichem Nachrang versehen, so dass der Gesellschafter in der Regel keine Quote erhalten wird.

4. Konsequenzen: Schutzlücken aufgrund des Regelungsgefälles

Aus deutscher Sicht werden die Anforderungen an die Kapitalausstattung der GmbH für unverzichtbar gehalten, weil sich effektiver Gläubigerschutz ohne persönliche Haftung der Gesellschafter nur durch Bereitstellung eines im Zeitpunkt der Gründung garantierten Haftungsfonds absichern lässt. Kapitalgesellschaften ohne garantiertes Mindestkapital sind dem deutschen Rechtsdenken fremd.
Bis auf Großbritannien und Irland sehen alle EU-Staaten Mindestkapitalerfordernisse für Gesellschaften mit beschränkter Haftung vor.[391] In der Literatur werden teilweise Zweifel an der Wirksamkeit des deutschen Kapitalschutzsystems geäußert.[392] Zuzugeben ist, dass Mindestkapitalerfordernisse weder eine für die jeweilige Geschäftstätigkeit angemessene Kapitalausstattung garantieren noch einen dauerhaften Bestand des Gründungsvermögens sichern können. Für den Gesellschaftsgläubiger ist es belanglos, ob das bei der Gründung vorhandene Vermögen aus der Gesellschaft gesetzwidrig abgezogen oder auf sonstige Weise verloren wurde.[393] Hieraus kann jedoch nicht gefolgert werden, der Kapitalschutz im eigentlichen Sinne sei funktionslos. Er schützt die Gläubiger als Seriositätsschwelle vor Gesellschaften, deren Grundkapital die gesetzlichen

---

390 *Tal*, GmbHR 2007, 257.
391 EuGH, GmbHR 2003, 1260, 1269 , Tz. 116 - *Inspire Art*.
392 *Engert*, GmbHR 2007, 337 ff.; *Haas*, DStR 2006, 993 ff.; v. *Hase*, BB 2006, 2141; *Koegel*, GmbHR 2003, 1225, 1230; *Meilicke*, GmbHR 2003, 793, 807 ff.; *Triebel*, BB 2003, Die erste Seite.
393 *Borges*, ZIP 2004, 733, 735.

Voraussetzungen nicht erfüllt und vor einem missbräuchlichen Verringern des haftenden Kapitals.[394] Insofern stellt das fehlende Mindestkapitalerfordernis aus deutscher Sicht eine entscheidende Lücke im Schutzsystem für inländische Gläubiger dar. Verstärkt wird dieses Problem dadurch, dass sich im englischen Recht keine Regeln zur effektiven Sicherung der Kapitalaufbringung finden lassen.

Durch das MoMiG wird die Mindeststammkapitalziffer der deutschen GmbH auf 10.000 € gesenkt, ohne dass das Mindestkapitalerfordernis entfällt. Seiner Funktion als Seriositätsschwelle wird auch ein verringertes Mindestkapital gerecht, so dass in Zukunft weiterhin ein Regelungsgefälle zwischen der GmbH und der Limited bestehen wird. Die Aufweichung der Rechtsfolgen für die Überbewertung von Sacheinlagen gleicht die deutsche Regelung dem englischen Recht an, führt aber im Bereich der verdeckten Sacheinlagen jedenfalls zu einem stärkeren Schutz als bei der Limited, so dass auch hier weiterhin eine Schutzlücke bestehen wird.

Im Grundsatz basieren sowohl das englische als auch das deutsche Kapitalerhaltungsrecht auf den gleichen Prinzipien. Lücken werden insoweit erkennbar, als eine dem § 30 GmbHG entsprechende Norm, die einen absoluten Schutz des Stammkapitals der Gesellschaft statuiert, nicht vorhanden ist. Abgesehen von Kapitalherabsetzungen darf in Deutschland das Stammkapital der GmbH nicht durch Auszahlungen an die Gesellschafter vermindert werden. Das englische Recht geht zwar gleichfalls vom Grundsatz der Kapitalerhaltung aus, doch ist der Rückkauf eigener Gesellschaftsanteile mit Zahlungen aus dem gebundenen Vermögen unter bestimmten Voraussetzungen erlaubt. Der Schutz bei verdeckten Gewinnausschüttungen entspricht nicht dem deutschen Standard, zumal die subjektiven Erfordernisse schwer nachzuweisen sind. Außerdem entfällt im englischen Recht der Anspruch gegen den Gesellschafter, wenn dieser bei der Auszahlung in gutem Glauben gehandelt hat.

Eine große Gläubigerschutzwirkung wird den Regeln des deutschen Eigenkapitalersatzrechts beigemessen.[395] Das vollständige Fehlen derartiger Regeln bei der englischen Limited zeigt eine weitere Lücke im Gläubigerschutz. Diese Lücke wird auch nach den Änderungen durch das MoMiG bestehen bleiben. Durch die geplanten insolvenzrechtlichen Regelungen werden im Wesentlichen Fälle erfasst, die zurzeit ohnehin als eigenkapitalersetzende Gesellschafterdarlehen anzusehen sind. Die Aufgabe der Rechtsfigur bringt hauptsächlich eine Beweiserleichterung mit sich, da nicht mehr nachgewiesen werden muss, dass ein Darlehen, das in der kritischen Phase vor der Insolvenz gewährt worden ist, tatsächlich dem Ersatz von Eigenkapital dient.

---

394 *Borges*, ZIP 2004, 733, 735; *Schärtl*, GmbHR 2007, 344 ff.; *Wilhelmi*, GmbHR 2006, 13 ff.

395 *Paefgen*, DB 2003, 487, 490.

Das Grundproblem des fehlenden Mindestkapitals kann auch nicht durch die entsprechenden deutschen Vorschriften[396] oder durch gesonderte Hinterlegungsbestimmungen[397] gemindert werden. Fragen des Gesellschaftskapitals sind gesellschaftsrechtlich zu qualifizieren und richten sich bei der englischen Limited nach englischem Gesellschaftsrecht.[398] Die Durchsetzung des deutschen Mindestkapitalerfordernisses gegenüber dem ausländischen Gesellschaftsstatut ist im Hinblick auf den primärrechtlichen Verhältnismäßigkeitsgrundsatz bedenklich.[399] Seit Inspire Art herrscht insoweit Klarheit, dass der Zuzugsstaat hinsichtlich der Kapitalausstattung keine zusätzlichen Vorgaben machen darf, da dies die Niederlassungsfreiheit behindern würde.[400] Der Gläubiger sei dadurch, dass die Gesellschaft als eine solche ausländischen Rechts auftritt, hinreichend und weniger einschneidend geschützt.[401] Dies ist prinzipiell hinzunehmen, auch wenn nicht davon auszugehen ist, dass ein Mindestkapitalerfordernis als Instrument zum Schutz der Gläubiger gänzlich ungeeignet ist.[402] Die Kapitalaufbringung bestimmt sich nach dem englischen Gründungsrecht.[403] Da weder das deutsche Mindestkapitalerfordernis noch vergleichbare Regelungskonzepte auf die Limited angewendet werden können,[404] muss auch die Anwendung der Normen zur Kapitalaufbringung ausscheiden.[405]

In der Literatur ist umstritten, ob die deutschen Kapitalerhaltungs- und Kapitalersatzvorschriften auf die Limited mit Verwaltungssitz in Deutschland Anwendung finden. Die §§ 30, 31 GmbHG sind nach der herrschenden Meinung gesellschaftsrechtlich zu qualifizieren. Eine Anwendung auf die Limited käme in Betracht, wenn wegen der vorgenannten Schutzlücke eine Sonderanknüpfung an das deutsche Recht möglich wäre.[406] Bei den Normen des Kapitalersatzrechts besteht Klärungsbedarf, ob die Vorschriften dem Gesellschafts- oder dem Insolvenzrecht zuzuordnen sind. Eine Anwendung ist insbesondere bei einer insolvenzrechtlichen Qualifikation in Erwägung zu ziehen, wenn das Insolvenzstatut deutsches Recht ist.[407]

---

396 *Forsthoff*, BB 2003, 973, 981; *v. Halen*, WM 2003, 571, 576.

397 *Kindler*, NJW 2003, 1073, 1078.

398 *Ebert/Levedag*, GmbHR 2003, 1337, 1343; *Meilicke*, GmbHR 2003, 793, 805; *Müller*, NZG 2003, 415, 417.

399 *Paefgen*, DB 2003, 487, 490.

400 EuGH, GmbHR 2003, 1260, 1268, Tz. 104 ff., *Bayer*, BB 2003, 2357, 2364; *Schumann*, DB 2004, 743; a.A. *Forsthoff*, DB 2003, 979, 981; *v. Halen*, WM 2003, 571, 576.

401 EuGH, DB 1999, 625 ff., Tz. 36 f. - *Centros*; RIW 2003, 957, 960, Tz. 135 - *Inspire Art*.

402 vgl. dazu *K. Schmidt*, GesR, § 18 II 4 a, S. 522; IV 1 b bb, S. 538 f.; *Group of German Experts on Corporate Law*, ZIP 2003, 863, 872.

403 *Bayer*, BB 2003, 2357, 2364; *Riegger*, ZGR 2004, 510, 522; *Schumann*, DB 2004, 743.

404 *Bayer*, BB 2003, 2357, 2364; *Schumann*, DB 2004, 743.

405 a.A. *Altmeppen*, NJW 2004, 97, 102; *Ulmer*, NJW 2004, 1201, 1208.

406 vgl. dazu Kapitel C.

407 vgl. dazu Kapitel D.

II. Rechnungslegung und Publizität

1. Deutsche GmbH

Die GmbH unterliegt strengen Vorschriften über Rechnungslegungs-, Prüfungs- und Publizitätspflichten. Diese Pflichten ergeben sich in erster Linie aus dem HGB, wobei die Anforderungen mit wachsender Größe der Gesellschaft steigen.[408] Neben der Rechnungslegungspublizität ist es nach deutschem Recht erforderlich, die Bestellung und Abberufung von Geschäftsführern, Änderungen der Vertretungsbefugnis sowie Erteilung und Entzug der Prokura zum Handelsregister anzumelden. Ebenso sind Kapitalerhöhungen und Kapitalherabsetzungen, die Sitzverlegung, Eröffnung oder Aufhebung einer Zweigniederlassung sowie die Auflösung der Gesellschaft in notarieller Form dem Handelsregister zu melden.

Das E-HUG über ein elektronisches Unternehmensregister[409] ist zum 1.1.2007 in Kraft getreten. Die wesentlichen publikationspflichtigen Daten werden zentral gespeichert und können online abgerufen werden. Nach Angaben der Landesregierung NRW, die das Firmenregister im Auftrag aller Bundesländer führt, werden täglich mehr als 500.000 Abrufe über die Internetseite abgewickelt.[410]

a) Jahresabschluss und Lagebericht

Gemäß § 42 GmbHG in Verbindung mit §§ 242, 264 HGB haben alle Gesellschaften einen Jahresabschluss vorzulegen, der aus Bilanz, Gewinn- und Verlustrechnung und einem Anhang besteht. Zudem kann die Erstellung eines Lageberichtes gefordert werden. Sowohl der Jahresabschluss als auch der Lagebericht werden durch den Geschäftsführer erstellt.[411] Der Jahresabschluss ist für jedes Geschäftsjahr[412] innerhalb bestimmter Fristen[413] aufzustellen und der Gesellschafterversammlung, gegebenenfalls mit dem Prüfbericht eines Abschlussprüfers, vorzulegen.[414] Bei großen und mittelgroßen Gesellschaften beträgt die Frist drei Monate, bei kleinen Gesellschaften sechs Monate.[415] Verfügt die Gesellschaft über einen Aufsichtsrat, so ist dessen Bericht über das

---

408 § 267 HGB.

409 im Internet abrufbar unter www.unternehmensregister.de.

410 vgl. Ruhr Nachrichten vom 23.8.2007: „Internet-Handelsregister läuft gut".

411 § 264 I 1 HGB, § 42 a GmbHG.

412 §§ 242, 264 ff. HGB.

413 § 264 I 2, 3 HGB.

414 § 42 a I GmbHG, §§ 316 ff. GmbHG; *Pentz* in Rowedder/Schmidt-Leithoff, § 29, Rn. 46 ff.

415 zu den Größenordnungen von Gesellschaften *Pentz* in Rowedder/Schmidt-Leithoff, § 29, Rn. 42 ff.

Ergebnis seiner Prüfung ebenfalls den Gesellschaftern vorzulegen.[416] Der Jahresabschluss wird gemäß § 46 Nr. 1 GmbHG von den Gesellschaftern festgestellt und damit für Gesellschafter und Gesellschaft als Voraussetzung für den Ergebnisverwendungsbeschluss verbindlich.

b) Prüfung

Mittelgroße und große Gesellschaften unterliegen der Pflicht, Jahresabschluss und Lagebericht einem Abschlussprüfer oder dem Aufsichtsrat vorzulegen,[417] für kleine Gesellschaften besteht diese Prüfungspflicht nicht.

c) Publizitätspflichten

Nach der Feststellung des Jahresabschlusses sind die Unterlagen vom Geschäftsführer zum Handelsregister einzureichen.[418] Eine Offenlegung hat innerhalb von zwölf Monaten nach dem Abschlussstichtag zu erfolgen. Kleinere Gesellschaften dürfen verkürzte Bilanzen aufstellen und auf die Offenlegung der Gewinn- und Verlustrechnung verzichten, § 326 HGB. Mittelgroße Gesellschaften sind bei verkürzten Bilanzen gemäß § 327 HGB verpflichtet, diverse gesetzlich normierte Posten gesondert auszuweisen. Für kleine und mittlere Gesellschaften reicht es, die Unterlagen einzureichen und einen Hinweis der Hinterlegung im Bundesanzeiger zu publizieren. Große Gesellschaften sind zur Veröffentlichung aller Unterlagen verpflichtet. Verstöße gegen die Rechnungslegungs-, Prüfungs- und Publizitätspflichten können gemäß §§ 331 - 335 b HGB sanktioniert werden.

2. Englische Limited

Im englischen Recht existieren zahlreiche kodifizierte Rechnungslegungs-, Prüfungs- und Publizitätspflichten. Die Gesellschaften sind in drei Größenklassen eingeteilt.[419] Für kleine und mittlere Gesellschaften sind Erleichterungen bei der Bilanzierung sowie bei der Gewinn- und Verlustrechnung vorgesehen.[420] Gesellschaftsrechtlich relevante Vorgänge müssen beim *registrar of companies* und teilweise in der *London Gazette* veröffentlicht werden. Von diesen Vorschriften erhofft sich der englische Gesetzgeber einen weitgehenden Schutz des Rechtsverkehrs vor finanzschwachen Gesellschaften. Es wird von der Grundidee ausgegangen, dass der Gläubigerschutz am Besten dadurch zu gewährleisten ist,

---

416 *Heyder* in Michalski, § 52, Rn. 243.
417 §§ 316 ff. HGB.
418 § 325 HGB.
419 s. 247 CA 1985.
420 s. 246 CA 1985.

wenn die Geschäftspartner der Gesellschaft über deren Vermögens-, Finanz- und Ertragslage umfassend informiert sind.[421] Die potenziellen Gesellschaftsgläubiger werden durch die umfassende Publizität in die Lage versetzt, die Kreditwürdigkeit der Gesellschaft zuverlässig einzuschätzen und sich dementsprechend unter Umständen weitere Sicherheiten einräumen zu lassen oder auf Geschäfte mit dieser Gesellschaft zu verzichten.

a) Berichte

aa) Annual account

Der *annual account* wird vom *board of directors* aufgestellt. Er besteht aus *balance sheet*, *profit and loss account* und *notes*.[422] Die Bilanz wird für das jeweilige *financial year* erstellt, das gemäß s. 224 (3) (b) CA 1985 am letzten Tag des Monats endet, in den der Jahrestag der Gesellschaftsgründung fällt. Eingereicht wird sie in der Regel zusammen mit dem *annual return*.[423] Gesetzliche Grundlage für die Bilanzierung bilden der CA 1985 Part VII Accounts and Audit und die Schedules 4 - 10 zum CA 1985. Erweitert werden diese Regelungen um die vom *Accounting Standards Board* erlassenen Vorschriften SSAP[424] und FRS.[425] Diese Standards sind verbindlich und haben die Qualität einer Rechtsnorm.[426] Die Bilanzen der Gesellschaft sollen einen *true and fair view of the affairs of the company* wiedergeben.[427] Sofern dies durch die Bilanz nicht gewährleistet ist, sind die *directors* zu zusätzlichen Angaben in den *notes* verpflichtet. Bei der Aufstellung und Veröffentlichung der Berichte bestehen für kleine und mittlere Unternehmen gemäß ss. 246 - 249 CA 1985

---

421 „forewarned is forearmed“; *Gower/Davies*, S. 533, 190, 227, 229, 531; *Hannigan*, Company Law, S. 499; *Mayson/Franch/Ryan*, S. 269.

422 *Gower/Davies*, S. 547; s. 242 CA 1985.

423 Alljährlich am Jahrestag der Gesellschaftsgründung müssen der director oder der secretary den annual return - eine Übersicht mit allgemeinen Informationen über die Gesellschaft - beim Companies House einreichen. Erstmalig erfolgt der annual return durch Ausfüllen von form 363, in den folgenden Jahren werden über form 363s lediglich etwaige Änderungen mitgeteilt. Wird der annual return mehr als 28 Tage verspätet eingereicht, kann dieses Versäumnis mit einem Bußgeld gegen die Gesellschaft, die directors und den secretary geahndet werden. Auch im laufenden Jahr ist der registrar über sämtliche wesentlichen Veränderungen durch entsprechende Formulare, die teilweise online übermittelt werden können, zu informieren.
Die Regelungen zum annual return werden im Wesentlichen unverändert in ss. 854–859 CA 2006 übernommen. Dem Secretary of State ist nach der neuen Gesetzeslage auch gestattet, Ausnahmen von den Regelungen zum annual return zuzulassen.

424 Statements of Standard Accounting Practice.

425 Financial Reporting Standards.

426 *V. Heinz*, S. 49.

427 s. 226 (2), (4) CA 1985.

Erleichterungen,[428] deren Inanspruchnahme auf den entsprechenden Dokumenten deutlich vermerkt werden muss.[429]

Der CA 2006 ersetzt die Normen des CA 1985 durch seinen Part 15. Die Normen sind neu geordnet worden, um den Gesellschaften einen einfacheren Zugang zu den sie betreffenden Regularien zu eröffnen. Die Unterteilung der Gesellschaften in Größenklassen mit unterschiedlichen Ansprüchen an die Rechnungslegung wird beibehalten. Während im CA 1985 die Vorschriften für große Gesellschaften der Regelfall waren und Regeln für kleine Gesellschaften die Ausnahme bildeten, kehrt der CA 2006 dieses Verhältnis ins Gegenteil. Wenn bestimmte Normen sich nicht auf alle Gesellschaftsgrößen beziehen, werden die Vorschriften für kleine Gesellschaften vorangestellt. Bis auf geringfügige Änderungen werden die Berechnungsmethoden, wann eine kleine Gesellschaft vorliegt, aus dem CA 1985 übernommen.[430]
Die wesentlichen inhaltlichen Änderungen bestehen darin, dass einer Limited nach Abschluss des Geschäftsjahres statt bisher zehn Monaten nunmehr nur noch neun Monate Zeit gewährt wird, um die Buchführungsunterlagen einzureichen.[431] Der *Secretary of State* wird ermächtigt, die detaillierten Schedules zu Part 7 des CA 1985 durch Verordnungen zu ersetzen. Hierdurch wird eine größere Flexibilität für die einzelnen Gesellschaftstypen ermöglicht.[432]

Die Buchführungspflichten selbst ändern sich nicht, denn die ss. 221, 222 CA 1985 werden lediglich durch ss. 386 - 389 CA 2006 ersetzt. Auch die entsprechende Strafvorschrift für nicht ordnungsgemäße Buchführung bleibt erhalten. In s. 393 CA 2006 wird das Prinzip des *true and fair view* für die folgenden Vorschriften zur Abfassung der *annual accounts* als oberstes Prinzip festgeschrieben. Die Bilanz ist gemäß s. 414 CA 2006 von den *directors* zu unterzeichnen; fehlerhafte Bilanzen können zu strafrechtlichen Sanktionen führen.

cc) Director's report

Darüber hinaus hat das *board of directors* einen *director's report* zu verfassen, der sich mit der Entwicklung des Unternehmens und Vorschlägen zur Verwendung des erzielten Gewinns befasst. Der zwingende Inhalt dieses Berichts ist in ss. 234, 234 A CA 1985 in Verbindung mit Schedule 4 CA 1985 normiert.
Der *directors' report* bestimmt sich nach dem CA 2006 aus ss. 415 - 419; sein wesentlicher Inhalt ist in ss. 216 - 218 CA 2006 geregelt.

---

428 dazu *Behrens*, S. 885.
429 s. 246 A (4) CA 1985.
430 s. 382 CA 2006; früher ss. 247, 247 A CA 1985.
431 s. 442 CA 2006.
432 explanatory notes zu Part 15: accounts and reports.

b) Audit

Geprüft werden die Unterlagen vom *auditor*,[433] der kein Amt in der Gesellschaft selbst bekleiden und in keinem Anstellungsverhältnis zu einem Amtsträger dieser Gesellschaft stehen darf.[434] Er muss eine Lizenz als Wirtschaftsprüfer besitzen und zu einem vom englischen Wirtschaftsministerium anerkannten Verband gehören. Eine Prüfung kann bei Gesellschaften, die einen Jahresumsatz von weniger als 1 Mio. Pfund und eine Bilanzsumme von weniger als 1,4 Mio. Pfund haben, entfallen.[435] Der *auditor* hat die Aufgaben, den Jahresabschluss zu überprüfen und festzustellen, ob der *annual account* mit dem *director's report* übereinstimmt, der Jahresabschluss den Geschäftsbüchern entspricht und die Bilanz einen *true and fair view* über die Lage der Gesellschaft wiedergibt. Der Prüfer kann sich aus den Unterlagen der Gesellschaft informieren und die Angestellten befragen, wobei falsche oder irreführende Angaben mit Geld- oder Freiheitsstrafen geahndet werden.[436] Über die Prüfung wird ein *auditor's report* verfasst;[437] in der Jahresversammlung hat der *auditor* über das Ergebnis Bericht zu erstatten.[438]

Wenn der *auditor* seine Sorgfaltspflichten verletzt, macht er sich der Gesellschaft gegenüber wegen *professional negligence* unbegrenzt schadensersatzpflichtig. Außerhalb der Gesellschaft stehende Dritte können hieraus jedoch keine Ansprüche ableiten.

Der CA 2006 ordnet die Vorschriften zur Prüfung nunmehr in Part 16 neu und setzt verschiedene Vorgaben der vierten,[439] siebten[440] und achten[441] gesellschaftsrechtlichen Richtlinie sowie die der neunten Richtlinie zur Prüfung[442] um. Die grundsätzlichen Vorschriften zur Prüfung der Gesellschaft werden aus dem CA 1985 in die ss. 475 - 484 CA 2006 übernommen. Für kleine Gesellschaften und für *dormant companies*, d.h. für solche, die sich nicht aktiv am Wirtschaftsleben beteiligen, bestehen nach wie vor Ausnahmen von der Prüfungspflicht.

Nach der Neuregelung kann sich der *auditor* von seiner Haftung gegenüber der Gesellschaft zumindest teilweise freizeichnen. Nach s. 532 CA 2006 ist es weiterhin verboten, die Haftung vollständig auszuschließen; solche Vorkehrungen

---

433 ss. 384, 385 CA 1985; wird von der Gesellschaft kein auditor ernannt, kann dieser durch das Wirtschaftsministerium bestellt werden, s. 387 CA 1985.

434 *Just*, Rn. 261.

435 s. 388 A i.V.m. ss. 249 A, 250 CA 1985.

436 s. 389 B CA 1985, eingefügt durch s. 8 Companies (Audit, Investigations and Community Enterprise) Act 2004.

437 s. 235 CA 1985.

438 s. 390 (1) CA 1985.

439 78/660/EWG.

440 83/349/EWG.

441 84/253/EWG.

442 2006/43/EG.

sind nichtig. Gemäß s. 534 CA 2006 ist es jedoch möglich, als Ausnahme zu s. 432 CA 2006 durch eine individualvertragliche Absprache, der die Gesellschafter zustimmen müssen, die Haftung für alle Pflichtverletzungen auf einen bestimmten Betrag zu beschränken. Dieser muss sich gemäß s. 537 CA 2006 in einem fairen und vernünftigen Rahmen bewegen. Ist dies nicht der Fall, wird das Gericht einen entsprechenden Betrag anstelle des ursprünglich vereinbarten festlegen. Derartige Vereinbarungen sind offenzulegen, s. 538 CA 2006.

c) Publizität

Die Berichte sind den Gesellschaftern 21 Tage vor der Jahreshauptversammlung zuzustellen.[443] Hat sich die Gesellschaft im Innenverhältnis von der Vorlagepflicht in der Jahreshauptversammlung befreit oder ist sie nicht verpflichtet, eine Jahreshauptversammlung abzuhalten, haben dennoch alle Gesellschafter Anspruch auf die Zustellung der Unterlagen.[444] Für die Zuleitung der Berichte an die Gesellschafter und an den *registrar* läuft vom Ablauf des Geschäftsjahres an eine zehnmonatige Frist.[445] Die Berichte können beim *registrar* von jedermann eingesehen werden.[446] Zahlreiche Informationen sind bereits online verfügbar.[447] Unterlässt es der *director*, den Bericht rechtzeitig einzureichen, kann das *Companies House* gegen ihn und die Gesellschaft Strafen und Bußgelder verhängen.[448]

Nach der Jahresversammlung ist beim *registrar* der *annual account* vorzulegen, der von einem *director* oder vom *secretary* unterzeichnet sein muss.[449] Dem *annual account* sind Ausfertigungen des Jahresabschlusses, des *director's report* und des *auditor's report* beizufügen. Die Hinterlegung der Dokumente ist in der zuständigen *gazette* bekanntzumachen.[450] Die Buchführungsunterlagen, Protokolle der Hauptversammlung, Kopien der Anstellungsverträge leitender Angestellter und anderweitige Unterlagen müssen am satzungsmäßigen Gesellschaftssitz einsehbar sein.[451] Buchführungsunterlagen, die außerhalb Groß-

---

443 ss. 238, 239, 241 CA 1985.

444 ss. 252, 279 A CA 1985.

445 s. 244 (1) (a) CA 1985.

446 *Behrens*, S. 849.

447 www.companieshouse.gov.uk.

448 ss. 242 (2), 242 A CA 1985.

449 ss. 363, 364, 364 A CA 1985; der Jahresbericht enthält Angaben zum registered office, zu den directors, zu dem company secretary und über die Gesellschafter und deren Gesellschaftsanteile sowie über das Gesellschaftskapital; diese Aufstellung beinhaltet Fakten zum nominal capital, issued capital, paid-up capital, unpaid capital, called capital und uncalled capital.

450 s. 711 CA 1985.

451 s. 222 CA 1985.

britanniens aufbewahrt werden, müssen auch dort einsehbar gemacht werden.[452] Verstöße gegen die Publizitätspflichten werden mit Bußgeldern[453] oder zivilrechtlichen Strafen[454] geahndet. Andauernde Verstöße eines *directors* können zu dessen Disqualifizierung nach dem CDDA 1986 führen.
Werden die geforderten Dokumente über einen längeren Zeitraum nicht eingereicht, kann der *registrar* hieraus schließen, dass die Gesellschaft ihre Geschäftstätigkeit eingestellt hat. Er hat die Möglichkeit, die Auflösung der Gesellschaft zu beantragen.[455] Dies gilt auch, wenn die Gesellschaft auf postalische Anfragen nicht reagiert.[456] Die *company* wird dann aus dem Gesellschaftsregister gestrichen,[457] verliert ihre englische Rechtspersönlichkeit und ihr in Großbritannien belegenes Vermögen fällt an die Krone.[458]

Der CA 2006 regelt die Publikationspflichten der Rechnungslegung und der Berichte in ss. 423 - 436. Nach s. 424 CA 2006 sind den Mitgliedern der Gesellschaft die Bilanzen nicht mehr vor dem *general meeting* zuzusenden, denn *private companies* sind von der Pflicht, eine solche Versammlung abzuhalten, befreit. Verpflichtet sind sie nunmehr, die Bilanzen und Berichte am Tag vor der Übergabe der Dokumente an den *registrar* beziehungsweise am Tag, bevor diese Übergabe spätestens erfolgen müsste, an die Gesellschafter zu versenden. Zuwiderhandlungen sind nach wie vor strafbewehrt.
S. 442 CA 2006 verkürzt die Frist zur Einreichung der Unterlagen beim *registrar* für *private companies* auf neun Monate. Hiermit wird auf die fortgeschrittene Technisierung und die daraus resultierende Zeitersparnis beim Erstellen und Einreichen der Dokumente reagiert.[459] Nach s. 444 CA 2006 ist es kleinen Gesellschaften auch weiterhin möglich, verkürzte Bilanzen einzureichen. Machen die Gesellschaften von der Option Gebrauch, ist dies gesondert zu vermerken.[460] Verstöße gegen die Publikationspflichten werden weiterhin sanktioniert. Gemäß s. 463 CA 2006 sind die *directors* der Gesellschaft für die Schäden

---

452 s. 222 (2) bzw. (3) CA 1985.

453 s. 242 (2) CA 1985.

454 *Güthoff*, S. 81.

455 *Behrens*, S. 888.

456 ss. 652, 653 CA 1985.

457 s. 652 (3) CA 1985.

458 s. 645 (1) CA 1985; Unklarheiten bestehen, wenn eine in Deutschland domizilierte Limited nicht auf Anfragen des Companies House reagiert, die Dokumente nicht eingereicht hat und deshalb aus dem englischen Gesellschaftsregister gestrichen worden ist. Aus deutscher Sicht bleibt bezüglich der in Deutschland belegenen Vermögensgegenstände eine „Rest-Gesellschaft" bestehen, deren rechtliche Einordnung noch nicht abschließend geklärt ist. Es erscheint jedoch angemessen, diese als Personengesellschaft deutschen Rechts, verbunden mit den entsprechenden Haftungsfolgen, zu qualifizieren. Vgl. dazu *Happ/Holler*, DStR 2004, 730, 736.

459 explanatory notes zu s. 442 CA 2006.

460 ss. 449, 450 CA 2006.

verantwortlich, die die Gesellschaft durch einen falschen oder irreführenden *report* erleidet.

3. Rechtsvergleichende Gegenüberstellung

Die Gesellschaften unterliegen in beiden Rechten abhängig von ihrer Größe unterschiedlich strengen Rechnungslegungs-, Prüfungs- und Publizitätspflichten. Vergleicht man die Vorschriften bezüglich Rechnungslegung und Prüfung, überwiegen die Gemeinsamkeiten: Sowohl im deutschen als auch im englischen Recht wird dem Inhalt nach ein nahezu gleicher Jahresabschluss verfasst, der einem Prüfungsorgan und der Gesellschafterversammlung zur Genehmigung vorzulegen ist. Anschließend müssen die Unterlagen beim Registergericht beziehungsweise beim *registrar* eingereicht werden. GmbH und Limited sind zur Offenlegung ihrer Jahresabschlüsse verpflichtet. Diese Regelungen des deutschen und des englischen Rechts basieren auf der europäischen Bilanzrichtlinie und sind demnach weitgehend identisch.[461] Im englischen Recht wird der Grundsatz des *true and fair view* bei der Aufstellung der Bilanzen umfassender berücksichtigt als im deutschen Recht. In Deutschland hat dieses Prinzip über die Bilanzrichtlinie Eingang in das HGB gefunden;[462] es dient jedoch eher als Auslegungsgrundsatz.

Die Vorschriften zur Offenlegung der Dokumente sind im englischen Recht entschieden umfangreicher und weitaus dezidierter als im deutschen Recht. Dies resultiert aus der Vorstellung des englischen Gesellschaftsrechts, dass sich Gläubigerschutz insbesondere durch Offenlegung der Vermögens-, Finanz- und Ertragslage der Gesellschaft gewährleisten lässt.[463] Nach englischem Verständnis kommt insbesondere der Medienöffentlichkeit eine gläubigerschützende Funktion zu.[464]

Die Rechtsordnungen stimmen dahingehend überein, dass Verstöße gegen die Pflichten sanktioniert werden. Der praktische Einsatz von Zwangsgeldern, um die Gesellschafter einer GmbH zur Veröffentlichung ihrer Bilanzen zu ermutigen, ist in Deutschland zurückhaltend. In England wird von dieser Möglichkeit häufiger Gebrauch gemacht.[465]

Der CA 2006 bringt hinsichtlich der Rechnungslegung, Prüfung und Publizität für die Limited nur wenige inhaltliche Neuerungen. Für die Gläubiger von Interesse ist dabei insbesondere die Möglichkeit einer Haftungsbeschränkung des

---

461 *Fehrenbacher* in Münchener Kommentar, HGB, § 325 a HGB, Rn. 13: weitgehende Harmonisierung der Aufstellung, Prüfung und Offenlegung.

462 § 264 II HGB basiert auf der Richtlinie 78/669/EWG.

463 *Gower/Davies*, S. 505: „forewarned is forearmed".

464 *Gower/Davies*, S. 539.

465 *Campos Nave*, NWB, Fach 18, 1107, 1113; *Heckschen*, GmbHR 2004, R 25; *Kallmeyer*, DB 2004, 636, 637.

auditors. Gesellschaftsfremde Dritte können zwar ohnehin keine Ansprüche gegen den Prüfer geltend machen, aber im Extremfall schmälert diese Haftungsbeschränkung die Insolvenzmasse der Gesellschaft. Die übrigen Neuregelungen beziehen sich hauptsächlich auf die Systematik der Vorschriften.

4. Konsequenzen: Doppelkontrollen

Im Bereich der Rechnungslegungs-, Prüfungs- und Publizitätsvorschriften lässt sich nach der Verlegung des Verwaltungssitzes der Limited nach Deutschland keine weitere Schutzlücke feststellen. Verkürzt gesagt führt der Umzug der Limited dazu, dass die Gesellschaft sowohl die englischen als auch die deutschen Vorschriften zur Buchführung und Offenlegung einhalten muss.[466] Die englischen Rechnungslegung-, Prüfungs- und Publizitätsvorschriften sind von der Gesellschaft als das Recht ihres Gründungsstaates auch bei einem Umzug der Gesellschaft in einen anderen Mitgliedstaat zu beachten.
Soweit die Limited als Zweigniederlassung einer in England ansässigen Gesellschaft auf dem deutschen Markt tätig wird, hat sie zusätzlich die Rechnungsunterlagen der Hauptniederlassung offenzulegen, § 325 a I 1 HGB. Die Bestimmungen der §§ 325 a, 13 d ff. HGB gehen auf die elfte gesellschaftsrechtliche Richtlinie der EG zurück,[467] die abschließende Regelungen hinsichtlich der zulässigen nationalen Publizitätsnormen enthält.[468] Die Unterlagen sind grundsätzlich in deutscher Sprache am Sitz der Zweigniederlassung zum Handelsregister einzureichen. Für eine Gesellschaft mit Hauptniederlassung in England dürfen die Unterlagen auch in englischer Sprache eingereicht werden, § 325 a I, 2 - 4 HGB. Sofern die Zweigniederlassungen große Kapitalgesellschaften im Sinne des § 263 III HGB sind, unterliegen sie der Pflicht zur Vollpublizität, § 325 a I 5 HGB. Bei Verstößen gegen diese Publizitätspflicht kann ein Ordnungsgeld verhängt werden, § 335 a S. 1, Nr. 2 HGB.
Für den Fall, dass die Limited ihren Verwaltungssitz vollständig in die Bundesrepublik verlegt, ergibt sich das vor deutschen Gerichten anwendbare Recht aus § 325 a HGB in Verbindung mit Art. 3 der Publizitätsrichtlinie.[469] Zweigniederlassung im Sinne der Norm ist auch die faktische Hauptniederlassung der EU-Auslandsgesellschaft.[470] Diese Ansicht entspricht der des EuGH, der für sämtliche Gesellschaften, die ihren Verwaltungssitz in einen anderen Mitgliedstaat verlegen, die sekundäre Niederlassungsfreiheit für einschlägig hält und demgemäß stets von einer Zweigniederlassung ausgeht. Insofern wird eine Überprüfung anhand der Zweigniederlassungsrichtlinie möglich. Dieses Konzept ist

---

466 *Römermann*, S. 66 ff., 85.
467 89/666/EWG über die Offenlegung von Zweigniederlassungen.
468 *Wachter*, GmbHR 2003, 1254.
469 68/151/EWG; vgl. *Just*, Rn. 246; *Riegger*, ZGR 2004, 510, 516.
470 *Zimmer*, IntGesR, S. 185 f.

sachgerecht, da die Tätigkeit einer ausländischen Gesellschaft über eine Zweigniederlassung dieselben Risiken birgt wie über eine Hauptniederlassung.[471] Bei einer tatsächlich im Inland gelegenen faktischen Hauptniederlassung sind inländische Interessen noch weitgehender tangiert, so dass es in diesem Fall zwingend geboten erscheint, die Publizitätspflichten der §§ 13 d - f, 325 a HGB auf EU-Auslandsgesellschaften anzuwenden.[472]

Nach § 325 a I HGB sind die „Unterlagen der Rechnungslegung der Hauptniederlassung, die nach dem für die Hauptniederlassung maßgeblichen Recht erstellt, geprüft und offengelegt worden sind", zu publizieren. Maßgeblich ist gemäß Art. 3 der Publizitätsrichtlinie das „Recht des Mitgliedstaates, dem die Gesellschaft unterliegt", also das Gründungsrecht der Gesellschaft. Einschlägig sind die Anforderungen des englischen Rechts.[473] Wegen des Satzungssitzes in Großbritannien besteht für die Geschäftsführer die Pflicht, nach englischem Recht Buch zu führen sowie eine Gewinn- und Verlustrechnung nach den *Statements of Standard Accounting* aufzustellen, zu prüfen und beim *registrar* zu hinterlegen.[474] Darüber hinaus ist die Gesellschaft gehalten, die nach englischem Recht erstellten Buchführungsunterlagen in Deutschland offenzulegen (deutscher Registerzwang).[475] Die ausländische Gesellschaftsform wird durch die Angabe des Registers der Zweigniederlassung und durch die Nummer der Eintragung auf den Geschäftsbriefen gemäß Art. 6 der Zweigniederlassungsrichtlinie sowie durch die Angabe von Rechtsform und Satzungssitz gemäß Art. 4 der ersten gesellschaftsrechtlichen Richtlinie für die Gläubiger erkennbar.[476]

Durch das MoMiG werden auch die §§ 13 ff. HGB geändert und den internationalen Bedürfnissen angepasst. Zweck der Änderungen ist eine Zustellungserleichterung. Als zustellungsfähige Adresse ist eine Geschäftsanschrift im Inland zu nennen. Die Publizitätspflichten selbst werden hiervon nicht berührt.

III. Haftung

Dem Schutz der Gläubiger dienen insbesondere Haftungstatbestände. Diese haben den Zweck, einerseits neue Schuldner für die Gläubiger hinzuzugewinnen und andererseits die entsprechenden Personen präventiv zu normgemäßem Verhalten zu veranlassen.

---

471 vgl. *Leible/Hoffmann*, EuZW 2003, 677, 680.

472 *Kindler*, NJW 2003, 1073, 1078.

473 *Fehrenbacher* in Münchener Kommentar, HGB, § 325 a, Rn. 12; *Geyrhalter/Gänßler*, NZG 2003, 409, 412; *Habersack*, EuropGesR, Rn. § 5, Rn. 5 ff.; *V. Heinz*, S. 53; *Hirsch/Britain*, NZG 2003, 1100, 1102; *Just*, Rn. 246; *Riegger*, ZGR 2004, 510, 516 f.

474 *Ebert/Levedag*, GmbHR 2003, 1337, 1339; *Hirsch/Britain*, NZG 2003, 1100, 1102.

475 dazu ausführlich *Ammon* in Röhricht, HGB, §§ 13 d ff.; *Wachter*, GmbHR 2003, 1254 ff.

476 68/151/EWG, geändert durch die RL 2003/58/EG.

1. Deutsche GmbH

Im deutschen Recht existieren Tatbestände zur persönlichen Haftung von Gesellschaftern und Geschäftsführern, die präventiv wie repressiv den Schutz der Gläubiger bezwecken.

a) Gesellschafter

Im Interesse der Gläubiger ist in Überwindung der Haftungsbeschränkung des § 13 II GmbHG für bestimmte Fälle eine Haftung der Gesellschafter gesetzlich angeordnet. Daneben bestehen richterrechtliche Durchgriffsmöglichkeiten, die vorrangig auf Verstößen der Gesellschafter gegen das Trennungsprinzip beruhen.[477]

aa) Haftungstatbestände des GmbHG

Gemäß § 24 GmbHG haften die übrigen Gesellschafter persönlich für Fehlbeträge, wenn eine Stammeinlage nicht vollständig erbracht wird. Sofern bereits vor der Eintragung der GmbH namens der Gesellschaft Verbindlichkeiten begründet worden sind, haften die handelnden Gesellschafter gesamtschuldnerisch auf deren Erfüllung, § 11 II GmbHG.
Die Mitgesellschafter haften gemäß § 31 III GmbHG auf den Betrag, mit dem die Gesellschaft bei ihrem Anspruch aus § 31 I GmbHG ausgefallen ist. Dies gilt analog bei der Rückzahlung von eigenkapitalersetzenden Gesellschafterdarlehen, sofern die Gesellschaft den bereits an den Darlehensgeber zurückgewährten Betrag zwar zur Deckung ihres Stammkapitals benötigt, diese Forderung jedoch uneinbringbar ist. Die Haftung bleibt allerdings auf den Betrag der Stammkapitalziffer beschränkt.[478]

bb) Richterrechtliche Durchgriffshaftung

Im deutschen Recht wird eine Durchgriffshaftung entgegen § 13 II GmbHG dann in Betracht gezogen, wenn die Gesellschafter die Rechtsform der GmbH und die Haftungsbeschränkung treuwidrig ausnutzen oder missbrauchen.[479]

---

477 BGH, NJW 1981, 522; *Forsthoff/Schulz* in Hirte/Bücker, § 15, Rn. 49.

478 BGH, NJW 2002, 1804.

479 ausführlich *K. Schmidt*, GesR, § 9, S. 224 ff.; *Pentz* in Rowedder/Schmidt-Leithoff, § 13, Rn. 130 ff.; zum Stand der zivilrechtlichen Lehre vom Haftungsdurchgriff siehe *P. Fischer*, Raupach-FS, S. 339, 343.

(1) Rechtsmissbrauch

Allgemein anerkannt ist der wenig fassbare Tatbestand des Missbrauchs der juristischen Person. Hierbei handelt es sich um eine Konkretisierung des § 826 BGB für den Bereich des Kapitalgesellschaftsrechts, der aufgrund anderer leichter handhabbarer Tatbestände in der jüngeren Vergangenheit keine große praktische Relevanz entwickelt hat.[480]

(2) Vermögens- und Sphärenvermischung

Eine Durchgriffshaftung wird auch für die Fälle der Vermögens- und Sphärenvermischung angenommen. Derjenige, der die Sphäre der juristischen Person von seiner eigenen oder derjenigen anderer juristischer Personen nicht korrekt trennt, kann sich nicht auf die beschränkte Haftung berufen.[481] Eine persönliche Haftung der Gesellschafter ist demnach zum Beispiel möglich, wenn die Abgrenzung zwischen dem Privatvermögen des Gesellschafters und dem Gesellschaftsvermögen durch eine undurchsichtige Buchführung verschleiert wird. Dieser Tatbestand ist häufig bei Einpersonengesellschaften erfüllt, wenn sich nicht klären lässt, welche Vermögensgegenstände der Gesellschaft und welche dem Privatvermögen zuzurechnen sind.

(3) Qualifizierte materielle Unterkapitalisierung

Von Teilen der Literatur wird vorgeschlagen, eine Durchgriffshaftung auch bei materieller Unterkapitalisierung zuzulassen, wenn die Gesellschafter ihrer Verpflichtung zur materiell angemessenen Kapitalausstattung nicht nachkommen.[482] Der BGH lehnt eine solche Haftung mit der Begründung ab, das Gesetz sehe nur ein bestimmtes Mindestkapital vor.[483] Werden diese Mindestkapitalvoraussetzungen erfüllt, ist die Haftung wirksam auf das Gesellschaftsvermögen beschränkt. Darüber hinausgehende gesetzliche Vorgaben für eine angemessene Kapitalausstattung existieren nicht. Eine Haftung wegen Unterkapitalisierung erscheint nur dann möglich, wenn sie mit einem subjektiv vorwerfbaren Verhalten zusammentrifft und somit als vorsätzliche sittenwidrige Schädigung im Sinne des § 826 BGB einzuordnen ist.

(4) Existenzvernichtender Eingriff

Die Existenzvernichtungshaftung setzt voraus, dass die Gesellschafter zu ihren Gunsten der Gesellschaft Vermögen entziehen, das diese zur ordnungsgemäßen

---

480 *Raiser*, § 29, Rn. 23 ff.

481 BGH, NJW 1986, 188.

482 *K. Schmidt*, GesR, § 9 IV 4, S. 247 ff. m.w.N.

483 z.B. BGHZ 68, 312; BGH, ZIP 1999, 878.

Geschäftsführung benötigt, und dabei eine Schädigung der Gläubiger bewusst in Kauf nehmen.[484] Die Einzelheiten waren umstritten, im Ergebnis aber anerkannt, dass der Gesellschafter analog §§ 302, 303 AktG haftet.[485] Einige Stimmen in der Fachliteratur gehen davon aus, dass sich diese Haftung auch auf die Geschäftsführer erstrecken müsse.[486]

Nunmehr hat der BGH eine neue Konzeption der Existenzvernichtungshaftung entwickelt.[487] Der BGH gibt die bisherige Konstruktion der eigenständigen, an den Missbrauch der Rechtsform anknüpfenden Haftungsfigur auf und stellt stattdessen auf eine Ersatzpflicht des Gesellschafters wegen vorsätzlicher sittenwidriger Schädigung ab. Der Verstoß gegen die guten Sitten ergibt sich aus dem Zugriff auf das Gesellschaftsvermögen, der geeignet ist, die Insolvenz der Gesellschaft herbeizuführen. Sofern der Gesellschafter die Insolvenz zumindest billigend in Kauf genommen hat, muss er den (bedingt) vorsätzlich verursachten Schaden ersetzen. Rechtsfolge ist eine Innnenhaftung des Gesellschafters gegenüber der Gesellschaft.[488]

cc) Deliktsrecht

Die Gesellschafter einer GmbH haften nach den allgemeinen Grundsätzen des § 826 BGB dann, wenn sie der Gesellschaft planmäßig Vermögen entziehen, indem sie es zum Beispiel auf eine andere Gesellschaft verlagern, um die Gläubiger der betroffenen Gesellschaft zu schädigen.[489] Ansonsten kommt eine Haftung der Gesellschafter aus § 823 II BGB in Verbindung mit § 263 I StGB in Betracht, sofern sich das Verhalten der Gesellschafter als Betrug, etwa in Form eines Eingehungsbetruges, darstellt.

b) Geschäftsführer

Die Geschäftsführerhaftung soll präventiv auf normgemäßes Verhalten hinwirken und auf diese Weise dem Gläubigerschutz dienen.

---

484 BGHZ 151, 181; 149, 10; *Röhricht* in 50-Jahre-BGH-FS, S. 83 ff.; Überblick bei *Römermann*, S. 113 ff.

485 *Altmeppen*, ZIP 2002, 1553; *Hoffmann*, NZG 2002, 68; *Ulmer*, JZ 2002, 1042; *Wiedemann*, ZGR 2003, 283.

486 *Altmeppen*, NJW 2004, 97, 101; *Lutter/Banerjea*, ZIP 2003, 2177.

487 BGH, NJW 2007, 2689 ff. - *Trihotel*; dazu *Leuering/Rubner*, NJW-Spezial 2007, 363 f.

488 *Leuering/Rubner*, NJW-Spezial 2007, 363.

489 BGH, NJW 2005, 145, 146.

aa) Innenhaftung gegenüber der GmbH

(1) Anspruch aus § 43 GmbHG

Der Geschäftsführer ist der GmbH gegenüber zu sorgfältiger und gewissenhafter Erfüllung der ihm nach Gesetz, Gesellschafts- oder Anstellungsvertrag obliegenden Aufgaben verpflichtet. Sorgfaltsmaßstab sind die Anforderungen, die an einen gewissenhaften und ordentlichen Geschäftsmann gestellt werden können. Verletzt er diese Pflichten, hat er der Gesellschaft den entstandenen Schaden zu ersetzen, § 43 II GmbHG. Anspruchsberechtigt ist die Gesellschaft, wobei es für die Durchsetzung eines Beschlusses nach § 46 Nr. 8 GmbHG bedarf.[490] Unter besonderen Voraussetzungen können in Ausnahmefällen ein unangemessen benachteiligter Minderheitsgesellschafter, der Insolvenzverwalter oder auch ein Gesellschaftsgläubiger den Anspruch gegen den Geschäftsführer geltend machen.

(2) Insolvenzverschleppung, § 64 II GmbHG

Der Geschäftsführer ist bei Zahlungsunfähigkeit oder Überschuldung der Gesellschaft verpflichtet, die Eröffnung des Insolvenzverfahrens zu beantragen, § 64 I GmbHG. Hierdurch sind einerseits Neugläubiger vor Verträgen mit insolventen Kapitalgesellschaften geschützt und andererseits soll das im Zeitpunkt der Insolvenz noch vorhandene Vermögen zur Befriedigung der Altgläubiger weitestgehend erhalten werden.[491] Es ist eine Frist von drei Wochen seit dem Zeitpunkt der Kenntnis über die Insolvenzreife einzuhalten, § 64 I GmbHG. Sofern der Geschäftsführer diese Antragspflicht verletzt, ist er für Auszahlungen, die nach der Zahlungsunfähigkeit oder Überschuldung vorgenommen worden sind, gemäß § 64 II GmbHG persönlich haftbar, soweit die Zahlungen nicht mit der Sorgfalt eines ordentlichen Geschäftsmannes vereinbar waren. Sein Verschulden wird von der Rechtsprechung vermutet.[492]

Flankiert werden diese Vorschriften durch die Strafnormen § 283 StGB und § 84 GmbHG. Wird die Gesellschaft zu betrügerischen Zwecken weitergeführt, ist eine Haftung gemäß § 823 BGB in Verbindung mit § 263 StGB beziehungsweise aus § 826 BGB möglich.

Durch das MoMiG soll § 64 I GmbHG aufgehoben werden. Die Insolvenzantragspflicht wird nunmehr für alle Gesellschaftstypen einheitlich in § 15 a InsO-E 2007 geregelt. Die Antragspflicht soll zukünftig im Falle der Führerlosigkeit der Gesellschaft auch jeden Gesellschafter treffen, sofern ihm die Führerlosigkeit und die Zahlungsunfähigkeit beziehungsweise Überschuldung nicht aus-

---

490 *Schneider* in Scholz, § 43, Rn. 209 f.
491 *Altmeppen*, ZIP 2001, 2201, *ders.*, NJW 2004, 97, 100.
492 BGHZ 126, 181, 200.

nahmsweise unbekannt waren.[493] Damit korrespondiert die Neuregelung in § 15 InsO-E 2007, nach der nunmehr auch sämtliche Gesellschafter zur Stellung des Insolvenzantrages berechtigt sind.[494] Die bisherigen Strafvorschriften bei verspäteter Antragstellung werden in § 15 a IV, V InsO-E 2007 zusammengefasst und qua Verweisung auf die Gesellschafter ausgedehnt.
Die neue Verortung der Insolvenzantragspflicht soll dem insolvenzrechtlichen Zweck der Norm Rechnung tragen. Bezweckt wird die rechtzeitige Einleitung des Insolvenzverfahrens zum Schutz der Altgläubiger vor weiteren Vermögensverlusten und der Neugläubiger vor Geschäften mit der Not leidenden Gesellschaft.[495] Durch die rechtsformneutrale Formulierung der Insolvenzantragspflicht soll es zukünftig leichter sein, auch ausländische Gesellschaftstypen zu erfassen.[496] Im Falle der Führerlosigkeit die Antragspflicht subsidiär auf die Gesellschafter auszudehnen, dient ebenfalls der Stärkung des Gläubigerschutzes, indem Umgehungen vermieden werden. Sie soll die Gesellschafter mittelbar dazu ermutigen, neue Geschäftsführer zu bestellen, um eine ordnungsgemäße Abwicklung der Gesellschaft zu sichern. Für die Exkulpationsmöglichkeit nach § 15 a InsO-E 2007 trifft den Gesellschafter die volle Beweislast. Ausladende Nachforschungspflichten für die Gesellschafter ergeben sich aus dieser Neuregelung nicht, denn „Kenntnis“ im Sinne der Norm bedeutet stets positive Kenntnis; ein Kennenmüssen reicht nicht aus.

Die Haftung der Geschäftsführer soll durch das MoMiG ausgebaut werden, indem das Zahlungsverbot des § 64 GmbHG erweitert wird.[497] Sofern die Geschäftsführer den Gesellschaftern bei der Ausplünderung der Gesellschaft Hilfe leisten, sind auch sie für Zahlungen haftbar, die die Solvenz der Gesellschaft gefährden. Die Geschäftsführer haften für Zahlungen an die Gesellschafter, die die Zahlungsunfähigkeit der Gesellschaft zur Folge haben, außer wenn dies ausnahmsweise selbst aus der Sicht eines sorgfältigen Geschäftsführers nicht zu erkennen war. Dieses Zahlungsverbot greift weiter als das des § 30 GmbHG, da es nicht nur Zahlungen erfasst, die das Stammkapital antasten, sondern alle, die die Solvenz der Gesellschaft gefährden. Die geplante Änderung geht über die Regelungen des Insolvenz- und des Anfechtungsrechts hinaus, die vor gläubigerbenachteiligenden Rechtsgeschäften schützen sollen. Sie ist unabhängig von den relativ kurzen Verjährungsfristen, vom Nachweis eines Gläubigerbenachteiligungsvorsatzes beziehungsweise vom Eingreifen einer entsprechenden Vermutungsregel.

---

[493] § 15 a III InsO-E 2007.
[494] vgl. § 15 I 2 i.V.m. I 1 InsO-E 2007.
[495] amtl. Begr., S. 127.
[496] amtl. Begr., S. 128.
[497] vgl. § 64 GmbHG-E 2007.

Die Regelung erfasst nicht nur Geldzahlungen, sondern sämtliche Leistungen, durch die die Solvenz der Gesellschaft gefährdet wird.[498] Die Leistung aus dem Gesellschaftsvermögen muss ohne das Hinzutreten weiterer Beiträge kausal für die Zahlungsunfähigkeit der Gesellschaft sein. Die Rückzahlungspflicht des Geschäftsführers ist beschränkt auf den Betrag, der als liquide Vermögensmittel der Gesellschaft tatsächlich entzogen worden ist.[499] Der Geschäftsführer kann sich entlasten, wenn er die durch seine Auszahlung drohende Zahlungsunfähigkeit auch bei Anwendung der Sorgfalt eines ordentlichen Geschäftsführers nicht hätte erkennen können. Ihn entlastet jedoch nicht, wenn er vorträgt, er habe auf Weisung der Gesellschafter gehandelt. Gemäß § 43 III GmbHG, auf den § 64 GmbHG-E 2007 verweist, endet die Weisungsgebundenheit dort, wo der Geschäftsführer durch die Ausführung der Weisung gegen eine ihm obliegende gesetzliche Pflicht verstößt.
Erfasst werden die Fallgruppen, die bislang unter dem Stichwort des existenzvernichtenden Eingriffs diskutiert worden sind.[500] Da die Norm jedoch lediglich auf die Geschäftsführer ausgerichtet ist, wird deutlich, dass die Neuregelung keine abschließende Normierung des existenzvernichtenden Eingriffs bezweckt.

bb) Außenhaftung gegenüber Dritten

(1) Verschulden bei Vertragsschluss

Der Geschäftsführer haftet für ein Verschulden bei den Vertragsverhandlungen nach den allgemeinen Grundsätzen der §§ 280 I, III, 282, 311 III BGB.[501] Neben der Inanspruchnahme besonderen persönlichen Vertrauens ist auch ein unmittelbares wirtschaftliches Eigeninteresse des Geschäftsführers zu bedenken, das nach der herrschenden Meinung vorliegt, wenn der Geschäftsführer wirtschaftlich gewissermaßen in eigener Sache handelt.[502]

(2) Vollmachtslose Vertretung

Vertritt der Geschäftsführer eine Gesellschaft, ohne dass er dazu bevollmächtigt ist, haftet er nach § 179 BGB wahlweise auf Erfüllung oder Schadensersatz. Die Reichweite der Vertretungsmacht kann dem Handelsregister entnommen werden.

---

498 vgl. amtl. Begr., S. 107.
499 vgl. § 64 GmbHG-E 2007 „soweit"; amtl. Begr., S. 108.
500 amtl. Begr., S. 107; Parallele zum Solvency Test.
501 zur Anwendbarkeit auf die Limited in Deutschland vgl. *Römermann*, S. 135 f.
502 *Zöllner/Noack* in Baumbach/Hueck, § 43, Rn. 71 f.

(3) Deliktshaftung

Auch im deliktischen Bereich haftet der Geschäftsführer nach den allgemeinen Grundsätzen der §§ 823 ff. BGB. Insbesondere kann ein Verstoß gegen die Pflicht aus § 43 GmbHG eine Untreue im Sinne des § 266 StGB darstellen, die in Verbindung mit § 823 II BGB zu einem Schadensersatzanspruch führt. Als Schutzgesetze kommen ferner §§ 82 Nr. 1, 84 GmbHG in Betracht.[503]
Der Geschäftsführer haftet unmittelbar gegenüber den Gläubigern aus § 823 II BGB in Verbindung mit § 64 GmbHG im Fall der Insolvenzverschleppung. § 64 GmbHG ist insoweit als Schutzgesetz einzuordnen. Weitere Haftungstatbestände finden sich in § 9 a und in § 57 IV GmbHG.

(4) Insolvenzstraftaten

Der Geschäftsführer einer deutschen GmbH macht sich gemäß §§ 283 ff. StGB strafbar, sofern er bei Insolvenz der Gesellschaft bestimmte Handlungen zur Gläubigerbenachteiligung vornimmt, insbesondere zur Insolvenzmasse gehörende Vermögensgegenstände beiseiteschafft oder Buchführungsunterlagen, die zur ordnungsgemäßen Abwicklung der Gesellschaft erforderlich sind, dem Zugriff Dritter entzieht. Strafbar macht sich der Geschäftsführer gemäß § 84 GmbHG, wenn er es unterlässt, einen Verlust in Höhe der Hälfte des Stammkapitals anzuzeigen (Alternative 1) oder gemäß § 64 I GmbHG rechtzeitig Insolvenzantrag zu stellen (Alternative 2). Durch das MoMiG wird die zweite Alternative des § 84 GmbHG aufgehoben. Die übrigen Straftatbestände mit Insolvenzbezug finden sich in § 15 a InsO-E 2007.

2. Englische Limited

a) Persönliche Haftung der Gesellschafter

Die Haftungsbeschränkung auf das Gesellschaftsvermögen ergibt sich im englischen Recht aus der *Salomon-doctrine*.[504] Das *House of Lords* betont in der zitierten Entscheidung die Selbstständigkeit der juristischen Person und lehnt eine persönliche Haftung des herrschenden Gesellschafters ab. Die *private limited company* ist gemäß s. 13 (3) CA 1985 eine Kapitalgesellschaft mit eigener Rechtspersönlichkeit. Die Haftungsbeschränkung auf die Einlagen der Gesellschafter ist nunmehr in ss. 1 (2) (a), 13 (4) CA 1985 und s. 74 IA 1986 gesetzlich normiert. Wegen dieses Trennungsprinzips blieb der englischen Rechtsprechung wenig Spielraum zur Entwicklung von Durchgriffshaftungs-

---

503 *Burkert/Elser*, S. 343.

504 Salomon v Salomon & Co Ltd [1897] AC 22, HL: „...The company is at law a different person from the subscribers..."

tatbeständen.[505] Die Doktrin wird von den englischen Gerichten respektiert, ein Haftungsdurchgriff ist nur in wenigen Ausnahmen denkbar und in den meisten Fällen lehnen englische Gerichte eine persönliche Haftung der Gesellschafter ab.[506]

aa) Richterrechtliche Durchgriffshaftung

Dennoch gestattet das *Common Law* in einigen Konstellationen einen Durchgriff auf das Privatvermögen der Gesellschafter.[507] Nach britischem *Case Law* kommt ein *lifting* beziehungsweise *piercing the corporate veil*[508] in Betracht, wenn die Gesellschaft benutzt wird, um vertragliche oder gesetzliche Verpflichtungen zu umgehen, die Durchsetzung der Rechte Dritter zu vereiteln, wenn ein vertretungsähnliches Verhältnis besteht oder die Gesellschaft lediglich ein Name ohne Substanz ist. Die genauen Voraussetzungen der Haftungstatbestände sind im englischen Recht noch nicht geklärt, die diesbezügliche Rechtsentwicklung befindet sich im Fluss.

Der *principal* haftet persönlich für Verbindlichkeiten, die sein *agent* im eigenen Namen und auf eigene Rechnung, aber lediglich in seiner Eigenschaft als Strohmann des *principals* vornimmt.[509] Eine solche Strohmannseigenschaft liegt vor, wenn die Limited als Fassade, als Werkzeug des Hintermannes[510] eingesetzt wird, damit dieser seine Verbindlichkeiten aus einem Vertrag nicht zu erfüllen braucht.[511] Sofern sich nachweisen lässt, dass eine Gesellschaft ausschließlich zu betrügerischen oder rechtsmissbräuchlichen Zwecken gegründet worden ist, wird ein Haftungsdurchgriff auf das Vermögen der Gesellschafter möglich.[512] Wenn die Gesellschaftsstruktur lediglich dazu benutzt wird, die tatsächlichen Verhältnisse zu verschleiern, ziehen die englischen Gerichte einen Haftungs-

---

505 *Fleischer*, DStR 2000, 1015, 1017.

506 *V. Heinz*, S. 45.

507 ausführlich dazu *Fleischer*, AG 1999, 350, 353 ff.

508 Der Begriff des veil lifting ist weiter zu verstehen als der des Haftungsdurchgriffs im deutschen Recht. Er dient regelmäßig nicht dazu, Gesellschafter für Verbindlichkeiten der Limited unter Durchbrechung des Trennungsprinzips haftbar zu machen. Unter den Begriff fallen auch Normen, die wie ss. 213, 214 IA 1986 eine Innenhaftung des directors zum Gegenstand haben. Daneben haften jedoch auch die Gesellschafter als de facto bzw. shadow directors. Ausführlich dazu *Reinbach*, S. 88 ff.

509 *Ebert/Levedag*, GmbHR 2003, 1337, 1340.

510 *Fleischer*, DStR 2000, 1015, 1017.

511 Jones v Lipman [1962], 1 All ER 441; Clifford Motor Co v Horne [1933] Ch. 935; "It is appropriate to pierce the corporate veil only where special circumstances exist indicating that it is a mere façade concealing the true facts", Woolfson v Strathclyde Regional Council [1978] SC 90, HL.

512 *Degenhardt*, S. 63; *Ebert/Levedag*, GmbHR 2003, 1337, 1340.

durchgriff in Betracht und berücksichtigen bei der Beurteilung auch die Motive der Anspruchsgegner.[513]
Im englischen Gesellschaftsrecht ist im Gegensatz zum US-Recht die beschränkte Haftung der Gesellschafter nicht mit einer adäquaten Kapitalausstattung der Gesellschaft verknüpft.[514] Englische Gerichte lehnen sogar bei „hoffnungslos unterkapitalisierten“[515] Gesellschaften eine Durchgriffshaftung ab.[516]

Die Gerichte sind in ihrer Spruchpraxis insgesamt sehr zurückhaltend.[517] Nachdem sich ein liberalerer Gebrauch der Durchgriffshaftungstatbestände in der englischen Rechtspraxis durchgesetzt hatte, wurde in der Entscheidung des *Court of Appeal* in *Adams v Cape Industries plc*[518] die juristische Selbstständigkeit der Gesellschaft wieder stärker betont.

bb) Verbotene Gewinnausschüttungen

S. 277 CA 1985 normiert einen Haftungsanspruch gegen Gesellschafter, die in Kenntnis der Nichtberechtigung verbotene Gewinnausschüttungen entgegennehmen. Bei Gesellschaftern, die zugleich als *directors* der Limited fungieren, wird diese Kenntnis vermutet. Der Gesellschafter ist in diesem Fall zur Erstattung des Empfangenen verpflichtet.

cc) Geschäfte vor Gründung

Verträge, die namens der Limited vor deren eigentlicher Entstehung[519] geschlossen werden, binden den handelnden Gesellschafter gemäß s. 36 C CA 1985 persönlich, sofern er die persönliche Haftung nicht ausdrücklich ausgeschlossen hat.

b) Persönliche Haftung der directors

Da die Gesellschafter durch die *Salomon-doctrine* weitgehend geschützt werden, fokussiert sich die persönliche Haftung bei der Limited auf die *directors*. Die Kontrolle der an der Geschäftsführung der Limited beteiligten Personen und die Haftungsrisiken bilden das Gegengewicht zu der ihnen verliehenen Rechtsmacht, für die Gesellschaft auch negative Entscheidungen zu treffen. Die Haftungstatbestände dienen insofern auch dem Gläubigerschutz.

---

[513] Gesellschaft als Fassade, Name ohne Substanz; Gencor ACP Ltd v Dalby [2000] 2 BCLC 734.
[514] *Farrar's*, S. 80.
[515] *Fleischer*, DStR 2000, 1015, 1017.
[516] *Ebert/Levedag*, GmbHR 2003, 1337, 1340.
[517] *Fleischer*, DStR 2000, 1015, 1017.
[518] Court of Appeal in Adams v Cape Industries plc [1990] Ch D 433, CA.
[519] Ausstellung des certificate of incorporation, s. 13 CA 1985.

Flankiert werden diese Haftungstatbestände durch die Disqualifizierungsmöglichkeiten des CDDA 1986.[520] Ziel dieses Regelwerkes ist der präventive Schutz des Geschäftsverkehrs vor dem Missbrauch der juristischen Person. Den Disqualifizierungstatbeständen kommt insofern eine Abschreckungsfunktion zu.[521]

aa) Innenhaftung gegenüber der Gesellschaft

Die *directors* haften grundsätzlich nur gegenüber der Gesellschaft, da sie als deren Organ allein dieser die ordnungsgemäße Ausführung der ihnen übertragenen Pflichten schulden.[522] Eine Haftung ist bei Verletzung der Treue- und Sorgfaltspflichten, Geschäften außerhalb des Geschäftsgegenstandes, Missbrauch der Vertretungsmacht und bei unzulässigen Gewinnausschüttungen möglich.[523]

(1) Pflichtverletzungen gegenüber der Gesellschaft

Die *directors* einer englischen Limited tragen gegenüber ihrer Gesellschaft gewisse im *Common Law* entwickelte Treue- und Loyalitätspflichten.[524] Die *directors* haben dabei stets „*bona fide in the best interests of the company*“ zu handeln.[525] Die *fiduciary duties*[526] basieren auf der Treue zur Gesellschaft; die *duty of skill and care* knüpft an die allgemeinen Sorgfaltspflichten eines ordentlichen Geschäftsführers an. Während dieser Maßstab in der früheren Rechtsprechung subjektiv bestimmt wurde, richtet er sich heute nach den Ansprüchen, die

---

520 Bislang können Personen, die nach dem Recht eines anderen Staates disqualifiziert worden sind, unproblematisch als director einer englischen Limited tätig werden und auf diese Weise entweder in GB oder in dem Land, in dem sie disqualifiziert worden sind, am Wirtschaftsleben teilnehmen. Diese Lücke schließt der CA 2006, indem er dem Secretary of State das Recht einräumt, Verordnungen zu erlassen, nach denen Personen, die bereits in einem anderen Land von der Betätigung als Geschäftsführer ausgeschlossen worden sind, auch in GB zu disqualifizieren und so davon abzuhalten, director einer Limited zu werden. Die genauen Vorgaben hinsichtlich der betroffenen Personen und des Prozedere ergeben sich aus ss. 1182-1191 CA 2006.

521 wichtigster Grund zur Disqualifizierung ist die unfitness, d.h. die Unfähigkeit zur Geschäftsführung, vgl. ss. 6-9 CDDA 1986.

522 Multifunctional Gas and Petrochemical Co v Multifunctional Gas and Petrochemical Service Ltd [1983] Ch. 258.

523 vgl. dazu auch den Überblick bei *Römermann*, S. 118 ff.

524 ausführlich dazu *Reinbach*, S. 139 ff.

525 Re Smith & Fawcett Ltd [1941] Ch D 304, CA.

526 Duty to act in good faith, duty to act with a proper purpose, duty to disclose secret profits, duty to avoid conflicts of interest, duty not to fetter discretion; vgl. Percival v Wright [1902] 2 Ch. 421; *Gower/Davies*, S. 375.

an einen typisierten, objektivierten Geschäftsführer gestellt werden können.[527] Für Fachleute gilt ein erhöhter Sorgfaltsmaßstab auf ihrem jeweiligen Gebiet.[528] Die einzelnen Pflichten der *directors* werden im *memorandum* geregelt. Sie müssen sich satzungsgemäß verhalten und versuchen, die widerstreitenden Interessen von Gesellschaftern, Gläubigern und Angestellten in Einklang zu bringen.[529] Die Geschäftsführer haften nach *Common Law* und *equity* persönlich gegenüber der Gesellschaft für den durch die Pflichtverletzung entstandenen Schaden.
Die *directors* können im Innenverhältnis von den meisten Haftungstatbeständen freigestellt werden. Dies darf jedoch nicht - etwa aufgrund einer satzungsmäßigen Regelung - im Voraus geschehen.[530] Auch die Sorgfaltspflichten dürfen nicht durch die Satzung gesenkt werden.[531] Allerdings kann eine Freistellung der *directors* von der Haftung im Nachhinein durch Genehmigung der Handlungen von der Gesellschafterversammlung erfolgen, sofern es sich bei der Pflichtverletzung nicht um eine ungesetzliche Vorgehensweise handelt.[532]
Neben diesen richterrechtlich entwickelten Pflichten bestehen gesetzlich normierte *statutory duties*. Diese beinhalten unter anderem, Eigeninteressen zu offenbaren,[533] Anstellungsverträge am *registered office* zu hinterlegen,[534] ordnungsgemäße Rechnungslegung nachzuweisen[535] und die Jahresmitteilung beim *registrar* einzureichen.

Die Normen bezüglich der *companies' directors* aus Part 10 des CA 1985 werden zukünftig durch Part 10 des CA 2006 ersetzt und um gesetzlich verankerte generelle Pflichten der *directors* ergänzt. *Director* ist - unabhängig von seiner jeweiligen Bezeichnung - wie nach der alten Definition jede Person, die die Tätigkeiten eines *directors* ausübt.[536] Der *director* ist zur Geschäftsführung verpflichtet und berechtigt, alle Rechte der Gesellschaft auszuüben. Nach neuem Recht muss jede Gesellschaft zumindest einen *director* haben, der eine natürliche Person ist und ein Mindestalter von 16 Jahren hat.[537] Der generelle Pflichtenkanon der *directors* ergibt sich aus ss. 170 - 181 CA 2006. Diese *general*

---

527 *Ebert/Levedag*, GmbHR 2003, 1337, 1342.
528 Re D'Jan of London [1994], BCLC 561.
529 *Dierksmeier*, S. 150.
530 s. 310 (2) CA 1985.
531 Movitex Ltd v Bulfield [1988] BCLC 104.
532 *Schwilden*, S. 104.
533 s. 317 CA 1985.
534 s. 318 CA 1985.
535 s. 226 CA 1985.
536 s. 741 (1) CA 1985 bzw. s. 250 CA 2006; shadow directors werden in s. 251 CA 2006 als Personen definiert, deren Anweisungen die directors bei der Geschäftsführung regelmäßig Folge leisten; diese Definition entspricht s. 271 (2) CA 1985.
537 ss. 155, 157 CA 2006.

duties basieren auf den bisher nicht gesetzlich normierten Vorgaben des *equity* und des *Common Law*. Vom *Company Law Review*[538] wurde vorgeschlagen, diese richterrechtlichen Pflichten auf eine normative Grundlage zu stellen und die bisherige Rechtslage zu kodifizieren. Hierdurch soll es einfacher werden, die jeweiligen Pflichten zu erkennen und Rechtsentwicklungen auf diesem Gebiet absehbarer zu machen. Dieser Vorschlag wurde von der britischen Regierung aufgenommen. Lediglich die Vorgaben der bisher geltenden *no-conflict-rule* wurden in s. 175 CA 2006 leicht modifiziert, ebenso die *equtiy*-Regel zu Interessenkonflikten in s. 177 CA 2006.

In Absatz IV von s. 170 CA 2006 wird festgeschrieben, dass die neuen gesetzlichen Regeln so auszulegen sind wie die Prinzipien des *Common Law* und des *equity*. Die neuen *general duties* kodifizieren nicht alle Pflichten der *directors*. Einige Verpflichtungen sind an anderer Stelle geregelt und einige bleiben als richterrechtliche Vorgaben bestehen, wie zum Beispiel die Pflicht, bei drohender Insolvenz die Interessen der Gesellschaftsgläubiger zu beachten.[539]

Normiert wurden die *duty to act within powers*,[540] die *duty to promote the success of the company*,[541] die *duty to exercise independent judgement*,[542] die *duty to exercise reasonable care, skill and diligence*,[543] die *duty to avoid conflicts of interests*,[544] die *duty not to accept benefits from third parties*[545] sowie die *duty to declare interest in proposed transaction or arrangement*.[546]

Diese Pflichten sind dafür gedacht, als gesamtes Regelwerk zum Schutz der Interessen der Gesellschaft und damit mittelbar zum Schutz der Interessen der Gläubiger beizutragen. Der *director* hat sich stets zu bemühen, allen Vorgaben zugleich gerecht zu werden, auch wenn sie sich vielfach überschneiden. Die Pflichten können jedoch durch die Satzung der Limited modifiziert werden.

Die Erfüllung dieser Pflichten schuldet der *director* nur der Gesellschaft. Dies stellt s. 170 (1) CA 2006 klar, und daraus folgt, dass nur die Gesellschaft die Ansprüche, die sich aus der Verletzung dieser Pflichten ergeben, geltend machen kann. Die Anspruchsgrundlagen sind in s. 178 CA 2006 normiert und entsprechen exakt[547] den bislang geltenden zivilrechtlichen Folgen eines *breach of duty*.

---

538 Final Report, Chapter 3.

539 explanatory notes, ss. 170 to 181: General Duties, S. 50.

540 s. 171 CA 2006.

541 s. 172 CA 2006.

542 s. 173 CA 2006.

543 s. 174 CA 2006.

544 s. 175 CA 2006.

545 s. 176 CA 2006.

546 s. 177 CA 2006.

547 explanatory notes, ss. 170-181: General Duties, S. 50.

Der Gesellschaft ist es nicht möglich, ihre *directors* im Voraus von jeglicher Haftung freizustellen.[548] Derartige Vereinbarungen sind nichtig. Gemäß s. 239 CA 2006 kann ein Fehlverhalten des *director's* jedoch nachträglich genehmigt werden. Neu ist an dieser Regelung, dass bestimmte dem *director* nahestehende Personen von der Abstimmung ausgeschlossen werden.

(2) Missbrauch der Vertretungsmacht

Nach Aufgabe der *ultra-vires*-Lehre[549] ist es den *directors* nun möglich, die Gesellschaft auch aus Geschäften mit gutgläubigen Geschäftspartnern zu verpflichten, die außerhalb des Gesellschaftszwecks stehen. Im Außenverhältnis sind die *directors* als für alle Geschäfte der Gesellschaft zuständig anzusehen.
Falls im Innenverhältnis die Vertretungsmacht beschränkt ist, die *actual authority* also hinter der *apparent authority* zurücksteht und der *director* die tatsächliche Vertretungsmacht überschreitet, muss er persönlich für die Verluste der Gesellschaft haften und die Gewinne herausgeben.[550] Diese Ansprüche können von der Gesellschaft geltend gemacht werden, wobei grundsätzlich die anderen *directors* als Vertreter der Gesellschaft gegen den seine Pflicht verletzenden *director* vorgehen. Unterbleibt dies, kann die Mehrheit der Gesellschafter klagen. Wenn ein solcher Beschluss der Gesellschafter unwirksam ist oder die Minderheitsgesellschafter unzumutbar benachteiligt würden, steht auch diesen eine Klagebefugnis zu.[551]

(3) Unzulässige Gewinnausschüttungen

Ansprüche aus s. 277 CA 1985 können auch gegen den *director* geltend gemacht werden, wenn dieser unzulässig Gewinne ausgeschüttet hat, denn die Norm kann teleologisch auf *directors* ausgedehnt werden.[552] Diese können jedoch dann bei den empfangenden Gesellschaftern Regress nehmen.

---

548 s. 232 CA 2006.

549 Dies wird auch aus der gesetzlichen Regelung deutlich: Nach s. 31 (1) CA 2006 haben Gesellschaften grundsätzlich einen unbeschränkten Geschäftsgegenstand, sofern nicht ausnahmsweise etwas anderes vereinbart ist. Das Erfordernis, den Geschäftsgegenstand zu spezifizieren, fällt damit weg. Die Wirksamkeit eines Rechtsgeschäfts der Gesellschaft mit einem Dritten ist unabhängig von etwaigen Restriktionen in der Satzung der Limited, s. 39 CA 2006, siehe schon s. 35 (1), (4) CA 1985. Die Rechtsmacht der directors, seine Gesellschaft vertraglich zu binden, kann ebenfalls nicht durch die Satzung eingeschränkt werden, s. 40 CA 2006; ebenso ss. 35 A, 35 B CA 1985.

550 *Just*, Rn. 158; die directors können von diesen Ansprüchen vorab freigestellt werden, vgl. ss. 35, 35 A CA 1985.

551 Foss v Harbottle [1843] 2 Hare 461.

552 *Römermann*, S. 122.

(4) Krisenverschleppungshaftung

Wird die Gesellschaft nicht rechtzeitig liquidiert, kommt eine Haftung aus *fraudulent trading* und *wrongful trading* in Betracht. Eine weitere insolvenzrechtliche Haftungsgrundlage bietet s. 239 IA 1986, sofern die insolvente Gesellschaft Vermögensgegenstände unter Wert veräußert oder übertragen hat.
Ein treuwidriges Handeln der *directors* in der Insolvenz der Gesellschaft kann zu einer Haftung wegen *misfeasance* führen.[553]
Wurde ein *director* nach dem CDDA 1986 disqualifiziert und tritt er dennoch weiterhin als *director* der Gesellschaft auf, muss er persönlich alle in diesem Zeitraum eingegangenen Verbindlichkeiten tragen.[554] Dieses Verhalten kann außerdem strafrechtliche Sanktionen nach sich ziehen.[555]

(a) Fraudulent trading

Sofern die Gesellschaft trotz Zahlungsunfähigkeit oder Überschuldung ihre Geschäfte in betrügerischer Absicht fortführt, haften die *directors* aus *fraudulent trading.*[556] Die Haftung richtet sich grundsätzlich gegen alle an der Geschäftsführung der Limited beteiligten Personen,[557] in erster Linie jedoch gegen die *directors* einschließlich der *de facto directors* und der *shadow directors*. Der Ersatzanspruch kann erst bei der Abwicklung der Gesellschaft geltend gemacht werden.[558] Das vorausgesetzte betrügerische Verhalten liegt vor, wenn die Gesellschaft eine Verpflichtung in dem Bewusstsein eingeht, diese nicht erfüllen zu können. In der Praxis ergeben sich allerdings Probleme, den betreffenden *directors* eine Schädigungsabsicht[559] nachzuweisen. Vor einem derartigen Unwerturteil schrecken die Gerichte regelmäßig zurück. Eine Haftung wegen *fraudulent trading* kommt in Betracht, wenn ohnehin ein strafbares Verhalten festgestellt werden kann.[560] Durfte der *director* auf eine Verbesserung der Lage der Gesellschaft vertrauen, wird sich eine Betrugsabsicht kaum nachweisen

---

553 s. 212 IA 1986; hierbei handelt es sich nicht um einen Anspruch im engeren Sinne, dieser ist vielmehr Voraussetzung der Norm (Cohen v Selby [2001] 1 BCLC 176, 183 f.); es handelt sich um einen Rechtsbehelf zur vereinfachten Geltendmachung eines Anspruchs der Limited gegen den director durch den liquidator oder einen Gesellschaftsgläubiger.

554 s. 15 CDDA 1986.

555 s. 13 CDDA 1986.

556 s. 213 IA 1986.

557 vgl. R v Miles [1992] LRC 657.

558 Die Insolvenz der Gesellschaft ist ausweislich des Wortlauts jedoch keine Voraussetzung der s. 213 IA 1986.

559 „actual dishonesty involving, according to current notions of fair trading among commercial men, real moral blame“; Re Patrick Lyon Ltd [1933] Ch D 786, 790-791; *Höfling*, S. 223.

560 *Just*, Rn. 167.

lassen. Auch ein *chasing of the rainbow*, bei dem nur vage Aussichten auf eine Verbesserung bestehen, lässt nicht zwingend auf eine unredliche Absicht schließen.[561] Die Hoffnung auf einen günstigen Ausgang wird den *directors* zugebilligt; Betrug scheidet also aus, wenn sie trotz aller finanziellen Probleme glauben, „die Wolken verschwänden und die Sonne käme wieder zum Vorschein".[562] Lässt sich eine betrügerische Absicht nachweisen, werden die *directors* nicht zur unmittelbaren Leistung an die Gesellschaftsgläubiger verurteilt, sondern die Ersatzleistungen kommen der Gesellschaft zu und vermehren insoweit die Insolvenzmasse. Der Haftungsumfang ist vom Gericht nach freiem Ermessen zu bestimmen.[563]
Wegen betrügerischen Weiterführens der Geschäfte der insolventen Limited können sich die *directors* gemäß s. 458 CA 1985 strafbar machen.[564] Aus dem Gleichklang von zivilrechtlicher Sanktion und Strafnorm ergibt sich, dass ebenso die Voraussetzungen von s. 213 IA 1986 strengen Anforderungen genügen müssen.[565] Durch die Einführung von s. 214 IA 1986, die weniger strenge Anforderungen stellt, ist der Tatbestand des *fraudulent trading* nahezu bedeutungslos geworden.

(b) Wrongful trading

Den in der englischen Rechtspraxis bedeutsameren Tatbestand des *wrongful trading*, der kein betrügerisches Verhalten der *directors* voraussetzt und insofern weiter greift als der des *fraudulent trading*, ist in s. 214 IA 1986 geregelt. Die Haftung aus *wrongful trading* kann sowohl eingetragene *directors* als auch *shadow directors* und *de facto directors* treffen.[566] Die Rechtsprechung ist hinsichtlich der Haftung der *shadow directors* eher zurückhaltend,[567] da als solche vorrangig Banken und Muttergesellschaften in Betracht kommen.[568] In sachlicher Hinsicht genügt ausschließlich die *insolvent liquidation*, die gemäß s. 214 (6) IA 1986 gegeben ist, wenn im Zeitpunkt des Liquidationsbeginns die Gesellschaftsverbindlichkeiten und die Auflösungskosten die Vermögenswerte der Gesellschaft übersteigen. Grundlage der Haftung nach s. 214 IA 1986 ist die Überschuldung der Gesellschaft.

---

561 Re Patrick Lyon Ltd [1933] 1 Ch D 786.
562 sog. sunshine-doctrine.
563 Richtungsangaben zur Berechnung des Schadensersatzes können aus Morphites v Bernasconi [2003] 2 WLR 1521 entnommen werden.
564 diese Strafnorm findet sich nun in s. 993 CA 2006; dabei wurde die Höchststrafe von sieben auf zehn Jahre Freiheitsstrafe angehoben.
565 *Reinbach*, S. 108.
566 s. 214 (7) IA 1986.
567 *Höfling*, S. 229.
568 *Höfling*, S. 228 ff.

Der *director* einer Gesellschaft ist von dem Zeitpunkt an, in dem er erkennt oder hätte erkennen können,[569] dass sich die Gesellschaft in der Krise befindet und dass keine Erfolg versprechenden Sanierungsaussichten bestehen, verpflichtet, alles Erforderliche zu tun, um Verluste der Gläubiger zu minimieren.[570] Gemäß s. 214 (3) IA 1986 ist die Haftung ausgeschlossen, wenn er alles unternommen hat, um die Schäden gering zu halten. Abzustellen ist dabei auf eine vernünftige Durchschnittsperson im Sinne der s. 214 (4) IA 1986. Sofern die Gesellschaft später aufgrund der Insolvenz abgewickelt wird und der *director* in diesem Fall nichts zum Schutz der Gläubiger unternommen hat, haftet er unbeschränkt persönlich für die Schäden, die bei ordnungsgemäßem Verhalten hätten vermieden werden können. Dies führt zu einer Verschuldensvermutung bei objektiv pflichtwidrigem Verhalten.[571]

Bei der Bestimmung des pflichtgemäßen Alternativverhaltens des *directors* sind gemäß s. 214 (4) IA 1986 objektive und subjektive Kriterien zu berücksichtigen. Welche Anforderungen im Einzelnen zu stellen sind, hat der Gesetzgeber der Ausgestaltung durch die Gerichte überlassen, denn s. 214 (4) IA 1986 stellt diesbezüglich nur Minimalanforderungen auf.

Das Gericht legt dann den vom *director* zu ersetzenden Betrag fest, wobei die richterliche Entscheidung auch hier durch einen weiten Ermessensspielraum gekennzeichnet ist.[572] In der Praxis orientiert sich die Rechtsprechung an dem tatsächlich entstandenen Schaden.[573]

Das *wrongful trading* kann auf den Zeitpunkt der Gesellschaftsgründung zurückwirken, wenn schon seinerzeit abzusehen war, dass die Gesellschaft wegen evidenter Unterkapitalisierung unvermeidbar insolvent werden wird.[574]

Der Anspruch ist in einem Zeitraum von sechs Jahren nach Beginn der Abwicklung vom *liquidator* geltend zu machen. Die Ausgleichssumme kommt allen Gesellschaftsgläubigern und nicht nur den vom *wrongful trading* Betroffenen zugute.[575]

---

569 Re Produce Marketing Consortium Ltd [1989] 5 BCC 569: ought to ascertain.

570 s. 214 (2) IA 1986; moment of truth.

571 s. 214 (3) IA 1986; *Römermann*, S. 125; *Schumann*, DB 2004, 743, 747.

572 s. 214 (1), (2) IA 1986; contribution order gem. s. 215 IA 1986; zur Durchsetzung sind zusätzliche Anforderungen möglich; entscheidend ist, dass der Schadensersatz Kompensationsfunktion hat, also kein Strafschadensersatz ist; Re Produce Marketing Consortium Ltd [1989] 5 BCC 520, 553 f., 569.

573 *Zimmer*, IntGesR, S. 286.

574 die wrongful trading rule enthält damit implizit eine Verpflichtung zur angemessenen Kapitalausstattung, die jedoch erst i.R.d. Insolvenz zum Tragen kommt; vgl. *Höfling*, S. 239; auch *Happ/Holler*, DStR 2004, 730, 733; Re Purpoint Ltd [1991] BCC 121, 128, schränkt dieses typisch deutsche Verständnis jedoch ein, denn auch eine qualifizierte Unterkapitalisierung zwingt nicht zu dem Schluss, dass die Gesellschaft insolvent werden muss; vgl. insoweit Re Cube Lock Ltd [2001] BCC 523.

575 *Gower/Davies*, S. 114 f.

bb) Außenhaftung gegenüber Dritten

Im englischen Recht haften die *directors* einer Limited für organschaftliches Handeln regelmäßig nicht gegenüber Dritten, da es sich bei der Gesellschaft um eine *legal entity* handelt, die von den *directors* getrennt zu betrachten ist.[576] Auch hier sieht die englische Rechtsordnung einige Ausnahmen vor. Teilweise werden für die entsprechenden Verstöße Geld- oder Freiheitsstrafen angeordnet.

(1) Negligent misfeasance

Falls der *director* in einem besonderen Vertrauensverhältnis gegenüber einem Dritten eine fahrlässig falsche Aussage trifft, führt dies zu einem Anspruch aus *negligent misfeasance*.[577] Der Dritte hat als Anspruchsvoraussetzung das besondere Vertrauensverhältnis sowie die Tatsache, dass der *director* den Anschein erweckt hat, persönlich zu haften, zu beweisen.

(2) Verstoß gegen Aktualisierungspflichten

Kommen die *directors* ihrer Pflicht zur Aktualisierung der Gesellschaftsunterlagen beim Gesellschaftsregister nicht nach, kann dies zu empfindlichen Geldstrafen führen.[578] Nach der Gesetzesänderung sind die bestellten *directors* nun verpflichtet, auch jede Veränderung im *board of directors* dem *registrar* zu melden.[579]

(3) Verstoß gegen fair dealing

Geld- und Freiheitsstrafen sind möglich, wenn die *directors* gegen ss. 324 C, 320, 330 - 340 CA 1985 verstoßen. Das ist der Fall, wenn sie nicht bekannt geben, wie viele Anteile sie an der Gesellschaft halten, wenn sie ohne Zustimmung selbst mit der Gesellschaft kontrahieren oder wenn sie sich ohne die entsprechenden Voraussetzungen Kredite von der Gesellschaft gewähren lassen.

(4) Phoenix companies

Oftmals werden von den *(shadow) directors* unter einem ähnlichen Namen Gesellschaften gegründet, die dann zu extrem günstigen Preisen Vermögenswerte einer insolventen Altgesellschaft übernehmen (*prohibited names company*). So

---

576 *Schwilden*, S. 109.
577 Williams v Natural Life Foods Ltd [1998] 1 WLR 830.
578 s. 730 CA 1985.
579 s. 167 CA 2006, der s. 288 (2) CA 1985 ersetzt.

finanzieren die Gläubiger der Altgesellschaft den Neustart mit.[580] Jedoch ist es den Betreibern der Altgesellschaft gemäß ss. 216, 217 IA 1986 verboten, sich an der *prohibited names company* zu beteiligen.[581] Auf diese Weise wird treuwidrig der Anschein der Verbindung zwischen den Gesellschaften erweckt und der noch vorhandene *good will* kann für die Tätigkeit der neuen Gesellschaft ausgenutzt werden. Verstoßen die *directors* gegen dieses Verbot, haften sie persönlich für die Verbindlichkeiten der neuen Gesellschaft, wenn diese später insolvent wird. Eine Haftung der *directors* oder anderer am Management der Liquidationsgesellschaft beteiligten Personen ist auch außerhalb der Insolvenz möglich.[582] Dies gilt selbst dann, wenn kein typischer Missbrauch des *company name* vorliegt.[583]
Ausnahmen ergeben sich, wenn das Gericht die Verwendung des Namens genehmigt. Dies geschieht regelmäßig, wenn kein vorwerfbares Verhalten zu erkennen ist,[584] wenn das gesamte Unternehmen der liquidationsreifen Gesellschaft übernommen wird oder wenn der Name ein Jahr vor der Insolvenz von einer anderen aktiven Gesellschaft bereits geführt worden ist.

(5) Misdescription of the company

Sofern ein *officer*[585] Aufträge oder Schecks für die Gesellschaft unterzeichnet und dabei nicht mit vollem Namen der Gesellschaft, d.h. einschließlich eines Zusatzes, aus dem die beschränkte Haftung erkennbar wird, unterzeichnet hat, haftet er gemäß s. 349 CA 1985 persönlich, wenn die Gesellschaft nicht zahlt. Für die Haftung ist es irrelevant, ob der Gläubiger durch den unvollständigen Namen tatsächlich getäuscht worden ist. Der *director* kann die Gesellschaft jedoch prinzipiell in Regress nehmen.[586] Sie wird durch das Handeln des vertretungsberechtigten *director's* vertraglich gebunden, sofern sie so bezeichnet ist, dass sich ihre Identität klären lässt.[587] Zahlt die Gesellschaft, greift die Haftung des *director's* nicht ein.
Für die Gläubiger wird dieser Anspruch nur in der Insolvenz der Gesellschaft bedeutsam.

---

580 *Römermann*, S. 129; vgl. zur Anwendbarkeit der Norm in Deutschland *Römermann*, S. 130 m.w.N.
581 High Court of Justice London, Court of Appeal v. 28.11.2003, A2-0624/03, [2004] 1 All ER 894; *Römermann*, S. 130.
582 R v Cole [1998] 2 BCLC 234.
583 *Römermann*, S. 130.
584 Re Lightning Electrical Contractors Ltd [1996] BCC 950.
585 s. 744 CA 1985: director, manager, secretary.
586 *Gower/Davies*, S. 193.
587 Goldsmith (Sicklesmere) Ltd v Baxter [1970] Ch D 85.

3. Rechtsvergleichende Gegenüberstellung

Im deutschen wie im englischen Recht wird der Gläubigerschutz unter anderem durch die Möglichkeiten des Haftungsdurchgriffs gewährt, wobei sich das englische Recht auf wenige eng begrenzte Konstellationen beschränkt.[588] Von der Option, die liberalen Kapitalisierungsvorschriften durch eine einschneidende Durchgriffshaftung auf das Vermögen der Gesellschafter zu kompensieren, wie es das amerikanische Recht vorsieht, macht das englische Recht keinen Gebrauch. Die dem deutschen Recht bekannten Durchgriffstatbestände existieren im englischen Recht nicht, was vor allem darauf zurückzuführen ist, dass Mindestkapitalvorschriften als Bezugsgröße fehlen. Eine Durchgriffshaftung wird mit Hinweis auf die *Salomon-doctrine* in den meisten Fällen abgelehnt. In der englischen Rechtspraxis sind nur extrem wenige entsprechende Präzedenzfälle zu finden.[589] Derartig gründerfreundliche Gesellschaften zu schaffen, sei Teil des englischen Rechtssystems. Insofern müsse auch akzeptiert werden, dass diese Freiheit voll ausgenutzt wird.[590] Als Konsequenz kann festgestellt und betont werden, dass bei der englischen Limited das Privatvermögen der Gesellschafter besser geschützt ist als das Vermögen deutscher GmbH-Gesellschafter.[591] Das englische Recht fokussiert bezüglich der Missbrauchsproblematik in erster Linie auf die *directors* und *shadow directors* als diejenigen, die die Geschicke der *company* lenken. Anders als im deutschen Recht wird die Haftung nicht aus der Gesellschafterstellung an sich abgeleitet.[592] Das englische Verständnis des *lifting of the corporate veil* entspricht nur ansatzweise dem deutschen Verständnis eines Haftungsdurchgriffs.

Im Mittelpunkt steht sowohl bei der GmbH als auch bei der Limited die Haftung der jeweiligen Geschäftsleiter, so dass die Haftungsrisiken sich in Art und Umfang entsprechen. GmbH-Geschäftsführer und *directors* müssen gegenüber der Gesellschaft bestimmte Treuepflichten erfüllen, deren Nichtbeachtung zur persönlichen Haftung führt. Diese Pflichten sind mit dem CA 2006 für die *directors* einer englischen Limited erstmals normiert worden. Insbesondere in der Insolvenz der englischen Limited ist zu berücksichtigen, dass an die Stelle der von den *directors* zu beachtenden Gesellschaftsinteressen die Interessen der Gläubiger treten. Außerhalb der Insolvenz werden die Gläubiger mittelbar dadurch geschützt, dass die *directors* der Gesellschaft für negative Entscheidungen, die der Gesellschaft Vermögen entziehen, einstehen müssen. Wie im deutschen Recht handelt es sich dabei um einen Fall der Innenhaftung.

---

588 *Höfling*, S. 225.

589 *Reinbach*, S. 103; *Römermann*, S. 109.

590 Adams v Cape Industries Plc [1990] Ch D 433, 544, CA.

591 *V. Heinz*, AnwBl. 2004, 612, 615.

592 *Reinbach*, S. 106.

Die Sorgfaltsanforderungen an den Geschäftsführer einer deutschen GmbH sind mit denen des *director's* einer englischen Limited im Wesentlichen deckungsgleich. Diesbezüglich bringt der CA 2006 keine Neuerungen. Auch die Haftungsrisiken in der Krise und in der Insolvenz sind weitgehend vergleichbar.
Auffällig ist, dass das englische Recht eine Insolvenzantragspflicht nicht kennt. Die Insolvenzverschleppung stellt im englischen Recht keinen selbstständigen Haftungsgrund dar, sondern eine Haftung kommt bei Fortführung der Gesellschaft erst in Betracht, wenn dadurch die Interessen der Gesellschaftsgläubiger tatsächlich gefährdet werden. Die Haftungstatbestände gemäß § 64 II GmbHG und § 823 II BGB in Verbindung mit § 64 I GmbHG weisen Parallelen zu dem Haftungsrisiko wegen *wrongful trading* auf, jedoch greift diese Anspruchsgrundlage bereits vor der Insolvenz der Gesellschaft ein, wenn die Auflösung unvermeidbar geworden ist.[593] Zudem werden mit einer Haftung der *shadow directors* Sachverhalte erfasst, die im deutschen Recht dem existenzvernichtenden Eingriff oder der materiellen Unterkapitalisierung zuzuordnen sind. Aufgrund der relativ großzügigen Exkulpationsmöglichkeiten ist die Haftung zwangsläufig eingeschränkt. Beim *wrongful trading* wird vom *director* lediglich eine Sorgfalt verlangt, die im deutschen Recht eher einer diligentia quam in suis entspricht. Im englischen Recht ist die Geltendmachung individueller Schadensersatzansprüche wie aus § 823 II BGB in Verbindung mit § 64 I GmbHG nicht möglich; es handelt sich bei dem *wrongful trading* vielmehr um eine Innenhaftung, die allein der *liquidator* geltend machen kann. Dieser Anspruch entspricht im Ergebnis dem aus § 64 II GmbHG. Ebenso wie § 64 II 2 GmbHG stellt s. 214 (4) IA 1986 auf die Sorgfalt eines ordentlichen Geschäftsmannes ab. Durch die geplanten Reformen des deutschen Gesellschaftsrechts wird die Haftung des Geschäftsführers noch erweitert, da § 64 S. 3 GmbHG-E 2007 nunmehr auch solche Zahlungen erfasst, die die Zahlungsunfähigkeit der Gesellschaft zur Folge haben.
Über diese Tatbestände des englischen Rechts, die nicht nur auf die *directors*, sondern ebenso auf die *controllers of the company* abzielen, können auch Gesellschafter, die die Geschicke der Gesellschaft massiv lenken, in die persönliche Haftung einbezogen werden. Zudem sind bei den meisten kleinen Gesellschaften Gesellschafter und *directors* ohnehin identisch. Die Anwendbarkeit der Normen kann durch die Gläubiger selbst herbeigeführt werden, indem sie die *insolvent liquidation* der Gesellschaft beantragen.
Die Anspruchshöhe, die sich in Deutschland mit dem tatsächlich entstandenen Schaden deckt, ist in England in das Ermessen des erkennenden Gerichts gestellt, wobei die konkrete Schadenshöhe nicht nachgewiesen werden muss. Der Grund für eine Haftung nach der *wrongful trading rule* ist, dass die *directors* durch das Weiterführen einer insolventen Limited die Befriedigungs-

---

593 *ECLR*, ZGR 1998, 672, 754.

chancen der Gesellschaftsgläubiger verschlechtert haben. Der entsprechende Verschlechterungsschaden ist bei Altgläubigern mit dem Quotenschaden nach deutschem Recht vergleichbar. Ob Neugläubiger wie in Deutschland den vollen Schaden ersetzt verlangen können, bleibt ungeklärt.[594]
Dem *fraudulent trading* entsprechen in Deutschland die Haftungstatbestände gemäß § 826 BGB beziehungsweise § 823 II BGB in Verbindung mit § 263 StGB.

Den Haftungstatbeständen für die *directors* kann entnommen werden, dass sich auch der englische Gesetzgeber der mit der Haftungsbeschränkung und mit der eigenen Rechtspersönlichkeit von Gesellschaften verbundenen Gefahren bewusst ist. Diesen begegnet das englische Recht anders als das deutsche Recht, jedoch in erster Linie mit Haftungstatbeständen in der Insolvenz für Personen, die aktiv die Geschicke der Gesellschaft lenken, und verfolgt damit einen ex-post-Ansatz, der anstelle des deutschen vorbeugenden Regelungssystems erst im Falle tatsächlicher Missbrauchshandlungen in der Insolvenz der Gesellschaft eingreift. Gläubigerschädigende Handlungen sind im Rahmen der s. 214 IA 1986 nur haftungsbegründend, wenn die Gesellschaft wegen Insolvenz liquidiert wird.

Für einen Haftungsdurchgriff außerhalb der Insolvenz bestehen hohe Anforderungen, die kaum jemals erfüllt sein werden. Teilweise werden Sachverhalte, die in Deutschland zu einem Haftungsdurchgriff führen, in England vom CDDA 1986 erfasst.[595] Die Ausschlussmöglichkeiten übersteigen die des deutschen Rechts, jedoch machen die englischen Gerichte von diesen *disqualification orders* keinen allzu regen Gebrauch.[596]

4. Konsequenzen: Schutzlücken wegen Normenmangels möglich

Die englischen Vorschriften zur Durchgriffshaftung knüpfen an eine vorsätzliche Schädigung Dritter an und lassen sich deshalb deliktisch qualifizieren, so dass sie bei einem Tat- beziehungsweise Erfolgsort in Deutschland - dieser wird regelmäßig mit dem Ort der Hauptverwaltung zusammentreffen - unanwendbar sind.
Umstritten ist, inwieweit die deutschen Durchgriffshaftungstatbestände ergänzend herangezogen werden können, um diese Lücke zu schließen:
Die Haftung wegen Missbrauchs der juristischen Person ist als deliktisch einzuordnen, so dass die Haftung bei einem Tatort in Deutschland nach deutschem Recht eingreift. Da das englische Recht mit dem Tatbestand des *fraud* eine ver-

---

594 *ECLR*, ZGR 1998, 672, 755 f.
595 *Reinbach*, S. 165.
596 *Reinbach*, S. 164.

gleichbare Durchgriffsmöglichkeit kennt, bestehen auch keine europarechtlichen Bedenken.[597]
Ob eine Haftung wegen existenzvernichtenden Eingriffs bei der Limited möglich ist, wird in der deutschen Literatur kontrovers diskutiert. Das Meinungsbild dazu ist breit gestreut und unübersichtlich.[598] Teilweise wird eine solche Haftung für anwendbar gehalten, wenn das englische Gesellschaftsrecht keine entsprechenden Schutzmechanismen bereithält,[599] andere Meinungen greifen auf eine insolvenzrechtliche Qualifikation des existenzvernichtenden Eingriffs zurück.[600] *Wachter*[601] bewertet die Existenzvernichtungshaftung als einen deliktischen Tatbestand und gelangt auf diese Weise zur Anwendbarkeit deutschen Rechts. Das AG Bad Segeberg[602] hat sich für eine gesellschaftsrechtliche Qualifikation ausgesprochen und die deutsche Existenzvernichtungshaftung aufgrund des englischen Gesellschaftsstatuts für unanwendbar gehalten.
Nach der neuen Konzeption der Haftung wegen existenzvernichtenden Eingriffs, die nunmehr auf § 826 BGB als Rechtsgrundlage abstellt, ist jedoch eine deliktische Qualifikation vorzugswürdig. Der Haftungstatbestand wird dann über Art. 40 I 1 EGBGB auf in Deutschland domizilierte Auslandsgesellschaften berufen. Der Vorsitzende des für gesellschaftsrechtliche Fragen zuständigen II. ZS des BGH äußert sich allerdings kritisch zur Anwendbarkeit der Existenzvernichtungshaftung.[603] Er geht davon aus, dass die Anwendung mit den Vorgaben des EuGH zur Niederlassungsfreiheit nicht zu vereinbaren sei.[604]

Im Bereich der Geschäftsführerhaftung sind Normenmängel wahrscheinlich, weil die englische insolvenzrechtliche[605] *wrongful trading rule* bei deutschem Insolvenzstatut regelmäßig nicht zur Anwendung berufen[606] und bisher nicht abschließend geklärt ist, inwieweit die Insolvenzverschleppungshaftung als

---

[597] *Römermann*, S. 113, mit Ausnahme der Haftung wegen Vermögensvermischung, die er für unanwendbar hält.
[598] für ein Deliktsstatut: *Bayer*, BB 2003, 2357, 2365; *Schanze/Jüttner*, AG 2003, 661, 669; für gesellschaftsrechtliche Sonderanknüpfung an den Verwaltungssitz: *Eidenmüller*, ZIP 2002, 2233, 2242; *ders./Rehm*, ZGR 2004, 159, 182; für Anwendung des ordre-public-Vorbehalts: *Paefgen*, DB 2003, 487, 491; die Einordnung als delikts-, insolvenz- oder gesellschaftsrechtlich lassen offen: Borges, ZIP 2004, 733, 741; *Kindler*, NZG 2003, 1086, 1090; *Weller*, IPRax 2003, 207, 210; *Zimmer*, NJW 2003, 3585, 3588.; jede Form der „Durchgriffshaftung" aufgrund ihrer Zuordnung zum Gesellschaftsrecht „aus europarechtlicher Sicht" lehnen *Spindler/Berner*, RIW 2004, 7, 11 ab.
[599] *Paefgen*, DB 2003, 487, 491.
[600] *Weller*, S. 226, 227, 235, 247 ff.
[601] *Wachter*, GmbHR 2003, 1254, 1257.
[602] AG Bad Segeberg, ZInsO 2005, 558.
[603] *Goette*, ZIP 2005, 1481, 1487.
[604] *Goette*, ZIP 2005, 1481, 1487.
[605] z.B. *Zimmer*, IntGesR, S. 285 ff.
[606] *Riegger*, ZGR 2004, 510, 526.

vergleichbarer deutscher Tatbestand eingreift. Das Insolvenzantragsrecht ist insolvenzrechtlich zu qualifizieren und bestimmt sich daher nach deutschem Recht.[607] Schwieriger zu beantworten ist die Frage, nach welchem Recht sich die Insolvenzantragspflicht und die Haftung wegen Insolvenzverschleppung bestimmen. Das Meinungsbild hierzu ist vielschichtig und unübersichtlich.[608] Die Insolvenzantragspflicht ist im GmbHG geregelt und wird wegen ihrer systematischen Stellung teilweise gesellschaftsrechtlich qualifiziert. Mit Hinweis auf das englische Gesellschaftsstatut der Limited wird eine Anwendung der deutschen Insolvenzantragspflicht dann verneint.[609] Da das englische Gesellschaftsrecht eine Insolvenzantragspflicht nicht kennt und die Geschäftsführer nur über das *wrongful trading*[610] haften können, hätte dies zur Folge, dass der *director* einer zugezogenen Limited bei Weiterführung der Gesellschaft trotz fehlender Sanierungsaussichten nicht haftet. Dieser Ansicht hat sich das AG Bad Segeberg[611] angeschlossen. Das Gericht geht davon aus, eine Anwendung des § 64 GmbHG sei jedenfalls nicht mit der Niederlassungsfreiheit vereinbar, da das englische Recht den Gesellschaftsgläubiger nicht schutzlos stelle.[612] Der nach dieser Sichtweise gegebene Normenmangel führt zu einer Schutzlücke, die kaum groß genug eingeschätzt werden kann, denn die Limited könnte auf diese Weise so lange sanktionslos weitergeführt werden, bis sie absolut vermögenslos ist. Um einen solchen Zustand zu vermeiden, wird das *wrongful trading* teilweise als gesellschaftsrechtlich eingeordnet.[613] Der deutsche Richter sieht sich dann mit der wegen ihrer generalklauselartigen Weite[614] wenig fassbaren *wrongful trading rule* konfrontiert. Es ist hierbei nur schwer erweislich, von welchem Zeitpunkt an der Geschäftsleiter die Insolvenz der Gesellschaft hätte erkennen können. Zudem ist eine Haftung durch die weitreichenden Exkulpationsmöglichkeiten des *director's* eingeschränkt.

Nach anderer Auffassung[615] sind sowohl die Insolvenzantragspflicht als auch die Haftung wegen Insolvenzverschleppung insolvenzrechtlich zu qualifizieren, so

---

607 *Just*, Rn. 316; *Mock/Schildt*, ZInsO 2003, 396, 399; *Müller*, NZG 2003, 414, 415; *Riedemann*, GmbHR 2004, 345, 348.

608 *Altmeppen/Wilhelm*, DB 2004, 1083, 1084: Dickicht der Meinungen.

609 *v. Hase*, BB 2006, 2141, 2146 f.; *Mock/Schildt* in Hirte/Bücker, § 16, Rn. 46.

610 z.B. *Zimmer*, IntGesR, S. 285 ff.

611 AG Bad Segeberg, ZInsO 2005, 558, 560.

612 AG Bad Segeberg, ZInsO 2005, 558, 560.

613 *Ebert/Levedag*, GmbHR 2003, 1337, 1341; *Mock/Schildt*, ZInsO 2003, 396, 400; *dies.*, NZI 2003, 444, 445.

614 *Kallmeyer*, DB 2004, 636, 639.

615 z.B. *Eidenmüller*, S. 317 ff., Rn. 25 ff., m.w.N.; *Hirte* in Hirte/Bücker, § 1, Rn. 75; wohl auch *Wachter*, GmbHR 2003, 1254, 1257.

dass auf EU-Auslandsgesellschaften deutsches Recht zur Anwendung kommt. Diese Ansicht hat auch das LG Kiel[616] vertreten.
Römermann[617] äußert demgegenüber Bedenken in Bezug auf die europarechtliche Rechtfertigung eines derartigen Vorgehens. Er ist der Ansicht, dass die Haftung nach § 64 II GmbHG eine unzulässige Beschränkung der Niederlassungsfreiheit darstelle.
In der Literatur wird partiell davon ausgegangen, dass die Pflicht, einen Insolvenzantrag zu stellen, nicht rechtsformgebunden zu interpretieren sei und § 64 GmbHG deshalb Anwendung auf Auslandsgesellschaften finde.[618] Die Insolvenzverschleppungshaftung sei unter den Tatbestand des Deliktsrechts zu subsumieren und könnte gemäß Art. 40 I 1 EGBGB bei deutschem Tat- oder Erfolgsort angewendet werden.[619] Bedenken gegen eine derartige Ansicht sind insofern vorhanden, als die Niederlassungsfreiheit der Gesellschaft durch die Anwendung dieser Vorschriften beschränkt wird. Ferner handelt es sich bei § 64 I GmbHG nicht um eine deliktische Norm, sondern um eine Schutznorm, deren Verletzung erst in Verbindung mit § 823 II BGB zu einer deliktischen Haftung führt. § 64 II GmbHG knüpft an die gesellschaftsrechtliche Stellung des Geschäftsführers an; es handelt sich also nicht um eine Vorschrift, die grundsätzlich von jedermann verletzt werden kann, wie es bei Deliktsnormen regelmäßig der Fall ist.[620] Ein konsequentes Eingreifen des Normenkomplexes scheitert ohnehin daran, dass die strafrechtlichen Folgen der Insolvenzverschleppung nicht auf eine ausländische Kapitalgesellschaft anwendbar sind. Bezüglich der Nichtanwendung der Strafvorschriften besteht weitgehend Einigkeit.
Festzustellen ist, dass die Fragen zur Insolvenzantragspflicht und Insolvenzverschleppungshaftung größtenteils ungeklärt sind. Eine herrschende Meinung ist noch nicht erkennbar und die Obergerichte haben zu diesem Problem bis heute keine Stellung bezogen. Auf europäischer Ebene wird derzeit über eine einheitliche Regelung der Insolvenzverschleppungshaftung nachgedacht.[621] Von der Entscheidung der Rechtsprechung hängt ab, in welchem Maße sich im Bereich der Insolvenzverschleppung aktuell Schutzlücken ergeben.

Nach der Neuregelung in § 15 a I InsO-E 2007 wird die Insolvenzantragspflicht insolvenzrechtlich zu qualifizieren sein. Die Verpflichtung trifft auch in Deutschland domizilierte Auslandsgesellschaften, so dass hierdurch zukünftig Schutzlücken vermieden werden können.[622] Die durch das MoMiG in Aussicht

---

616 LG Kiel, BB 2006, 1468; zustimmend *Wachter*, BB 2006, 1463, 1464 f.; kritisch *v. Hase*, BB 2006, 2141, 2146 f.
617 *Römermann*, S. 124, 132.
618 *Zimmer*, NJW 2003, 3585, 3590.
619 *Zimmer*, NJW 2003, 3585, 3590.
620 *Römermann*, S. 132.
621 *Just*, Rn. 319.
622 amtl. Begr., S. 128.

genommene Änderung des § 64 GmbHG weist einen starken insolvenzrechtlichen Bezug auf, der es erleichtern wird, die Insolvenzverschleppungshaftung entsprechend zu qualifizieren und auf in Deutschland niedergelassene Auslandsgesellschaften anzuwenden. Durch die Neuregelung sollen die geringeren Gründungsvoraussetzungen ausländischer Gesellschaften kompensiert werden, da die Unternehmen bei einer Tätigkeit in Deutschland nicht dem strengen Insolvenzrecht ihres Heimatstaates unterliegen.[623] Insofern könnte der Gläubigerschutz durch die Novellierung des GmbH-Rechts mit insolvenzrechtlichen Regelungen sichergestellt und eine auf einem Normenmangel beruhende Schutzlücke zumindest teilweise geschlossen werden.

Die Anwendung strafrechtlicher Vorschriften ist stark eingeschränkt. Nach deutschem Recht kann die Insolvenzverschleppung gemäß § 84 I Nr. 2 GmbHG mit Freiheitsstrafe geahndet werden. Auf die *directors* einer englischen Limited ist diese Vorschrift nicht anwendbar, da sie ihrem Wortlaut nach nur für Geschäftsführer einer deutschen GmbH gilt. Eine weitergehende Auslegung des Begriffs „Geschäftsführer" würde eine im Strafrecht verbotene Analogie zulasten des Täters bedeuten.[624] Nach Einführung des § 15 a IV, V InsO-E 2007 ist eine Bestrafung der *directors* einer in Deutschland ansässigen englischen Limited möglich. Absatz IV verweist auf den rechtsformneutral formulierten Absatz I. Eine Ausdehnung der Strafbarkeit ist nach der neuen Formulierung folglich vom Wortlaut der Norm gedeckt und stellt keine strafbegründende Analogie zulasten der *directors* dar. Nicht erfasst werden die *shareholders* einer solchen Limited, denn § 15 a III InsO-E 2007 stellt ausdrücklich nur auf deutsche Gesellschaftsformen ab.

Straf- und Ordnungswidrigkeitsvorschriften des ausländischen Gründungsrechts dürfen die deutschen Behörden nicht anwenden.[625] Die englischen Behörden können den Strafvorschriften des englischen Rechts aufgrund des Territorialitätsprinzips in Deutschland nicht zur Durchsetzung verhelfen. Bei den Berufsverboten des CDDA 1986 handelt es sich wegen des Strafcharakters um Regelungen, die dem öffentlichen Recht zuzuordnen sind.[626] Ihre Wirkung ist territorial auf England beschränkt.

Ausschließlich die §§ 283 ff. StGB können auf die *directors* einer Limited in Deutschland angewendet werden, da die Vorschriften nicht rechtsformgebunden

---

623 amtl. Begr., S. 108, 109.

624 *Großfeld* in Staudinger, IntGesR, Rn. 387; *Kindler* in Münchener Kommentar, IntGesR, Rn. 717: wird deutsches Gesellschaftsrecht zur Anwendung berufen, so kommt es im Einzelfall darauf an, ob Gesellschafter oder Organpersonen einer Auslandsgesellschaft im Wege der Substitution unter die inländische Strafnorm subsumiert werden können.

625 *Großfeld* in Staudinger, IntGesR, Rn. 388; *Kindler* in Münchener Kommentar, IntGesR, Rn. 717.

626 *Ebert/Levedag*, GmbHR 2003, 1337, 1342.

sind und ihre Anwendung dementsprechend keine strafbegründende Analogie darstellt.

Zweifelsfrei lässt sich im Ergebnis festhalten, dass auf die in Deutschland ansässige Limited nicht sämtliche englischen Haftungstatbestände und die sie flankierenden Strafnormen anwendbar sind und bislang noch nicht geklärt ist, ob dafür die für die deutsche GmbH entwickelten Haftungstatbestände herangezogen werden können. Verlässliche Aussagen dazu werden erst möglich sein, wenn zu diesem Problemkreis eine gefestigte Rechtsprechung existiert und die Obergerichte die Anwendbarkeit der einzelnen Haftungstatbestände für die Praxis abschließend geklärt haben. Bis dahin ist zu befürchten, dass für die „deutsche Limited" ein Rechtsvakuum entsteht, innerhalb dessen für die Gesellschafter und für die *directors* gläubigergefährdende Verhaltensweisen möglich sind, die an sich sowohl nach deutschem als auch nach englischem Recht sanktioniert würden.

IV. Staatsaufsicht

1. Deutsche GmbH

Werbende Gesellschaften unterliegen in Deutschland regelmäßig keiner staatlichen Aufsicht. Möglichkeiten zur Kontrolle der geschäftlichen Aktivitäten sind ausschließlich für gläubigerschutzrechtlich besonders brisante Tätigkeitsbereiche, wie Kredit- und Finanzdienstleistungen, vorgesehen.

2. Englische Limited

Im englischen Recht werden strenge Maßnahmen der Staatsaufsicht[627] eingesetzt, die kontinuierlich ausgebaut wurden.[628] Die Staatsaufsicht flankiert insbesondere die umfangreichen Publizitätsvorschriften, um auf diese Weise einen möglichst umfassenden Schutz der Gesellschaftsgläubiger sicherzustellen.[629] Diese Aufsichtsmaßnahmen werden in Form von Unternehmensprüfungen durch den *Secretary of State* und das *Department of Trade and Industry (DTI)* durchgeführt.[630] Dem *DTI* untersteht die hierfür eingerichtete *Companies Investigation Branch.* Ss. 431 ff. CA 1985 gewähren dem *Secretary of State*

---

627 dazu *Fleischer*, DStR 2000, 1015, 1019; *Geyrhalter/Gänßler*, EWiR Art. 43 EG 2/03, S. 569, 570; *Hirsch/Britain*, NZG 2003, 110, 1102; *Ulmer*, JZ 1999, 662, 664.

628 *Fleischer*, DStR 2000, 1015, 1019.

629 *Gower/Davies*, S. 467.

630 Es sind drei unterschiedliche Kategorien von Untersuchungen möglich: investigations into the affairs of companies; investigation into membership and control of companies; investigations of dealings in share options by company directors and their families and failure to disclose interests in shares.

umfangreiche Kontrollbefugnisse für sogenannte *company investigations*, die eine herausragende Stellung im Gläubigerschutzsystem einnehmen.[631]
Das englische Wirtschaftsministerium kann eine Sonderprüfung beantragen, wenn der Verdacht besteht, dass die Gesellschaft ihre Gläubiger in grob missbräuchlicher, gesetzwidriger oder gar betrügerischer Weise benachteiligt.[632]
Die ss. 431 - 453 CA 1985 eröffnen die Möglichkeit zur *inspection of documents*,[633] die durch eine strafbewehrte Pflicht zur Aufstellung, Vorlage und Erläuterung unterstützt wird.[634] S. 432 CA 1985 lässt weitreichende Untersuchungen der Angelegenheiten einer Gesellschaft zu.[635] Das *DTI* kann insbesondere das Verhalten der *directors*, die Struktur der Beteiligungen und die Konflikte der Anteilseigner überprüfen. Nachforschungen bezüglich *ownership and control*[636] sowie im Hinblick auf *share dealings* der Geschäftsleiter[637] und bezüglich *insider dealing* nach dem *Financial Services and Markets Act 2000* vervollständigen das Überwachungsinstrumentarium.[638]
Neben der *inspection of documents* können die Gesellschaften auch durch *inspectors* untersucht werden.[639] Diese *inspectors* sind in der Regel ausgewählte Anwälte und Steuerberater. Inspektoren werden regelmäßig nur bei einem besonderen öffentlichen Untersuchungsinteresse eingesetzt.[640] Das *DTI* beginnt seine Untersuchungen, wenn 200 Anteilseigner oder eine Gruppe von Gesellschaftern, die 10 % des Gesellschaftskapitals hält, oder die Gesellschaft selbst dies beantragt oder ein Gericht einen entsprechenden Beschluss fasst. Sofern der *Secretary of State* Anhaltspunkte dafür hat, dass die Gesellschaft für betrügerische Machenschaften genutzt wird, kann er nach eigenem Ermessen eine Untersuchung anstrengen.
Die Eröffnungsgründe und die Folgen einer *inspection of documents* gemäß s. 447 CA 1985 entsprechen im Wesentlichen denen einer Untersuchung durch die *inspectors* gemäß ss. 431 ff. CA 1985. Das *DTI* ist über die jeweiligen Untersuchungsergebnisse in Kenntnis zu setzen und kann diese veröffentlichen.[641]

---

631 *Borges*, RIW 2000, 167, 177; *Großfeld* in Staudinger, IntGesR, Rn. 131 f.; *Kieninger*, ZGR 1999, 724, 740 f.; *Ulmer*, JZ 1999, 662, 664; *Zimmer*, IntGesR, S. 290.
632 s. 432 (2) CA 1985.
633 insbes. s. 447 CA 1985; dazu *Gower/Davies*, S. 690 ff.; *Mayson/French/Ryan*, S. 634 f.
634 s. 447 (6) CA 1985.
635 investigation by inspectors, *Mayson/French/Ryan*, S. 635 f.
636 s. 442 CA 1985; *Mayson/French/Ryan*, S. 636 f.
637 s. 446 CA 1985; *Mayson/French/Ryan*, S. 637.
638 ausführlich dazu *Mayson/French/Ryan*, S. 638 ff., 640 ff.
639 ss. 431 ff. CA 1985.
640 z.B. Re An inquiry into Mirror Group Newspapers plc [1999] 1 BCLC 690 anlässlich des Zusammenbruchs der Maxwell Verlagsgruppe.
641 s. 437 (3) (a), (b) und (c).

Sofern die angeordnete Prüfung den Anfangsverdacht bestätigt, kann der *Secretary of State* nicht nur auf den Ausschluss von ungeeigneten *directors* hinwirken,[642] sondern auch die gerichtliche Auflösung der Gesellschaft beantragen.[643] Von derartigen Maßnahmen wird in der Praxis anscheinend häufig Gebrauch gemacht.[644]
Der CA 2006 fügt in den CA 1985 einige neue Normen ein und ergänzt so das bestehende Regelwerk. Die Befugnisse des *Secretary of State*, eine Untersuchung zu beginnen oder zu beenden sowie den Untersuchungsgegenstand zu definieren, werden ausgeweitet. Insbesondere sollen dem *Secretary of State* nunmehr Reaktionsmöglichkeiten gegeben werden, wenn sich die Untersuchungen im Einzelfall zu lange hinziehen. Dem *Secretary of State* steht ein umfangreicheres Weisungsrecht gegenüber den Inspektoren zu.[645] Er ist berechtigt, *inspectors* abzuberufen und neue einzusetzen[646] und hat weitergehende Informationsmöglichkeiten.[647]

3. Rechtsvergleichende Gegenüberstellung

Sowohl das englische als auch das deutsche Recht versuchen, den Schutz des Rechtsverkehrs durch administrative Maßnahmen zu gewährleisten. Unterschiede ergeben sich daraus, dass in Deutschland die aufsichtsrechtlichen Kontrollen auf Kredit- und Finanzdienstleistungen beschränkt sind. Im englischen Recht hingegen werden alle Gesellschaften gleichermaßen strengen aufsichtsrechtlichen Regelungen unterworfen. Durch Mittel der Staatsaufsicht sollen die liberalen Kapitalaufbringungsregeln des englischen Rechts kompensiert werden, um die Gefährdung der Gläubiger zu reduzieren. In England sieht man eine strikte Staatsaufsicht, insbesondere ihre abschreckende Wirkung, als effektivstes Rechtsinstrument, um Unregelmäßigkeiten aufzudecken und die verantwortlichen Personen zu ermitteln.[648]
Die englischen Gerichte wenden aufsichtsrechtliche Normen auf alle ausländischen Gesellschaften an, die einen hinreichenden Bezug zum britischen Hoheitsgebiet haben. Auf diese Weise wird in England den Gläubigern von EU-Auslandsgesellschaften ein gewisser Schutzstandard gewährleistet.[649]

---

[642] s. 6 CDDA 1986.
[643] s. 124 A IA 1986: winding up on grounds of public interest.
[644] *Farrar's*, S. 505; *Fleischer*, DStR 2000, 1015, 1019.
[645] s. 1035 CA 2006.
[646] s. 1036 CA 2006.
[647] s. 1037 CA 2006.
[648] *Gower/Davies*, S. 684.
[649] *Kindler* in Münchener Kommentar, IntGesR, Rn. 349 m.w.N.

4. Konsequenz: Schutzlücke wegen Normenmangels

Ausländische Gesellschaften unterliegen in Deutschland einer staatlichen Aufsicht nur dann, wenn sie in den oben genannten Bereichen tätig sind. Da jedoch die wenigsten der hier operierenden Limiteds in dieser Branche aktiv sind, kann durch das deutsche Aufsichtsrecht kein umfassender Gläubigerschutz gewährleistet werden. Für die Gläubiger ergibt sich eine Schutzlücke, da das völkerrechtliche Territorialitätsprinzip dazu führt, dass ein fremder (Inkorporations-) Staat zwar in private Rechte der Gesellschaften eingreifen darf, ihm aber verwehrt ist, diese Maßnahmen mit hoheitlichem Zwang auf dem Gebiet eines anderen (Zuzugs-)Staates durchzusetzen.[650] Es wäre den englischen Gerichten zwar rechtlich erlaubt, eine in Deutschland agierende Gesellschaft nach Maßgabe des englischen Rechtes aufzulösen, aber in der Praxis ist dies ausgeschlossen, da die erforderlichen ebenfalls hoheitlichen Vorprüfungen kaum auf deutschem Staatsgebiet vorgenommen werden können.[651] Aufgrund des Territorialitätsprinzips ist es den deutschen Behörden nicht erlaubt, die entsprechenden englischen Normen anzuwenden, um selbst die Kontrolle über die zugezogenen Gesellschaften auszuüben.

Im Ergebnis werden hoheitliche Zwangsmittel des Gründungsstaates zur Gewährleistung des Verkehrsschutzes weitestgehend wirkungslos, wenn die Gesellschaft ihre Geschäftstätigkeit in einem Staat entfaltet, der im Vergleich zum Gründungsstaat „kontrollarm"[652] ist. Über eine englische Limited mit Verwaltungssitz in Deutschland kann in praxi weder der Heimatstaat noch die Bundesrepublik aufsichtsrechtliche Kontrolle ausüben. Insofern wird es bei einer Sitzverlegung nicht möglich sein, den vom englischen Recht intendierten Ausgleich zu den liberalen Kapitalisierungsregeln durch eine strenge Staatsaufsicht zu schaffen.

Wenn man sich mit einigen Stimmen in der Literatur auf den Standpunkt stellt, dass die *DTI-investigations* ohnehin keine herausragende Rolle im englischen Gläubigerschutzsystem einnehmen,[653] lässt dies erst recht eine Schutzlücke im Vergleich zum deutschen Recht offenbar werden. Schon im englischen Recht besteht dann kein vollwertiger Ausgleich der liberalen Kapitalisierungsvorschriften.[654]

---

650 *Kegel/Schurig*, § 23 I 1; *Knobbe-Keuck*, ZHR 154 (1990), 325, 347; *Kropholler*, § 22 II.

651 *Geyrhalter/Gänßler*, NZG 2003, 409, 411; *Großfeld* in Staudinger, IntGesR, Rn. 132; *Ulmer*, JZ 1999, 662, 664.

652 *Weller*, S. 117.

653 vgl. dazu ausführlich Reinbach, S. 171, 172.

654 so auch Reinbach, S. 172.

V. Insolvenzrecht

1. Deutsche GmbH

a) Liquidationsverfahren

Die GmbH erlischt als Rechtssubjekt und als Gesellschaftsverhältnis, wenn ein gesetzlicher oder satzungsmäßiger Auflösungsgrund vorliegt. Das Handeln der GmbH ist nunmehr auf die Abwicklung der bestehenden Rechte und Pflichten gerichtet. Essentielle Bestandteile der Liquidation sind die Befriedigung der Gesellschaftsgläubiger und die anschließende Verteilung des Reinvermögens an die Gesellschafter. Rechtlich beendet ist die Gesellschaft, wenn das Vermögen vollständig verteilt und die GmbH im Handelsregister gelöscht ist.
Wird die GmbH durch Eröffnung des Insolvenzverfahrens aufgelöst, treten an die Stelle der Liquidationsvorschriften[655] die Bestimmungen der Insolvenzordnung. Neben der Zahlungsunfähigkeit, § 17 InsO, und der Überschuldung der Gesellschaft, § 19 InsO, kann sich auch durch eine drohende Zahlungsunfähigkeit, § 18 InsO, das insolvenzrechtliche Liquidationsverfahren anbahnen. Der GmbH als Gemeinschuldnerin sowie jedem Insolvenzgläubiger ist es möglich, den Insolvenzantrag zu stellen, § 13 I 2 InsO. Das Insolvenzgericht eröffnet das Verfahren oder weist den Insolvenzantrag mangels Masse ab. Die Gesellschaft gilt mit Rechtskraft des jeweiligen Beschlusses als aufgelöst, § 60 I Nr. 4, Nr. 5 GmbHG. Die Auflösung der Gesellschaft ist im Handelsregister anzumelden und bekanntzumachen, § 65 InsO. Auf den Geschäftsbriefen ist gemäß § 71 GmbHG anzugeben, dass sich die Gesellschaft in Liquidation befindet.
Bei Eröffnung des Insolvenzverfahrens steht das Verwaltungs- und Verfügungsrecht über die Insolvenzmasse dem Insolvenzverwalter zu, § 80 InsO. Ist nach Beendigung des Verfahrens noch verteilbares insolvenzfreies Vermögen vorhanden, kommt es zu einer Nachtragsverteilung gemäß §§ 203 ff. InsO. Wird der Insolvenzantrag abgewiesen, haben die Geschäftsführer selbst die GmbH zu liquidieren, d.h. sie müssen das restliche Vermögen veräußern und den Erlös quotal auf die Gesellschaftsgläubiger verteilen.

b) Anfechtungstatbestände

Rechtshandlungen, die vor Eröffnung des Insolvenzverfahrens vorgenommen worden sind und die Insolvenzgläubiger benachteiligen, können nach Maßgabe der §§ 129 - 147 InsO angefochten werden. Der Begriff der Rechtshandlung ist dabei im weitesten Sinne zu verstehen, so dass alle Handlungen erfasst sind, die rechtliche Wirkungen auslösen und das Vermögen der GmbH für die Gläubiger

---

[655] §§ 60 ff. GmbHG.

nachteilig verändern.[656] Dabei ist es regelmäßig unerheblich, ob die Rechtshandlung von der schuldenden Gesellschaft stammt oder durch diese veranlasst worden ist. Der Begriff der Gläubigerbenachteiligung ist ein allgemeines Merkmal der Insolvenzanfechtung und meint die objektive Verringerung der späteren Insolvenzmasse zum Nachteil der Gläubiger, da sich deren Befriedigungsaussichten reduzieren.

Anfechtungsberechtigt ist im Regelinsolvenzverfahren ausschließlich der Insolvenzverwalter. Die einzelnen Anfechtungsgründe sind in den §§ 130 ff. InsO geregelt.

aa) Kongruente Deckung

§ 130 InsO gewährt dem Insolvenzverwalter ein Anfechtungsrecht, wenn einem Insolvenzgläubiger innerhalb von drei Monaten vor Eröffnung des Insolvenzverfahrens[657] oder danach Befriedigung oder eine Sicherheit gewährt worden ist, sofern die Gesellschaft zu diesem Zeitpunkt zahlungsunfähig war.

Dabei ist es unerheblich, ob die Rechtshandlung mit dem Willen der Gesellschaft erfolgt ist.[658] Erforderlich ist, dass einem Insolvenzgläubiger für seine Forderung eine kongruente Deckung gewährt worden ist. Das ist dann der Fall, wenn der Gläubiger exakt die Sicherheit oder Befriedigung erhält, die ihm eigentlich zustehen würde. Durch diese Befriedigung oder Besicherung müssen andere Insolvenzgläubiger zumindest mittelbar benachteiligt worden sein.

In subjektiver Hinsicht ist es erforderlich, dass der empfangende Gläubiger oder sein Vertreter positive Kenntnis von der Zahlungsunfähigkeit oder von den ihr gleichstehenden Umständen in dem Zeitpunkt hatten, in dem die angefochtene Rechtshandlung vorgenommen[659] worden ist. Bei der Gesellschaft nahestehenden Personen wird diese Kenntnis vermutet.

Ausnahmen zur Anfechtbarkeit sind in § 130 I 2 InsO für sogenannte Margensicherheiten geregelt.[660]

bb) Inkongruente Deckung

Gemäß § 131 InsO können Befriedigungs- oder Besicherungshandlungen, durch die einzelne Insolvenzgläubiger objektiv benachteiligt werden und die der begünstigte Insolvenzgläubiger im Gegensatz zu § 130 InsO nicht, nicht in die-

---

656 *Huber* in Graf-Schlicker, InsO, § 129, Rn. 2.

657 Krise der Gesellschaft, vgl. *Huber* in Graf-Schlicker, InsO, § 130, Rn. 1.

658 *Huber* in Graf-Schlicker, InsO, § 130, Rn. 3.

659 § 130 II InsO; vgl. bezüglich der Bestimmung des Zeitpunktes § 140 InsO.

660 *Huber* in Graf-Schlicker, InsO, § 130, Rn. 6.

ser Art oder nicht zu dieser Zeit zu beanspruchen hatte,[661] angefochten werden. Absatz I Nrn. 1 - 3 normieren die diesbezüglichen Fristen, wobei die Anfechtungsvoraussetzungen mit zunehmendem Zeitabstand der Rechtshandlung zum Insolvenzantrag steigen. Gemäß Nr. 1 kann eine Rechtshandlung angefochten werden, die im letzten Monat vor der Eröffnung des Insolvenzverfahrens erfolgt ist, ohne dass der Anfechtungsgegner, d.h. der empfangende Gläubiger, dafür besondere subjektive Voraussetzungen erfüllen müsste. Handlungen, die innerhalb des zweiten oder dritten Monats vor der Eröffnung des Insolvenzverfahrens vorgenommen worden sind, können nach Nrn. 2 und 3 angefochten werden, wenn die Gesellschaft zahlungsunfähig oder dem Empfänger die Benachteiligung der übrigen Insolvenzgläubiger bekannt war.
Nur Nr. 3 normiert für den Anfechtungsgegner subjektive Voraussetzungen: Ihm musste positiv bekannt sein, dass die Rechtshandlung andere Insolvenzgläubiger zumindest mittelbar benachteiligt. § 131 II 1 InsO stellt der Kenntnis der Benachteiligung die Kenntnis der Umstände gleich, die auf eine Benachteiligung zwingend schließen lassen. Auch hier wird dieses Wissen bei Personen, die der Gesellschaft im Sinne des § 138 InsO nahestehen, vermutet.

cc) Unmittelbar nachteilige Rechtshandlungen

§ 132 InsO regelt die Voraussetzungen, unter denen unmittelbar nachteilige Rechtshandlungen anfechtbar sind. Als Anfechtungsgegner kommen im Rahmen des § 132 InsO nicht nur andere Insolvenzgläubiger, sondern unterschiedslos sämtliche Vertragsgegner in Betracht. Alle Rechtsgeschäfte und andere denen gleichstehende Handlungen,[662] die die Insolvenzgläubiger unmittelbar benachteiligen und die innerhalb von drei Monaten vor der Eröffnung des Insolvenzverfahrens oder danach vorgenommen worden sind, können angefochten werden, wenn die Gesellschaft zu diesem Zeitpunkt zahlungsunfähig und der anderen Vertragspartei dieser Umstand oder der Eröffnungsantrag bekannt war.
Erforderlich ist für die Anfechtung nach Absatz I eine unmittelbare Gläubigerbenachteiligung,[663] bei Absatz II lässt die herrschende Meinung eine mittelbare Benachteiligung ausreichen.[664]

---

661 Legaldefinition der inkongruenten Deckung in § 131 I 1 InsO; wenn der Gläubiger letztendlich nur erhalten hat, was ihm zusteht, liegt eine kongruente Deckung vor; vgl. *Huber* in Graf-Schlicker, InsO, § 130, Rn. 3.

662 *Huber* in Graf-Schlicker, InsO, § 133, Rn. 8, 9.

663 *Huber* in Graf-Schlicker, InsO, § 132, Rn. 7.

664 *Kirchhof* in Münchener Kommentar, InsO, § 132, Rn 27; *Kreft* in Heidelberger Kommentar, InsO, § 132, Rn. 9.

dd) Vorsätzliche Benachteiligung

§ 133 I InsO erklärt sämtliche Rechtshandlungen der GmbH, die diese in den letzten zehn Jahren vor Antrag auf Eröffnung des Insolvenzverfahrens oder danach mit Gläubigerbenachteiligungsvorsatz vorgenommen hat, für anfechtbar, wenn der Vertragspartner im Zeitpunkt der Handlung positive Kenntnis von diesem Vorsatz hatte. Diese Kenntnis wird gemäß Absatz I Satz 2 widerleglich vermutet, wenn die andere Vertragspartei wusste, dass die Zahlungsunfähigkeit der GmbH drohte und dass die Handlung die Insolvenzgläubiger unmittelbar benachteiligt. Nach der Rechtsprechung wird zudem vermutet, dass derjenige, der die Umstände kennt, aus denen sich zwingend eine zumindest drohende Zahlungsunfähigkeit ergibt, auch die drohende Zahlungsunfähigkeit selbst kennt.[665] Wird dem anderen Teil eine kongruente Deckung gewährt, bestehen erhöhte Voraussetzungen für die Annahme einer Kenntnis des Benachteiligungsvorsatzes.

Nicht erfasst werden von § 133 InsO Rechtshandlungen Dritter, die ohne oder gegen den Willen der Gesellschaft vorgenommen worden sind.[666] Bei der GmbH genügt bedingter Vorsatz zur Gläubigerbenachteiligung; sie müsste in dem Bewusstsein handeln, alle oder einzelne Gläubiger möglicherweise zu benachteiligen und dies in Kauf nehmen.[667]

Für die der Gesellschaft nahestehenden Personen gilt Absatz II. Entgeltliche Verträge mit der GmbH sind anfechtbar, wenn dadurch die Insolvenzgläubiger unmittelbar benachteiligt werden. Absatz II Satz 2 legt fest, dass die Anfechtung nur ausgeschlossen ist, wenn der Vertrag früher als zwei Jahre vor dem Eröffnungsantrag geschlossen worden ist oder der andere Teil die Benachteiligungsabsicht der Gesellschaft ausnahmsweise nicht kannte. Der Abschluss des Rechtsgeschäfts innerhalb dieser Zeit wird ebenso wie der subjektive Tatbestand jedoch vermutet.

ee) Unentgeltliche Leistung

Unentgeltliche Leistungen der GmbH sind nach § 134 InsO regelmäßig anfechtbar, sofern sie innerhalb der letzten vier Jahre vor dem Antrag auf Eröffnung des Insolvenzverfahrens vorgenommen worden sind und sich nicht auf ein gebräuchliches Gelegenheitsgeschenk geringen Wertes beziehen. Erfasst werden von der Norm mittelbare und unmittelbare Zuwendungen.[668] Der Begriff der Leistung ist weit zu verstehen, so dass es ausreicht, wenn der Begünstigte rein faktisch in die Lage versetzt wird, das zugewendete Gut zu nutzen und zu über-

---

[665] BGH, ZIP 2004, 669, 671.
[666] *Huber* in Graf-Schlicker, InsO, § 133, Rn. 7.
[667] *Huber* in Graf-Schlicker, InsO, § 133, Rn. 12.
[668] *Huber* in Graf-Schlicker, InsO, § 134, Rn. 1.

tragen.[669] Erforderlich ist, dass durch die Handlung die Gläubiger der Gesellschaft zumindest mittelbar benachteiligt werden.

ff) Kapitalersetzende Darlehen

Gemäß § 135 InsO können Besicherungen kapitalersetzender Darlehen angefochten werden, wenn sie in den letzten zehn Jahren vor dem Antrag auf Eröffnung des Insolvenzverfahrens oder nach diesem Antrag erfolgt sind und ebenso Befriedigungen für derartige Darlehen, die innerhalb des letzten Jahres vor dem Antrag auf Eröffnung des Insolvenzverfahrens oder danach gewährt worden sind. Erforderlich ist eine zumindest mittelbare objektive Gläubigerbenachteiligung; subjektive Voraussetzungen normiert § 135 InsO nicht.
§ 135 InsO-E 2007 passt die Norm der Neuordnung des Rechts der Gesellschafterdarlehen an und erweitert den Kreis anfechtbarer Handlungen.[670]

2. Englische Limited

Das Insolvenzrecht dient in England gleichfalls der Gewährleistung eines effektiven Gläubigerschutzes. Die Abwicklung einer Limited ist im IA 1986 geregelt, der von den *Insolvency Rules 1986*, dem CDDA 1986 und den ss. 405, 462 - 466 CA 1985 flankiert wird. Im Bereich der Abwicklung der Gesellschaft existieren im englischen Recht verschiedene Verfahrensarten. Neben dem *voluntary* und *compulsory winding up* (der eigentlichen Liquidation der Gesellschaft, die deshalb in England auch *liquidation* genannt wird) gibt es *voluntary arrangements*, *administration* und *administrative receiverships*.[671] Die *administration* bezweckt die Sanierung der Gesellschaft und soll die optimale Verwertung von Vermögenswerten außerhalb der eigentlichen *liquidation* gewährleisten.[672] *Administrative receiverships* dienen der Verwertung von Sicherungsrechten.[673] Durch *voluntary arrangements* kann die Gesellschaft in einem weitgehend selbst bestimmten Verfahren aufgelöst werden, sofern die Gesellschafter und drei Viertel der ungesicherten Gläubiger diesem Vorgehen zustimmen.[674]
Im Folgenden wird lediglich auf die eigentliche *liquidation*, das *voluntary* und das *compulsory winding up* eingegangen. Eine weitergehende Auseinanderset-

---

669 BGH, ZIP 2001, 889, 890.
670 vgl. Kapitel D, IV. 5.
671 vgl. zum Ganzen *Palmer's* corporate insolvency, Rn. 1.004 ff.; zu arrangements and reconstruction auch ss. 425-427 CA 1985, nunmehr ersetzt durch ss. 895-901 CA 2006.
672 Sch. B 1 para 3 IA 1986.
673 s. 29 (2) IA 1986; adminstrative receiverships haben nach der Reform des Enterprise Act 2002 den größten Teil ihrer Relevanz eingebüßt, denn nunmehr stellt die administration das gebräuchlichste Verfahren dar; diese ist auch ohne das Bestehen von Sicherungsrechten möglich.
674 ss. 1-7 IA 1986.

zung mit den Verfahrensarten würde den Rahmen der Erörterungen ausdehnen, ohne bei der Frage nach etwaigen Schutzlücken hilfreich zu sein.[675] Die *liquidation* erfolgt entweder auf Beschluss der Gesellschafter in Form des *voluntary winding up* oder durch Gerichtsbeschluss als *compulsory winding up by the court*.[676]

a) Voluntary winding up

Beim *voluntary winding up* ist zwischen dem *members' voluntary winding up* und dem *creditors' voluntary winding up* zu unterscheiden. Bei einem *members' voluntary winding up* ist eine *statutory declaration of solvency* vorausgesetzt, denn es geht um die Beendigung einer solventen Gesellschaft. Sie ist deshalb nicht Bestandteil des Insolvenzrechts im engeren Sinne, soll jedoch kurz dargestellt werden, da sie die Grundlage für ein *creditors' winding up* sein kann. Durch die Solvenzerklärung wird festgestellt, dass die Gesellschaft in der Lage ist, während der nächsten zwölf Monate ihren wirtschaftlichen Verpflichtungen nachzukommen.[677] Auflösungsgründe können unter anderem Zeitablauf oder die Erreichung des Gesellschaftszwecks sein. Die Gesellschaft wird durch einen *liquidator* abgewickelt, der an die Stelle der *directors* tritt. Während des Liquidationsverfahrens ist dieser berechtigt, die zur Beendigung der Gesellschaft erforderlichen Entscheidungen zu treffen.[678] Das Liquidationsverfahren ist abgeschlossen, wenn sämtliche Vermögensgegenstände verwertet, der Erlös ausgekehrt, eine letzte Gläubigerversammlung abgehalten und der *liquidator* von den Gesellschaftern und vom Gericht abberufen worden ist. Die Schlussrechnung wird dem *registrar* zugeleitet und drei Monate später ist die Gesellschaft aufgelöst.

Erkennt der *liquidator*, dass die Gesellschaft ihren Verpflichtungen nicht für den zugesicherten Zeitraum nachkommen kann, beruft er eine Gläubigerversammlung ein. Das begonnene *members' voluntary winding up* wandelt sich dann in ein *creditors' voluntary winding up* für insolvente Gesellschaften mit einem entsprechend höheren Einfluss der Gläubiger.

Es kann auch direkt ein *creditors' voluntary winding up* erfolgen. Die Gesellschafterversammlung beschließt dann in einer *extraordinary resolution*, die Gesellschaft zu liquidieren und erwirkt in einer *ordinary resolution* die Bestel-

---

675 vgl. dazu *Reinbach*, S. 172 ff.

676 s. 73 (1) CA 1986.

677 s. 89 IA 1986; gemäß s. 89 (4) IA 1986 machen sich die directors strafbar, wenn sie ohne vernünftige Grundlage eine declaration of solvency abgeben. Falls der Beschluss zur Auflösung der Gesellschaft in fünf Wochen nach der declaration gefasst wird oder sich herausstellt, dass die Verbindlichkeiten innerhalb der erklärten Frist nicht zurückgezahlt werden konnten, wird die Unrichtigkeit der Erklärung vermutet; s. 89 (5) IA 1986.

678 Sch. 4 IA 1986.

lung des *liquidators*. Ein derartiger Auflösungsbeschluss wird regelmäßig erfolgen, wenn die Gesellschaft wegen Überschuldung ihre Geschäftstätigkeit nicht mehr fortführen kann.[679] Nachdem der *liquidator* seine Bestellung entsprechend publiziert hat, verteilt er das noch vorhandene Gesellschaftsvermögen an die Gläubiger. Nach Verwertung und Erlösauskehr[680] wird der *liquidator* in der Schlussversammlung abberufen. Die Abschlussbilanz ist beim Gesellschaftsregister einzureichen.
Nach drei Monaten tritt automatisch die *dissolution* der Gesellschaft ein und die Limited wird vom *registrar* gelöscht.[681] Sofern später noch weitere Vermögensgegenstände aufgefunden werden, fallen diese an die Krone.[682]

b) Compulsory winding up by the court

Ss. 122 ff. IA 1986 regeln die Liquidation der Gesellschaft auf gerichtliche Anordnung bei Insolvenz, die nach der Legaldefinition in s. 123 (1), (2) IA 1986 vorliegt, wenn die Gesellschaft zahlungsunfähig oder überschuldet ist.[683] Der *County Court* am Sitz der Gesellschaft ist grundsätzlich zuständig; bei einem Kapital von über 120.000 Pfund ist der *High Court* berufen.[684] Das Verfahren kann durch die Gläubiger der Gesellschaft, die Gesellschaft, die Gesellschafter, die *directors* und auch durch das Handels- und Wirtschaftsministerium angestrengt werden.[685] Nach Zustellung des Antrages ist die Gesellschaft nicht mehr ohne gerichtliche Zustimmung verfügungsbefugt.[686] Wird die gerichtliche Anordnung zur Zwangsabwicklung getroffen, bestellt das Gericht einen *official receiver*, der den Auflösungsbeschluss im zuständigen Amtsblatt sowie in einer lokalen Zeitung veröffentlicht. Der Auflösungsbeschluss ist dem *registrar* zu melden und als Zusatz im Namen der Gesellschaft deutlich zu machen.
Dem Beschluss zur zwangsweisen Auflösung der Gesellschaft folgt das eigentliche *winding up*. An die Stelle des *board of directors* tritt ein von der Gläubigerversammlung gewählter *liquidator*; seine Bestellung ist publizitätspflichtig.

---

679 s. 84 (1) lit. c IA 1986.
680 s. 106 IA 1986.
681 ss. 201 (2), 205 (2) IA 1986.
682 s. 654 CA 1985.
683 ss. 122 (1) lit. f, 123 (2) IA 1986: Zahlungsunfähigkeit ist gegeben, wenn die Gesellschaft innerhalb von drei Wochen eine geschuldete Summe von über 750 Pfund trotz eindeutiger und förmlicher Leistungsaufforderung nicht zahlt, auf einen Vollstreckungstitel nicht geleistet wird oder das Gericht überzeugt ist, dass die Gesellschaft ihre Verbindlichkeiten bei Fälligkeit nicht befriedigen kann. Letzteres wird dann angenommen, wenn die Verbindlichkeiten die Vermögenswerte übersteigen; vgl. *Behrens*, S. 885; *Schlegel/Taylor* in Münchener Kommentar, InsO, Art. 102 EGInsO, Anhang II, England und Wales, Rn. 2.
684 s. 117 IA 1986.
685 ss. 122, 124 IA 1986.
686 ss. 127, 129 (2) IA 1986.

Wenn sich keine Privatperson als *liquidator* bereiterklärt, ist der *official receiver* kraft gerichtlicher Anordnung als *liquidator* bestellt. Dem Gericht sind im Rahmen der Abwicklung weitreichende Entscheidungsbefugnisse eingeräumt, die sich in erster Linie auf die Feststellungen der Forderungen und die Einforderung noch nicht gezahlter Einlagen beziehen.[687]
Das vorhandene Gesellschaftsvermögen wird unter den Gesellschaftsgläubigern in Abstimmung mit der Gläubigerversammlung verteilt. Sodann erstellt der *liquidator* einen *final return*, den er dem *registrar* übergibt. Drei Monate nach Einreichung des Abschlussberichts gilt die Gesellschaft als aufgelöst.

c) Anfechtungstatbestände

Auch im englischen Recht sind einige Rechtshandlungen im Zuge des Insolvenzverfahrens anfechtbar. Jeder Anfechtungstatbestand lässt erkennen, auf welches Abwicklungsverfahren die Anfechtungsnorm zugeschnitten ist.[688]

aa) Transactions at an undervalue

Gemäß ss. 238, 241 IA 1986 kann der *liquidator* oder *administrator* Geschäfte anfechten, die zu einem Vermögensabfluss ohne wertgleiche Gegenleistung geführt haben. Grundvoraussetzung ist, dass sich die Gesellschaft im Liquidationsverfahren[689] befindet. Die Normen sind einschlägig, wenn das Rechtsgeschäft in einem Zeitpunkt stattgefunden hat, in dem die Gesellschaft bereits zahlungsunfähig war oder dies durch das fragliche Geschäft wurde. Zu prüfen sind nur die Transaktionen, die in einem Zeitraum von zwei Jahren vor dem Beginn des Insolvenzverfahrens stattgefunden haben. Gutgläubigkeit bei den jeweiligen Geschäften schließt die Anfechtungsmöglichkeit aus.[690] Rechtsfolge der ss. 238, 241 IA 1986 ist, dass das Gericht nach freiem Ermessen durch Anordnungen dafür sorgen kann, dass der Zustand, der ohne das nachteilige Geschäft bestehen würde, hergestellt wird. Dies führt regelmäßig zu einem Rückgewährsanspruch gegen den Erwerber.[691]

bb) Transactions defrauding creditors

Versucht die Limited als Insolvenzschuldnerin, Vermögensgegenstände dem Zugriff der Gläubiger zu entziehen, ohne dafür eine wertgleiche Gegenleistung

---

687 ss. 147 ff. IA 1986.

688 ss. 423–425 IA 1986 (Provisions against debt avoidance) sind auch ausserhalb eines ordentlichen Insolvenzverfahrens anwendbar.

689 liquidation oder administration.

690 Re Welfab Engineers [1990] BCC 78.

691 es sei denn, dieser hat den Gegenstand gutgläubig von einem Dritten ungleich der Gesellschaft erworben, s. 241 (2) (a) IA 1986.

zu erhalten, kann das Gericht auch hier Anordnungen erlassen, die die bisherige Vermögenslage wiederherstellen.[692] Dafür muss die Limited bei einer *transaction at an undervalue* von dem Motiv geleitet worden sein, den Vermögensgegenstand dem Zugriff der Gläubiger zu entziehen.[693] Dieser Anspruch ist nicht nach dem IA 1986 fristgebunden, sondern er unterliegt allein der allgemeinen zivilrechtlichen Verjährung. Die vom Gericht zu treffenden Anordnungen gleichen denjenigen im Rahmen der ss. 238, 239 IA 1986 und können auf Dritte erstreckt werden. Gutgläubige und unentgeltliche Dritterwerber sind auch hier privilegiert.[694]

cc) Preferences

Das Gericht kann auf Antrag des *liquidators* oder *administrators* Geschäfte, die einzelne Gläubiger bevorzugen und andere benachteiligen, für unwirksam erklären, s. 239 IA 1986. Das *desire to prefer* wird bei Personen, die der Gesellschaft nahestehen, widerleglich vermutet.[695] Durch seine Anordnung kann das Gericht nach eigenem Ermessen die Lage wiederherstellen, die ohne die fragliche Transaktion bestehen würde. Dies gilt für Transaktionen innerhalb von zwei Jahren vor der Eröffnung des Insolvenzverfahrens.[696] Für zu der Gesellschaft in keinem besonderen Näheverhältnis stehende Personen wird diese Frist über s. 240 (1) (b) IA 1986 auf sechs Monate verkürzt. Außerdem kann gegenüber dem *director* aufgrund der Bevorzugung einzelner Gläubiger eine *disqualification order* eingeleitet werden.[697]

dd) Extortionale credit transactions

Gemäß s. 244 IA 1986 können Wucherkredite, die ein Dritter innerhalb der letzten drei Jahre vor der Eröffnung des Insolvenzverfahrens[698] mit der Gesellschaft abgeschlossen hat, angefochten werden.

ee) Avoidance of floating charges

Nach s. 245 IA 1986 können dingliche Sicherheiten, die in Insolvenznähe für bereits bestehende Verbindlichkeiten bestellt worden sind, angefochten werden.

---

692 s. 423 IA 1986.
693 s. 423 (3) IA 1986.
694 s. 425 (2) IA 1986.
695 s. 239 (6) IA 1986, vgl. dazu Re Exchange Travel (Holdings) Ltd [1996] BCC 933; Wills v Corfe Joinery Ltd [1997] BCC 511.
696 s. 239 (1) und (2) i.V.m. s. 238 IA 1986.
697 Re Sykes (Butchers) Ltd, Secretary of State for Trade and Industry v Richardson [1998] 1 BCLC 110.
698 auch administration order.

Dies gilt für Sicherheiten am Gesellschaftsvermögen in einem Zeitraum von einem Jahr und für die der Gesellschaft nahestehenden Personen von zwei Jahren vor Eröffnung des Insolvenzverfahrens.[699] Bei Personen, die der Gesellschaft nahestehen, ist es unbeachtlich, ob die Gesellschaft bei Bestellung der Sicherheit zahlungsunfähig ist oder dies durch die Besicherung wird. Ausnahmen von der Anfechtbarkeit gelten nur, sofern der Gesellschaft von dem Dritten tatsächliche Leistungen erbracht worden sind.[700]

3. Rechtsvergleichende Gegenüberstellung

Trotz aller Differenzen im Detail bestehen bei der Abwicklung nach deutschem und englischem Recht in wirtschaftlicher Hinsicht keine gravierenden Unterschiede.[701] Die Verfahren nach dem IA 1986 dienen ebenso wie die Abwicklung der GmbH nach der InsO der gleichmäßigen Befriedigung der Gesellschaftsgläubiger.

In beiden Rechtsordnungen wird die Gesellschaft zweischrittig abgewickelt. Im Gegensatz zum deutschen Recht folgt im englischen Insolvenzrecht die Auflösung der Liquidation. Es ist stets ein gesetzlicher oder satzungsmäßiger Auflösungsgrund erforderlich. Die Auflösung kann freiwillig erfolgen oder durch gerichtlichen Beschluss bestimmt werden. Die Liquidation der Gesellschaft ist publizitätspflichtig und durch einen entsprechenden Namenszusatz kenntlich zu machen.

Anders als im deutschen Recht, wo grundsätzlich der Geschäftsführer die Abwicklung übernimmt, wird im englischen Recht ein *liquidator* bestellt. Die Aufgaben sind weitestgehend deckungsgleich. Ist die Abwicklung beendet, werden entsprechende Unterlagen beim Handelsregister beziehungsweise beim *registrar* eingereicht und die Gesellschaft wird gelöscht. Bei Insolvenz der Limited kommt es im englischen Recht in der Regel zu einem *compulsory winding up by the court.*

Die Anfechtungstatbestände im deutschen und im englischen Recht weisen Parallelen auf. S. 238 IA 1986 deckt sich mit § 134 InsO insofern, als beide Normen Transaktionen für anfechtbar erklären, die ohne vollwertige Gegenleistung vorgenommen werden. Die Fristen differieren jedoch, denn in Deutschland kann die Anfechtung für alle Rechtsgeschäfte erklärt werden, die innerhalb von vier Jahren vor dem Eintritt der Insolvenz vorgenommen worden sind. Das englische Recht hält anders als § 134 InsO Exkulpationsmöglichkeiten bereit.

Einen einheitlichen Tatbestand der Gläubigerbenachteiligung wie das englische Recht in s. 239 IA 1986 kennt das deutsche Recht nicht. Die entsprechenden

---

[699] s. 245 (3) (a) und (b) IA 1986.

[700] Power v Sharp Investments Ltd [1994] 1 BCLC 111, CA.

[701] *V. Heinz*, AnwBl. 2004, 612, 617.

Fallgruppen werden hier über §§ 130, 131 InsO beziehungsweise über §§ 132, 133 InsO abgedeckt. Im Rahmen der §§ 130, 131 InsO sind ausschließlich Befriedigungs- und Sicherungsmaßnahmen relevant, im englischen Recht hingegen alle Handlungen, die zu einer tatsächlichen Besserstellung führen. Anders als in § 130 InsO muss nach englischem Recht die Absicht, einzelne Gläubiger zu bevorzugen, das tragende Motiv gewesen sein. Es ist aber nicht erforderlich, dass die Umstände, aus denen die spätere Zahlungsunfähigkeit resultiert, bereits bei der Transaktion bekannt waren. Die Frist, innerhalb derer die Zahlung oder Besicherung erfolgt sein muss, beträgt im englischen Recht zwei Jahre, im deutschen Recht hingegen nur drei Monate.
§ 131 I Nrn. 1, 2 InsO verlangt die Kenntnis des Gläubigers von der Benachteiligung der übrigen Gläubiger, stellt jedoch in subjektiver Hinsicht ähnlich der englischen Regelung keine weiteren Anforderungen auf.

§ 132 InsO erfordert die Zahlungsunfähigkeit der Gesellschaft, wohingegen es im Rahmen der s. 239 IA 1986 ausreicht, dass aufgrund der Transaktion die Zahlungsunfähigkeit eintritt. Im deutschen Recht muss auch hier der Anfechtungsgegner von der Zahlungsunfähigkeit oder von der Stellung des Insolvenzantrages Kenntnis haben.

§ 133 InsO setzt im Vergleich zu s. 239 IA 1986 voraus, dass der Leistungsempfänger die Benachteiligungsabsicht des Leistenden kannte und ist insoweit enger als das englische Recht. Keine weiteren Voraussetzungen fordert das deutsche Recht in § 133 II InsO bei entgeltlichen Verträgen mit nahestehenden Personen. Es reicht vielmehr, dass das Geschäft zwei Jahre vor Eröffnung des Insolvenzverfahrens vorgenommen wurde.
Bezüglich eigenkapitalersetzender Darlehen findet der deutsche Anfechtungstatbestand im englischen Recht notwendigerweise keine Entsprechung.

Im Ergebnis kann hier festgehalten werden, dass das deutsche Recht höhere subjektive Vorgaben macht und nach der Eröffnung des Insolvenzverfahrens kürzere Fristen für die Anfechtung der Rechtsgeschäfte aufstellt. Während im englischen Recht auch noch sechs bis zwölf Jahre nach Beginn der *liquidation* angefochten werden kann, ist dies im deutschen Recht bereits drei Jahre nach Eröffnung des Insolvenzverfahrens ausgeschlossen.

4. Konsequenzen: Keine Kompensation der liberalen Finanzverfassung durch strikte Anfechtungsregeln

Nach Art. 3, 4 EuInsVO gilt für das Insolvenzverfahren und dessen Wirkungen das Insolvenzrecht des Mitgliedstaates, in welchem das Verfahren eröffnet wird (lex fori concursus).[702]

---

702 ausführlich in Kapitel D, V. 3. a) aa) - bb).

Mittelpunkt der hauptsächlichen Interessen im Sinne des Art. 3 I EuInsVO ist bei EU-Auslandsgesellschaften der effektive Verwaltungssitz, so dass für die englische Limited mit Verwaltungssitz in Deutschland vor einem deutschen Gericht deutsches Insolvenzrecht Anwendung findet.[703]
Für die Praxis bedeutsam und überaus fraglich ist, welche Vorschriften des Sitzstaates dem Insolvenzrecht im Sinne des Art. 4 EuInsVO zuzuordnen sind. Besonders zu beachten ist, dass sich Gesellschafts- und Insolvenzrecht an zahlreichen Stellen überschneiden können.[704] Deutlich erkennbar wird diese Problematik unter anderem im Bereich der Insolvenzverschleppungshaftung.[705]

Da die Vorschriften des englischen Insolvenzrechts und damit insbesondere die Anfechtungsvorschriften nicht anwendbar sind,[706] kann auch durch diese Tatbestände der Gläubigerschutz bei der Limited in Deutschland nicht gewährleistet werden. Inwieweit dies durch die entsprechenden deutschen Normen erfolgen kann, ist weitgehend ungeklärt. Einiges spricht jedoch dafür, die Anfechtungstatbestände der InsO über Art. 4 II 2 lit. m EuInsVO insolvenzrechtlich zu qualifizieren und somit auch gegenüber der Limited anzuwenden.[707] Weil das englische Recht entsprechende Regelungen ebenfalls vorsieht, erscheint eine Anwendung der deutschen weniger einschneidenden Vorschriften auch nicht als Verletzung der Niederlassungsfreiheit. Durch diese soll nicht ermöglicht werden, dass sich eine Gesellschaft sämtlichen Kontrollmechanismen entziehen kann. Da die deutschen Anfechtungstatbestände jedoch aufgrund der erhöhten subjektiven Voraussetzungen nicht so weit greifen wie die englischen Tatbestände, gelingt es der Limited, durch den Umzug sich der in diesem Fall für sie nachteiligeren Regelung zu entziehen. Im Ergebnis führt die Sitzverlegung im Bereich des Anfechtungsrechts dazu, dass die Limited den deutschen Anfechtungsvorschriften ausgesetzt ist. Diese sind jedoch weniger weitreichend als ihre englischen Pendants, so dass dadurch eine Kompensation der bereits festgestellten Schutzlücken unwahrscheinlich ist.
Umstritten ist in der deutschen Literatur, ob auch die Regeln zu eigenkapitalersetzenden Gesellschafterdarlehen, hier § 135 InsO, auf die Limited angewendet werden dürfen und ob dadurch ein zusätzlicher Schutz der inländischen

---

703 AG Hamburg NJW 2002, 2835; *Zimmer*, NJW 2003, 3585, 3589; *V. Heinz*, AnwBl 2004, 612, 617. Nachdem die englische Limited durch die Überseering-Entscheidung für rechts- und parteifähig erklärt wurde, ist sie auch als englische Kapitalgesellschaft insolvenzfähig; *Hirsch/Britain*, NZG 2003, 1100, 1101; *Müller*, NZG 2003, 414, 415; *Riedemann*, GmbHR 2004, 345, 347; *Spindler/Berner*, RIW 2003, 949, 950; *Weller*, IPRax 2003, 520, 522.

704 *Mock/Schildt*, ZInsO 2003, 396, 398; *K. Schmidt*, ZGR 1998, 633 ff.

705 s.o., Kapitel B, III. 4.

706 vgl. Art. 4 II 2 lit. m EuInsVO: Anfechtung nach dem Recht des Eröffnungsstaates.

707 ausführlich in Kapitel D, V. 3. b) dd).

Gläubiger erreicht werden kann. Dieser Frage wird im Folgenden vertieft nachgegangen.

VI. Zusammenfassung: Schutzlücken bei der Limited mit Verwaltungssitz in Deutschland

Im Grundsatz folgen das deutsche und das englische Recht den gleichen Schutzprinzipien. In beiden Rechtsordnungen soll die Sicherheit der Gläubiger über Vorschriften zum Gesellschaftskapital, zur Rechnungslegungspublizität, zur persönlichen Haftung von Gesellschaftern und Geschäftsleitern, über das Insolvenzrecht und durch zusätzliche administrative Maßnahmen gewährleistet werden. Sowohl Deutschland als auch England sehen als Mittelpunkt die Person des Geschäftsleiters und die ihm obliegenden Pflichten, wobei die drohenden Haftungsrisiken vergleichbar sind.

Die augenfälligsten Unterschiede zwischen GmbH und Limited ergeben sich im Bereich der Finanzverfassung. Im deutschen Recht wird davon ausgegangen, dass durch das aufzubringende Stammkapital und die strengen Vorschriften zur Kapitalerhaltung und zu kapitalersetzenden Gesellschafterdarlehen die beschränkte Haftung gleichsam erkauft werden muss.[708] Für die Limited fehlen sowohl eine feste Mindestkapitalziffer als auch Normen, die die Kapitalaufbringung sichern, und Sondervorschriften für kapitalersetzende Darlehen. Diese sehr liberale Finanzverfassung ist die eigentliche Lücke im Gläubigerschutzsystem der Limited und bedingt ein gläubigergefährdendes Regelungsgefälle für die Limited in Deutschland. Das kontinentaleuropäische Modell des Grundkapitals stellt einen im Interesse der Gesellschaftsgläubiger bereitzustellenden und zu erhaltenden Haftungsfonds dar und spielt eine zentrale Rolle für den Gläubigerschutz.[709] Innerhalb Europas kennen fast alle Gesellschaftsrechte das System des Mindestkapitals, dessen Durchschnittswert bei etwa 10.000 € liegt.[710] Dieses Kapitalerfordernis orientiert sich nicht an der tatsächlich angestrebten Geschäftstätigkeit der Gesellschaft, sondern ist ein gesellschaftstypenspezifischer Pauschalbetrag. Dementsprechend werden die meisten Gesellschaften lediglich mit dem vorgeschriebenen Mindestkapital ausgestattet und sind in Bezug auf ihre eigentliche Geschäftstätigkeit oftmals unterkapitalisiert. Aus diesem Grund ist das Mindestkapitalsystem als Haftungsfonds zwar zunehmend in die Kritik geraten, aber die Funktion des Mindestkapitals als effektives Mittel zum Gläubigerschutz wird von den meisten Kritikern nicht in Abrede gestellt.[711] Das

---

708 Äquivalent für den Haftungsausschluss, *Lutter*, Stiefel-FS, S. 505.

709 dazu ausführlich *Lutter*, Kapital, Sicherung der Kapitalaufbringung und der Kapitalerhaltung in den Aktien- und GmbH-Rechten der EWG; *Fleischer* in Michalski, Syst.Darst. 6, Rn. 67 ff.; *Zimmer*, IntGesR, S. 275 ff.

710 *Frank/Wachter*, GmbHR 2002, 17, 18.

711 a.A. *Haas*, DStR 2006, 993, 1000.

Kapitalisierungserfordernis ist vielmehr in erster Linie als Seriositätsschwelle anzusehen.[712] Nur denjenigen Gesellschaftsgründern, die bereit und in der Lage sind, das Mindestkapital aufzubringen, soll der Weg zur Haftungsbeschränkung eröffnet werden. Dieses Verständnis deckt sich mit der amtlichen Begründung zum Regierungsentwurf des MoMiG. Ganz bewusst ist nicht von dem Mindestkapitalerfordernis Abstand genommen worden. Um nach wie vor die Seriosität der deutschen GmbH zu gewährleisten, wurde das Stammkapital lediglich dem europäischen Durchschnitt von 10.000 € angepasst. Dass diese Schwelle eine spürbare Höhe haben muss, um ihrer Funktion gerecht zu werden, ergibt sich von selbst.

Aus der Sicht kontinentaleuropäischer Gläubiger stellt die Tatsache, dass diese Seriositätsschwelle im englischen Gesellschaftsrecht nicht überschritten werden muss, um in den Genuss der Haftungsbeschränkung zu kommen, ein Schutzdefizit dar. Dieses Regelungsgefälle durchzieht die gesamte Kapitalverfassung der englischen Limited. Auch wenn ein nennenswertes Stammkapital aufgebracht wird, ist dieses nicht in der gleichen Absolutheit geschützt wie bei der deutschen GmbH. Die englischen Kapitalaufbringungs- und Kapitalerhaltungsregeln sind im Vergleich zu den deutschen viel liberaler. Die Limited kann zudem vollständig über Gesellschafterdarlehen finanziert werden, die in der Insolvenz von den Gesellschaftern ohne rechtliche Probleme zurückgefordert werden können. Die übrigen Gläubiger werden dadurch der Gefahr ausgesetzt, dass sie mangels zu verteilenden Vermögens leer ausgehen.

Ein enormes Regelungsdefizit zeigt sich gerade in dem Fehlen von Vorschriften zur Finanzierung der Gesellschaft über Gesellschafterdarlehen. Dem Kapitalersatzrecht ist nach wie vor eine hohe Schutzintensität zuzubilligen. Dafür spricht auch, dass im Zuge des MoMiG die Rechtsfigur des eigenkapitalersetzenden Gesellschafterdarlehens nicht etwa wegen Funktionslosigkeit aufgegeben werden soll, sondern weil der Tatbestand des Eigenkapitalersatzes schwer handhabbar ist. Von der Neuregelung, die die Maßnahmen zur Gesellschafterfremdfinanzierung nach wie vor Sonderregeln unterwirft und derartige Darlehen mit insolvenzrechtlichem Nachrang versieht, werden weiterhin die meisten der bislang unter die Novellenregeln fallenden Finanzierungsmodelle erfasst.

Das Grunddefizit der englischen Limited im Vergleich zur deutschen GmbH besteht insofern in dem Regelungsgefälle innerhalb der Finanzverfassung. Doch auch im englischen Recht existieren Schutzvorschriften, die die Sicherheit der Gläubiger gewährleisten und ohne das Vorhandensein eines bestimmten Mindestkapitals ein relativ hohes Schutzniveau erzielen sollen. Das Fehlen des Mindestkapitalerfordernisses führt jedenfalls für die in England domizilierte Limited

---

712 *Wilhelmi*, GmbHR 2006, 13, 14.

nicht zu eklatanten Missständen.[713] Diese können jedoch beim Umzug der Gesellschaft nach Deutschland entstehen, da dann einige der im englischen Recht für essentiell gehaltenen Schutzbestimmungen besonders zur Haftung der an der Unternehmensleitung beteiligten Personen versagen.

Das Regelungsdefizit beruht zum einen darauf, dass die in England als gläubigerschützend eingeordneten Regelungskomplexe nach deutschem Verständnis nicht ausreichend sind, und zum anderen darauf, dass sich die englischen Vorgaben nach einer transnationalen Sitzverlegung der Gesellschaft als wirkungslos erweisen. Im Gegensatz zum deutschen Recht betont das englische Recht die Gründungsformalitäten und den damit verbundenen Verlust von Privatheit als Preis für die Haftungsbeschränkung.[714] Der Schutz der Gläubiger soll in erster Linie durch Publizitätsvorschriften, Markttransparenz und Selbstinformationsmöglichkeiten gewährleistet werden. Ob sich hierdurch effektiver Gläubigerschutz bei in England ansässigen Gesellschaften gewährleisten lässt, muss bezweifelt werden.[715] Publizitätspflichten sind rückwärts gerichtet und liefern oftmals kein aktuelles Bild von der Vermögenslage der Gesellschaft. Möglichkeiten der Selbstinformation werden weniger erfahrenen Vertragspartnern nicht in der gleichen Weise offenstehen wie institutionellen Kreditgebern.[716] Zudem führen geschäftliche Kontakte mit der Gesellschaft zu erheblichen Informationsrisiken und Informationskosten.[717] Gesetzliche Gläubiger werden durch Publizitätsvorschriften nicht geschützt, weil sie sich ihre Schuldner regelmäßig nicht aussuchen und sich demgemäß nicht vorab über diese informieren können.
Teilweise wird darauf verwiesen, dass es bei inländischen Vertragsgläubigern die privatautonome Entscheidung sei, mit Auslandsgesellschaften in geschäftlichen Kontakt zu treten.[718] Die potenziellen Gesellschaftsgläubiger seien durch das Firmenrecht und durch die Publizitätsvorschriften hinreichend gewarnt, dass nicht vom Eingreifen deutscher Schutzvorschriften auszugehen ist. Sie könnten sich dann zum Beispiel Sicherheiten einräumen lassen oder auf Geschäftsbeziehungen mit der Gesellschaft verzichten. Diese Ansicht entspricht jedoch nicht der wirtschaftlichen Realität.[719] Die Selbstschutzmöglichkeiten können für einige Gesellschaftsgläubiger zwar bestehen, aber nicht alle Geschäftspartner einer Limited werden in der Lage sein, diese auch zu nutzen. Das Bild eines „durch-

---

713 *Reinbach*, S. 185 ff.

714 *Gower/Davies*, S. 91; *V. Heinz*, S. 35; *Kindler*, NJW 2003, 1073, 1978; *Schumann*, DB 2004, 743.

715 so auch *Fleischer*, DStR 2000, 1015, 1019; *Weller*, S. 102 ff.

716 *Fleischer*, DStR 2000, 1015, 1019.

717 *Roth*, IPRax 2003, 117, 125.

718 *Eidenmüller*, ZIP 2002, 2233, 2236; *Schanze/Jüttner*, AG 2003, 661, 663; *Ulmer*, JZ 1999, 662, 663.

719 so auch *Weller*, S. 102.

schnittlich informierten, aufmerksamen und verständigen Vertragspartners"[720] würde erheblich überstrapaziert. Dann müsste der „durchschnittliche Vertragspartner" sämtliche in allen Amtssprachen der EU denkbaren Rechtsformzusätze kennen, die rechtliche Gestaltung sämtlicher europäischer Gesellschaftsformen aus diesem Zusatz ableiten können und wissen, mit welchen rechtlichen Gestaltungsmöglichkeiten er sich bei Geschäften mit der jeweiligen Gesellschaft absichern kann.[721] Dass die Publizitätsvorschriften im Heimatland der Limited Wirkung zeigen, kann nicht als Argument für die in Deutschland domizilierte Limited herangezogen werden. In England handelt es sich um einen heimischen Gesellschaftstypus, so dass es wenig erstaunlich ist, dass englische Vertragspartner die Folgen eines wirtschaftlichen Engagements mit einer Limited absehen können. Zudem sind die englischen Vertragspartner mit der Rechtstradition der Selbstinformation besser vertraut als kontinentaleuropäische Geschäftspartner.

Insofern ist den Publizitätsvorschriften zwar eine gewisse Warnfunktion zuzubilligen, jedoch das für ihre volle Wirksamkeit erforderliche Bild des informierten Vertragspartners wird in der Realität nicht erreicht. Publizitätsvorschriften sind folglich nicht geeignet, das fehlende Mindestkapital und die Regelungsdefizite in der Kapitalverfassung der englischen Limited auszugleichen.[722]

Eine einschneidende Durchgriffshaftung etwa nach amerikanischem Vorbild wäre durchaus in der Lage, die Risiken eines fehlenden Mindestkapitals abzumildern. Der Durchgriff in das Vermögen der Gesellschafter ist in England nur begrenzt möglich. Die englische Rechtspraxis ist bei der Anwendung der wenigen Durchgriffstatbestände zudem sehr restriktiv. Daraus folgt, dass dieser Regelungsbereich ebenfalls keine Kompensation der liberalen Finanzierungsregeln bietet. Im deutschen Recht sind zahlreichere Durchgriffshaftungstatbestände bekannt, die in erster Linie herrschende Gesellschafter betreffen. Inwieweit die deutschen Tatbestände auf Limiteds mit Inlandssitz Anwendung finden, ist weder in der Rechtsprechung noch in der Literatur abschließend geklärt.

Aufgrund des Territorialitätsprinzips erweisen sich die englischen Regeln zur Staatsaufsicht für in Deutschland domizilierte Gesellschaften als wirkungslos. Auch durch das englische Aufsichtsrecht kann die Schutzlücke nicht geschlossen werden, die die liberale Finanzverfassung offengelassen hat. Stellt man sich auf den Standpunkt, dass die Staatsaufsicht in England selbst weitgehend wirkungslos ist, würde sich die Lücke für die Limited in Deutschland lediglich aus einem anderen Grund als dem oben genannten Normenmangel ergeben.

---

720 Verbraucherbild des EuGH im Wettbewerbsrecht; vgl. EuGH, GRUR Int. 1998, 795 - *Gut Springheide*.

721 *Weller*, S. 103 f.

722 so auch *Weller*, S. 104.

In beiden Rechtskreisen dient das Insolvenzrecht dem Gläubigerschutz. Wegen des Auseinanderfallens von Insolvenz- und Gesellschaftsstatut kommen bestimmte Haftungstatbestände, die für ein in sich geschlossenes Schutzsystem essentiell sind, nicht zur Anwendung. Dies wird insbesondere hinsichtlich des *wrongful trading* und der englischen Anfechtungstatbestände deutlich. Da englisches Recht regelmäßig nicht Insolvenzstatut sein wird, kann es als weiterer Teil des in sich ausgewogenen englischen Gläubigerschutzsystems nicht dazu beitragen, die Gefahren des fehlenden Gesellschaftskapitals zu nivellieren. Insolvenzstatut ist vielmehr regelmäßig das deutsche Insolvenzrecht, das nicht primär auf ausländische Gesellschaftsformen zugeschnitten ist. Nach wie vor ist nicht abschließend geklärt, ob tatsächlich alle deutschen insolvenzrechtlichen Haftungstatbestände auf die Limited übertragen werden können.

Es ist festzuhalten, dass die Schutzlücken sich in erster Linie dadurch ergeben, dass auf die Limited in Deutschland weder das vollständige in sich geschlossene Gläubigerschutzsystem des englischen Rechts noch sämtliche aufeinander abgestimmten Regeln des deutschen Rechts anwendbar sind. Nur ein vollständiges und engmaschiges Netz gläubigerschützender Normen vermag die Risiken der auf das Gesellschaftskapital beschränkten Haftung abzumildern, wobei ein gesetzlich vorgeschriebenes Mindestkapital für die Interessen der Gläubiger von Vorteil ist. Die Schwierigkeit liegt nur zum Teil in der Rechtsform der Limited selbst, hauptsächlich aber in der unterschiedlichen Systematik des englischen und des deutschen Rechts.[723] Im Ergebnis bleibt es bei der eingangs geschilderten Schutzlücke aus dem Bereich der Finanzverfassung. Diese Lücke kann insbesondere bei einem Umzug der Gesellschaft nach Deutschland nicht durch englische Normen aus anderen Regelungsbereichen geschlossen werden.

Insofern ist in Erwägung zu ziehen, inländische Gläubiger durch die ergänzende Anwendung inländischer Normen zu schützen. Dabei bietet es sich an, mit den Überlegungen zum Gläubigerschutz bei der Finanzverfassung als dem eigentlichen Schwachpunkt der Limited anzusetzen.

---

723 *Borges*, RIW 2000, 167, 177; *ders.*, ZIP 2004, 733, 736; *Weller*, IPRax 2003, 207, 209.

C. Anwendbarkeit der deutschen Kapitalerhaltungshaftung auf die Limited

Im folgenden Kapitel wird zu klären sein, ob sich ein zusätzlicher Schutz inländischer Gläubiger erreichen lässt, indem die deutschen Vorschriften zur Kapitalerhaltung auf die Limited angewendet werden. Im Fokus steht dabei die Frage, ob die *shareholders* für unrechtmäßige Entnahmen zulasten des Gesellschaftsvermögens nach deutschem Recht auf Rückzahlung in Anspruch genommen werden können.[724]

Ein zusätzlicher Schutz wäre im Vergleich zu den englischen Regelungen besonders aus dem Umstand abzuleiten, dass der Erstattungsanspruch aus § 31 GmbHG anders als im englischen Recht nicht bei Gutgläubigkeit ausgeschlossen, sondern lediglich gemäß § 31 II GmbHG auf den Betrag beschränkt ist, der zur Befriedigung der Gesellschaftsgläubiger erforderlich ist. Zudem führen die deutschen Normen im Vergleich zu den englischen Vorschriften zu Beweiserleichterungen im Bereich verdeckter Gewinnausschüttungen.

I. Tatbestand und Rechtsfolge im Überblick

Das deutsche Kapitalerhaltungsrecht ist die Gegenleistung für die Haftungsbeschränkung der Gesellschaft[725] und bildet das Gegenstück zu den Kapitalaufbringungsvorschriften. Wollen sich die Gesellschafter auf die beschränkte Haftung der Gesellschaft berufen, muss die Mindesteinlage erbracht werden und sie dürfen von der Gesellschaft nur dann Leistungen empfangen, wenn für die Befriedigung der Gesellschaftsgläubiger gesorgt ist. Außer bei formal offenzulegenden Akten, wie der Einziehung, Kapitalherabsetzung und dem Erwerb eigener Anteile, sind Auszahlungen an die Gesellschafter nur bis zur Grenze des zur Erhaltung des Stammkapitals erforderlichen Vermögens zulässig.[726]

Nach § 30 GmbHG darf das entsprechend den Kapitalaufbringungsvorschriften aufgebrachte Vermögen weder offen noch verdeckt an die Gesellschafter zurückfließen. § 31 GmbHG sanktioniert Zuwiderhandlungen mit einem Erstattungsanspruch der Gesellschaft gegen die Gesellschafter.

---

[724] Nicht diskutiert wird die Frage, inwieweit die directors einer Limited sich bei Verstößen gegen das Ausschüttungsverbot des § 30 GmbHG schadensersatzpflichtig machen können, da wegen der vergleichbaren englischen Haftungstatbestände insoweit keine Schutzlücke besteht, die durch das deutsche Recht geschlossen werden müsste; eine zusätzliche Haftung nach deutschem Recht würde den Gesellschaftsgläubigern demgemäß keinen Vorteil bieten.

[725] RGZ 168, 292, 287 f.; BGHZ 28, 77, 78.

[726] *Westermann* in Scholz, § 30, Rn. 7.

1. Sinn und Zweck

Wie erwähnt ist § 30 GmbHG als die zentrale Vorschrift[727] des Kapitalerhaltungsrechts ein Grundpfeiler des deutschen GmbH-Rechts.[728] Leitgedanke der Norm ist die Widmung eines Haftungsfonds für die Gläubiger. Das Stammkapital ist in seiner Funktion als Mindestbetriebsvermögen und als Befriedigungsreserve für die Gläubiger zu erhalten.[729] Dabei geht es nicht um einen gegenständlichen, sondern um einen wertmäßigen Schutz. § 30 GmbHG existiert seit 1892 in unveränderter Form und ohne diese Norm könnte die Garantiefunktion des Stammkapitals nicht gewährleistet werden. Dieses System hat sich etwa zur gleichen Zeit in den meisten kontinentaleuropäischen Rechtsordnungen entwickelt.[730] Die Verknüpfung von Kapitalaufbringung und Kapitalerhaltung ist allgemein anerkannt. §§ 30 - 33 GmbHG ergänzen insoweit die Vorschriften über die Kapitalaufbringung. Um dem Schutzzweck der Normen gerecht zu werden, sind sie eng auszulegen und dürfen nicht abbedungen werden.[731] Ein schutzwürdiges Vertrauen der Gläubiger kann sich nur auf den im Handelsregister veröffentlichen Betrag des Stammkapitals beziehen. Deshalb ist es auch nur erforderlich, diese veröffentlichte Summe gegen Entnahmen zulasten der Gesellschaftsgläubiger zu sichern. Kapitalerhaltung bedeutet nicht einen Schutz der Kapitalziffer, denn diese kann nur im Wege der Satzungsänderung modifiziert werden, sondern garantiert den Schutz des der Kapitalziffer entsprechenden Vermögens vor Abflüssen zugunsten der Gesellschafter.[732] *Würdinger*[733] vergleicht das Kapitalerhaltungsrecht insoweit anschaulich mit einer Staumauer, die bei einem bis zu einer gewissen Grenze angestauten Wasservorrat das Abfließen verhindert.

Gegen Vermögensverluste in anderer Weise als durch Auszahlungen an die Gesellschafter, zum Beispiel durch einen schlechten Geschäftsverlauf, schützen die §§ 30, 31 GmbHG jedoch nicht. Das Gesellschaftskapital wird nicht als dauerhaftes „Polster“[734] festgelegt. Es dient als „Eintrittskarte“[735] in die Haftungsbeschränkung und ist eine Seriositätsschwelle.[736]

---

[727] *Fleck*, FS 100 Jahre GmbHG, S. 391; *Hueck/Fastrich* in Baumbach/Hueck, § 30, Rn. 1; *Roth/Altmeppen*, § 30, Rn. 1; *Ulmer*, FS 100 Jahre GmbHG, S. 363; *Westermann* in Scholz, § 30, Rn. 1.

[728] RGZ 168, 292, 297 f.

[729] *Stimpel*, FS 100 Jahre GmbHG, S. 335, 349.

[730] *Götz*, JZ 1994, 265, 269.

[731] *Hueck/Fastrich* in Baumbach/Hueck, § 30, Rn. 1.

[732] *Hirte*, S. 227.

[733] *Würdinger*, S. 32.

[734] *Hirte*, S. 227; zu den Mängeln im System der Kapitalerhaltung vgl. *Hirte*, S. 225 ff.

[735] *Hirte*, S. 228.

[736] *Wiedemann*, DB 1993, 141, 147; *Wilhelmi*, GmbHR 2006, 13, 14.

2. Tatbestandsvoraussetzungen

a) § 30 I GmbHG - Auszahlungen an die Gesellschafter

§ 30 I GmbHG betrifft das zur Erhaltung des Stammkapitals erforderliche Vermögen, d.h. den Teil des Reinvermögens der Gesellschaft, der ihrem Nominalkapital entspricht. Dieser Teil des Gesellschaftsvermögens wird gegen Entnahmen durch die Gesellschafter gesichert.

aa) Gebundenes Vermögen

Die Höhe des Stammkapitals richtet sich nach der jeweils im Handelsregister eingetragenen Stammkapitalziffer. Ob das Stammkapital tatsächlich einbezahlt ist, spielt für § 30 GmbHG keine Rolle. Zur bilanzmäßigen Deckung reicht es aus, dass auf der Aktivseite die noch offenen vollwertigen Einlageforderungen gegen die Gesellschafter den entsprechenden Stammkapitalanteilen gegenüberstehen.[737] Zu ermitteln ist die Deckung des Stammkapitals nach den Grundsätzen der ordnungsgemäßen Bilanzierung. Regelmäßig ist der letzte ordentliche Jahresabschluss ausreichend. Bei Zweifeln an der wirtschaftlichen Leistungsfähigkeit der Gesellschaft ist zum Zeitpunkt der Auszahlung eine Zwischenbilanz aufzustellen.[738] Die Aktiva der Gesellschaft müssen nach Abzug aller Verbindlichkeiten zumindest den Nennbetrag des Stammkapitals erreichen.[739] Auszahlungsfähig ist nur der Teil des Reinvermögens, der den Betrag des Stammkapitals übersteigt. Diese Norm ist weniger streng als § 57 I AktG, der ein striktes Verbot der Einlagenrückgewähr statuiert, wodurch auf die unterschiedliche personelle und wirtschaftliche Struktur von GmbH und AG Rücksicht genommen werden soll.[740] Zu beachten ist, dass § 30 GmbHG als zwingende Norm auch für bereits entstandene Gewinnansprüche der Gesellschafter gilt.[741]

Maßgeblicher Zeitpunkt für die Beurteilung der Frage, ob eine Auszahlung das zur Erhaltung des Stammkapitals erforderliche Vermögen berührt, ist die Erfüllung und nicht der Abschluss des Verpflichtungsgeschäftes.[742] Erst durch die tatsächliche Auszahlung kann das Vermögen in Mitleidenschaft gezogen werden; allein dieser Zeitpunkt gewährleistet eine effektive Kontrolle der Kapitalsituation.

---

737 *Roth/Altmeppen*, § 30, Rn. 15.

738 *Meister*, WM 1980, 390, 394.

739 BGHZ 76, 335; 66, 324; 67, 171; 81, 252.

740 *Goerdeler/Müller* in Hachenburg, § 30, Rn. 12 f.

741 *Goerdeler/Müller* in Hachenburg, § 30, Rn. 2.

742 RGZ 133, 393; 136, 260; 142, 286; BGHZ 91, 69; *Goerdeler/Müller* in Hachenburg, § 30, Rn. 63; *Westermann* in Scholz, § 30, Rn. 43.

Kontrovers wurde diskutiert, ob § 30 GmbHG noch anwendbar ist, wenn kein das Stammkapital deckendes Vermögen mehr vorhanden ist. Die heute herrschende Meinung geht von einer unmittelbaren Anwendung der §§ 30, 31 GmbHG aus.[743] Überschuldung liegt vor, wenn die echten Passiva die Aktiva sogar bei Ansatz von Verkehrs- oder Liquidationswerten übersteigen, so dass das Eigenkapital wirtschaftlich verbraucht ist.[744] Bei Überschuldung der Gesellschaft wird das Stammkapital zwar nicht mehr gemindert, die Unterbilanz jedoch durch jede weitere Auszahlung vertieft.

bb) Auszahlung

Unter dem Merkmal „Auszahlung" ist jede Zuwendung an die Gesellschafter zu verstehen, ohne dass es auf deren rechtliche Einkleidung ankäme.[745] Insofern sind auch Sachleistungen von § 30 GmbHG erfasst. Entscheidend ist, dass dem Gesellschafter aufgrund seiner Mitgliedschaft (causa societas) Vermögenswerte aus dem Gesellschaftsvermögen zufließen oder belassen werden. Hierbei handelt es sich um eine ungeschriebene Tatbestandsvoraussetzung, die allgemein anerkannt ist.[746]
Ansprüche aus einem regulären Leistungsaustauschverhältnis werden vom Regelungsgehalt der Norm nicht erfasst. Entscheidend ist der Vergleich, ob das konkrete Geschäft zu den gleichen Konditionen hypothetisch auch mit einem gesellschaftsfremden Dritten gemacht worden wäre.[747] Dann ist eine Auszahlung sowohl an den Gesellschafter als auch an einen Nicht-Gesellschafter statthaft.[748] Anderenfalls kann das Rechtsgeschäft so aufgeteilt werden, dass nur der die gewöhnliche Vergütung übersteigende Betrag unter § 30 GmbHG fällt.[749]

Durch das MoMiG wird der Tatbestand des § 30 I GmbHG sowie das Verständnis des Merkmals „Auszahlung" nicht verändert. Der neu eingesetzte Satz 2 hat insbesondere klarstellende Funktion und unterstreicht, dass bei der Definition von einer bilanziellen Betrachtungsweise auszugehen ist, so dass eine Auszahlung im Sinne des § 30 GmbHG nicht vorliegt, wenn der Leistung der

---

743 BGHZ 66, 324; 67, 171; 76, 335; 81, 252; BGH, NJW 1990, 1730, 1732; ganz überwiegende Ansicht in der Lit.: *Goerdeler/Müller* in Hachenburg, § 30, Rn. 46; *Hueck/Fastrich* in Baumbach/Hueck, § 30, Rn. 13; *Westermann* in Scholz, § 30, Rn. 18; a.A.: *Raiser*, § 37, Rn. 12: nur entsprechende Anwendung.

744 *Goette*, S. 97 ff.; *Hueck/Fastrich* in Baumbach/Hueck, § 30, Rn. 13.

745 *Goerdeler/Müller* in Hachenburg, § 30, Rn. 56.

746 BGHZ 31, 258, 276; *Hueck/Fastrich* in Baumbach/Hueck, § 30, Rn. 22.

747 *Hueck/Fastrich* in Baumbach/Hueck, § 30, Rn. 22: Drittgeschäft.

748 BGHZ 13, 54.

749 *Goerdeler/Müller* in Hachenburg, § 30 Rn. 60; zu den betroffenen Leistungen s.o. Kapitel B, I. 1. b) aa) - ee).

Gesellschaft ein vollwertiger Gegenanspruch gegen den Gesellschafter zusteht.[750]

cc) Gesellschaftereigenschaft

Die Norm stellt auf Gesellschafter als Empfänger der Leistung ab. Sowohl der GmbH-Gesellschafter an sich als auch der atypische stille Gesellschafter werden erfasst.[751] Maßgebender Zeitpunkt zur Bestimmung der Gesellschaftereigenschaft ist der Abschluss des Verpflichtungsgeschäftes,[752] da die in diesem Moment eingetragenen Gesellschafter bezüglich der von ihnen erbrachten Einlagen das Kapitalerhaltungsgebot berücksichtigen müssen.[753] Möglich ist die Anwendung des § 30 GmbHG auch dann, wenn die Gesellschaftereigenschaft zur Zeit der Auszahlung noch nicht besteht, jedoch bereits in Aussicht genommen ist. Die Leistung erfolgt auch dann causa societas, wenn ein enger Zusammenhang zwischen der in Aussicht genommenen Gesellschaftereigenschaft und der Auszahlung besteht.[754]
Sofern eine Auszahlung an einen Nichtgesellschafter vorgenommen wird, kann sie dem Verbot des § 30 I GmbHG unterfallen, wenn bei wirtschaftlicher Betrachtung ein Gesellschafter der wahre Empfänger ist[755] oder der Dritte aufgrund verwandtschaftlicher oder wirtschaftlicher Verbundenheit dem Gesellschafter besonders nahesteht.[756]

b) § 30 II GmbHG - Rückzahlung von Nachschüssen

Auch eine Rückzahlung von Nachschüssen muss sich an § 30 I GmbHG messen lassen und ist dann verboten, wenn dadurch das Aktivvermögen der Gesellschaft unter die Stammkapitalziffer fällt. Die Nachschussbeträge an sich unterliegen einem solchen Auszahlungsverbot nicht. § 30 II GmbHG normiert speziellere,

---

750 in dieser Weise auch zur älteren Rechtsprechung des BGH zu upstream guarantees, BGHZ 138, 291; dazu *Hirte*, S. 249 m.w.N.

751 BGH, ZIP 1989, 95; *Hueck/Fastrich* in Baumbach/Hueck, § 30, Rn. 16, 19.

752 RG, JW 1938, 1176; *Goerdeler/Müller* in Hachenburg, § 30, Rn. 55; *Hueck/Fastrich* in Baumbach/Hueck, § 30, Rn. 16.

753 RGZ 133, 395; BGHZ 13, 54; *Westermann* in Scholz, § 30, Rn. 42.

754 BGHZ 81, 311, 315; 81, 365, 368; *Canaris*, Fischer-FS, S. 32 f.; *Goerdeler/Müller* in Hachenburg, § 30, Rn. 55; *Hueck-Fastrich* in Baumbach/Hueck, § 30, Rn. 16; *Roth/Altmeppen*, § 30, Rn. 15; *Westermann* in Scholz, § 30, Rn. 42.

755 *Hueck/Fastrich* in Baumbach/Hueck, § 30, Rn. 17.

756 *Fleck*, FS 100 Jahre GmbHG, S. 391, 408 ff.; *Hueck/Fastrich* in Baumbach/Hueck, § 30, Rn. 18; *Roth/Altmeppen*, § 30, Rn. 31; *Westermann* in Scholz, § 30, Rn. 28 ff., 34 ff., jeweils m.w.N.

aber schwächere[757] Sicherheiten, die erst zum Tragen kommen, wenn eine Auszahlung nicht schon gegen Absatz I verstößt.[758]

aa) Rückzahlungen

Dem Schutzzweck entsprechend ist der Begriff der Rückzahlung ebenso wie der der Auszahlung weit auszulegen. Erfasst sind nicht nur Barleistungen, sondern auch sämtliche Sachleistungen der Gesellschaft an die Gesellschafter, sofern die Gesellschafterversammlung dies beschlossen hat.[759] Verboten sind offene und verdeckte Rückzahlungen; das Nachschusskapital darf, ohne dass die Voraussetzungen des Absatzes II eingehalten sind, nicht beeinträchtigt werden.[760]

bb) Voraussetzungen

§ 30 II GmbHG stellt auf echte Nachschüsse im Sinne der §§ 26 ff. GmbHG ab. Reicht das vorhandene Vermögen der Gesellschaft ohne Gefahr einer Unterbilanz zur Auszahlung von Beträgen in Höhe der Nachschüsse aus, dürfen diese Beträge unter den in § 30 II GmbHG normierten Voraussetzungen und bei Wahrung der sonstigen gesetzlichen und statuarischen Erfordernisse einer Ausschüttung ausgezahlt werden, ohne dass der Weg einer Kapitalherabsetzung beschritten werden müsste.[761] Falls das Stammkapital nicht vollständig einbezahlt worden ist, darf eine Rückzahlung etwaiger Nachschüsse nicht vor der Volleinzahlung erfolgen.

In formeller Hinsicht ist für eine Auszahlung zunächst ein entsprechender Gesellschafterbeschluss erforderlich, der in den Gesellschaftsblättern publiziert werden muss. Nach der Veröffentlichung ist eine Sperrfrist von drei Monaten einzuhalten.

Ist die Auszahlung rechtmäßig erfolgt, gelten die zurückgezahlten Nachschüsse als nicht eingezogen. Der Einforderungsbeschluss erledigt sich durch den ordnungsgemäßen Rückzahlungsbeschluss. Empfangsberechtigt ist derjenige, der bei Fassung des Rückzahlungsbeschlusses Gesellschafter war und nicht zwingend jener, der aufgrund des Einzahlungsbeschlusses gezahlt hat.[762]

---

757 *Roth/Altmeppen*, § 30, Rn. 115; *Westermann* in Scholz, § 30, Rn. 44.

758 *Hueck/Fastrich* in Baumbach/Hueck, § 30, Rn. 2; *Goerdeler/Müller* in Hachenburg, § 30, Rn. 91.

759 *Goerdeler/Müller* in Hachenburg, § 30, Rn. 102.

760 *Hueck/Fastrich* in Baumbach/Hueck, § 30, Rn. 36.

761 *Westermann* in Scholz, § 30, Rn. 44.

762 *Westermann* in Scholz, § 30, Rn. 50.

3. Rechtsfolgen

a) Allgemeine Folgen

Sofern sich die Leistung der Gesellschaft in einer Auszahlung erschöpft, greifen als Rechtsfolgen der Erstattungsanspruch aus § 31 GmbHG sowie die persönliche Haftung des Geschäftsführers gemäß § 43 III GmbHG ein. Wurde die Auszahlung jedoch im Gewand eines gewöhnlichen Verkehrsgeschäftes vorgenommen, sind weitergehende Folgen in Betracht zu ziehen. In der älteren Literatur wurde teilweise angenommen, dass die gegen § 30 GmbHG verstoßenden Verfügungsgeschäfte gemäß § 134 BGB nichtig seien. Die heute herrschende Meinung geht davon aus, dass sowohl das Kausal- als auch das Verfügungsgeschäft gültig sind. Selbst bei bewussten Verstößen gegen § 30 GmbHG wird keine Nichtigkeit angenommen.[763] Der § 31 GmbHG ist lex specialis zu §§ 134, 812 ff. BGB.[764] Die Gesellschaft hat jedoch ein Leistungsverweigerungsrecht gegenüber dem Gesellschafter, dessen Ausübung nicht nur zulässig, sondern geboten ist.[765] Ein auf Auszahlung der betreffenden Summe gerichteter Gesellschafterbeschluss ist bei Verstoß gegen § 30 GmbHG nicht vollziehbar.

b) Erstattungsanspruch aus § 31 GmbHG

Die Rechtsfolgen einer § 30 I, II GmbHG zuwiderlaufenden Auszahlung sind in § 31 GmbHG geregelt. Ziel ist die Wiederherstellung des Gesellschaftsvermögens in der durch § 30 GmbHG geschützten Höhe. § 31 GmbHG ist zwingendes Recht und statuiert einen besonderen Rückgewährsanspruch, der sicherstellt, dass den Gesellschaftsgläubigern Vermögenswerte in Höhe des nominellen Stammkapitals tatsächlich zur Verfügung stehen. Der Anspruch kann vom Zeitpunkt der unzulässigen Zahlung an geltend gemacht werden.[766] Der Erstattungsanspruch folgt aus dem Kapitalerhaltungsgebot und ist eine Konsequenz des Einlageversprechens des Gesellschafters und läuft auf ein Wiederaufleben der Einlagepflicht hinaus, die wie die ursprüngliche Einlageschuld auch gegen die anderen Gesellschafter geltend gemacht werden kann.[767]

Eine spätere nachhaltige Behebung der Unterbilanz lässt den Erstattungsanspruch nicht erlöschen. Der BGH hat seine diesbezügliche an den Aspekt der

---

763 BGHZ 136, 125, 129 f.; *Hueck/Fastrich* in Baumbach/Hueck, § 30, Rn. 32; *Pentz* in Rowedder/Schmidt-Leithoff, § 30, Rn. 45 f.; a.A. die früher h.M., vgl. die Nachweise bei Baumbach/Hueck, 16. Auflage 1996.

764 *Hirte*, S. 254.

765 st.Rspr.: RGZ 168, 302; BGHZ 148, 167, 171.

766 *Meister*, WM 1980, 395; *Westermann* in Scholz, § 31, Rn. 6.

767 *Lutter*, S. 378, 380; *Westermann* in Scholz, § 31, Rn. 3.

Zweckerreichung anknüpfende frühere Rechtsprechung aufgegeben.[768] Dies zwingt unter Umständen zu einem Hin- und Herzahlen des fraglichen Betrages. § 31 GmbHG ist auch bei Überschuldung der Gesellschaft unmittelbar anzuwenden.[769]

aa) Erstattungsberechtigter

Berechtigter des Anspruchs aus § 31 GmbHG ist die Gesellschaft, die durch die Geschäftsführer beziehungsweise durch die Liquidatoren vertreten wird. Die Gesellschaftsgläubiger können den Anspruch zwar nicht geltend machen, aber im Rahmen der Zwangsvollstreckung pfänden und an sich überweisen lassen. Dritten ist es möglich, den Anspruch auch bei nicht mehr vollwertiger Gegenleistung durch Abtretung zu erwerben.[770]

bb) Anspruchsgegner

Der Erstattungsanspruch richtet sich gegen den Gesellschafter als Empfänger. Dass § 31 GmbHG insoweit nicht vom Gesellschafter, sondern vom Empfänger spricht, ist eine gesetzgeberische „Unordentlichkeit“ und kann nur so gedeutet werden, dass der Wortlaut zur Auslegung keine große Stütze ist.[771] Erfasst wird davon auch der mittelbare Gesellschafter im Konzernverhältnis, sofern die verbotene Auszahlung zugleich eine unzulässige Auszahlung der Gesellschaft darstellt, über die er an der leistenden Gesellschaft beteiligt ist.[772] Wenn die Gesellschaft auf Betreiben des Gesellschafters an einen Dritten geleistet hat, ist der Gesellschafter bei wirtschaftlicher Betrachtung der eigentliche Empfänger der Leistung und somit Verpflichteter des Erstattungsanspruchs.[773] Maßgeblich ist die Gesellschaftereigenschaft bei Begründung des Auszahlungsanspruchs und

---

768 vgl. zur alten Rechtsprechung BGH, NJW 1988, 139, 140; nunmehr BGHZ 144, 336; Lit. weitgehend zustimmend; vgl. die Nachw. bei *Hueck/Fastrich* in Baumbach/Hueck, § 31, Rn. 17.

769 BGH, NJW 1990, 1730, 1732; BGHZ 66, 324; 67, 171; 76, 335; 81, 252; ganz überwiegende Ansicht in der Lit.: *Goerdeler/Müller* in Hachenburg, § 30, Rn. 46; *Hueck/Fastrich* in Baumbach/Hueck, § 30, Rn. 13; *Westermann* in Scholz, § 30, Rn. 18; a.A.: *Raiser*, § 37, Rn. 12: nur entsprechende Anwendung.

770 BGHZ 69, 274, 282 ff.; der Begriff des vollen Entgelts ist hier im wirtschaftlichen Sinne zu verstehen; der Anspruch aus § 31 I GmbHG besteht in erster Linie im Interesse der Gläubiger und soll deshalb auch gegen eine nicht mehr werthaltige, aber bestehende und fällige Forderung des Gläubigers gegen die Gesellschaft getauscht werden können; h.M.: *Goerdeler/Müller* in Hachenburg, § 31, Rn. 15; *Hueck/Fastrich* in Baumbach/Hueck, § 31, Rn. 6; kritisch *Ulmer*, FS 100 Jahre GmbHG, 363, 382 f.

771 *Westermann* in Scholz, § 31, Rn. 11.

772 BGH, ZIP 1990, 1467.

773 allg.M.: *Roth/Altmeppen*, § 31, Rn. 4 m.w.N.

nicht notwendig bei Empfang der Leistung oder bei Geltendmachung des Erstattungsanspruchs.[774] Wenn der Dritte auf Rechnung des Gesellschafters oder als dessen Stellvertreter handelt, ist lediglich der Gesellschafter verpflichtet.[775] Umstritten ist, ob und in welchen Konstellationen gesellschafts- und gesellschafterfremde Dritte nach § 31 GmbHG in Anspruch genommen werden können.

Wird eine Leistung der Gesellschaft um des Gesellschaftsverhältnisses willen an eine dem Gesellschafter nahestehende Person erbracht, so ist diese nach herrschender Meinung ebenfalls haftbar, wenn sie den Verstoß gegen § 30 GmbHG gekannt hat oder hätte kennen müssen.[776] Ein Dritter kann mit dem Gesellschafter gesamtschuldnerisch zur Haftung verpflichtet sein, sofern Umgehungstatbestände vorliegen.[777] Nach verbreiteter Ansicht ist der Dritte allein als Schuldner des Anspruchs anzusehen, wenn er den Auszahlungsanspruch gegen die Gesellschaft aufgrund einer Pfändung oder Abtretung erworben hat.[778] Die Forderung war gewissermaßen mit einem Rückforderungsrecht belastet, so dass sich der Erwerber im Falle der tatsächlichen Rückforderung an den Gesellschafter halten muss.[779]

cc) Inhalt und Umfang des Anspruchs

Gegenstand des Anspruchs ist die Rückgewähr des entgegen § 30 GmbHG Geleisteten. Dem Umfang nach ist die Haftung aus § 31 I GmbHG nicht auf die Höhe des Stammkapitals beschränkt, wenn eine Überschuldung bereits besteht oder durch die Auszahlung herbeigeführt wird. Der Gesellschafter muss dann auch den zur Beseitigung der Überschuldung erforderlichen Betrag zuzüglich des Nominalkapitals wieder aufbringen.[780] Für den Anspruch ist es gleichgültig, ob die Rückzahlung gegen § 30 I GmbHG verstößt oder ob es sich um eine Rückzahlung von Nachschüssen gemäß § 30 II 1 GmbHG handelt. Eine Einschränkung ergibt sich, wenn lediglich ein Verstoß gegen eine Formvorschrift

---

[774] *Hueck/Fastrich* in Baumbach/Hueck, § 31, Rn. 8.

[775] RGZ 136, 266; BGHZ 60, 324, 330.

[776] *Hueck/Fastrich* in Baumbach/Hueck, § 31, Rn. 12 f.; *Fleck*, FS 100 Jahre GmbHG, S. 391, 412-415; *Westermann* in Scholz, § 31, Rn. 12; wohl auch BGHZ 81, 365, 369 f.; LG Frankfurt a.M., ZIP 1997, 1464; a.A. *Canaris*, Fischer-FS, 31, 54 ff.; *Roth/Altmeppen*, § 30, Rn. 45, der davon ausgeht, dass für eine Erstreckung der §§ 30, 31 GmbHG kein Bedarf bestehe, da die Dritten bereits nach den allgemeinen Regeln des BGB haften; ebenso BGHZ 138, 291: § 30 GmbHG richtet sich nicht an gesellschaftsfremde Dritte.

[777] BGHZ 81, 368.

[778] *Goerdeler/Müller* in Hachenburg, § 31, Rn. 20; *Hueck/Fastrich* in Baumbach/Hueck, § 31, Rn. 11.

[779] *Hueck/Fastrich* in Baumbach/Hueck, § 31, Rn. 11.

[780] BGHZ 81, 252, 259; *Roth/Altmeppen*, § 30, Rn. 18.

im Sinne des § 30 II 2 GmbHG vorliegt. Diese Formmängel können geheilt werden.
Grundsätzlich geht das Gesetz davon aus, dass der Gesellschafter von der Gesellschaft als Leistung Geld erhält und dies zu erstatten hat.[781] Der Anspruch ist jedoch nicht in erster Linie auf Geld gerichtet, sondern auf Rückgewähr der erhaltenen Gegenstände.[782] Falls der Gesellschafter eine Sache erhalten hat und diese sich nicht mehr in seinem Eigentum befindet, ist er bei vertretbaren Sachen zur Erstattung von Sachen gleicher Art und Güte verpflichtet, bei unvertretbaren Sachen zu Wertersatz in Geld.

dd) Guter Glaube des Empfängers, § 31 II GmbHG

Eingeschränkt wird der Rückzahlungsanspruch bei Gutgläubigkeit des Empfängers. In diesem Fall kann die Gesellschaft von ihm Erstattung nur in der Höhe verlangen, in der sie das Empfangene benötigt, um ihre Gläubiger zu befriedigen. Der gute Glaube muss sich darauf beziehen, dass die Auszahlung an den Gesellschafter nicht gegen das Auszahlungsverbot des § 30 GmbHG verstößt und muss im Zeitpunkt der Auszahlung vorliegen. Reine Unkenntnis des Gesetzes vermag keine Gutgläubigkeit zu begründen. Gutgläubigkeit bereits aus dem Grunde auszuschließen, dass dem Gesellschafter nicht alle formalen Voraussetzungen des § 30 II GmbHG bekannt waren, erscheint jedoch als zu weitgehend.[783]
Die heute herrschende Meinung geht davon aus, dass dieses Merkmal entsprechend der Normierung des § 932 BGB verstanden werden muss. Bösgläubigkeit liegt danach vor, wenn der empfangende Gesellschafter im Zeitpunkt der Auszahlung den Verstoß gegen § 30 GmbHG kannte oder kennen musste. Sofern der Empfänger ein Dritter ist, kommt es auf seinen guten Glauben an; eine etwaige Bösgläubigkeit des Gesellschafters kann ihm nicht entgegengehalten werden.[784] Falls der Empfänger jedoch als Strohmann des Gesellschafters agiert, ist auf die Gut- oder Bösgläubigkeit des Hintermannes abzustellen.[785]

ee) Subsidiär: Ausfallhaftung der Mitgesellschafter

Entsprechend ihrer Geschäftsanteile haften gemäß § 31 III GmbHG die übrigen Gesellschafter auf den vollen Betrag, der § 30 GmbHG zuwider geleistet wurde, wenn von dem eigentlich verpflichteten Gesellschafter keine Befriedigung

---

781 dies ergibt sich aus § 31 II GmbHG, denn unteilbare Sachen sind nur als Ganzes herausgebbar; der Gesellschafter ist bei Gutgläubigkeit aber u.U. zu weniger verpflichtet.
782 h.M.: *Westermann* in Scholz, § 31, Rn. 2 m.w.N.
783 *Goerdeler/Müller* in Hachenburg, § 31, Rn. 31.
784 *Goerdeler/Müller* in Hachenburg, § 31, Rn. 34; *Westermann* in Scholz, § 31, Rn. 20.
785 *Hueck/Fastrich* in Baumbach/Hueck, § 31, Rn. 18.

erlangt werden kann. Hierfür ist die Gesellschaft beweispflichtig. Erfolglose Vollstreckungsversuche gegen den Hauptschuldner sind nicht erforderlich; es reicht aus, dass eine Klage aussichtslos ist.[786] Ob die übrigen Gesellschafter gut- oder bösgläubig sind, ist für ihre Haftung unerheblich.[787] Die Gutgläubigkeit des Hauptschuldners ist ebenfalls irrelevant, da die übrigen Gesellschafter ohnehin nur auf den Betrag haften, der zur Befriedigung der Gläubiger benötigt wird. Verpflichtete des Anspruchs sind die übrigen Gesellschafter, mithin alle Gesellschafter mit Ausnahme des Leistungsempfängers.[788]
Die herrschende Meinung[789] stellt auf den Zeitpunkt der Auszahlung ab und die Gegenansicht[790] richtet sich nach dem Zeitpunkt, in dem vom Leistungsempfänger keine Erstattung zu erlangen ist. Mitberechtigte an einem Geschäftsanteil haften gesamtschuldnerisch.[791]
Zwischen den subsidiär haftenden Mitgesellschaftern besteht kein Gesamtschuldverhältnis, da ihnen ein Regressanspruch gegen den insolventen Leistungsempfänger zusteht. Deshalb ist die Haftung der Gesellschafter auf den Prozentsatz des zur Befriedigung der Gläubiger erforderlichen Betrages beschränkt, der ihrem Anteil am Stammkapital abzüglich des nach § 31 I, II GmbHG haftenden Gesellschafters entspricht.[792] Falls ein weiterer Gesellschafter mit seiner Zahlung ausfällt, müssen die übrigen Gesellschafter auch diesen Teil tragen und ihre Quote erhöht sich entsprechend.
Gerichtet ist der Anspruch aus § 31 III GmbHG stets auf Geld. Die Haftung ist begrenzt auf den Betrag, der zur Befriedigung der Gläubiger erforderlich ist. Sie kann für jeden betroffenen Gesellschafter einen erheblichen Umfang erreichen, wenn ein einzelner Gesellschafter allein oder überproportional entnommen hat.[793]
Da die Verantwortlichkeit des begünstigten Gesellschafters nicht auf den Betrag des Stammkapitals beschränkt ist, fragt sich, ob dies gleichermaßen im Rahmen des § 31 III GmbHG gilt. Der BGH hat früher eine so weitgehende Haftung abgelehnt, denn die Haftung der Gesellschafter werde hierdurch unkalkulierbar.[794] Bei der Gesetzgebung sei nicht an eine über die Stammkapitalziffer

---

786 *Goerdeler/Müller* in Hachenburg, § 31, Rn. 51; *Westermann* in Scholz, § 31, Rn. 27: Beweis der Zahlungsunfähigkeit.

787 *Goerdeler/Müller* in Hachenburg, § 31, Rn. 53.

788 sofern der Empfänger ein Dritter war, haftet auch der Gesellschafter, der seine Forderung gegen die Gesellschaft an den Dritten abgetreten hat oder bei dem sie von diesem gepfändet worden ist; BGHZ 93, 146 ff.

789 *Hueck/Fastrich* in Baumbach/Hueck, § 31, Rn. 18; *Lutter*, S. 283, Fn. 29.

790 *Goerdeler/Müller* in Hachenburg, § 31, Rn. 42 f.

791 *Westermann* in Scholz, § 31, Rn. 30.

792 *Westermann* in Scholz, § 31, Rn. 29.

793 *Westermann* in Scholz, § 31, Rn. 24.

794 BGHZ 60, 324, 331; 67, 174; 81, 259.

hinausgehende Haftung gedacht worden.[795] Auch die herrschende Meinung spricht sich für eine höhenmäßige Begrenzung der Haftung des einzelnen Mitgesellschafters durch den Betrag des Stammkapitals aus.[796] Begründen lässt sich dieser Standpunkt damit, dass sich die Verantwortung der Mitgesellschafter darin erschöpft, das Stammkapital der Gesellschaft aufzubringen und zu erhalten.

II. Potenzielle Übertragbarkeit auf ausländische Gesellschaften

Für die Anwendung der deutschen Kapitalerhaltungshaftung auf die englische Limited ist zu klären, ob es sich bei §§ 30, 31 GmbHG um GmbH-spezifische Regelungen handelt oder ob ihnen ein verallgemeinerungsfähiger Gedanke zugrunde liegt. Die Auseinandersetzung mit der kollisionsrechtlichen Regelungstechnik zur Anwendung inländischer Normen auf ausländische Gesellschaften ist nur dann sinnvoll, wenn der Regelungsgehalt der entsprechenden Vorschriften auf ausländische Gesellschaften überhaupt zugeschnitten ist. Dies ist bei Sachverhalten mit Auslandsberührung immer dann zweifelhaft, wenn durch die Anwendung Rechtsordnungen nebeneinandertreten, deren Normen sich gegenseitig ausschließen oder wenn die inländische Sachnorm Voraussetzungen aufstellt, die bei einer ausländischen Gesellschaft kaum erfüllt sein werden.

Dies ist hier jedoch nicht der Fall, denn die deutschen Regelungen können rechtspraktisch gesehen auch auf ausländische Kapitalgesellschaften angewendet werden.[797] Ihnen liegt der auf sämtliche Kapitalgesellschaften verallgemeinerungsfähige Gedanke zugrunde, dass das Gesellschaftsvermögen im Interesse der Gläubiger erhalten und diesen zumindest bis zu einer gewissen Grenze nicht durch Ausschüttungen an die Gesellschafter entzogen werden soll.

§§ 30, 31 GmbHG beziehen sich auf die deutsche GmbH. Diese Vorgabe kann durch jede andere funktionell gleichwertige ausländische Kapitalgesellschaftsform substituiert werden.[798] Die Funktionsäquivalenz[799] zwischen einer deutschen GmbH und einer englischen Limited ist gegeben und kann letztlich nicht bezweifelt werden.[800] Im deutschen wie auch im englischen Recht sind die Kapitalgesellschaften zweigeteilt, wobei die AG beziehungsweise die *public limited*

---

795 *Westermann* in Scholz, § 31, Rn. 29.

796 *Hueck/Fastrich* in Baumbach/Hueck, § 31, Rn. 24; *Joost*, GmbHR 1983, 289 f.; *Ulmer*, FS 100 Jahre GmbHG, S. 372.

797 a.A. *Weller*, S. 216.

798 Methode der Substitution; es geht dabei um die Frage, wann ein ausländisches Rechtsinstitut in seiner Ausgestaltung einem deutschen Institut weitgehend gleichwertig ist und dieses im Tatbestand einer deutschen Sachnorm ersetzen kann; vgl. dazu *v. Hoffmann/Thorn*, § 6, Rn. 40 f.; *Kropholler*, § 33 I-IV.

799 BGHZ 109, 16.

800 *Jüttner*, S. 124.

company als die „große“ und die GmbH beziehungsweise die Limited als die „kleine“ Kapitalgesellschaft den Gründern zur Verfügung stehen. Im englischen Recht übernimmt die Limited die Funktion der GmbH als die Rechtsform für kleinere Unternehmen und den Mittelstand. Auch die Organisationsstrukturen der beiden Gesellschaften sind vergleichbar.

Da ein Stammkapital bei der Limited nicht vorgeschrieben ist, kann stattdessen kraft Substitution auf das im Interesse des Gläubigerschutzes publizierte *issued capital* zurückgegriffen werden. Eine Kapitalerhaltungshaftung, die auf Entnahmen zulasten derjenigen Vermögensmasse beruht, die für die Gläubigerbefriedigung erforderlich ist, ist möglich.[801] Auch das englische Recht kennt Normen zur Kapitalerhaltung.[802] Diese Haftung folgt aus dem Wesen der Kapitalgesellschaft und hängt nicht davon ab, in welcher Höhe das Gründungsrecht eine Mindestkapitalausstattung zur Voraussetzung macht.[803] Es besteht kein rechtslogisch zwingender Zusammenhang zwischen gesetzlichem Mindestkapital und Anwendbarkeit der Kapitalerhaltungsvorschriften, denn es ist möglich, die Höhe des Gesellschaftskapitals den Gründern freizustellen und diese freiwillig aufgebrachte Summe dennoch einer gesetzlichen Vermögensbindung zu unterwerfen.[804] Diesen Ansatz vertreten sowohl das englische Recht[805] als auch das Recht der *Delaware General Corporation.*[806]

Die Bedeutung der §§ 30, 31 GmbHG ergibt sich nicht nur aus dem Konzept des Mindestkapitals, sondern vielmehr daraus, dass eine Ausschüttungssperre des der Gläubigerbefriedigung gewidmeten Vermögens dem Wesen der Kapitalgesellschaft innewohnt. Entgegen der Meinung von *Forsthoff/Schulz*[807] fehlt es auch bei Gesellschaften, die über kein normativ geregeltes Mindestkapital verfügen, nicht an der Identifizierbarkeit des der Gläubigerbefriedigung gewidmeten Vermögens. Dies ist zweifelsfrei, soweit die Satzung ein bestimmtes Mindestgesellschaftskapital vorschreibt. Hat die ausländische Kapitalgesellschaft ein bestimmtes Kapital aufzubringen, das nach dem Gesellschaftsvertrag gezeichnet wurde, bemisst sich die Kapitalerhaltungshaftung nach der Summe des gezeichneten Kapitals.[808] Die §§ 30, 31 GmbHG können auf das jeweilige Stammkapital

---

801 *Altmeppen*, NJW 2004, 97, 102 f.

802 s.o. Kapitel B, I. 2. b).

803 *Altmeppen*, NJW 2004, 97, 102 f.; *ders.*, DB 2004, 1083, 1089; *Wilhelm*, ZHR 167, 520, 540 ff.; a.A. *Forsthoff/Schulz* in Hirte/Bücker, S. 445 f., § 15, Rn. 32 ff., die davon ausgehen, dass das Kapitalerhaltungsrecht auf Gesellschaften, die über kein oder nur über ein geringfügiges Stammkapital verfügen, nicht übertragen werden könne, da es insoweit schon an einer Bezugsgröße fehle.

804 dazu bildhaft *Fleischer* in Lutter, S. 117.

805 s.o. Kapitel B, I. 2. b).

806 *Fleischer* in Lutter, S. 70 ff.

807 *Forsthoff/Schulz* in Hirte/Bücker, § 15, Rn. 34, S. 446.

808 *Altmeppen*, NJW 2004, 97, 102 f.

angewendet werden.[809] Gläubiger vertrauen darauf, dass das vorbezeichnete Kapital der Gesellschaft tatsächlich zur Verfügung gestellt worden und nicht durch willkürliche Entnahmen an die Gesellschafter zurückgeflossen ist. Auch im deutschen Recht knüpfen die Kapitalerhaltungsregeln nicht nur an das gesetzlich vorgeschriebene Mindestkapital, sondern an das jeweils gesellschaftsvertraglich festgelegte Stammkapital an.

In die Betrachtung ist einzubeziehen, dass die Kapitalerhaltungshaftung in Deutschland zumeist erst dann relevant wird, wenn sich die Gesellschaft im Stadium der Überschuldung befindet und Auszahlungen nicht mehr zulasten des Gesellschaftskapitals, sondern direkt zulasten der Gläubiger gehen. Bei Auszahlungen zulasten des das Fremdkapital deckenden Vermögens können §§ 30, 31 GmbHG direkt angewendet werden.[810] Die Haftung der Gesellschafter bezieht sich in dieser Situation im Interesse der Gläubiger nicht mehr auf die Wiederherstellung des Stammkapitals, sondern auf die Beseitigung der Überschuldung. Bei Gesellschaften ohne nennenswertes Mindestkapital kann die Kapitalerhaltungshaftung ebenfalls gläubigerschützende Wirkung entfalten.[811] Gerade bei solchen Gesellschaften gilt es eine Überschuldung zu verhindern. Entscheidend ist für die Gläubiger ohnehin eher die Beseitigung der Überschuldung als die Wiederauffüllung des Stammkapitals.[812] Das englische Gesellschaftsrecht geht gleichfalls davon aus, dass sich in der Krise der Gesellschaft, also in Zeiten drohender Überschuldung, die Interessen der Gesellschaft zugunsten der Interessen der Gesellschaftsgläubiger verschieben. Im Sinne der Gläubiger liegt es jedoch, dass eine vorhandene Überschuldung nicht weiterhin durch Entnahmen der Gesellschafter vertieft werden kann. Bei Gesellschaften ohne nennenswertes Stammkapital lässt sich der Betrag, auf den sich die deutschen Kapitalerhaltungsvorschriften beziehen können, als die Kapitalsumme identifizieren, unterhalb derer die Überschuldung beginnt.[813] Diese Summe ist zwar nicht dauerhaft feststehend, jedoch im Wege ordnungsgemäßer Bilanzierung durchaus mit hinreichender Sicherheit feststellbar. Die §§ 30, 31 GmbHG verbieten dann alle Auszahlungen an die Gesellschafter, die eine Überschuldung herbeiführen oder intensivieren.

Folglich könnten die §§ 30, 31 GmbHG prinzipiell auch auf ausländische Kapitalgesellschaften übertragen werden.

---

809 *Ulmer*, NJW 2004, 1201 ff.

810 *Altmeppen*, NJW 2004, 97, 102; *Roth/Altmeppen*, § 30, Rn. 17 m.w.N.

811 zum Eingreifen der deutschen Gläubigerschutzprinzipien unabhängig von einem Mindestkapital *Wilhelm*, ZHR 167, 520, 540 ff.

812 *Altmeppen*, NJW 2004, 97, 102.

813 ähnlich *Altmeppen*, NJW 2004, 97 ff., insbes. S. 102; vgl. auch *ders./Willhelm*, DB 2004, 1083, 1088.

III. Kollisionsrechtliche Überlegungen

Die §§ 30, 31 GmbHG sind auf die Limited anwendbar, wenn auf den Lebenssachverhalt „Auszahlung zulasten des gebundenen Kapitals" beziehungsweise „Auszahlung im Zeitpunkt der Überschuldung" deutsches Recht anwendbar ist. Die einschlägige Rechtsordnung richtet sich gemäß Art. 3 I 1 EGBGB nach dem Internationalen Privatrecht. Im IPR existieren verschiedene Möglichkeiten, Normen auf einen Sachverhalt mit Auslandsbezug anzuwenden. Die inländische Rechtsordnung kann sowohl durch eine allseitige Kollisionsnorm als auch durch eine einseitige Kollisionsnorm, die regelmäßig an das inländische Recht anknüpft, berufen werden.

1. Internationalprivatrechtliche Qualifikation der Kapitalerhaltungshaftung

Ob die §§ 30, 31 GmbHG für ausländische Gesellschaften mit Verwaltungssitz im Inland über eine allseitige Kollisionsnorm Geltung beanspruchen, hängt in erster Linie von ihrer internationalprivatrechtlichen Qualifikation ab.

a) Begriff der Qualifikation

Nach in Deutschland[814] herrschender Meinung richtet sich die Qualifikation grundsätzlich nach der lex fori. Auf diese Weise werden die Systembegriffe im Tatbestand einer inländischen Kollisionsnorm rechtslogisch konsequent ebenso ausgelegt wie die entsprechenden Systembegriffe im Sachrecht der lex fori. Der Anwendungsbereich einer Kollisionsnorm wird nach der Rechtsordnung bestimmt, der die Vorschrift angehört.[815] Abzustellen ist dabei auf eine funktionell-teleologische Auslegung der Norm.[816]

Der Tatbestand jeder Kollisionsnorm setzt sich aus Anknüpfungsgegenstand und Anknüpfungsmoment zusammen. Anknüpfungsgegenstand ist ein materiellrechtlich geprägter Systembegriff.[817] Unter dem Begriff Qualifikation wird die Subsumtion des zu beurteilenden Sachverhaltes unter den im Tatbestand der Kollisionsnorm enthaltenen Anknüpfungsgegenstand verstanden.[818] Anknüpfungsmomente hingegen werden nicht qualifiziert, sondern ausgelegt.[819]

---

814 gilt auch in zahlreichen anderen Ländern; vgl. die Nachw. bei *Siehr*, S. 430 f.

815 *v. Hoffmann/Thorn*, § 6, Rn. 12, 13; *Neuhaus*, S. 123; *Siehr*, S. 431.

816 *Kropholler*, § 17 I; *Sonnenberger* in Münchener Kommentar, EGBGB, Einl. IPR, Rn. 514 m.w.N.

817 *v. Hoffmann/Thorn*, § 6, Rn. 1.

818 Bei der Qualifikation ist der „Charakter" des zu subsumierenden Rechtsverhältnisses entscheidend; *Kropholler*, § 15 I 1. Der Gegenstand der Qualifikation ist im Schrifttum umstritten; dazu *Neuhaus*, S. 118-122; *Siehr*, S. 429.

819 *v. Hoffmann/Thorn*, § 6, Rn. 1; *Neuhaus*, S. 114; *Siehr*, S. 429.

Zunächst ist die einschlägige Kollisionsnorm zu bestimmen, denn diese verweist auf die anwendbaren Sachnormen. Bei der Qualifikation kann bereits hinsichtlich der inländischen Sachnorm fraglich sein, unter welche Kollisionsnorm sie zu subsumieren ist. Die Ursache liegt darin, dass schon die Systembegriffe des deutschen IPR nicht vollständig mit denen des deutschen materiellen Rechts übereinstimmen[820] und die sachlichen Anwendungsbereiche der deutschen Kollisionsnormen teilweise nur schwierig gegeneinander abzugrenzen sind.
Durch die Qualifikation des Kapitalerhaltungsrechts wird ermittelt, welche deutsche Kollisionsnorm einschlägig ist und auf welches Sachrecht diese Norm verweist. Wenn die entsprechende Kollisionsnorm in das deutsche Sachrecht verweist, ist vorbehaltlich der europarechtlichen Zulässigkeit die Anwendung der deutschen Kapitalerhaltungshaftung auf die Limited unproblematisch. Hier können die gesellschafts-, bereicherungs- oder deliktsrechtlichen Verweisungsregeln möglicherweise einschlägig sein.

b) Mögliche Kollisionsnormen

aa) Gesellschaftsrecht

§§ 30, 31 GmbHG könnten zunächst gesellschaftsrechtlich zu qualifizieren sein, wobei aus deutscher Sicht die Gründungstheorie die einschlägige Kollisionsnorm ist.[821]
Anknüpfungsgegenstand ist der Systembegriff des Gesellschaftsrechts, Anknüpfungsmoment der Satzungssitz der Gesellschaft. Bei der englischen Limited mit Verwaltungssitz in Deutschland und Satzungssitz in England unterliegen die als gesellschaftsrechtlich zu qualifizierenden Fragen nach der Gründungstheorie dem englischen Recht. Sofern die §§ 30, 31 GmbHG gesellschaftsrechtlich qualifiziert werden, wären die entsprechenden Normen des englischen Gesellschaftsrechts und nicht das deutsche Kapitalerhaltungsrecht berufen.

bb) Bereicherungsrecht

Das deutsche Kapitalerhaltungsrecht normiert einen Anspruch auf Rückgewähr zu Unrecht erlangter Vermögensvorteile, so dass nicht ausgeschlossen ist, diesen Anspruch bereicherungsrechtlich zu qualifizieren. Es könnte sich um eine besondere Form der Leistungskondiktion handeln; die anwendbare Rechtsordnung bestimmt sich dann nach Art. 38 I EGBGB. Anknüpfungsgegenstand ist der Begriff „Bereicherungsanspruch"; Anknüpfungsmoment ist das der un-

---

820 *v. Hoffmann/Thorn*, § 6, Rn. 4; *Kegel/Schurig*, § 7 II 3; *Kegel* in Soergel, EGBGB, Vor Art. 3, Rn. 112; *Neuhaus*, S. 115.
821 s.o. Kapitel A, III. 3. b).

rechtmäßigen Bereicherung zugrunde liegende Rechtsverhältnis. Eine etwaige Kondiktion unterliegt dem Recht des Staates, das auf die Leistung der Gesellschaft an den Gesellschafter anwendbar ist. In Rede stehen die mitgliedschaftlichen Rechte des Gesellschafters als Kausalverhältnis, das gesellschaftsrechtlich zu qualifizieren ist und dem Recht des Gründungsstaates unterliegt. Nach Art. 38 I EGBGB gilt dies auch für eine bereicherungsrechtliche Rückabwicklung. Eine Qualifikation der §§ 30, 31 GmbHG nach Bereicherungsrecht führt dann ebenfalls zu einer Verweisung in das englische Recht.

cc) Deliktsrecht

Sofern die Überzeugung vertreten wird, dass § 31 GmbHG als Sanktion für einen Verstoß gegen ein gesetzliches Verbot dient, könnte eine deliktische Qualifikation der Kapitalerhaltungshaftung in Betracht kommen. Das anwendbare Recht bestimmt sich in diesem Fall nach Art. 40 EGBGB, der im Grundsatz eine Tatortregel normiert. Anwendbar ist unabhängig vom Deliktstyp das Recht des Tatortes, die lex loci delicti commissi.[822] Entsprechend dem Ubiquitätsprinzip kann darunter sowohl der Handlungs- als auch der Erfolgsort verstanden werden.[823] Der Geschädigte kann dabei auswählen, auf welchen der beiden Orte abzustellen ist, Art. 40 I 2 EGBGB. Als Geschädigter kommt nur die Gesellschaft selbst in Betracht, wenn man davon ausgeht, dass eine Unterbilanz einen Schaden der Gesellschaft darstellt. Bei einer Limited mit Verwaltungssitz in Deutschland werden sowohl Handlungs- als auch Erfolgsort regelmäßig im Inland liegen, so dass deutsches Recht als Deliktsstatut berufen wäre. Dem internationalen Deliktsrecht liegen Anknüpfungsmomente zugrunde, die typischerweise mit dem effektiven Verwaltungssitz zusammenfallen, da dieser letztlich der Ort ist, an dem die entscheidenden Handlungen der Gesellschaft vorgenommen werden. Bei einer deliktischen Qualifikation wäre somit deutsches Recht berufen.

dd) Zwischenergebnis

Sowohl das Internationale Gesellschaftsrecht als auch das Internationale Bereicherungsrecht erklären das englische Recht für anwendbar. Lediglich das Internationale Deliktsrecht verweist auf das deutsche Sachrecht. Deshalb ist es entscheidend, unter welchen Anknüpfungsgegenstand die Kapitalerhaltungshaftung richtigerweise zu subsumieren ist.

---

822 BT-Drucks. 14/343, S. 11; *Junker* in Münchener Kommentar, EGBGB, Art. 40, Rn. 2 ff.
823 *v. Hoffmann/Thorn*, § 11, Rn. 17.

c) Qualifikation der Kapitalerhaltungshaftung

Rechtslogisch konsequent ist eine gesellschaftsrechtliche Qualifikation des Kapitalerhaltungsrechts. Von einer gesellschaftsrechtlichen Qualifikation gehen auch die herrschende Meinung in der Literatur[824] und die Rechtsprechung[825] aus. Das Reichsgericht judizierte bereits in dieser Weise. Der BGH hat diese Ansicht übernommen und im Jahre 2001 nochmals ausdrücklich bestätigt.[826]

§ 30 GmbHG zeigt, dass der Erstattungsanspruch aus dem Mitgliedschaftsrecht der Gesellschafter folgt. Geregelt werden die Auswirkungen einer verbotenen Rückzahlung, die aufgrund der mitgliedschaftlichen Position erfolgt ist. Das Verbot des § 30 GmbHG, gebundenes Vermögen an die Gesellschafter auszuzahlen, knüpft direkt an die Gesellschafterstellung an.[827] Der korrespondierende Rückzahlungsanspruch aus § 31 GmbHG ist mit dem Auszahlungsverbot als systematische Einheit zu sehen. Beide Normen sind als genuin gesellschaftsrechtlich einzuordnen.[828] Die in § 31 GmbHG normierten Ansprüche gegen die Gesellschafter folgen aus dem Kapitalerhaltungsgebot gemäß § 30 GmbHG. Dieses Gebot ist eine Konsequenz des Einlageversprechens der Gesellschafter und läuft im Ergebnis auf ein Wiederaufleben der Einlageverpflichtung hinaus,[829] das wie die ursprüngliche Einlageschuld geltend gemacht werden kann. Die Einlageschuld selbst ist eindeutig gesellschaftsrechtlich zu qualifizieren, denn dem Gesellschaftsstatut unterliegen das Gesellschaftskapital, die Sicherung der Aufbringung sowie seine Änderungen.[830] Insofern ist es zwingend, das Wiederaufleben dieser Einlageschuld ebenfalls unter den Tatbestand „Gesellschaftsrecht" zu subsumieren.

Der Schuldner kann sich nicht auf Entreicherung berufen,[831] was gegen eine bereicherungsrechtliche Qualifikation spricht.[832] Der gesellschaftsrechtliche Ausgleichsanspruch, der im Bereich der Kapitalerhaltung das Gegenstück zur Aufbringungshaftung nach § 24 GmbHG darstellt, kann nicht unter Hinweis auf §§ 814, 817, 818 BGB reduziert werden.

---

824 *Fleischer* in Lutter, S. 79 f.; *Goerdeler/Müller* in Hachenburg, § 31, Rn. 2; *Kindler* in Münchener Kommentar, IntGesR, Rn. 593; *Leible* in Michalski, Syst.Darst. 2, Rn. 104; *Schilling*, S. 192; *Westermann* in Scholz, Einl., Rn. 96; *Zimmer*, IntGesR, 1996, 292.

825 RGZ 73, 366, 367; BGHZ 31, 258, 265; BGH, NJW 1991, 1414.

826 RGZ 73, 366, 367; BGHZ 148, 167, 168; auch BGH, BB 2005, 1016 geht von dieser Betrachungsweise aus.

827 *Schilling*, S. 192.

828 *Westermann* in Scholz, § 30, Rn. 1.

829 *Lutter*, S. 378, 380.

830 RGZ 73, 366, 367 f. bezüglich der Kapitalherabsetzung; *Behrens* in Hachenburg, Einl., Rn. 133; *Westermann* in Scholz, Einl., Rn. 96.

831 RGZ 168, 292; 92, 78; 80, 148.

832 BGHZ 31, 258, 265, *Goerdeler/Müller* in Hachenburg, § 31, Rn. 2.

Entgegen den Überlegungen, diesen Erstattungsanspruch darauf zurückzuführen, dass der Auszahlungsvorgang gegen ein gesetzliches Verbot verstößt,[833] ist zu betonen,[834] dass der Erstattungsanspruch aus § 31 GmbHG kein deliktischer ist, denn es fehlt an einem Eingriff in fremde Rechte. Entscheidend ist der Verstoß gegen das Kapitalerhaltungsgebot, so dass anderweitige Rechtsverletzungen, die sich im Zuge einer unrechtmäßigen Ausschüttung an die Gesellschafter ergeben, nicht über den Anspruch aus § 31 GmbHG ausgeglichen werden können. Zudem handelt es sich um einen verschuldensunabhängigen Anspruch, der eine Gläubigerbenachteiligungsabsicht oder ähnliche subjektive Tatbestände nicht voraussetzt. Die Haftung des Gesellschafters steht unabhängig neben einer Schadensersatzpflicht nach allgemeinem Deliktsrecht, die sich im Zusammenhang mit der Auszahlung gegen einen Dritten ergibt.[835] Überdies ist es für deliktische Ansprüche typisch, dass die Deliktsnorm von jedermann verletzt werden kann. Persönliche Voraussetzung für die Anwendbarkeit der Normen ist hier jedoch eine mitgliedschaftliche Stellung innerhalb der Gesellschaft. Ein derart eingeschränkter Adressatenkreis ist für eine Deliktsnorm absolut untypisch.
Im Ergebnis ist der herrschenden Meinung zu folgen und die Kapitalerhaltungsregeln sind gesellschaftsrechtlich zu qualifizieren.

d) Zwischenergebnis

Die Anwendung der §§ 30, 31 GmbHG aufgrund einer allseitigen Kollisionsregel scheidet wegen der Subsumtion unter den Tatbestand des Gesellschaftsrechts aus. Unter dem Regime der Gründungstheorie ist für alle gesellschaftsrechtlichen Fragen das Gründungsrecht maßgebend, also englisches Recht. Die §§ 30, 31 GmbHG können aufgrund dieser allseitigen Kollisionsnorm nicht auf EU-Auslandsgesellschaften angewendet werden.[836] Will man die deutsche Kapitalerhaltungshaftung dennoch auf EU-Auslandsgesellschaften anwenden, existieren hierfür auf kollisionsrechtlicher Ebene nur drei mögliche Wege, und zwar ein Rekurs auf das Institut der Rechtsumgehung, das Eingreifen des inländischen ordre public oder eine Sonderanknüpfung. Im Folgenden wird untersucht, ob sich diese einseitigen Kollisionsnormen eignen, die deutsche Kapitalerhaltungshaftung gegenüber dem englischen Gesellschaftsstatut der Limited durchzusetzen.

---

833 so mit unterschiedlichen Bezugnahmen auf die causa-Lehre *Flume*, ZHR 144 (1980), 18 f.; *Wilhelm*, Flume-FS, S. 337, 387.

834 was letztlich auch die zitierten Autoren nicht infrage stellen, vgl. *Wilhelm*, Flume-FS, S. 385.

835 BGH NJW 1982, 1806 für die Haftung eines Beraters, der die Auszahlung an den Gesellschafter empfohlen hatte.

836 a.A. *Altmeppen*, NJW 2004, 97, 102.

In der Literatur wird eine Anwendung der §§ 30, 31 GmbHG zumeist abgelehnt. Dies erfolgt regelmäßig mit dem Hinweis, die Anwendung des deutschen Kapitalerhaltungsrechts führe zu einem europarechtlich nicht zu rechtfertigenden Eingriff in die Niederlassungsfreiheit.[837]
Nachfolgend wird erörtert, unter welchen kollisionsrechtlichen Gesichtspunkten das deutsche Kapitalerhaltungsrecht zur Anwendung berufen sein könnte, obwohl es sich bei der primären Statutsbestimmung nicht hat durchsetzen können. Die Frage nach der europarechtlichen Rechtfertigung stellt sich nur dann, wenn ein bestimmtes Rechtsinstitut internationalprivatrechtlich überhaupt zur Anwendung auf einen transnationalen Sachverhalt berufen ist.

2. Rechtsumgehung

Die deutsche Kapitalerhaltungshaftung kann möglicherweise über das Rechtsinstitut der fraus legis zur Anwendung gebracht werden.[838] Bei einer solchen Rechtsumgehung handelt es sich um ein selbstständiges nicht kodifiziertes Rechtsinstitut, dessen Anwendungsbereich nicht auf das Kollisionsrecht beschränkt ist.[839]
Eine kollisionsrechtliche Rechtsumgehung liegt vor, wenn das Eingreifen bestimmter Normen umgangen beziehungsweise erschlichen wird. Dies kann dadurch geschehen, dass anknüpfungserhebliche Tatsachen manipuliert oder verfälscht, eine gesetzlich mögliche Rechtswahl ausgeübt oder ein Rechtsgeschäft in eine andere Form gekleidet wird.[840] Ergebnis einer solchen Maßnahme ist ein Handeln unter falschem Recht, um die als unliebsam eingestuften zwingenden Verpflichtungen des an sich einschlägigen Rechts zu umgehen.
Tatbestandliche Voraussetzung ist neben der Umgehungshandlung auch eine Umgehungsabsicht.[841] Wenn das Handeln unter falschem Recht als missbräuchlich eingestuft werden kann, muss die Manipulation der kollisionsrechtlich erheblichen Tatsachen in Verbindung mit dem verfolgten Zweck als verwerflich anzusehen sein.[842] Als Folge und Korrektiv des Umgehungsversuches gelangen

---

837 BGH, BB 2005, 1016; aus dem Schrifttum z.B. *Forsthoff/Schulz* in Hirte/Bücker, § 15, Rn. 34, S. 446, die eine europarechtliche Rechtfertigung daran scheitern lassen, dass es sich bei den Regeln zur Kapitalerhaltung um ungeeignete Vorschriften zur Verbesserung des Gläubigerschutzes handele; *Fleischer* in Lutter, S. 117; *Schilling*, S. 208; jeweils mit Hinweis auf die fehlende Erforderlichkeit aufgrund funktionsäquivalenter englischer Gläubigerschutzmechanismen; ähnlich auch *Horn*, NJW 2004, 893, 899; *Meilicke*, GmbHR 2003, 1271; *Ulmer*, NJW 2004, 1201, 1209 f.

838 *Kindler*, NZG 2003, 1087, 1089: Vorbehalt des Rechtmissbrauchs; *Ulmer*, JZ 1999, 662, 665.

839 *v. Hoffmann/Thorn*, § 6, Rn. 123.

840 *v. Hoffmann/Thorn*, § 6, Rn. 123.

841 *v. Hoffmann/Thorn*, § 6, Rn. 123; *Kegel/Schurig*, § 14 II; *Raape/Sturm*, S. 328.

842 *v. Hoffmann/Thorn*, § 6, Rn. 123.

diejenigen Vorschriften des Landes zur Anwendung, die die Beteiligten zu umgehen versucht haben und ersetzen die intendierte Rechtsordnung.[843] Das Rechtsinstitut verhindert somit auf kollisionsrechtlicher Ebene die auf Manipulation beruhende Anwendung der fremden Rechtsordnung.[844]
Die §§ 30, 31 GmbHG könnten über das Rechtsinstitut der fraus legis nur dann zum Einsatz kommen, wenn die Beteiligten statt einer GmbH „missbräuchlich" eine Limited gegründet hätten. Jedoch ist auch dabei der Einfluss der Niederlassungsfreiheit zu beachten. Bereits die Centros-Entscheidung stellt fest, dass es zulässig ist, diejenige Rechtsordnung zu wählen, die den Gesellschaftsgründern die „größte Freiheit" ermöglicht. Nur der Missbrauch der Niederlassungsfreiheit selbst wird nach der Rechtsprechung des EuGH missbilligt.
Auf kollisionsrechtlicher Ebene könnte es sich um einen Rechtsmissbrauch handeln, wenn die national zwingenden Normen umgangen werden sollen.[845] Davon zu trennen ist ein Missbrauch der Niederlassungsfreiheit, der eine Rechtswahl nur bei europarechtlich missbräuchlichem oder betrügerischem Verhalten unterbinden will.[846] Aus europarechtlicher Sicht ist es unbedenklich, dass sich Gesellschafter bewusst für eine Rechtsordnung entscheiden, die kein Mindestkapital kennt und auch ansonsten permissiver ist. Dies gilt auch dann, wenn durch die Rechtswahl ausschließlich zwingende Vorschriften des Sitzstaates umgangen werden sollten.[847] Die Niederlassungsfreiheit führt damit zu dem Ergebnis, dass ein Verhalten, das aus nationaler Sicht einen Rechtsmissbrauch darstellt, europarechtlich nicht als Missbrauch der Niederlassungsfreiheit, sondern als deren erwünschter Gebrauch einzuordnen ist.[848]
Der Vorrang des Europarechts und die Rechtsprechung des EuGH zwingen den inländischen Rechtsanwender dazu, auf kollisionsrechtlicher Ebene nicht von einer fraus legis auszugehen,[849] denn was europarechtlich erlaubt ist, kann durch das nationale Kollisionsrecht nicht unterbunden werden. Das Institut der fraus legis ist europarechtskonform dahingehend auszulegen, dass es bei der Tätigkeit von EU-Auslandsgesellschaften im Inland prinzipiell am Missbrauch einer Rechtswahlmöglichkeit fehlt.[850] Eine fraus legis kann nur angenommen werden, wenn zugleich auch das Europarecht eine Missbrauchswertung ausspricht.[851] Der Missbrauch der Niederlassungsfreiheit muss in jedem Einzelfall gesondert festgestellt werden, so dass eine allgemeine Anwendbarkeit der deutschen Kapi-

---

843 *v. Hoffmann/Thorn*, § 6, Rn. 124.
844 *Zimmer*, IntGesR, S. 220.
845 *Kropholler*, § 23 I, II.
846 *Sandrock*, BB 1999, 1337, 1343; *Weller*, DStR 2003, 1800, 1803.
847 EuGH, DB 1999, 625, Tz. 18 - *Centros*
848 *Schulz*, NJW 2003, 2705, 2708; *Ulmer*, JZ 1999, 662, 665.
849 *Kersting*, NZG 2003, 9, 11; *Knapp*, DNotZ 2003, 85, 89; *Paefgen*, DB 2003, 487, 488.
850 *Knapp*, DNotZ 2003, 85, 89; *Paefgen*, DB 2003, 487, 488.
851 *Weller*, S. 283 ff.

talerhaltungshaftung gemäß §§ 30, 31 GmbHG über dieses Rechtsinstitut nicht begründet werden kann.
Ein anderes Ergebnis würde den Vorgaben des EuGH auch deshalb zuwiderlaufen, weil ein Rekurs auf das Rechtsinstitut der Rechtsumgehung zu Auswirkungen führen würde, wie dies bei Scheinauslandsgesellschaften regelmäßig der Fall ist.[852] Die rechtliche Einordnung von Scheinauslandsgesellschaften ist nach dem Sitzrecht vorzunehem, ein Ergebnis, das der Anwendung der Sitztheorie gleichkommt und das nach dem Willen des EuGH gerade vermieden werden soll. Innerhalb der Europäischen Union sind auch Zweigniederlassungen einer Gesellschaft, deren ausländische Hauptniederlassung keinerlei Geschäftstätigkeit entfaltet, als echte Auslandsgesellschaft anzuerkennen.

3. Ordre public, Art. 6 EGBGB

Die §§ 30, 31 GmbHG könnten aus Sicht des deutschen IPR methodisch unter Rückgriff auf den inländischen ordre public zum Einsatz gelangen.

a) Voraussetzungen des ordre public

Das vom deutschen IPR berufene fremde Recht ist grundsätzlich so anzuwenden wie im Herkunftsstaat. Daher bedarf es eines Korrektivs, falls das Ergebnis der Anwendung ausländischen Rechts der deutschen öffentlichen Ordnung (frz.: ordre public; engl.: public policy) widerspricht. Hiervon erfasst wird derjenige Teil der inländischen Rechtsordnung, dessen Beachtung im internationalen Rechtsverkehr unverzichtbar ist. Der ordre public schützt die materielle Gerechtigkeit nach Maßgabe der lex fori.[853]
Nach der Formel des BGH soll der ordre-public-Vorbehalt nur dann eingreifen, wenn „das Ergebnis der Anwendung ausländischen Rechts [...] im Einzelfall zu den Grundgedanken der deutschen Regelung und den in ihnen liegenden Gerechtigkeitsvorstellungen [...] in einem so schwerwiegenden Widerspruch steht, dass seine Anwendung für untragbar angesehen werden muss."[854] Danach muss die konkrete Rechtsfolge der ausländischen Norm mit wesentlichen Grundsätzen des deutschen Rechts unvereinbar sein;[855] es genügt nicht, dass die Norm abstrakt gegen wesentliche Grundsätze des deutschen Rechts verstößt. Der Wortlaut des Art. 6 EGBGB unterstreicht dies.

---

852 zur Behandlung von Scheinauslandsgesellschaften vgl. *Kindler* in Münchener Kommentar, IntGesR, Rn. 464 ff.
853 *Kegel/Schurig*, § 16 I.
854 BGHZ 54, 123, 130, 132, 140; 56, 180, 191; BGH, NJW 1979, 1776.
855 *Kropholler*, § 36 II 1.

Erste Voraussetzung für das Eingreifen des ordre-public-Vorbehalts ist eine genügende Inlandsverbindung des Sachverhalts, eine auch als Inlandsberührung oder Binnenbezug bezeichnete Mindestbeziehung zu dem eigenen Rechtsgebiet. Dieses ungeschriebene Erfordernis ergibt sich aus der Formulierung „im Einzelfall“ in Art. 6 EGBGB.[856] Hierbei ist nicht jede Inlandsberührung etwa im Sinne der *Minimum Contacts* des kalifornischen Rechts[857] ausreichend, sondern vielmehr eine Inlandsbeziehung, die den Kern des Rechtsverhältnisses berührt und insoweit einem Anknüpfungsmoment entspricht.[858] Dies spiegelt die Relativität des ordre public wider. „Je stärker die Inlandsbeziehung des Falles, desto weniger werden fremdartige Ergebnisse hingenommen, und je geringer diese Beziehung [...], desto befremdlicher muss das Ergebnis der Anwendung eines ausländischen Rechtssatzes sein, damit die Vorbehaltsklausel eingreift“.[859]
Des Weiteren ist für das Eingreifen des ordre public erforderlich, dass bei regelgerechter Anwendung des ausländischen Rechts das Ergebnis im Einzelfall mit wesentlichen Grundsätzen des deutschen Rechts offensichtlich unvereinbar ist. Hierfür muss zunächst die anwendbare ausländische Norm festgestellt werden.[860] Entscheidend ist das Gesamtergebnis des berufenen ausländischen Rechts, wobei es notwendig werden kann, den rechtlichen Kontext in die Betrachtung mit einzubeziehen.[861]
Sodann muss dieses Ergebnis im Widerspruch zu den wesentlichen Grundsätzen des deutschen Rechts stehen. Dieser Rechtsbegriff ist unbestimmt und bedarf der Konkretisierung. Wie bei Art. 30 a.F. EGBGB werden von den wesentlichen Grundsätzen die guten Sitten, die einem Wertewandel unterliegen, [862] und der Zweck der deutschen Gesetze erfasst.[863] Es handelt sich bei Art. 6 EGBGB um eine Generalklausel, die hinsichtlich der Eingriffsschwelle restriktiv zu handhaben ist.[864] Im Hinblick auf die „offensichtliche“ Unvereinbarkeit ist der „Zweck eines deutschen Gesetzes“ eng auszulegen.[865] Deutsches Gesetz ist jede in der Bundesrepublik geltende Rechtsnorm, und zwar unabhängig von ihrem

---

856 *Kegel/Schurig*, § 16 III 2.

857 s. 410.10 California Code of Civil Procedure: “A court of this state may exercise jurisdiction on any basis not inconsistent with the Constitution of this state or of the United States.“; zu den minimum contacts auch World Wide Volkswagen v Woodson 444 U.S. 286, 100 S.Ct. 559, 580; Burger King v Rudzewicz U.S. S.Ct. 1985, 471 U.S. 462, 105 S.Ct. 2174.

858 *Kropholler*, § 36 II 2.

859 *Kropholler*, § 36 II 2.

860 *Sonnenberger* in Münchener Kommentar, EGBGB, Art. 6, Rn. 46.

861 *Sonnenberger* in Münchener Kommentar, EGBGB, Art. 6, Rn. 47.

862 *Sonnenberger* in Münchener Kommentar, EGBGB, Art. 6, Rn. 57.

863 *Sonnenberger* in Münchener Kommentar, EGBGB, Art. 6, Rn. 49; *Rauscher*, S. 127.

864 *Rauscher*, S. 127 f.

865 *Rauscher*, S. 128.

gesetzgeberischen Ursprung.[866] Ob der Zweck eines Gesetzes zu den wesentlichen Grundsätzen der deutschen Rechtsordnung gehört, ist einschränkend zu interpretieren.[867] Es ist unstrittig, dass nicht jede von der lex fori als zwingend erachtete Vorschrift die Anwendung eines abweichenden ausländischen Rechts ausschließt. Eine Norm zählt zu den wesentlichen Grundsätzen, wenn der Gesetzgeber „ein Prinzip verwirklichen wollte, das er als wesentlichen und daher unverzichtbaren Bestandteil der rechtsethischen, sittlichen, wirtschaftlichen oder politischen Ordnung ansieht".[868] Für die Bedeutung der deutschen Regelung ist relevant, inwiefern sie mit europäischen oder internationalen Standards übereinstimmt. Ein Rechtssatz, der in Deutschland Gegenstand konkreter gesetzgeberischer Reformvorhaben ist, wird hierbei weniger zu gewichten sein als ein solcher, dessen Grundgedanken sich als europäischer Standard in den Rechtsordnungen aller Mitgliedstaaten wiederfinden. Fundamentale Rechtsgrundsätze der Europäischen Union sind daher zugleich wesentliche Grundsätze der deutschen Rechtsordnung.[869]

Ein offensichtlicher Verstoß gegen diese wesentlichen Grundsätze soll nach der Diktion des BGH dann vorliegen, „wenn das Ergebnis der Anwendung in einer besonders schwerwiegenden Weise dem Sinn und Zweck der deutschen Regelung widerspricht".[870] Erforderlich ist ein eklatanter Verstoß,[871] für dessen Bewertung die Maßstäbe zur Zeit der Entscheidung maßgeblich sind.[872] Das Ergebnis muss „handgreiflich" von den deutschen Grundanschauungen abweichen und der Sachverhalt muss in enger räumlicher, zeitlicher und sachlicher Beziehung zur gegenwärtigen deutschen Rechtsordnung und damit zum ordre public stehen.[873] Dies wird dann als gegeben angesehen, wenn die Auswirkungen für die deutschen Ansichten von Recht und Sitte schlechthin untragbar sind.[874] Insofern sind die Ergebnisse einer Anwendung von deutschem und ausländischem Recht mit einer anschließenden Gewichtung der Auswirkungen im Einzelfall gegenüberzustellen.[875]

---

866 *Kegel* in Soergel, EGBGB, Art. 6, Rn. 15; *Sonnenberger* in Münchener Kommentar, EGBGB, Art. 6, Rn. 58.

867 *Sonnenberger* in Münchener Kommentar, EGBGB, Art. 6, Rn. 58.

868 *Sonnenberger* in Münchener Kommentar, EGBGB, Art. 6, Rn. 62.

869 *Sonnenberger* in Münchener Kommentar, EGBGB, Einl. IPR, Rn. 213, 222; Art. 6, Rn. 68.

870 BGHZ 50, 370, 375.

871 *Rauscher*, S. 128.

872 BGH, WM 1998, 1176, 1177; *Kegel/Schurig*, § 16 V.

873 *Sonnenberger* in Münchener Kommentar, EGBGB, Art. 6, Rn. 78.

874 BGH, WM 1962, 466, 468; BGHZ 47, 324, 333 f.; 50, 370, 375 f.; *Sonnenberger* in Münchener Kommentar, EGBGB, Art. 6, Rn. 81.

875 *Sonnenberger* in Münchener Kommentar, EGBGB, Art. 6, Rn. 81.

Im Interesse einer internationalen Ordnung können inländische Vorschriften nicht zwingend den Vorrang beanspruchen. Daher muss das deutsche Recht prinzipiell fremdartige Regelungen anderer Staaten hinnehmen. Ein ordre-public-Verstoß scheint nahezu ausgeschlossen, wenn eine Prüfung von Sinn und Zweck des ausländischen Rechtsinstituts zu dem Ergebnis führt, dass es ähnliche Ziele verfolgt wie das deutsche Recht und sich dabei lediglich anderer Mittel bedient. Sofern die infrage stehende Norm auch in ihrer Heimatrechtsordnung rechtspolitisch umstritten ist, schwächt dies ihre Durchsetzungskraft gegenüber den inländischen Gerechtigkeitsvorstellungen. Im Hinblick auf den internationalen Entscheidungseinklang empfiehlt es sich, nur solche inländischen Rechtsgrundsätze als Bestandteil des ordre public zu begreifen, die international nicht unüblich sind.[876]

Vor dem Hintergrund des europäischen Gedankens ist fraglich, ob es sich ohne Weiteres bejahen lässt, dass die Regelungen einer europäischen Rechtsordnung zu denen einer anderen in einem krassen Missverhältnis stehen. Diskutiert wird deshalb, ob innerhalb der Europäischen Union weitere Restriktionen zu beachten sind. Hierbei geht es um die Frage einer Europäisierung des ordre public, deren Grundlage die „tatsächliche oder vermeintliche" Gleichheit der wesentlichen Rechtsprinzipien in den nationalen Rechten der Mitgliedstaaten ist.[877] Daraus wird einerseits gefolgert, dass dem ordre public ein EU-einheitlicher Maßstab zugrundezulegen sei[878] und andererseits, dass im Verhältnis der Mitliedstaaten der EU untereinander der nationale ordre public noch zurückhaltender eingesetzt werden muss als im Verhältnis zu Staaten außerhalb der EU.[879] Nach einem Teil der Lehre soll der nationale ordre public innerhalb der EU vollständig ausscheiden beziehungsweise nur dazu eingesetzt werden, gemeinschaftsrechtlich billigenswerte Ziele zu erreichen.[880] Der Einfluss des Europarechts auf die Anordnung des Art. 6 EGBGB ist nicht abschließend geklärt.[881] Auszugehen ist davon, dass der EG-Vertrag einen sich aus elementaren Gerechtigkeitsmaßstäben ergebenden Vorbehalt gegen die Anwendung einer ausländischen Sachnorm nicht berührt. Soweit die Verweisung auf ein ausländisches Recht mit dem EG-Vertrag vereinbar ist, gilt dies auch für einen Vorbehalt, der die Verweisung be-

---

876 rechtsvergleichender Kontrollmaßstab; zur möglichen Konkretisierung des ordre public durch eine aus der Rechtsprechung des BGH hergeleitete, fünf Schritte umfassende Prüfungsmethode, die auch die Wesentlichkeit des eigenen Rechtssatzes sowie den hinreichenden Inlandsbezug umfasst: *Jayme*, S. 42-60.

877 *Spickhoff*, S. 89.

878 *Neuhaus*, S. 372.

879 *v. Brunn*, NJW 1962, 985, 988.

880 *Steindorff*, EuR 1981, 426, 435, 439; zur Diskussion eines Verzichts auf den ordre public im innergemeinschaftlichen Verkehr vgl. *Martiny*, Sonnenberger-FS, S. 541 f.

881 *Sonnenberger* in Münchener Kommentar, EGBGB, Einl. IPR, Rn. 220.

schränkt, denn die Verweisungskompetenz schließt auch die Befugnis zur Begrenzung des Rechtsanwendungsbefehls ein.
In der Nichtanwendung einer EU-ausländischen Rechtsnorm wegen Unvereinbarkeit mit den wesentlichen Prinzipien der deutschen Rechtsordnung kann kein Verstoß gegen gemeinschaftsrechtliche Gleichbehandlungsgebote gesehen werden.[882] Für eine generelle Sonderstellung des Rechts anderer Mitgliedstaaten, wie sie unter Berufung auf einen europäischen ordre public vertreten wurde,[883] gibt es keine Rechtsgrundlage.[884] Die stets zu beachtende Pflicht gemeinschaftsfreundlichen Verhaltens kann nicht als Argument angeführt werden, da sie nur das Verhältnis der Mitgliedstaaten zur Gemeinschaft und nicht das der Mitgliedstaaten untereinander betrifft.[885] Solange es in der EU inhaltlich divergierende nationale Rechtsordnungen gibt, bleibt die Anwendbarkeit des Art. 6 EGBGB erforderlich. Das ist bei dem Entwurf des EVÜ durch dessen Art. 16 ausdrücklich bestätigt worden.[886] Die Vorschrift, die in Art. 6 EGBGB eingearbeitet wurde,[887] sieht keine Sonderstellung des Rechts eines EU-Mitgliedstaates vor.[888] Allerdings sollten die Staaten, die sich zu einer Grundwerte-Gemeinschaft verbunden haben, sich nicht ohne Weiteres gegenseitig bescheinigen, dass ihre rechtlichen und sittlichen Grundvorstellungen nicht übereinstimmen.[889]
Dies schließt zwar nicht aus, dass Normen anderer Mitgliedstaaten gegen Art. 6 EGBGB verstoßen, doch ist der Maßstab im Verhältnis der Mitgliedstaaten untereinander abzumildern, sofern die Verwirklichung der EG-Grundfreiheiten in Rede steht.[890]

---

882 *Sonnenberger* in Münchener Kommentar, EGBGB, Einl. IPR, Rn. 221; aufgrund der gesellschaftsrechtlichen Entwicklungen dürfte die Anwendung der ordre-public-Klausel auf englische Gesellschaften, die nach deutscher Auffassung mit völlig unzureichender Haftungsbasis ausgestattet sind, wie sie das oft zitierte Urteil des LG Hamburg, IPRspr. 1986 Nr. 17 annahm, überholt sein.

883 *v. Brunn*, NJW 1962, 985, 988; *Steindorff*, EuR 1981, 426, 435 ff.; *Sonnenberger* in Münchener Kommentar, EGBGB, Einl. IPR, Rn. 221.

884 *Roth*, RabelsZ 55 (1991), 623, 661 f.; *Sonnenberger* in Münchener Kommentar, EGBGB, Einl. IPR, Rn. 221.

885 *Sonnenberger* in Münchener Kommentar, EGBGB, Einl. IPR, Rn. 221.

886 *Sonnenberger* in Münchener Kommentar, EGBGB, Einl. IPR, Rn. 221.

887 *Sonnenberger* in Münchener Kommentar, EGBGB, Art. 6, Rn. 2.

888 *Sonnenberger* in Münchener Kommentar, EGBGB, Einl. IPR, Rn. 221.

889 *Blumenwitz* in Staudinger, EGBGB, Art. 6, Rn. 79; *Sonnenberger* in Münchener Kommentar, EGBGB, Einl. IPR, Rn. 221.

890 *v. Bar/Mankowski*, § 7, Rn. 271 ff.; *Martiny* in v. Bar, S. 211, 227: Es ist „zu überlegen, ob der ordre pulic einer EG-immanenten Schranke unterliegt, aufgrund derer er gegenüber anderen Mitgliedstaaten gar nicht mehr oder nur in eingeschränktem Maß zur Anwendung kommt."; *B. Heinz*, S. 131; *Sonnenberger* in Münchener Kommentar, EGBGB, Einl. Rn. 222; *Roth*, RabelsZ 55 (1991), 623 ff., 661 ff.; *Samtleben*, RabelsZ 45 (1981), 218, 244; *Steindorff*, EuR 1981, 426, 439 ff.

Die Interpretation des Art. 6 EGBGB darf nicht zu gemeinschaftsrechtswidrigen Ergebnissen führen. Ein offensichtlicher Verstoß gegen den deutschen ordre public, der eine Anwendung deutschen Rechts statt der eigentlich einschlägigen lex societas rechtfertigt, erscheint nur denkbar, wenn das englische Gesellschaftsrecht nicht hinnehmbare Schutzlücken aufweist. Sofern das englische Recht funktionsäquivalente Schutzinstrumente bietet, die den Gläubiger auf andere Weise sichern, kommt ein deutscher ordre public nicht in Betracht.[891]

b) Rechtsfolgen des ordre public

Ob das Eingreifen des ordre public zur Anwendung der §§ 30, 31 GmbHG führen kann, hängt maßgeblich davon ab, inwieweit deutsches Recht als „Ersatzrecht" berufen wird. Deshalb ist zunächst die Rechtsfolgenseite zu beleuchten. Eine Anwendung deutschen Rechts kommt in Betracht, wenn Art. 6 EGBGB eine positive Funktion zugesprochen werden kann, wobei zwischen einer generellen positiven Funktion, die zur zwingenden Anwendung des inländischen Rechts führt, und einer eingeschränkten positiven Funktion, die deutsches Recht als Ersatzrecht zur Schließung einer durch die negative Funktion im ausländischen Recht entstandenen Lücke beruft, zu differenzieren ist.

Einigkeit besteht hinsichtlich der negativen Funktion des ordre public, der zu einer punktuellen Nichtanwendung der fremden lex causae führt.[892] Die Nichtanwendung der lex causae darf dabei nur so weit gehen, wie dies durch das gegen die wesentlichen Grundsätze des deutschen Rechts verstoßende Anwendungsergebnis erforderlich wird. Im Übrigen bleibt die lex causae anwendbar.[893] Hiermit wird Art. 6 EGBGB seiner Aufgabe als Unvereinbarkeitsklausel mit Abwehrfunktion gerecht.

Als Pendant zu der negativen Funktion wird teilweise noch heute (oder schon wieder) eine generelle positive Funktion des ordre public vertreten.[894] Diese Lehre basiert auf Savignys „Gesetzen von streng positiv zwingender Natur"[895] und entspricht der Konzeption der „lois d'application immédiate".[896] Nach diesem Verständnis des ordre public ist die Nichtanwendung der lex causae eine

---

891 *Schulz/Sester*, EWS 2002, 545, 551; *Schumann*, DB 2004, 743, 745; kritisch zur Anwendung des ordre-public-Gedankens bei EU-Auslandsgesellschaften mit Verwaltungssitz in Deutschland allgemein auch *Paefgen*, BGH EWiR Art. 48 EG 1/03, S. 572; *Roth*, IPRax 2003, 117, 125; *Ulmer*, JZ 1999, 662, 664.

892 *Blumenwitz* in Staudinger, EGBGB, Art. 6, Rn. 15; *Sonnenberger* in Münchener Kommentar, EGBGB, Art. 6, Rn. 3; *Roth*, NJW 1967, 134, 135 ff.

893 Prinzip des geringstmöglichen Eingriffs; *v. Hoffmann/Thorn*, § 6, Rn. 154; *Sonnenberger* in Münchener Kommentar EGBGB, Art. 6, Rn. 91.

894 positive Funktion i.e.S.; *Sonnenberger* in Münchener Kommentar, EGBGB, Art. 6, Rn. 5; anscheinend auch *Kegel/Schurig*, § 16 II.

895 *Savigny*, S. 33.

896 dazu *Sonnenberger* in Münchener Kommentar, EGBGB, Einl. IPR, Rn. 13 ff.

Folge der ersatzweise berufenen Normen der lex fori.[897] Die ordre-public-Klausel wird als eine allgemeine kollisionsrechtliche Ermächtigungsgrundlage verstanden, die ohne Rücksicht auf den konkreten Fall inländische Sachnormen mit ordnungsrechtlichem Charakter bei Auslandssachverhalten einsetzen will. Diese Ansicht widerspricht der heute herrschenden Meinung, da sie im Gegensatz zu dem in Art. 6 EGBGB normierten Verständnis des ordre public steht.[898] Dem ordre public kommt nicht die Funktion zu, als Generalklausel alle deutschen ordnungsrechtlichen Vorschriften ohne Rücksicht auf das berufene ausländische Recht zur Anwendung zu bringen, da dann das System der Kollisionsnormen durchbrochen wird[899] und der Grundsatz der größtmöglichen Schonung des ausländischen Rechts[900] nicht erfüllt werden kann.

Da eine generelle positive Funktion des ordre public abzulehnen ist, muss überlegt werden, welches Recht zur Schließung der durch die negative Funktion aufgeworfenen Lücke berufen ist. Die Problematik entspricht den Angleichungsfällen,[901] da bei einem Eingreifen des ordre public durch die Nichtanwendung des an sich einschlägigen Rechts ein Normenmangel entsteht.[902] Als Folge verbietet sich eine generelle Regelung des anzuwendenden Ersatzrechts. Es entspricht der Interessenlage, dass der Gesetzgeber auf eine allseitige Kollisionsnorm bewusst verzichtet hat, um flexible und differenzierte Lösungen zu ermöglichen[903] und insbesondere keinen allgemeinen Übergang zum deutschen Recht vorschreibt,[904] so dass das anwendbare Recht fallbezogen zu ermitteln ist. Keine Schwierigkeiten entstehen, wenn bereits die Nichtanwendung der fremden Norm zu ordre-public-gemäßen Ergebnissen führt.[905] Falls jedoch eine nicht hinzunehmende Lücke entsteht, sollte diese zunächst im Geiste des fremden Rechts zu schließen versucht werden.[906] Sofern in der fremden lex causae keine befriedigende Ersatznorm gefunden werden kann, ist die Lücke mit der vermissten deutschen Vorschrift zu schließen.[907] Wird bei dieser Kurskorrektur das Maß

---

897 *Kegel/Schurig*, § 16 II.

898 *Sonnenberger* in Münchener Kommentar, EGBGB, Art. 6, Rn. 8 ff.

899 *Blumenwitz* in Staudinger, EGBGB, Art. 6, Rn. 24.

900 *Triebel/Peglow*, ZIP 1987, 613, 618.

901 *Sonnenberger* in Münchener Kommentar, EGBGB, Einl. IPR, Rn. 593 ff.

902 *Sonnenberger* in Münchener Kommentar, EGBGB, Art. 6, Rn. 93.

903 BT-Drucks. 10/504, S. 44.

904 BT-Drucks. 10/504, S. 44; BR-Drucks. 222/83, S. 44.

905 *Rauscher*, S. 130.

906 *v. Hoffmann/Thorn*, § 6, Rn. 154; *Kropholler*, § 36 V; *Rauscher*, S. 130; a.A.: *Kegel/Schurig*, § 16 VI: Anwendung des deutschen Rechts bzw. Schaffung einer neuen Rechtsnorm.

907 *Kegel/Schurig*, § 16 VI; *Kropholler*, § 36 V; *Sonnenberger* in Münchener Kommentar, EGBGB, Art. 6, Rn. 95; *Rauscher*, S. 131: ultima ratio.

des Erforderlichen überschritten, ist der Richter gehalten, ausnahmsweise selbst eine fallbezogene Sachnorm zu bilden.[908]
Das deutsche Sachrecht spielt folglich ausschließlich im Rahmen einer etwaigen Ersatzlösung eine Rolle; seine Anwendung ist keinesfalls zwingend.[909]

c) Prüfungsreihenfolge

Aus den obigen Ausführungen ergibt sich in praktischer Hinsicht, dass bei der ordre-public-Prüfung zunächst festzustellen ist, ob eine hinreichende Verknüpfung des Auslandssachverhalts mit dem Inland besteht, die einen eventuellen Rückgriff auf deutsche Normen rechtfertigen könnte. Art. 6 EGBGB setzt des Weiteren die Bestimmung des berufenen ausländischen Rechts und die Ermittlung des Anwendungsergebnisses voraus. Sofern das Ergebnis der ausländischen Norm von den Rechtsfolgen, die bei hypothetischer Anwendung deutschen Rechts eintreten, nicht erheblich abweicht, greift Art. 6 EGBGB von vornherein nicht ein.[910] Liegt eine wesentliche Diskrepanz vor,[911] ist zu überprüfen, ob die inländische Norm zu den wesentlichen Grundsätzen der deutschen Rechtsordnung gehört. Maßstab sind hierfür die materiellrechtlichen Grundwertungen der lex fori „in ihrer Ausprägung durch die einfachrechtlichen Sachnormen entsprechend ihrer verfassungskonformen Auslegung".[912] Wenn die ausländische Lösung mit den wesentlichen Prinzipien der deutschen Rechtsordnung offenkundig nicht übereinstimmt und das deutsche Recht wegen eines entsprechenden Binnenbezugs berufen ist, stellt sich die Frage nach einer im konkreten Fall anwendbaren Sachnorm.

d) Keine Geltung der §§ 30, 31 GmbHG über die Ersatzfunktion der lex fori

Auf die Limited findet grundsätzlich englisches Recht Anwendung. Ein hinreichender Binnenbezug besteht, denn der effektive Verwaltungssitz liegt im Inland und die rechtserheblichen Handlungen werden an diesem Ort vorgenommen. Sollte Art. 6 EGBGB eingreifen und die Nichtanwendung der englischen Norm eine Lücke hinterlassen, die sich nicht im Geiste des englischen Gesell-

---

908 *Kegel/Schurig*, § 16 VI; *Sonnenberger* in Münchener Kommentar, EGBGB, Art. 6, Rn. 96 f.

909 a.A.: *v. Bar/Mankowski*, § 7, Rn. 285 ff.: generelle Anwendung der lex fori.

910 *Sonnenberger* in Münchener Kommentar, EGBGB, Art. 6, Rn. 62: Ergebnisgleichwertigkeit.

911 OLG München, NJW 1969, 988; *Sonnenberger* in Münchener Kommentar, EGBGB, Art. 6, Rn. 62.

912 *Sonnenberger* in Münchener Kommentar, EGBGB, Art. 6, Rn. 62; vgl. auch BGHZ 50, 370, 375.

schaftsrechts schließen lässt, kommt die deutsche lex fori als Ersatzrecht in Betracht.

Soweit die §§ 30, 31 GmbHG über den deutschen ordre public zur Anwendung gebracht werden sollen, ist zu untersuchen, inwieweit das englische Recht funktionsäquivalente Regelungen bereithält. Zu prüfen sind die Folgen englischen Rechts bei Sachverhalten, die nach deutschem Recht zu einer Haftung nach § 31 GmbHG führen. Wie dargestellt, hält das englische Gründungsrecht Normen bereit, die die Erhaltung des *issued capital* regeln.

Falls bei der Limited also Auszahlungen vorgenommen werden, die das *issued capital* angreifen, eine Überschuldung herbeiführen beziehungsweise vertiefen oder Nachschüsse zurückgezahlt werden, die zur Befriedigung der Gläubiger erforderlich sind, werden diese nicht durch die realisierten Gesellschaftsgewinne gedeckt sein, so dass die Rechtsfolgen der s. 277 CA 1985 eintreten. Hiermit werden Handlungen erfasst, die auch unter die deutsche Kapitalerhaltungshaftung fallen. Das funktionelle Äquivalent zur deutschen Kapitalerhaltungshaftung nach §§ 30, 31 GmbHG bildet demnach s. 277 CA 1985.

Rechtsfolge einer nach englischem Recht vorschriftswidrigen Auszahlung ist die Verpflichtung der Gesellschafter zur Erstattung. Bei Ausschüttungen, die nicht in Geld erfolgen, besteht die Verpflichtung zum Ersatz des Wertes im Zeitpunkt der Ausschüttung. Voraussetzung ist, dass der Gesellschafter die Verbotswidrigkeit der Ausschüttung kannte oder kennen musste.

Das englische Recht sieht ebenfalls gegen die zu Unrecht bereicherten Gesellschafter einen Erstattungsanspruch vor, der auf die volle Summe der Auszahlung gerichtet ist. Wenn die Ausschüttung lediglich teilweise verbotswidrig war, betrifft der Erstattungsanspruch nur diesen Teil der Leistung. Das englische Gesellschaftsrecht normiert allerdings keine subsidiäre Mithaftung der anderen Gesellschafter und ist auch insofern weniger streng, als es eine Haftung nur bei schuldhafter Inempfangnahme der verbotswidrigen Auszahlung anordnet. Das deutsche Recht normiert demgegenüber einen verschuldensunabhängigen Rückzahlungsanspruch, der für gutgläubige Empfänger eingeschränkt wird, § 31 II GmbHG. Deutsches und englisches Recht folgen somit einem umgekehrten Regel-Ausnahme-Prinzip und die haftungsrelevanten Bezugsgrößen unterscheiden sich. Durch die englischen Regelungen, die nicht an ein bestimmtes Stammkapital anknüpfen, sondern von vornherein jegliche Ausschüttungen verbieten, die nicht durch erwirtschaftete Gewinne gedeckt sind, wird ein Gesellschaftsgläubiger nicht in einer Weise rechtlos gestellt, die zur Anwendung der deutschen Kapitalerhaltungshaftung über Art. 6 EGBGB zwingt. Dass die Haftung aufgrund ihrer Verschuldensabhängigkeit und des Fehlens einer subsidiären Haftung der Mitgesellschafter im Vergleich zum deutschen Recht weniger streng ist, ist hinzunehmen; die Andersartigkeit einer fremden Rechtsordnung

muss toleriert werden.[913] Ein ausgeprägter Widerspruch zu den wesentlichen Grundsätzen der deutschen Rechtsordnung scheidet wegen der annähernden Ergebnisgleichwertigkeit aus. Bei europarechtskonformer Interpretation des Art. 6 EGBGB liegt keine Verletzung des deutschen ordre public vor.
Da das Ergebnis der Anwendung englischen Rechts einer Anwendung deutschen Rechts ähnelt, kann an dieser Stelle offenbleiben, ob die Kapitalerhaltungshaftung gemäß §§ 30, 31 GmbHG zu den wesentlichen Prinzipien des deutschen Rechts gehört. Deutsches Recht wird nicht durch Art. 6 EGBGB als Ersatzrecht zur Anwendung berufen; es bleibt bei der englischen lex societas.

e) Zwischenergebnis

Der deutschen Kapitalerhaltungshaftung kann nicht unter Rekurs auf den ordre public zur Anwendung verholfen werden.

4. Sonderanknüpfung

Insofern bleibt zu klären, ob die deutsche Kapitalerhaltungshaftung via Sonderanknüpfung anzuwenden ist, um einen höheren Schutzstandard als den durch das englische Recht gewährten zu erzielen. Der Begriff der Sonderanknüpfung bezeichnet eine Technik, inländische Normen, die sich bei der primären Statutsbestimmung nicht durchsetzen konnten und damit nicht der lex causae angehören, dennoch zur Anwendung zu bringen.[914] Im Gegensatz zum ordre public kommt es bei der Sonderanknüpfung nicht auf einen Vergleich der Ergebnisse der Anwendung des ausländischen und des deutschen Rechts an, sondern ausschließlich darauf, ob die deutsche Sachnorm internationale Geltung beansprucht.[915] Da der Inhalt der Sachnorm für ihre Qualifikation als zwingende Norm nicht zentral ist, brauchen zwingende Normen im Unterschied zu ordre-public-relevanten Rechtssätzen keine wesentlichen Grundsätze der deutschen Rechtsordnung zu schützen.[916] Umgekehrt hat nicht jeder Rechtssatz mit ordre-public-Inhalt notwendigerweise einen internationalen Anwendungswillen.[917]

Als Folge der Urteile Centros, Überseering und Inspire Art wird in der Literatur verstärkt darüber nachgedacht, wie sich trotz prinzipieller Gründungsanknüpfung inländische Gläubigerschutzinstrumente über punktuelle Sonderanknüpfungen auf EU-Auslandsgesellschaften anwenden lassen.[918] Hierbei wird zumeist vorrangig überlegt, inwiefern eine Sonderanknüpfung europarechtlich

---

913 *Sonnenberger* in Münchener Kommentar, EGBGB, Art. 6, Rn. 62.
914 *von der Seipen*, S. 94, 97.
915 *Wengler*, ZVglRWiss 54 (1941), 168, 173; *ders.* ZÖR 23 (1944), 473, 486 f.
916 *Martiny* in Münchener Kommentar, EGBGB, Art. 34, Rn. 132.
917 *Martiny* in Münchener Kommentar, EGBGB, Art. 34, Rn. 132.
918 so z.B. *Fleischer* in Lutter, S. 91.

gerechtfertigt ist; die Problematik wird ausschließlich aus dem Blickwinkel der Niederlassungsfreiheit betrachtet. Wenig diskutiert wird hingegen, in welchem Umfang eine Sonderanknüpfung gesellschaftsrechtlicher Normen kollisionsrechtlich möglich ist, denn nach der im deutschen Recht lange Zeit geltenden Sitztheorie konnte bisher auf Sonderanknüpfungen weitestgehend verzichtet werden.[919]

a) Kapitalerhaltungshaftung als abtrennbare Teilfrage

Der Sonderanknüpfung unterliegen ausschließlich Teilfragen als tatbestandliche Voraussetzungen eines komplexen Rechtsverhältnisses, die von der Hauptfrage abgespalten und einem gesonderten Statut unterstellt werden können.[920] Ist eine Teilfrage von dem ihr verbundenen Rechtsverhältnis abtrennbar, so wird eine selbstständige Anknüpfung vorgenommen; ansonsten folgt die Teilfrage dem auf die Hauptfrage anwendbaren Recht.[921]

aa) Teilfrage

Zu beachten ist, dass bei der Abspaltung und selbstständigen Anknüpfung von Teilfragen nicht in vollem Umfang an dem gesellschaftsrechtlichen Einheitsstatut festgehalten werden kann. Bei einem dogmatisch konsequenten Einhalten dieser Lehre kämen unter Geltung der Gründungstheorie keine als gesellschaftsrechtlich zu qualifizierenden Gläubigerschutzinstrumente des Rechts des Sitzstaates zum Einsatz. Wird ein inländisches Gläubigerschutzinstrument qua Sonderanknüpfung auf eine EU-ausländische Gesellschaft angewendet, führt dies zu einer Durchbrechung des einheitlichen ausländischen Gesellschaftsstatuts.[922] Die Lehre vom einheitlichen Gesellschaftsstatut ist allerdings kein Dogma, das nicht durchbrochen werden kann.[923] Auf die Möglichkeit der Sonderanknüpfung international zwingender Normen weist auch Art. 4 I des EWG-Übereinkommens über die gegenseitige Anerkennung von Gesellschaften und juristischen Personen vom 29.2.1968[924] hin, der jedem Staat die Möglichkeit einräumt, zwingende Vorschriften des eigenen Rechts auf Gesellschaften anzuwenden, die nach dem Recht eines anderen Staates gegründet worden sind, wenn die Gesellschaft ihren tatsächlichen Verwaltungssitz innerhalb seines Hoheitsgebietes hat.

---

919 *Fleischer* in Lutter, S. 91.

920 *v. Hoffmann/Thorn*, § 6, Rn. 43 f.; *Neuhaus*, S. 136-140.

921 *v. Hoffmann/Thorn*, § 6, Rn. 46; *Kropholler*, § 18 I 2; *Sonnenberger* in Münchener Kommentar, EGBGB, Einl. IPR, Rn. 554 ff.

922 *Kindler*, NJW 2003, 1073, 1078.

923 *v. Halen*, S. 232.

924 BGBl. 1972 II, S. 370; mangels Ratifizierung durch die Niederlande nicht in Kraft getreten.

Demnach ist es rechtlich erlaubt, aus dem Gesellschaftsstatut einzelne Fragen herauszulösen und gesondert anzuknüpfen.
Sofern die eine juristische Person beherrschenden Rechtsbeziehungen als die Hauptfrage verstanden werden, können die allgemeine Gesellschafterhaftung und die Kapitalerhaltungshaftung als deren Unterfall jeweils als Teilfragen eingeordnet werden. Fraglich ist, ob eine Abspaltung kollisionsrechtlich zulässig ist.

bb) Abtrennbarkeit

Normiert wird eine Sonderanknüpfung zum Beispiel in Art. 34 EGBGB, wobei Art. 37 S. 1 Nr. 2 EGBGB festlegt, dass diese Norm sich nicht auf gesellschaftsrechtliche Fragen bezieht. Somit kann eine Sonderanknüpfung der deutschen Kapitalerhaltungshaftung nicht auf Art. 34 EGBGB gestützt werden. Art. 34 EGBGB kann jedoch ein verallgemeinerungsfähiger Rechtsgedanke entnommen werden:[925] Es ist möglich, dass die lex fori Vorschriften enthält, die einen Sachverhalt mit Auslandsberührung unabhängig von dem an sich anwendbaren Recht zwingend regeln wollen.[926] Zwingende Bestimmungen können nicht nur im Internationalen Vertragsrecht, sondern in allen Teilen des IPR vorkommen.[927]
Es bedarf zunächst der Klärung, ob eine Sonderanknüpfung gesetzlich normiert sein muss[928] oder inwiefern eine richterrechtliche Sonderanknüpfung erlaubt ist. Die frühere Literatur[929] ging von einem Verbot der richterrechtlichen Sonderanknüpfung von Teilfragen aus. Begründet wurde diese Ansicht mit dem Hinweis, dass durch jede Sonderanknüpfung ein einheitlich zu beurteilendes Rechtsverhältnis auseinandergerissen wird.[930] Eine solche Aufspaltung sei lediglich innerhalb der engen gesetzlich normierten Grenzen zulässig, kraft reinen Richterrechts hingegen nicht.[931]
Die heute herrschende Meinung geht demgegenüber davon aus, dass die Auslandsberührung eines Lebenssachverhalts nicht nur die Möglichkeit zur Abspaltung von Teilfragen eröffnet, sondern dass dies teilweise sogar geboten ist.[932] *Jayme*[933] gibt zu bedenken, dass die Regeln von nur einer Rechtsordnung kaum

---

925 *Sonnenberger*, IPRax 2003, 104; *ders.* in Münchener Kommentar, EGBGB, Einl. IPR, Rn. 75.
926 *Fleischer* in Lutter, S. 91.
927 *Sonnenberger*, IPRax 2003, 104.
928 *Geyrhalter/Gänßler*, NZG 2003, 409, 413.
929 *Serick*, RabelsZ 18 (1953), 631 ff., 650.
930 *Serick*, RabelsZ 18 (1953), 633, 635; *Schwind*, RabelsZ 23 (1958), 449 ff.: Zersplitterung der Rechtsverhältnisse.
931 *Serick*, RabelsZ 18 (1953), 633, 637.
932 *Jayme*, Kegel-FS, S. 253, 256, 267.
933 *Jayme*, Kegel-FS, S. 253, 257 f.; zustimmend *von der Seipen*, S. 76 ff.

in der Lage sind, einen Auslandssachverhalt adäquat zu lösen, während die durch Sonderanknüpfungen zustandekommende Kombination der beteiligten Rechtsordnungen der Internationalität des Sachverhalts entsprechend Rechnung trägt. Begrenzt sei die Sonderanknüpfung von Teilfragen, wenn die Teilverweisung übergeordnete Grundsätze einer Rechtsordnung verletze.[934] Dass die Normen nur eines Staates den Auslandssachverhalten oftmals nicht in überzeugender Weise gerecht werden können, haben die Ausführungen[935] bezüglich des Normenmangels bei der Limited mit Verwaltungssitz in Deutschland deutlich gezeigt. Es überzeugt deshalb, bei einem Sachverhalt mit Auslandsberührung die Abspaltung von Teilfragen auch ohne gesetzliche Grundlage zuzulassen.

cc) Zwischenergebnis

Bei der Kapitalerhaltungshaftung gemäß §§ 30, 31 GmbHG handelt es sich um eine selbstständige aus dem Gesellschaftsstatut heraustrennbare Teilfrage. Die richterrechtliche Abspaltung von Teilfragen ist im IPR allgemein und im Internationalen Gesellschaftsrecht ebenfalls zulässig.

b) Kapitalerhaltungshaftung keine gesondert anzuknüpfende Normen

Auch wenn sich die Kapitalerhaltungshaftung als Teilfrage von dem einheitlichen Gesellschaftsstatut trennen lässt, bedeutet dies nicht zwingend, dass sie selbstständig anzuknüpfen ist. Es bedarf der Rechtfertigung durch einen internationalprivatrechtlich anerkannten Grund für die von der Hauptfrage abweichende Anknüpfung.[936] Als Gründe sind sowohl die wesentlich engere Verbindung des Sachverhalts mit der inländischen Rechtsordnung als auch der internationale Geltungswille der Norm denkbar.

Einige Stimmen in der Literatur erachten es als ausreichend, wenn die Teilfrage zu einer anderen Rechtsordnung eine wesentlich engere Verbindung aufweist als zur Rechtsordnung der Hauptfrage.[937] Dogmatisch handelt es sich dabei um eine teleologische Reduktion der typisierten Regelanknüpfung.[938] Dieses Kriterium gilt zwar für juristische Personen bei einem tatsächlichen Verwaltungssitz im Inland als erfüllt,[939] ist bei EU-Auslandsgesellschaften als alleiniges Kriterium aber nicht überzeugend. Per definitionem liegt der Interessenschwerpunkt einer

---

934 *Jayme*, Kegel-FS, S. 253, 261.

935 vgl. Kapitel B, VI.

936 *von der Seipen*, S. 79: sachlicher Grund.

937 *von der Seipen*, S. 79 ff.; *Wengler*, ZVglRWiss 54 (1941), 181 f., 185 f.; dazu *Martiny* in Münchener Kommentar, EGBGB, Art. 34, Rn. 46, 136 ff.

938 *v. Hoffmann/Thorn*, § 2, Rn. 54.

939 *v. Hoffmann* in Soergel, EGBGB, Art. 34, Rn. 95; *Martiny* in Münchener Kommentar, EGBGB, Art. 34, Rn. 142.

EU-Auslandsgesellschaft in dem Land, in dem sie ihren Verwaltungssitz hat, so dass sich eine wesentlich engere Verbindung zu dem Recht des Sitzstaates als zu dem Recht des Gründungsstaates immer und problemlos bejahen lässt. Sofern dieses Merkmal für eine Sonderanknüpfung als ausreichend angesehen wird, könnten fast alle Normen des Sitzstaates zur Anwendung kommen; ein Ergebnis, das einer Anwendung der Sitztheorie zumindest nahekommt,[940] mit der Niederlassungsfreiheit jedoch nicht zu vereinbaren ist. Demzufolge ist die qualifizierte Inlandsbeziehung lediglich ein notwendiges, aber kein hinreichendes Kriterium für eine Sonderanknüpfung.[941] Hinzutreten muss der der Norm immanente internationale Geltungswille.[942] Nach der Lehre von der Sonderanknüpfung bestimmt eine Rechtsordnung nur in dem Maße über ein Rechtsverhältnis, wie nicht einzelne Fragen durch eine Sonderanknüpfung einem anderen Recht unterstehen.[943] Die Anforderungen an die Qualifikation eines Rechtssatzes als Eingriffsnorm sind der lex fori zu entnehmen.[944] Kann ein internationaler Geltungswille bei einer inländischen Sachnorm festgestellt werden, ist die Vorschrift unabhängig von der berufenen Rechtsordnung und von der internationalprivatrechtlichen Anknüpfung auf das Rechtsverhältnis anzuwenden.[945] Zu klären ist deshalb, inwieweit es sich bei §§ 30, 31 GmbHG um derartige Eingriffsnormen[946] handelt. Da der internationale Geltungswille der Norm ihrem Wortlaut nicht unmittelbar entnommen werden kann, ist er durch Auslegung zu ermitteln.[947] Allgemein sind unter zwingenden Normen diejenigen Vorschriften zu verstehen, die einen Sachverhalt ausnahmslos regeln, d.h., die durch die Parteien nicht abbedungen werden können.[948] Gemeint sind hier nur international zwingende Normen,[949] deren Geltungsbereich sich räumlich auf Fälle mit Auslandsberührung erstreckt. Den international zwingenden Charakter einer deut-

---

940 *Weller*, S. 315.

941 *Martiny* in Münchener Kommentar, EGBGB, Art. 34, Rn. 136.

942 *Martiny* in Münchener Kommentar, EGBGB, Art. 34, Rn. 127, auch als Anwendungswille/-interesse oder Geltungswille/-interesse bezeichnet.

943 *Wengler*, ZVglRWiss 54 (1941), 168, 211.

944 *Martiny* in Münchener Kommentar, EGBGB, Art. 34, Rn. 128.

945 *Martiny* in Münchener Kommentar, EGBGB, Art. 34, Rn. 125; *Sonnenberger*, IPRax 2003, 104, 105; *Wengler*, ZVglRWiss 54 (1941), 168, 178.

946 unter dem Begriff werden hier keine Normen verstanden, die im öffentlichen Interesse Eingriffe in private Rechtsverhältnisse ermöglichen; als international zwingende Normen bezeichnet man vielmehr alle Sachnormen, die sich stets und unbedingt gegen die an sich zur Anwendung berufene ausländische lex causae durchsetzen wollen; hierzu *Sonnenberger* in Münchener Kommentar, EGBGB, Einl. IPR, Rn. 37; *Martiny* in Münchener Kommentar, EGBGB, Art. 34, Rn. 10.

947 *Martiny* in Münchener Kommentar, EGBGB, Art. 34, Rn. 128.

948 *Magnus* in Staudinger, EGBGB, Art. 34, Rn. 10; *Martiny* in Münchener Kommentar, EGBGB, Art. 34, Rn. 7.

949 *Magnus* in Staudinger, EGBGB, Art. 34, Rn. 3 ff.

schen Sachnorm kann nur das deutsche Recht festlegen.[950] Die Auslegung hat sich insbesondere am Sinn und Zweck zu orientieren.[951] Nach herrschender Meinung[952] ist zur Bestimmung des internationalen Anwendungswillens einer Norm maßgeblich, ob sich ihr Zweck „nicht im Ausgleich widerstreitender Interessen der Vertragsparteien erschöpft, sondern auch auf öffentliche Interessen gerichtet ist".[953] Eine international zwingende Vorschrift muss neben der Regelung von Privatbeziehungen solche Interessen verfolgen, die über den Einzelnen hinausgehen.[954] Ob die Normen öffentlichrechtlicher oder privatrechtlicher Natur sind, ist dabei nicht entscheidend.[955] Sofern die infrage stehenden Vorschriften hauptsächlich den öffentlichen staats- oder wirtschaftspolitischen Interessen, Gemeininteressen, dem Gemeinwohl, Kollektivbelangen oder dem Staatswohl dienen, legt dies ihre Einordnung als international zwingend nahe.[956] National zwingende Vorschriften, die in erster Linie dem Ausgleich widerstreitender Parteiinteressen dienen oder allgemein im Dienste des privaten Rechtsverkehrs stehen, sind nicht gesondert anzuknüpfen.[957]

Das Handeln des Gesetzgebers indiziert an sich schon ein Tätigwerden im Interesse des öffentlichen Wohles; in diesem Zusammenhang ist jedoch die „Stoßrichtung des Gesetzes, das Dominieren bestimmter Interessen" gemeint.[958] Nach der Rechtsprechung des EuGH sind „lois de police" „nationale Vorschriften [...], deren Einhaltung als so entscheidend für die politische, soziale oder wirtschaftliche Organisation des betreffenden Mitgliedstaates angesehen wird, dass ihre Beachtung für alle Personen, die sich im nationalen Hoheitsgebiet des Mitgliedstaates befinden und für jedes dort lokalisierte Rechtsverhältnis vorgeschrieben sind".[959] Zum Kernbereich der international zwingenden Bestim-

---

950 BGH, IPRax 2003, 449, 451; *Sonnenberger*, IPRax 2003, 104, 107 ff., 110.

951 allg.M.: EuGH, IPRax 2001, 225, 227, Tz. 24 - *Ingmar*; BGH, IPRax 2003, 449, 451; *Jayme*, IPRax 2001, 190; *Magnus* in Staudinger, EGBGB, Art. 34, Rn. 53; *Martiny* in Münchener Kommentar, EGBGB, Art. 34, Rn. 127.

952 BGH, IPRax 2003, 449, 451; *Magnus* in Staudinger, EGBGB, Art. 34, Rn. 57; *Martiny* in Münchener Kommentar, EGBGB, Art. 34, Rn. 13; *Sonnenberger*, IPRax 2003, 104, 107 ff.

953 BAGE 63, 17, 31 f.; 71, 297, 316 ff.

954 BGH, IPRax 2003, 449, 451; *Sonnenberger*, IPRax 2003, 104, 107.

955 anders die ältere Rspr.; vgl. *Martiny* in Münchener Kommentar, EGBGB, Art. 34, Rn. 12.

956 *Martiny* in Münchener Kommentar, EGBGB, Art. 34, Rn. 13; *Sonnenberger* in Münchener Kommentar, EGBGB, Einl. IPR, Rn. 56 ff.

957 sog. Parteischutzvorschriften; *Martiny* in Münchener Kommentar, EGBGB, Art. 34, Rn. 13.

958 *Martiny* in Münchener Kommentar, EGBGB, Art. 34, Rn. 13.

959 *Martiny* in Münchener Kommentar, EGBGB, Art. 34, Rn. 15.

mungen zählen insbesondere die im Bericht von *Giuliano/Lagarde* zum EVÜ[960] und in der Gesetzesbegründung zu Art. 34 EGBGB[961] genannten Vorschriften mit wirtschafts- und sozialpolitischer Zielsetzung.[962] Nicht ausreichend für eine Sonderanknüpfung ist, dass die Anwendung inländischen Rechts wünschenswert wäre. Eine Einstufung privatschützender Vorschriften als international zwingende Normen scheitert demnach regelmäßig.

Am Sinn und Zweck der deutschen Kapitalerhaltungshaftung ist zu messen, ob die Norm außer Parteiinteressen primär Gemeinwohlbelange verfolgt. Dies wird ersichtlich, wenn die Norm „gezielte regulierende Eingriffe in private Rechtsverhältnisse des Wirtschafts- und Arbeitslebens durch Verbote bestimmter Schuldverhältnisse oder Genehmigungsvorbehalte für bestimmte Vertragstypen" vorsieht[963] oder wenn der Funktionszusammenhang der Norm ergibt, dass sie im Inland sämtliche Fälle eines bestimmten geschäftlichen Handelns gleichmäßig behandeln will.[964]
Zweck der Kapitalerhaltungshaftung ist die Erhaltung des Stammkapitals. Dieses soll als Haftungsfonds im Interesse der Gläubiger weiterhin ungeschmälert zur Verfügung stehen. Ein Verstoß wird mit einem Erstattungsanspruch der Gesellschaft sanktioniert, um die Befriedigung der Gläubiger zu gewährleisten. Dass ausschließlich der Schutz der Gläubiger das Ziel der Kapitalerhaltungshaftung ist, zeigt § 31 II GmbHG, der bei Gutgläubigkeit eine Beschränkung der Haftung des Gesellschafters auf die Summe normiert, die zur Befriedigung der Gläubiger erforderlich ist. Einer darüber hinausgehenden ordnungspolitischen Funktion dient die deutsche Kapitalerhaltungshaftung nicht. Der Normzweck erschöpft sich im Schutz der Gesellschaftsgläubiger und somit im Ausgleich der widerstreitenden Interessen der Geschäftspartner. Es handelt sich um national zwingendes Recht; eine international zwingende Komponente kann mangels besonderer Gemeinwohlorientierung nicht festgestellt werden.

---

960 *Giuliano/Lagarde*, BT-Drucks. 10/503, S. 70: Vorschriften „vor allem auf den Gebieten des Kartell- und Wettbewerbsrechts, des Rechts zur Bekämpfung wettbewerbsbeschränkender Praktiken, des Verbraucherschutzes und des Beförderungsrechts".

961 BT-Drucks. 10/504, S. 83: „Vorschriften wirtschaftspolitischen Gehalts, beispielsweise Ein- und Ausfuhrbestimmungen, Preis- und Devisenvorschriften oder Vorschriften des Kartellrechts, als auch sozialpolitische Vorschriften zum Schutz Einzelner, z.B. Mieterschutzvorschriften, Vorschriften zum Schutz der Erwerber von Eigenheimen usw.".

962 *Bälz*, NJW 2003, 1559, 1562; *Magnus* in Staudinger, EGBGB, Art. 34, Rn. 57; *Martiny* in Münchener Kommentar, EGBGB, Art. 34, Rn. 12; *Sonnenberger*, IPRax 2003, 104, 107 f.

963 BAGE 63, 17, 32; *Magnus* in Staudinger, EGBGB, Art. 34, Rn. 58.

964 *Magnus* in Staudinger, EGBGB, Art. 34, Rn. 59; *Sonnenberger*, IPRax 2003, 104, 109.

c) Zwischenergebnis

Wegen des fehlenden international zwingenden Charakters der deutschen Kapitalerhaltungshaftung muss eine Anwendung der §§ 30, 31 GmbHG über die Lehre von der Sonderanknüpfung bereits auf kollisionsrechtlicher Ebene ausscheiden.

5. Zusammenfassung

Die deutsche Kapitalerhaltungshaftung gem. §§ 30, 31 GmbHG ist nicht geeignet, einen zusätzlichen Schutz der inländischen Gläubiger einer in Deutschland domizilierten Limited zu gewährleisten.

Obwohl der Haftungstatbestand für die Gesellschafter der deutschen GmbH geschaffen worden ist, könnte er auch auf die *shareholders* einer Limited prinzipiell übertragen werden, da der Erstattungsanspruch nicht von einem in der Gründungsrechtsordnung gesetzlich vorgeschriebenen Mindestkapital abhängt, sondern aus dem Wesen der Kapitalgesellschaft selbst folgt. Es ist möglich, die Höhe des Gesellschaftskapitals in das Ermessen der Gesellschafter zu stellen und diese freiwillig aufgebrachte Summe einer gesetzlichen Vermögensbindung zu unterwerfen. Als Bezugsgröße kann bei der Limited entweder das *issued capital* oder die Summe herangezogen werden, unterhalb derer die Überschuldung beginnt.

Eine Anwendung muss aber aus kollisionsrechtlichen Gründen ausscheiden, denn für den von §§ 30, 31 GmbHG geregelten Lebenssachverhalt verweist keine Kollisionsnorm in das deutsche Sachrecht. Die deutsche Kapitalerhaltungshaftung ist gesellschaftsrechtlich zu qualifizieren und unter dem Regime der Gründungstheorie nicht direkt auf ausländische Kapitalgesellschaften mit inländischem Verwaltungssitz anzuwenden.

Eine Durchbrechung des einheitlichen englischen Gesellschaftsstatuts aufgrund einer einseitigen Kollisionsnorm ist nicht möglich. Innerhalb der Europäischen Union scheidet ein Rückgriff auf das Institut der Rechtsumgehung aus, da die Wahl eines permissiven Gründungsrechts gerade keinen Missbrauch, sondern einen (erwünschten) Gebrauch der Niederlassungsfreiheit darstellt. Insofern verbietet sich auf kollisionsrechtlicher Ebene eine Anwendung des Rechtsinstituts der fraus legis.

Auch der deutsche ordre public kann den §§ 30, 31 GmbHG nicht zur Durchsetzung verhelfen, denn wegen der annähernden Ergebnisgleichwertigkeit des deutschen und des englischen Rechts scheidet ein ausgeprägter Widerspruch zu den wesentlichen Grundsätzen der deutschen Rechtsordnung aus. Bei europarechtskonformer Interpretation des Art. 6 EGBGB liegt keine Verletzung des deutschen ordre public vor.

Die Sonderanknüpfung der Kapitalerhaltungshaftung muss scheitern, da die Normen ausschließlich dem Gläubigerschutz dienen, so dass nicht auf einen international zwingenden Charakter geschlossen werden kann.
Die Frage nach der europarechtlichen Rechtmäßigkeit bedarf somit keiner Erörterung.

IV. Ergebnis

Die Untersuchung ergibt, dass die deutsche Kapitalerhaltungshaftung auf die Limited mit Verwaltungssitz in Deutschland keine Anwendung findet.[965] Es ist folglich nicht möglich, durch das deutsche Kapitalerhaltungsrecht gemäß §§ 30, 31 GmbHG einen zusätzlichen Schutz für Gläubiger von im Inland tätigen Auslandsgesellschaften zu schaffen.

---

965 dieses Ergebnis entspricht der h.M. im Schrifttum; auch hier wird mit unterschiedlichen Begründungen eine Anwendung des deutschen Kapitalerhaltungsrechts auf die in Deutschland domizilierte Limited abgelehnt: siehe z.B. *Bayer*, BB 2003, 2357, 2364; *Eidenmüller/Rehm*, ZGR 2004, 159; *Fischer*, ZIP 2004, 1477, 1479; *Paefgen*, DB 2003, 487, 489 f.; *Sandrock*, ZVglRWiss 102 (2003), 447, 473 ff.; *Schumann*, DB 2004, 743, 745; a.A.: *Altmeppen*, NJW 2004, 97, 102 f.; *ders./Wilhelm*, DB 2004, 1083, 1088 f.; *Ulmer*, NJW 2004, 1201, 1209; vgl. zu den unterschiedlichen Ansätzen *Fleischer* in Lutter, S. 115 f.

D. Anwendbarkeit deutschen Kapitalersatzrechts

Im folgenden Kapitel wird untersucht, welche Vorschriften des deutschen Rechts der kapitalersetzenden Gesellschafterleistungen auf in Deutschland domizilierte EU-Auslandsgesellschaften angewendet werden können. Behandelt werden die internationalprivatrechtlichen Instrumente, die den inländischen Regelungen zur Durchsetzung verhelfen können. Des Weiteren wird eingehend zu prüfen sein, ob die Anwendung dieser Vorschriften auf EU-Auslandsgesellschaften mit den europarechtlichen Vorgaben der Niederlassungsfreiheit im Einklang steht.

I. Einführung

Damit eine deutsche Kapitalgesellschaft in den Vorteil der Haftungsbeschränkung kommt, müssen die Gesellschafter das gesetzlich vorgeschriebene Stammkapital aufbringen; eine Summe, die zum ordentlichen Geschäftsbetrieb zumeist nicht ausreicht. Da sich die Gesellschafter oftmals nicht durch höhere Einlagen binden wollen, wird das benötigte Betriebskapital partiell als Gesellschafterdarlehen zur Verfügung gestellt. Formal handelt es sich zwar um Fremdkapital, bei wirtschaftlicher Betrachtung jedoch um funktionelles Eigenkapital. Eigen- und Fremdkapital unterliegen wegen ihrer Wesensverschiedenheit unterschiedlichen Rechtsregeln. Fremdkapital bietet den Vorteil, dass es nach den allgemeinen Regeln gekündigt werden kann und in der Insolvenz zu einer Forderung des Darlehensgebers führt, denn den Gesellschaftern ist es grundsätzlich erlaubt, ihrer Gesellschaft wie andere Dritte gegenüberzutreten.
Ob das deutsche Kapitalersatzrecht auf ausländische Gesellschaften mit inländischem Sitz anzuwenden ist, ist in der Literatur sehr umstritten. Die wohl herrschende Meinung sieht darin eine unzulässige Beschränkung der Niederlassungsfreiheit.[966] Im Wesentlichen wird weitgehend undifferenziert darüber diskutiert, ob eine generelle Übertragung möglich ist oder ob europarechtliche Bedenken dem entgegenstehen. Es ist jedoch geboten, bei dieser Diskussion zwischen den BGH-Regeln einerseits und den Novellenregelungen andererseits mit den entsprechenden Rechtsfolgen zu differenzieren.[967] Bevor dann das Augenmerk auf europarechtliche Fragen der Niederlassungsfreiheit gerichtet werden kann, ist zu klären, inwieweit das deutsche IPR eine Anwendung überhaupt ermöglicht.

---

966 z.B. *Borges*, ZIP 2004, 733, 743; *Eidenmüller*, JZ 2004, 24, 28; *ders./Rehm*, ZGR 2004, 159, 181; *Müller*, NZG 2003, 414, 417; *Paefgen*, DB 2003, 487, 489 f.; *Riedemann*, GmbHR 2004, 345, 349; *Sandrock*, ZVglRWiss 102 (2003), 447, 473 ff.; *Schumann*, DB 2004, 743, 748; *Zimmer*, NJW 2003, 3585, 3589.

967 so auch *Forsthoff-Schulz* in Hirte/Bücker, § 15, Rn. 35, S. 447.

1. Schutzzweck

Das deutsche Kapitalersatzrecht begründet weder eine Außenhaftung noch eine Durchgriffshaftung auf die Gesellschafter oder eine Pflicht zur Vermeidung einer materiellen Unterkapitalisierung.[968] Trotz der Ausrichtung auf das Innenverhältnis wird nicht der Schutz der Gesellschaft, sondern der Schutz der Gesellschaftsgläubiger bezweckt.[969]
Ziel des Kapitalersatzrechts ist, die Gesellschaftsgläubiger vor der Gefahr zu schützen, dass die Gesellschafter in der Krise das als Darlehen zur Verfügung gestellte Fremdkapital zum Nachteil der Drittgläubiger wieder entziehen.[970] Durch die Normierung des Kapitalersatzrechts soll „vermieden werden, dass die Gesellschafter das Geschäftsrisiko auf ihre Gläubiger abwälzen, indem sie die Geschäfte statt mit haftendem Gesellschaftskapital mit Gesellschafterdarlehen finanzieren; kapitalersetzende Darlehen sollen daher im Konkurs der Gesellschaft wie haftendes Kapital behandelt werden".[971]

Diese Zielsetzung wird durch die amtliche Begründung des MoMiG nochmals klargestellt. Der Gläubigerschutz soll insbesondere durch eine vollständige Verlagerung der Vorschriften in das Insolvenzrecht ausgebaut werden, so dass Zweifelsfragen bezüglich der Anwendbarkeit auf ausländische Gesellschaften in Zukunft entfallen. Die Aufgabe des Tatbestandsmerkmals „kapitalersetzend" führt zudem zu Beweiserleichterungen und macht das System des Rechts der Gesellschafterleistungen sowohl für Gläubiger als auch für Gesellschafter und Insolvenzverwalter leichter handhabbar.

2. Finanzierungsfreiheit und Finanzierungsfolgenverantwortung

Es steht den Gesellschaftern im Rahmen der zwingenden Regelungen der Kapitalaufbringung und Kapitalerhaltung frei, in welchem Umfang und in welcher Form sie die Gesellschaft mit Kapital ausstatten.[972] Mit der Finanzierungsfreiheit korrespondiert jedoch eine auf Gläubigerschutzerwägungen basierende Finanzierungsfolgenverantwortung.[973] Gewährt ein Gesellschafter seiner Gesellschaft in der Krise ein Darlehen, so verhält er sich widersprüchlich, wenn er die Finanzierungsmittel später wie ein Dritter zurückerhalten will. Der Gesellschafter muss sich in diesem Fall an der einmal getroffenen Finanzierungsentscheidung festhalten lassen, d.h., dass auch die Leistung vom Gebot der Kapitalerhal-

---

968 BGHZ 81, 311, 317; *Flume*, Band 1, § 3 III 2; *K. Schmidt* in Scholz, §§ 32 a, 32 b, Rn.14.
969 allg.A., siehe nur BT-Drucks. 8/3908, S. 66, 67.
970 *Castor*, S. 28.
971 BT-Drucks. 8/1347, S. 27 hinsichtlich der Novellenregeln.
972 BGHZ 31, 258, 334; 81, 252, 257; BGH, ZIP 1984, 572, 575; 1988, 638, 641; 1994, 1261, 1266; 1994, 1441.
973 BGH, NJW 1994, 2763 f.; 1995, 328.

tung erfasst wird, die er nicht als formelle Einlage gewährt, sondern auf andere Weise zur Erhaltung der Liquidität zugeführt hat.

a) Das „Ob" der Finanzierung

Bis auf die Vorschriften über das Mindeststammkapital ist das „Ob" der Finanzierung der freien Entscheidung der Gesellschafter überlassen.[974] Bei der Kodifizierung des Kapitalersatzrechts wurde ausdrücklich darauf verzichtet, den Gesellschaftern vorzuschreiben, dass „die Gesellschaft mit einem ihrem Geschäftszweig und Geschäftsumfang angemessenen Eigenkapital ausgestattet werden muß".[975] Diese Sichtweise soll durch die Neuregelungen des MoMiG nicht geändert werden. Daraus folgert die herrschende Meinung[976] zutreffend, dass auch die Regelungen des Eigenkapitalersatzrechts keine Pflicht begründen, die Gesellschaft mit einem angemessenen Stammkapital auszustatten.
Der Tatbestand der eigenkapitalersetzenden Gesellschafterleistungen knüpft daran an, dass die Gesellschafter der Gesellschaft die notwendigen finanziellen Mittel nicht in Form von Eigenkapital, sondern als Fremdkapital zur Verfügung stellen, also an eine nominelle Unterkapitalisierung.[977] Die Frage einer materiellen Unterkapitalisierung - mithin das Fehlen der notwendigen finanziellen Mittel der Gesellschaft, und zwar gleichgültig ob durch Eigen- oder Fremdkapital finanziert[978] - wird durch das Recht der eigenkapitalersetzenden Gesellschafterleistungen nicht geregelt.[979]

Nur das von einem funktionellen Gesellschafter bereits freiwillig zur Verfügung gestellte Fremdkapital kann Gegenstand des Eigenkapitalersatzrechts sein.[980] Der Gesellschafter wird nicht dazu verpflichtet, der Gesellschaft neue Leistungen zu gewähren, denn anderenfalls würden die Vorschriften des Kapitalersatzrechts in einer der Finanzierungsfreiheit widersprechenden Weise dazu dienen, eine materielle Unterkapitalisierung der Gesellschaft durch Nachschüsse der Gesellschafter zu beheben.[981] Nach der Diktion des BGH[982] ist den Regelungen des Eigenkapitalersatzrechts ein Abzugsverbot und kein Zuführungsgebot

---

[974] BGHZ 76, 326, 333; ZIP 1984, 572; *v. Gerkan/Hommelhoff*, Anm. 1.9, S. 6; *Hueck/Fastrich* in Baumbach/Hueck, § 32 a, Rn. 2, 3.

[975] BT-Drucks. 8/1347, S. 38.

[976] BGHZ 75, 334, 336; *Hueck/Fastrich* in Baumbach/Hueck, § 32 a, Rn. 2; *K. Schmidt* in Scholz, §§ 32 a, 32 b, Rn. 4; *Westermann* in Scholz, § 30, Rn. 2.

[977] *K. Schmidt* in Scholz, §§ 32 a, 32 b, Rn. 3; zum Begriff der nominellen Unterkapitalisierung *Ulmer* in Hachenburg, Anh. § 30 , Rn. 12 ff.

[978] *K. Schmidt* in Scholz, §§ 32 a, 32 b, Rn. 3, 16; *Ulmer* in Hachenburg, Anh. § 30, Rn. 14, 16, 21, 23.

[979] Übersicht bei *v. Gerkan/Hommelhoff*, Anm. 1.12 ff., S. 7 ff.

[980] *Castor*, S. 30.

[981] *K. Schmidt* in Scholz, §§ 32 a, 32 b, Rn. 16.

[982] BGH, ZIP 1994, 1441, 1443.

zu entnehmen.[983] Es soll lediglich die vom Gesellschafter getroffene Finanzierungsentscheidung festgeschrieben und keine unterlassene Finanzierungsentscheidung nachgeholt werden.
Dagegen geht *Bäcker*[984] davon aus, dass nicht ausgeschlossen sei, dem Gesellschafter ein weitergehendes Vermögensopfer aufzuerlegen. Auch im Falle des § 32 a II GmbHG erleide der Gesellschafter nicht durch Bestellung einer Sicherheit, sondern erst durch deren Verwertung einen Vermögensverlust, der einer Nachschusspflicht gleichkomme. Zuzugeben ist, dass die Bestellung der Sicherheit zur Zeit der Leistungshandlung nur ein teilweises Vermögensopfer darstellt und bis zur Verwertung lediglich eine Vermögensgefährdung vorliegt. Entscheidend ist jedoch, dass durch das Kapitalersatzrecht ausschließlich solche Vermögenswerte in haftendes Eigenkapital umqualifiziert werden dürfen, die der Gesellschafter der Gesellschaft freiwillig zur Verfügung gestellt hat. Demnach ist die Verwertung einer vom Gesellschafter bestellten Sicherheit für diesen kein weitergehendes Vermögensopfer, sondern es realisiert sich die Gefahr, die der Leistung innewohnt.
Das Kapitalersatzrecht kann sich nicht über die Finanzierungsentscheidung des Gesellschafters hinwegsetzen, sondern es kann ihn lediglich an seiner Entscheidung festhalten.[985]

b) Das „Wie" der Finanzierung

Grundsätzlich ist es in das Ermessen der Gesellschafter gestellt, ob sie für die Finanzierung der Gesellschaft Eigen- oder Fremdkapital einsetzen. Dieser Teilbereich der Finanzierungsfreiheit wird in der Krise der Gesellschaft durch die Regelungen des Kapitalersatzrechts beschränkt, indem Fremdkapital, das die Gesellschafter der Gesellschaft zu Finanzierungszwecken zur Verfügung gestellt haben, bis zum Ende der Krise wie haftendes Eigenkapital behandelt wird.[986] Diese Regelungen enthalten auch in der Krise der Gesellschaft kein Verbot der Finanzierung mit Fremdkapital,[987] denn eine derart weitgehende Beschränkung der Freiheit des „Wie" der Finanzierung der Gesellschaft ist nicht sachgerecht, da legitime wirtschaftliche Gründe für eine Ausstattung mit Fremdkapital sprechen können.[988]

---

983 *Castor*, S. 30.
984 *Bäcker*, GmbHR 1994, 766, 773.
985 *Goette*, DStR 1994, 1658, 1660.
986 *Ulmer* in Hachenburg, §§ 32 a, b, Rn. 7.
987 a.A. *v. Gerkan/Hommelhoff*, Anm. 1. 28, S. 17.
988 BT-Drucks. 8/1347, S. 39; BGHZ 76, 326, 330; BGH, ZIP 1984, 572; *Hueck/Fastrich* in Baumbach/Hueck, § 32 a, Rn. 2; *K. Schmidt* in Scholz, §§ 32 a, 32 b, Rn. 7; *Ulmer* in Hachenburg, §§ 32 a, b, Rn. 7.

Der Tatbestand des Kapitalersatzrechts darf deshalb nicht nur an die Zurverfügungstellung von Fremdkapital durch einen funktionellen Gesellschafter anknüpfen. Erforderlich ist als weiteres Tatbestandsmerkmal die Eigenkapitalersatzfunktion des Fremdkapitals, womit dem Umstand Rechnung getragen wird, dass nicht jede Zufuhr von Fremdkapital eine materielle Gleichbehandlung mit Eigenkapital rechtfertigt.

c) Finanzierungsfolgenverantwortung

Die Beschränkung der Finanzierungsfreiheit bedarf der Rechtfertigung durch ein allgemeines Prinzip des Gesellschaftsrechts, nämlich der Finanzierungsfolgenverantwortung der Gesellschafter.[989] Da die Gesellschafter auch in der Krise der Gesellschaft nicht die Pflicht trifft, die Gesellschaft über die vertragliche Einlageverpflichtung hinaus mit ausreichend Kapital auszustatten, müssen sie im Interesse des Gläubigerschutzes die Folgen ihrer Finanzierungsentscheidung tragen.[990] Die Finanzierungsfolgenverantwortung verpflichtet die Gesellschafter, die Gesellschaft entweder zu liquidieren oder ihr bis zur Überwindung der Krise Eigenkapital zur Verfügung zu stellen beziehungsweise zu belassen.[991] Wenn sich die Gesellschafter in der Krise entscheiden, dass die Gesellschaft weiterhin werbend tätig sein soll und ihr deshalb neues Kapital zur Verfügung stellen, besteht ihre Finanzierungsfolgenverantwortung darin, nicht zur Verringerung des eigenen Risikos und damit zur Erhöhung des Risikos der Gläubiger Fremdkapital zur Verfügung zu stellen, obwohl eine Zufuhr von Eigenkapital objektiv geboten ist. Es muss vermieden werden, dass zum Nachteil der Gesellschaftsgläubiger der Eindruck erweckt wird, die Gesellschaft sei mit ausreichend Kapital ausgestattet, obwohl sie nur künstlich durch Zuführung von Fremdkapital am Leben erhalten wird.[992]
Nach herrschender Meinung[993] ist diese Finanzierungsfolgenverantwortung unteilbar, d.h. mit anderen Worten, dass ein funktioneller Gesellschafter die Leis-

---

[989] ständige Rspr. seit BGHZ 81, 252, 257; 90, 381, 389; 105, 168, 175; *Ulmer* in Hachenburg, §§ 32 a, b, Rn. 8; *Hueck/Fastrich* in Baumbach/Hueck, § 32 a, Rn. 40; *Lutter/Hommelhoff* in Lutter/Hommelhoff, §§ 32 a/b, Rn. 3 f.; *K. Schmidt* in Scholz, §§ 32 a, 32 b, Rn. 4 f.; *v. Gerkan/Hommelhoff*, Anm. 1.31, S. 18; *Rümker*, ZGR 1988, 494; Zusammenfassung der maßgeblichen Erwägungen zur Begründung der Fianzierungsfolgenverantwortung *Bäcker*, GmbHR 1994, 766, 769 ff.; vgl. zur dogmatischen Herleitung auch *Bräuer*, S. 21 ff.; der Begriff der Finanzierungsfolgenverantwortung geht zurück auf Wiedemann, ZIP 1986, 1293, 1297.

[990] BGH, WM 1995, 55, 56; BGH, GmbHR 1995, 38, 39.

[991] BGHZ 81, 252, 257; 90, 370; 76, 326, 330; BGH, WM 1990, 182, 183; 1995, 55; GmbHR 1995, 38; *Ulmer* in Hachenburg, §§ 32 a, b, Rn. 8.

[992] BGHZ 76, 326, 335; *Ulmer* in Hachenburg, §§ 32 a, b, Rn. 8; *v. Gerkan/Hommelhoff*, Anm. 1.49 ff., S. 27 ff.; *K. Schmidt* in Scholz, §§ 32 a, 32 b, Rn. 5.

[993] BGHZ 105, 168; *Ulmer* in Hachenburg, §§ 32 a, b, Rn. 35.

tungen an die Gesellschaft stets in seiner Rolle als Gesellschafter erbracht hat. Demnach erübrigt sich eine Prüfung des Zurechnungszusammenhanges zwischen Gesellschafterstellung und der Bereitstellung von Fremdkapital sowohl bei analoger Anwendung der §§ 30, 31 GmbHG als auch bei den Novellenregelungen.

Die Absicht, Gesellschaftsgläubiger zu gefährden, ist keine Tatbestandsvoraussetzung der eigenkapitalersetzenden Gesellschafterleistung.[994] In subjektiver Hinsicht folgt jedoch aus der Finanzierungsfolgenverantwortung, dass der Gesellschafter die Möglichkeit gehabt haben muss, den eigenkapitalersetzenden Charakter seiner Leistung beziehungsweise die dies begründenden Umstände zu erkennen.[995] Er kann seiner Finanzierungsfolgenverantwortung nicht dadurch entgehen, dass er sich um die wirtschaftliche Lage seiner Gesellschaft und den damit verbundenen möglichen Funktionswandel seiner Finanzierungsleistung nicht kümmert.[996] Aus der Finanzierungsfolgenverantwortung ergibt sich auch, dass die Anwendung des Eigenkapitalersatzrechts davon abhängt, dass die Gesellschafter die tatsächliche und rechtliche Möglichkeit hatten, entsprechend ihrer Finanzierungsverantwortung zu handeln.

3. Entwicklung des deutschen Kapitalersatzrechts

Bereits das Reichsgericht ging bei Gesellschafterdarlehen von einem Rangrücktritt im Konkurs der Gesellschaft gegenüber den sonstigen Forderungen aus.[997] Die spätere Rechtsprechung setzte außerhalb der Insolvenz an und behandelte eigenkapitalersetzende Gesellschafterdarlehen wie haftendes Eigenkapital, auf das die §§ 30, 31 GmbHG analoge Anwendung finden.[998] Die Schutzrichtung des § 30 I GmbHG erfasst ebenfalls die Rückgewährung von Leistungen zur Kapitalausstattung.[999] Zuwendungen, die wirtschaftlich Eigenkapital ersetzen, unterliegen aufgrund der oben genannten Finanzierungsfolgenverantwortung hinsichtlich der Rückgewähr denselben Beschränkungen wie ordentliche Einlagen, also einer Ausschüttungssperre unterhalb des zur Erhaltung des Stammkapitals erforderlichen Betrages.[1000]

---

994 *K. Schmidt* in Scholz, §§ 32 a, 32 b, Rn. 8.

995 BGH, GmbHR 1995, 38, 41; 121, 31; 1990, 552, 553; 1992, 168, 170.

996 BGH, GmbHR 1995, 38, 41.

997 RG, JW 1938, 862, 864; 1939, 355, 356.

998 angedeutet in RGZ 166, 51, 57; grundlegend BGHZ 31, 258, 268 ff. - *Luft Taxi*; BGHZ 76, 328 ff.; 81, 311, 314 ff.; 81, 365; *Habersack*, ZHR 162 (1998), 201; *Obermüller*, ZInsO 1998, 51.

999 *Burkert/Elser*, S. 291 f.

1000 vgl. zur Übersicht *Heidinger* in Michalski, §§ 32 a, 32 b, Rn. 19 ff.; *Ulmer* in Hachenburg, §§ 32 a, b, Rn. 158 ff.

Durch die analoge Anwendung der §§ 30, 31 GmbHG wird das der Gesellschaft anstelle von Eigenkapital zur Verfügung gestellte Fremdkapital insoweit gebunden, als es erforderlich ist, verlorenes Stammkapital aufzufüllen oder eine darüber hinausgehende Überschuldung zu beseitigen. Diese Bindung erfolgt nach den Rechtsprechungsregeln unabhängig von einer etwaigen Insolvenz der Gesellschaft, entfaltet aber regelmäßig erst praktische Bedeutung bei Eintritt der Zahlungsunfähigkeit.[1001] Wurde ein kapitalersetzendes Gesellschafterdarlehen unzulässigerweise zurückgezahlt, steht der Gesellschaft ein Erstattungsanspruch analog § 31 I GmbHG zu, der entsprechend § 31 V GmbHG nach zehn Jahren verjährt.
Die §§ 32 a, 32 b GmbHG enthalten ausdrückliche Regeln über eigenkapitalersetzende Gesellschafterleistungen. Sie wurden im Zuge der GmbH-Novelle 1981 in das Gesetz eingefügt. Schon 1939 wurden in einen Entwurf des Justizministeriums die ersten Kodifizierungsvorschläge aufgenommen, die einen Rangrücktritt im Konkurs- oder Vergleichsfall verbunden mit einem erweiterten Anfechtungsrecht des Konkursverwalters vorsahen.[1002] Einen weiteren Kodifikationsversuch stellte § 47 des Referentenentwurfs eines GmbHG im Jahre 1969 dar.[1003] Auf diesem Vorschlag gründen die Regelungen der §§ 49, 50 des Regierungsentwurfs von 1971,[1004] die abgesehen von einigen redaktionellen Änderungen[1005] in die §§ 32 a, 32 b GmbHG der GmbHG-Novelle von 1980/81[1006] aufgenommen wurden. Die einzige materielle Änderung betraf die Streichung des § 32 a IV GmbHG-E 1971, der eine widerlegliche Vermutung dafür enthielt, dass Darlehen, die Ehegatten oder minderjährige Kinder eines Gesellschafters der Gesellschaft gewähren, aus Mitteln des Gesellschafters stammen.[1007] Die Neuregelungen sind unmittelbar auf den Insolvenzfall der Gesellschaft bezogen[1008] und greifen erst in diesem Stadium ein. Neben den §§ 32 a, 32 b GmbHG wurden auch die korrespondierenden Anfechtungstatbestände § 32 a KO und § 3 b AnfG in das Gesetz eingefügt.
Ebenfalls 1981[1009] wurden die §§ 129 a, 172 a, welche die §§ 32 a, 32 b GmbHG auch auf offene Handelsgesellschaften und auf Kommanditgesellschaften für

---

1001 *Burkert/Elser*, S. 292.
1002 *Hommelhoff/Kleindiek*, FS 100 Jahre GmbHG, S. 421, 424.
1003 Referentenentwurf eines Gesetzes über Gesellschaften mit beschränkter Haftung, herausgegeben vom Bundesministerium der Justiz; Verlag Otto-Schmidt KG, 1969, S. 19, 185.
1004 Regierungsentwurf eines neuen GmbH-Gesetzes von 1971, BT-Drucks. 6/3088 bzw. inhaltlich unverändert in BT-Drucks. 7/253 die §§ 42, 44.
1005 *Castor*, S. 22.
1006 amtl. Begr. der Novelle in BT-Drucks. 8/1347.
1007 *Ulmer* in Hachenburg, §§ 32 a, b, Rn. 120.
1008 *Burkert/Elser*, S. 292; *Ulmer* in Hachenburg, §§ 32 a, b, Rn. 2.
1009 Gesetz vom 4.7.1980, BGBl. 1980 I, S. 836.

anwendbar erklären, bei denen kein persönlich haftender Gesellschafter eine natürliche Person ist, in das HGB aufgenommen.

Durch das KonTraG[1010] sowie das KapAeG[1011] ist es zu ersten Novellierungen des bisherigen Eigenkapitalersatzrechts gekommen. 1998 wurde das Kapitalersatzrecht sowohl bezüglich der Novellenregelungen von 1980/81 als auch in Bezug auf die von der Rechtsprechung entwickelten Grundsätze relativiert. Durch das KonTraG ist § 32 a III GmbHG um ein Sanierungsprivileg erweitert worden.[1012] Erfasst werden hiervon bereits vor der Krise gewährte Altkredite und neue Kredite, die der Gesellschaft zu Sanierungszwecken in der Krise zugeführt werden.
Das KapAeG nimmt die Darlehen aus dem Anwendungsbereich des Eigenkapitalersatzrechts aus, wenn sie durch einen nicht geschäftsführenden Gesellschafter mit einem Geschäftsanteil von weniger als 10 % gestellt werden, § 32 a III 2 GmbHG.[1013] Der Gesellschafter verliert diese Freistellung, wenn er Geschäftsführer wird oder ihm individuelle Weisungsrechte gegenüber der Geschäftsleitung eingeräumt werden. Bedenklich ist, dass aufgrund des etwas zu weiten Wortlauts[1014] auch Gesellschafter erfasst werden, die aufgrund ihrer Anteile Minderheitsrechte gemäß § 50 I GmbHG geltend machen und gemäß § 61 GmbHG die Liquidation der GmbH herbeiführen können.
Verändert sich nachträglich die Anteilshöhe eines Gesellschafters, muss differenziert werden: Ein gebundenes eigenkapitalersetzendes Darlehen bleibt auch dann verstrickt, wenn der Anteil des Gesellschafters zwischenzeitlich unter die 10-%-Grenze fällt. Wächst der Anteil eines Kleingesellschafters auf über 10 %, so unterfällt ein zuvor gewährtes Darlehen nur unter der Voraussetzung des stehengelassenen Darlehens dem Eigenkapitalersatzrecht. Die Regelungen des KapAeG erfahren von der Literatur teilweise Kritik, da sie der Umgehung des Eigenkapitalersatzrechts Vorschub leisten würden.[1015]

Eine weitere Änderung des kodifizierten Kapitalersatzrechts brachte die zum 1.1.1999 in Kraft getretene Insolvenzrechtsreform. Die Regelungen halten weiterhin an der insolvenzrechtlichen Ausrichtung fest, so dass es sich nicht um eine grundlegende Veränderung handelt.[1016] § 39 I Nr. 5 InsO regelt die Stellung

---

1010 Gesetz zur Kontrolle und Transparenz im Unternehmensbereich vom 27.4.1998, BGBl. I, S. 786.

1011 Kapitalaufnahmeerleichterungsgesetz vom 20.4.1998, BGBl. I, S. 707.

1012 dazu *Hirte*, ZInsO 1998, 147, 150 ff.

1013 sog. Zwerganteile; zustimmend *Claussen*, GmbHR 1996, 316 ff.; kritisch *Altmeppen*, ZIP 1996, 1455; *Goette*, S. 93 f., 128 ff.; *K. Schmidt*, ZIP 1996, 1586, 1587 f.

1014 *Hirte*, S. 287.

1015 *Altmeppen*, ZIP 1996, 1455; *Dauner-Lieb*, DStR 1998, 609, 613 f.; *v. Gerkan*, GmbHR 1997, 677, 678; *Habersack*, ZHR 1998, 201, 210; *Hirte*, S. 287 f.; *Pentz*, GmbHR 1999, 437, 438 f.; *K. Schmidt*, ZIP 1996, 1586, 1588.

1016 *Haack*, NWB Fach 18, 3837, 3838.

von Forderungen der Gesellschafter aus eigenkapitalersetzenden Leistungen im Insolvenzverfahren. § 32 a I GmbHG wurde dahingehend geändert, dass der Gesellschafter nunmehr „den Anspruch auf Rückgewähr des Darlehens im Insolvenzverfahren über das Vermögen der Gesellschaft nur als nachrangiger Insolvenzgläubiger geltend machen“ kann. § 32 a III GmbHG erfasst als Generalklausel alle einem Darlehen entsprechenden eigenkapitalersetzenden Finanzierungsleistungen.[1017]

Die alte Fassung des § 32 a I GmbHG schloss Gesellschafter mit ihrem eigenkapitalersetzenden Darlehen vollständig vom Konkursverfahren aus. Die Neufassung hingegen sieht vor, dass eigenkapitalersetzende Gesellschafterdarlehen in das Insolvenzverfahren einbezogen werden, § 32 a I GmbHG in Verbindung mit § 39 I Nr. 5 InsO. Hierdurch sollte die Stellung des Gesellschafters in der Insolvenz nicht verbessert werden. Dies zeigen §§ 174 III, 39 InsO, die eine Anmeldung des Darlehens nur nach besonderer Aufforderung durch das Insolvenzgericht erlauben. Bei einem Insolvenzplan erlischt grundsätzlich die Forderung des Gesellschafters, § 225 I InsO. Sofern der Insolvenzplan eine abweichende Regelung trifft, erhält der Gesellschafter die vorgesehene Quote und ist somit den übrigen Gesellschaftsgläubigern gleichgestellt. Den nicht befriedigten Teil seiner Forderung kann er auch nach Abschluss des Verfahrens nicht mehr geltend machen.[1018] Mit §§ 32 a, 32 b GmbHG im unmittelbaren Sachzusammenhang stehen die Anfechtungstatbestände in § 135 InsO, § 6 AnfG bei Besicherung oder Rückzahlung eines eigenkapitalersetzenden Darlehens vor Eröffnung des Insolvenzverfahrens. Diese dehnen die Bindung eigenkapitalersetzender Gesellschafterleistungen auf den Zeitraum vor Eröffnung des Insolvenz- beziehungsweise Vergleichsverfahrens aus. Die Normen stehen der Erfüllung oder Besicherung von Forderungen aus eigenkapitalersetzenden Gesellschafterleistungen nicht grundsätzlich entgegen, ermöglichen jedoch deren Anfechtung, falls innerhalb eines bestimmten Zeitraumes nach der Erfüllung oder Sicherung die Gesellschaft insolvent wird, § 32 b GmbHG, § 135 InsO, oder ein Gesellschaftsgläubiger mit seiner Forderung ausfällt, § 6 AnfG. Der § 135 InsO ersetzt § 32 a KO und ergänzt die durch Gesetzes- und Richterrecht vorgegebene Rechtslage; § 6 AnfG ersetzt den alten § 3 b AnfG. Der Insolvenzverwalter kann gemäß § 135 InsO Sicherungs- und Befriedigungshandlungen rückgängig machen und wieder zur Masse ziehen. Da dieser Anfechtungsanspruch regelmäßig

[1017] *Burkert/Elser*, S. 293; mit der Generalklausel sollen alle im Regierungsentwurf genannten Sachverhalte erfasst werden und darüber hinaus noch einzelne mögliche verbleibende Lücken geschlossen werden; der Regierungsentwurf sah demgegenüber ursprünglich eine umfangreiche Kasuistik zur Erfassung von Umgehungsgeschäften vor mit Regelungen zur Stundung, zu übertragenen Darlehensforderungen, zu Konstellationen mit verschiedenen Unternehmen, zur Erfassung von Geschäften mit Ehegatten und zu stiller Beteiligung, vgl. BT-Drucks. 8/3908, 15.

[1018] BGH, DB 1995, 1168 zu § 32 a I GmbHG a.F.

schwächer ist als der Anspruch analog § 31 GmbHG, spielt er in der Praxis keine große Rolle.[1019]
Neben diesen speziellen Anfechtungstatbeständen bleiben die allgemeinen Anfechtungstatbestände der §§ 130 ff. InsO, §§ 3 ff. AnfG anwendbar.[1020]

Im Zuge des MoMiG werden die Rechtsprechungsregeln nunmehr ausdrücklich aufgegeben. Dies bringt § 30 I 3 GmbHG-E 2007 zweifelsfrei zum Ausdruck. Die §§ 32 a, 32 b GmbHG werden aufgehoben und ihr Regelungsinhalt wird im Insolvenzrecht neu geordnet. Dabei wird von der Figur des kapitalersetzenden Gesellschafterdarlehens Abstand genommen und sämtliche Darlehen, die innerhalb eines Jahres vor Eintritt der Insolvenz durch einen Gesellschafter gewährt worden sind, werden mit insolvenzrechtlichem Nachrang versehen.[1021]

4. Konkurrenzverhältnis zwischen Rechtsprechungs- und Novellenregeln

Ziel der GmbHG-Novelle von 1980/81 war es, Rechtsklarheit zu schaffen und durch die Kodifizierung das Kapitalersatzrecht für die Rechtsprechung auf eine hinreichende gesetzliche Grundlage zu stellen, die an die Stelle der bisherigen BGH-Grundsätze tritt.[1022] Im Gegensatz dazu gehen die ständige Rechtsprechung[1023] und die herrschende Meinung im Schrifttum[1024] davon aus, dass die alten Rechtsprechungsregeln weiterhin anwendbar sind. Für diese Ansicht spricht die erklärte Absicht des Gesetzgebers, die §§ 32 a, 32 b GmbHG im Interesse eines umfassenden Gläubigerschutzes „nicht als abschließende Regelung zu verstehen" und „den Weg einer Analogie oder sonstigen Weiterbildung offen zu lassen".[1025] Durch die Kodifizierung werde nur ein Teilaspekt des umfassenden Systems der eigenkapitalersetzenden Gesellschafterleistungen geregelt. BGH-Regeln und Novellenregelungen stünden aufgrund ihrer unterschiedlichen rechtlichen Konstruktion und ihrer Rechtsfolgen in keinem Spezialitätsverhältnis zueinander.[1026]
Die Novellenregeln werden auch als insolvenzrechtliche Lösung, die Rechtsprechungsregeln hingegen als gesellschaftsrechtliches Schutzkonzept bezeichnet.[1027] Eine kumulative Anwendung beruht auf folgenden Erwägungen: Die

[1019] *Kreft* in Heidelberger Kommentar InsO, § 135, Rn. 7; *Stodolkowitz* in Münchener Kommentar, InsO, § 135, Rn. 6.
[1020] *Pentz* in Rowedder/Schmidt-Leithoff, § 32 a, Rn. 23.
[1021] ausführlich zu den Neuregelungen siehe Kapitel D, IV.
[1022] BT-Drucks. 8/1347, S. 39; BGHZ 90, 370, 377; *Höhn*, S. 53 f.; *Huber* in Lutter, S. 139.
[1023] BGHZ 90, 370, 381; seitdem st.Rspr.
[1024] *Hueck/Fastrich* in Baumbach/Hueck, § 32 a, Rn. 8; *Huber* in Lutter, S. 139; *Lutter/Hommelhoff* in Lutter/Hommelhoff, §§ 32 a/b, Rn. 10; *Ulmer* in Hachenburg, §§ 32 a, b, Rn. 14, 160.
[1025] BT-Drucks. 8/3908, S. 76.
[1026] BGHZ 90, 370, 377.
[1027] *Ulmer* in Hachenburg, § 32 a, b, Rn. 2.

§§ 32 a, 32 b GmbHG und die hieran anknüpfenden Anfechtungstatbestände der § 135 InsO, § 6 AnfG sind wegen ihrer insolvenzrechtlichen reaktiven Ausrichtung unvollständig und reichen nicht aus, um einen umfassenden Gläubigerschutz zu erzielen.[1028] Der Gesellschaft steht nach der gesetzlichen Regelung in der Zeit vor Eröffnung des Insolvenzverfahrens kein Leistungsverweigerungsrecht zu und im Vergleichsverfahren scheidet eine Anfechtung gemäß § 135 InsO, § 6 AnfG aus. Die einjährige auf den Zeitpunkt der formellen Eröffnung des Insolvenzverfahrens bezogene Frist zur Insolvenzanfechtung gemäß § 135 InsO erweist sich in der Praxis häufig als zu knapp bemessen.[1029] Des Weiteren ist der Erstattungsanspruch aus § 32 b GmbHG eingeschränkt, da er nur im Falle der Eröffnung des Insolvenzverfahrens, nicht aber im Vergleichsverfahren oder bei Ablehnung des Insolvenzverfahrens mangels Masse anwendbar ist. Der rein insolvenzrechtliche Ansatz vermag die Problematik der eigenkapitalersetzenden Darlehen deshalb nicht vollständig zu lösen. Ein ausreichender Schutz der Gesellschaftsgläubiger lässt sich nur erreichen, wenn die eigenkapitalersetzende Gesellschafterleistung bereits dann in funktionelles Eigenkapital umqualifiziert wird, sobald das Reinvermögen der Gesellschaft das Stammkapital nicht mehr deckt. Dieser Schutz wird ausschließlich durch die Rechtsprechungsregeln gewährleistet. Hieraus folgt gleichzeitig, dass eine etwaige Übertragung der insolvenzrechtlichen Anfechtungsfristen auf die Rechtsprechungsgrundsätze ausscheiden muss, wodurch § 146 InsO in praxi viel an Wirkung verliert.[1030]

Auch die Insolvenzrechtsreform von 1998/99 führt bezüglich des Konkurrenzverhältnisses zu keinen anderen Ergebnissen. Die insolvenzrechtliche Ausrichtung der gesetzlichen Regelungen bleibt erhalten, so dass eine zusätzliche Anwendung der Rechtsprechungsgrundsätze weiterhin gerechtfertigt ist. Die BGH-Regeln und die gesetzlichen Regelungen bilden ein miteinander konkurrierendes System zum Schutz der Gesellschaftsgläubiger vor den mit eigenkapitalersetzenden Gesellschafterleistungen verbundenen Gefahren.[1031] Auf den Sockelbetrag bis zur Stammkapitalziffer sind die Rechtsprechungsregeln anwendbar und für jeden darüber hinausgehenden Betrag gelten die gesetzlichen Regelungen.[1032]

Umstritten ist in der Literatur lediglich, ob die Rechtsprechungsregeln in ihrem Anwendungsbereich die gesetzlichen Regelungen verdrängen.[1033] Für eine Spe-

---

[1028] *Castor*, S. 25; *Ulmer* in Hachenburg, §§ 32 a, b, Rn. 160; *Lutter/Hommelhoff* in Lutter/Hommelhoff, §§ 32 a/b, Rn. 10.

[1029] *Castor*, S. 25; *K. Schmidt* in Scholz, §§ 32 a, 32 b, Rn. 71.

[1030] *Burkert/Elser*, S. 294.

[1031] *Castor*, S. 27; *Hueck/Fastrich* in Baumbach/Hueck, § 32 a, Rn. 89; *v. Gerkan/Hommelhoff*, Anm. 2.5, S. 47; *Ulmer* in Hachenburg, §§ 32 a, b, Rn. 14, 18.

[1032] *Castor*, S. 27.

[1033] *v. Gerkan/Hommelhoff*, Anm. 2.5, S. 47.

zialität der Rechtsprechungsregeln besteht jedoch weder eine gesetzliche Grundlage noch ein Bedürfnis, so dass beide Systeme ohne Einschränkungen parallel angewendet werden können.[1034] In der Insolvenz der Gesellschaft - dem Hauptanwendungsfall des Kapitalersatzrechts - kommen Rechtsprechungs- und Novellenregeln regelmäßig zu übereinstimmenden Ergebnissen. Das kapitalersetzende Gesellschafterdarlehen wird nachgeordnet und der Gesellschafter erhält in der Regel keine Quote. Wurde das Darlehen bereits zurückgezahlt, ist der Gesellschafter der Gesellschaft zur Erstattung verpflichtet. In Randbereichen decken sich die parallel anwendbaren Regelungssysteme jedoch nicht. Dies gilt insbesondere für die Fragen der Fristen. Zudem können über die BGH-Regeln auch außerhalb der Insolvenz eigenkapitalersetzende Gesellschafterdarlehen sanktioniert werden. Die Rechtsprechungsregeln machen die Vorschriften der §§ 32 a, 32 b GmbHG, §§ 39 I Nr. 5, 139 InsO, § 6 AnfG nicht entbehrlich, denn diese vermeiden die oftmals schwierige Feststellung, ob das Stammkapital angegriffen ist oder war.[1035] Insofern ist festzuhalten, dass es sich bei den Rechtsprechungs- und den Novellenregeln um zwei selbstständige Regelungssysteme handelt.
Durch das MoMiG wird dieses Konkurrenzverhältnis für die Zukunft endgültig bereinigt. Die Rechtsprechungsregeln werden ausdrücklich aufgegeben, so dass sich das Recht der Gesellschafterdarlehen zukünftig ausschließlich nach den Normen der InsO und des AnfG bestimmen wird.

II. Tatbestandsvoraussetzungen des geltenden Kapitalersatzrechts

Nicht alle der Gesellschaft von ihren Gesellschaftern gewährten Darlehen fallen unter die Rechtsprechungsgrundsätze beziehungsweise die gesetzlichen Regelungen zum Schutz des Gesellschaftskapitals. Tatbestandsmäßig sind nur diejenigen Darlehen, die eigenkapitalersetzenden Charakter haben, die demnach gewährt werden, obwohl ordentliche Kaufleute Eigenkapital zugeführt hätten. Abgesehen davon, dass die Novellenregeln an die Insolvenz der Gesellschaft anknüpfen und die Rechtsprechungsgrundsätze außerhalb der Insolvenz anwendbar sind, entsprechen sich die Bewertungsmaßstäbe, wann eine eigenkapitalersetzende Maßnahme vorliegt.[1036] Sowohl die Rechtsprechung des BGH[1037] als auch die herrschende Meinung in der Literatur[1038] setzen einen regelungsübergreifenden Tatbestand der eigenkapitalersetzenden Gesellschafterleistung

---

[1034] *Hueck/Fastrich* in Baumbach/Hueck, § 32 a, Rn. 92.

[1035] BGHZ 90, 370, 378; *Lutter/Hommelhoff* in Lutter/Hommelhoff, §§ 32 a/b, Rn. 17; a.A.: *K. Schmidt* in Scholz, §§ 32 a, 32 b, Rn. 76.

[1036] *Burkert/Elser*, S. 299; ausführlich zum allgemeinen Tatbestand der eigenkapitalersetzenden Gesellschafterleistung *Castor*, S. 38 ff.

[1037] BGHZ 90, 381, 385.

[1038] *v. Gerkan/Hommelhoff*, Anm. 2.12 ff., S. 50 ff.; *Hueck/Fastrich* in Baumbach/Hueck, § 32 a, Rn. 93; *Siecker*, ZGR 1995, 250, 254; *Ulmer* in Hachenburg, §§ 32 a, b, Rn. 8.

voraus, der für den Anwendungsbereich der normierten Regelungen und im Rahmen der Rechtsprechungsregeln durch dieselben Merkmale definiert wird.[1039] Ein entscheidendes Argument für einen regelungsübergreifenden Tatbestand kann der Begründung des Regierungsentwurfs zur GmbHG-Novelle von 1980 entnommen werden. Nach dem Willen des Gesetzgebers sollten die §§ 32 a, 32 b GmbHG die bisherige Rechtsprechung zu eigenkapitalersetzenden Gesellschafterdarlehen kodifizieren.[1040] Besondere Bedeutung kommt der Generalklausel des § 32 a III GmbHG zu. Der Regierungsentwurf zu § 32 a GmbHG[1041] enthielt eine an den von der Rechtsprechung entwickelten Fallgruppen orientierte Aufzählung möglicher Umgehungstatbestände. Die später in § 32 a III GmbHG eingeführte Generalklausel sollte eine größere Flexibilität der gesetzlichen Regelungen ermöglichen,[1042] so dass neben den ausdrücklich in dem Entwurf genannten Umgehungstatbeständen auch die durch die vorangegangene Rechtsprechung ermittelten Fälle einbezogen werden können. Die Generalklausel des § 32 a III GmbHG erweitert den gesetzlichen Grundtatbestand in zweifacher Hinsicht und erfasst dieselben Fallgruppen, die bereits vor der GmbH-Novelle durch die Rechtsprechungsgrundsätze abgedeckt wurden. § 32 a III GmbHG dehnt den Tatbestand der Gesellschafterleistung auf jegliche Zurverfügungstellung von Fremdkapital aus und vergrößert den Kreis der die eigenkapitalersetzende Leistung erbringenden Personen auf Dritte als funktionelle Gesellschafter. Die ständige Rechtsprechung und die herrschende Literaturmeinung[1043] entnehmen dem § 32 a III GmbHG den Auftrag des Gesetzgebers[1044] an die Gerichte zur Rechtsfortbildung und erweitern diesen Auftrag zugunsten der von der alten Rechtsprechung entwickelten Grundsätze zu eigenkapitalersetzenden Gesellschafterleistungen.[1045] Die in § 32 a III GmbHG enthaltene Generalklausel prägt über ausdrückliche Verweisungen in § 32 b GmbHG die Novellenregeln ebenso wie die Rechtsprechungsregeln. Dies führt zu einer vollständigen Übereinstimmung der Tatbestandsvoraussetzungen der eigenkapitalersetzenden Gesellschafterleistung bei den beiden Reglungssystemen, so dass es geboten ist, diesen Tatbestand regelungsübergreifend anhand allgemeiner Merkmale zu bestimmen.[1046]

[1039] BGHZ 90, 381, 385; *v. Gerkan/Hommelhoff*, Anm. 2.12 ff., S. 50 ff.; *Hueck/Fastrich* in Baumbach/Hueck, § 32 a, Rn. 93; *Ulmer* in Hachenburg, § 32 a, b, Rn. 161 ff.; *Siecker*, ZGR 1995, 250, 254.

[1040] BT-Drucks. 8/1347, S. 39; *Hirte*, S. 266; *Hueck/Fastrich* in Baumbach/Hueck, § 32 a, Rn. 4 f.; *K. Schmidt*, ZIP 1993, 161.

[1041] BT-Drucks. 8/1347, S. 9, 40.

[1042] BT-Drucks. 8/3908, S. 15, 67, 74.

[1043] *Ulmer* in Hachenburg, §§ 32 a, b, Rn. 5, 82.

[1044] BT-Drucks. 8/3908, S. 67.

[1045] BGHZ 90, 370, 380.

[1046] dazu eingehend: *Castor*, S. 40 ff.

Voraussetzung ist eine Leistung an die Gesellschaft, die durch einen Gesellschafter oder eine funktional gleichgestellte Person erbracht worden ist und die eigenkapitalersetzenden Charakter hat.

1. Leistung an die Gesellschaft

Neben dem als gesetzlichen Regelfall eingestuften Darlehen hat die Rechtsprechung die Grundsätze konkretisiert und auf vergleichbare Sachverhalte ausgedehnt. Das GmbHG schützt das Eigenkapitalersatzrecht umfassend vor Umgehungen, indem §§ 32 a, 32 b GmbHG bestimmte Drittdarlehen erfassen und § 32 a III GmbHG den Schutzbereich auf alle Rechtshandlungen ausdehnt, die einer Darlehensgewährung entsprechen. § 32 a III GmbHG betrifft insbesondere Stundungs- und Fälligkeitsabreden bei Austauschverträgen zwischen Gesellschaft und Gesellschaftern sowie eigenkapitalersetzende Gebrauchsüberlassungen.

Nach ständiger Rechtsprechung des BGH ist die Rechtsnatur der Leistung unerheblich, so dass eine Leistungshandlung im Sinne des Kapitalersatzrechts auch ein bloßer Realakt sein kann.[1047] Diese Ansicht wird für den Fall des Unterlassens[1048] dadurch eingeschränkt, dass es dem Gesellschafter zumindest möglich gewesen sein muss, den eigenkapitalersetzenden Charakter zu erkennen.[1049]

Die folgenden Ausführungen sollen einen Überblick über die in der Praxis häufigsten und wichtigsten Fallgruppen der eigenkapitalersetzenden Gesellschafterleistungen geben.

a) Darlehensgewährung

Eindeutig erfasst ist der Fall, in dem ein Gesellschafter seiner Gesellschaft ein Darlehen im Sinne des § 670 BGB gewährt. Hierbei handelt es sich um die als Regelfall eingeordnete Handlungsalternative zur Deckung des Kapitalbedarfs der Gesellschaft mit Fremdmitteln. Gemeint ist damit die Überlassung finanzieller Mittel auf Zeit. Auf welchem Rechtsgrund die Forderung des Gesellschafters gegen die Gesellschaft beruht, ist unerheblich.[1050]

b) Besicherung fremder Darlehen

Neben § 32 a II GmbHG erfassen auch die Rechtsprechungsgrundsätze die Besicherung von Fremdkrediten durch die Gesellschafter.[1051] Wenn die durch

---

1047 ausdrücklich BGH, WM 1985, 1028; 1995, 55.

1048 siehe Kapitel D, II. 1. e).

1049 BGH, ZIP 1996, 273, 275; BGH, ZIP 1988, 638.

1050 *Höhn*, S. 56.

1051 BGHZ 67, 171 ff.; BGH, ZIP 1996, 275; *Burkert/Elser*, S. 302; z.B. Bürgschaften, Grundpfandrechte, selbstständige Schuldversprechen.

den Gesellschafter gewährte Sicherheit wirtschaftlich denselben Erfolg herbeiführt wie eine unmittelbare Darlehensgewährung - die Sicherheit also nur dazu dient, der Gesellschaft durch persönlichen Vermögenseinsatz ohne Einbringung von Eigenkapital Fremdmittel zuzuführen -, ist sie wie eine Einlageleistung zu behandeln.[1052]
Bei Drittdarlehen im Sinne der §§ 32 a II, 32 b GmbHG müssen sämtliche Voraussetzungen für eigenkapitalersetzende Darlehen vorliegen, ohne dass der Kapitalgeber hierfür ein Gesellschafter zu sein braucht. Gleichzeitig muss das Darlehen durch einen Gesellschafter oder eine ihm gleichzusetzende Person besichert werden, wobei entgegen dem Wortlaut des § 32 a II GmbHG die Gewährung eines jeden Sicherungsmittels erfasst ist. Grundsätzlich unbeachtlich ist, ob der Gläubiger neben der Sicherheit des Gesellschafters auch auf andere Sicherheiten zurückgreifen kann,[1053] denn dass der Darlehensgeber darüber hinaus eine Sicherheit des Gesellschafters verlangt hat, zeigt, dass er sein Darlehen anderenfalls nicht gewährt hätte. Sofern die Gesellschaft weiterhin Kredite erhält, kann eine Gesellschaftersicherheit kapitalersetzend sein, wenn zum Beispiel eine Bank den Neukredit nur gewährt, weil sie ohnehin übersichert war.

c) Gebrauchsüberlassung

Überlässt ein Gesellschafter der Gesellschaft Sachen zur Nutzung, kann diese Handlung einem eigenkapitalersetzenden Darlehen gleichzusetzen sein. Die Erstreckung der Regeln über eigenkapitalersetzende Gesellschafterdarlehen auf Gebrauchsüberlassungen stellt die wichtigste Erweiterung des Tatbestandes dar.[1054] Im Ergebnis erhält die Gesellschaft auch im Zuge einer Nutzungsüberlassung Vermögensgegenstände, mit deren Hilfe die wirtschaftliche Krise verschleppt werden kann.[1055]

d) Sonstige Finanzierungshilfen

Das Eigenkapitalersatzrecht erfasst alle Leistungen, die wirtschaftlich einer Darlehensgewährung entsprechen. Hierunter fallen dingliche Sicherheiten an Immobilien eines Gesellschafters,[1056] Sicherungsübereignungen,[1057] Kautionen,[1058]

1052 BGHZ 171, 182; 67, 182; BGH, NJW 1996, 1341; *Burkert/Elser*, S. 302; *Heidinger* in Michalski, §§ 32 a, 32 b, Rn. 133; *Lutter/Hommelhoff* in Lutter/Hommelhoff, §§ 32 a/b, Rn. 111; *Ulmer* in Hachenburg, § 32 a, b, Rn. 129: typische Fallgruppe eigenkapitalersetzender Gesellschafterleistungen.

1053 BGH, NJW 1985, 858 bezügl. einer Grundschuld.

1054 grundlegend BGHZ 109, 55 - *Lagergrundstück I.*

1055 BGHZ 109, 55, 58; *Ulmer* in Hachenburg, § 32 a, b, Rn. 106.

1056 BGH, NJW 2000, 3278 f.; 2001, 1491.

1057 BGH, NJW 1992, 1169.

1058 BGH, NJW 1989, 1733.

Schuldversprechen,[1059] Sicherungszessionen,[1060] Stundungsabreden[1061] sowie die Stundung von Drittgläubigerforderungen.

Bei Finanzplankrediten handelt es sich nach der jüngeren Rechtsprechung des BGH[1062] entgegen der bis dahin herrschenden Meinung nicht um einen eigenständigen Fall des Kapitalersatzrechts. Von einem normalen Gesellschafterdarlehen unterscheiden sich Finanzplankredite dadurch, dass sie bilanziell als Verbindlichkeiten ausgewiesen sind, von den Gesellschaftern selbst aber als Einlage behandelt werden. Formell sind Finanzplankredite Fremdkapital, materiell hingegen Eigenkapital. Vor der Einzahlung des Kredits sollen die allgemeinen Regeln satzungsmäßiger beziehungsweise vertraglicher Kreditzusagen anzuwenden sein und nach Eintritt der Krise sind die Gesellschafter an ihr Kreditversprechen gebunden. Diese Bindung wird mit der sinngemäßen Anwendung der gesetzlichen Regeln zur Befreiung bei eingegangenen, aber nicht vollständig erfüllten Einlagepflichten begründet. Hierdurch werden Finanzplankredite dem Eigenkapitalersatzrecht entzogen. Infolgedessen können sich die Gesellschafter nicht auf das Sanierungs- oder Kleingesellschafterprivileg berufen.[1063]

e) Stehenlassen von Leistungen

Nicht nur die Zuführung, sondern auch das Stehenlassen von Leistungen kann kapitalersatzrechtlich relevant sein.[1064] Es ist möglich, dass der Gesellschafter die Leistung selbst, zum Beispiel die Darlehensvaluta oder den Gebrauch der Sache, trotz fälligen Rückgabeanspruchs weiterhin der Gesellschaft überlässt oder mit der Gesellschaft eine Stundungsvereinbarung trifft, trotz Fälligkeit die Ansprüche aus anderen Rechtsgründen als Darlehen nicht geltend zu machen.

Der Gesellschafter hat eine an § 64 I GmbHG angelehnte zwei-[1065] bis dreiwöchige[1066] Überlegungsfrist,[1067] nach deren Verstreichen das Eigenkapitalersatzrecht eingreift. Erforderlich ist keine vertragliche Stundungsabrede; ein entsprechendes faktisches Handeln reicht aus.[1068] Es genügt, dass der Gesell-

[1059] BGH, NJW 1992, 1763.
[1060] BGH, NJW 1992, 1169.
[1061] OLG Düsseldorf, NZG 2000, 430 ff.
[1062] BGH, GmbHR 1999, 911; ZIP 1999, 1263 f.
[1063] *Sieger/Aleth*, GmbHR 2000, 462 ff.
[1064] seit BGHZ 75, 334 ff. allg. anerkannt.
[1065] BGH, NJW 1995, 658.
[1066] BGH, NJW 1996, 722; 1998, 3201.
[1067] BGH, NJW 1991, 397; 1992, 1169: angemessene Frist.
[1068] BGHZ 81, 252, 257; BGH, NJW 1992, 1764, 1766; zu schlichtem Stehenlassen auch *Höhn*, S. 71 ff.

schafter die Krise hätte erkennen und dementsprechend reagieren können.[1069] Eine entsprechende Möglichkeit des Gesellschafters zur Kenntnisnahme wird bei einer normalen GmbH von der Rechtsprechung vermutet.[1070] Das Stehenlassen stellt sich dann als bewusste Finanzierungsentscheidung des Gesellschafters dar.
Allerdings ist nicht jedes kurzfristige Stehenlassen einer Forderung als (eigenkapitalersetzende) Darlehensgewährung einzuordnen. Ein gewisses Maß an Dauerhaftigkeit wird vorausgesetzt, das auch beim Stehenlassen von Sicherheiten für Darlehen Dritter in Betracht kommt.[1071] Die Rechtsprechung des BGH lässt es ausreichen, wenn die Gesellschaft nach Bestellung der Sicherheit durch den Gesellschafter kreditunwürdig wird und er seine Hilfe der Gesellschaft belässt.[1072] Auch hierdurch wird eine liquidationsreife Gesellschaft künstlich am Leben erhalten und die Gläubigerinteressen werden ebenso gefährdet wie durch eine erneute Darlehensgewährung. In der Krise bestehen für den Gesellschafter die Optionen, seine Hilfe zurückzuziehen oder die Gesellschaft direkt zu liquidieren.[1073] Ob ein Zurückziehen der Sicherheit nach schuldrechtlichen Gesichtspunkten möglich ist, wird nur dann bedeutsam, wenn der Gesellschafter aufgrund seiner gesellschaftsrechtlichen Stellung eine etwaige Liquidation der Gesellschaft nicht herbeiführen kann.[1074]
Teilweise wird im Schrifttum eine zumindest konkludente Finanzierungsabrede gefordert,[1075] nach anderer Ansicht soll allein auf objektive Kriterien abgestellt werden, so dass die Rechtsfolgen des Kapitalersatzrechts auch dann eingreifen, wenn der Gesellschafter ein Darlehen stehenlässt, ohne von der Krise der Gesellschaft gewusst zu haben.[1076]

2. Gesellschaftereigenschaft des Leistenden

Eine weitere Voraussetzung für den allgemeinen Tatbestand der eigenkapitalersetzenden Gesellschafterleistung ist die Gesellschaftereigenschaft des Darlehensgebers bei Gewährung oder Belassung des Darlehens.[1077] Die handelnde Person muss mindestens einen Gesellschaftsanteil halten oder, sofern sie nicht

---

[1069] BGHZ 75, 334, 338; 105, 168, 185; BGH, NJW-RR 1990, 290; insbes. auch BGHZ 127, 336, 344, 346; zum Begriff „Kennen- und Handelnmüssen" *Lutter/Hommelhoff* in Lutter/Hommelhoff, §§ 32 a/b, Rn. 47.
[1070] BGH, GmbHR 1992, 297; 1995, 36.
[1071] BGH, ZIP 1995, 646.
[1072] BGH, NZG 2000, 688 ff.
[1073] BGHZ 121, 36 f.; BGH, NJW 1992, 1170; 1995, 658.
[1074] BGH, NJW 1993, 393.
[1075] *K. Schmidt* in Scholz, §§ 32 a, 32 b, Rn. 48; *Ulmer* in Hachenburg, § 32 a, b, Rn. 31.
[1076] *v. Gerkan*, GmbHR 1986, 218, 221; *Wiedemann*, ZIP 1986, 1293, 1297.
[1077] zur Rechtslage bei der GmbH & Co. KG: BGH, ZIP 1998, 1437 f.

mit der Geschäftsführung betraut ist, gemäß § 32 a III GmbHG eine Mindestbeteiligung von 10 % besitzen.[1078] Diese Einschränkung bezieht sich nicht nur auf das kodifizierte Kapitalersatzrecht, sondern auch auf die BGH-Regeln.[1079] Wenn ein Gesellschafter der Gesellschaft bereits vor seinem Eintritt ein Darlehen gewährt hat und dies nach seinem Eintritt während der Krise nicht zurückfordert, wird es eigenkapitalersetzend, weil darin ein eigenkapitalersetzendes Stehenlassen zu sehen ist.[1080] Ein Gesellschafter kann sich durch Austritt aus der Gesellschaft seiner eigenkapitalersatzrechtlichen Haftung nicht entziehen, wenn er zuvor ein eigenkapitalersetzendes Darlehen gewährt hat.[1081] Scheidet ein Gesellschafter bereits vor der Krise aus, wird sein Darlehen mit Eintritt der Krise nicht eigenkapitalersetzend, es sei denn, das Darlehen war von vornherein zur Krisenfinanzierung gewährt worden.[1082]

Eine Ausnahme von der Anwendbarkeit der Kapitalersatzregeln macht der BGH bei sehr kurzfristigen Überlassungskrediten, da es sich dann nicht um eine Leistung handele, anstelle derer ein ordentlicher Kaufmann Eigenkapital zugeführt hätte.[1083]

Nießbraucher oder typische Pfandgläubiger, die in dieser Funktion einen Gesellschaftsanteil halten, werden den Gesellschaftern nicht gleichgestellt; Treuhänder hingegen schon. Falls der stille Gesellschafter einen Einfluss auf die Geschicke der Gesellschaft hat, der mit dem eines Kommanditisten vergleichbar ist, trifft auch ihn die Finanzierungsfolgenverantwortung.[1084]

§ 32 a III 1 GmbHG stellt dem Gesellschafter bestimmte Dritte gleich, insbesondere Verwandte des Gesellschafters oder verbundene Unternehmen, wenn die Darlehenssumme aus Mitteln des Gesellschafters zur Verfügung gestellt wird. Sofern nahe Verwandte aus eigenen Mitteln und auf eigene Rechnung der Gesellschaft einen Kredit gewährt haben, ist eine automatische Zurechnung nicht möglich.[1085] Diese kann jedoch erfolgen, wenn ein anderer Dritter die Mittel zuführt und zu dem Gesellschafter in einer Unternehmensverbindung gemäß §§ 15 ff. AktG steht.[1086]

1078 zur Kritik an den Regeln des KapAEG: *Altmeppen*, ZIP 1996, 1455; *Dauner-Lieb*, DStR 1998, 609, 613 f.; *v. Gerkan*, GmbHR 1997, 677, 678; *Habersack*, ZHR 1998, 201, 210; *Pentz*, GmbHR 1999, 437, 438 f.; *K. Schmidt*, ZIP 1996, 1586, 1588.

1079 *Habersack*, ZHR 162 (1998), 201, 210 f.; *K. Schmidt*, ZIP 1996, 1586, 1589.

1080 BGHZ 81, 311, 316; *Obermüller*, ZInsO 1998, 51; *Ulmer* in Hachenburg, § 32 a, b, Rn. 38 f.; a.A. *Claussen*, ZHR 1983, 195, 216 ff.

1081 allg.M.: OLG Düsseldorf, ZIP 1995, 1907; *Goette*, DStR 1997, 2027, 2034; *Hirte*, S. 269; *K. Schmidt* in Scholz, §§ 32 a, 32 b, Rn. 34; *Ulmer* in Hachenburg, § 32 a, b, Rn. 40.

1082 BGH, ZIP 1987, 169 f.

1083 BGH, NJW 1990, 981 f.; 1997, 3171.

1084 BGHZ 83, 341, 345; BGH, WM 1983, 594, 595.

1085 BGH, DStR 1999, 811.

1086 BGH, GmbHR 1999, 916.

Für das Eingreifen des allgemeinen Tatbestandes darf der Gesellschafter kein Sanierungsgesellschafter im Sinne des § 32 a III 3 GmbHG sein. Dieses Sanierungsprivileg gilt nur für Gesellschafter, die vor der Krise der Gesellschaft noch keine Gesellschafter oder lediglich Kleingesellschafter nach § 32 a III 2 GmbHG waren. Demnach werden die Darlehen neu eintretender Gesellschafter, die in der Krise gewährt werden und Eigenkapitalersatzfunktion haben, nicht verstrickt. In persönlicher Hinsicht ist das Sanierungsprivileg nicht auf Banken oder ehemalige Gesellschaftsgläubiger beschränkt, so dass zum Beispiel auch der bisherige Fremdgeschäftsführer als Sanierungsgesellschafter in Betracht kommt. Es muss allerdings nachgewiesen werden, dass nach Beitritt des neuen Gesellschafters Maßnahmen ergriffen worden sind, die tatsächlich geeignet waren, die Gesellschaft zu sanieren. Eine Kapitalzufuhr lediglich durch den Beitritt des Sanierungsgesellschafters ist nicht ausreichend; der tatsächliche Sanierungserfolg wird aber auch nicht vorausgesetzt. Im Falle des Scheiterns nimmt der Sanierungsgesellschafter gemäß § 38 InsO als normaler Insolvenzgläubiger am Insolvenzverfahren teil. Wenn die Krise zunächst erfolgreich überwunden wurde und erneut eine Gesellschaftskrise eintritt, ist das gewährte Darlehen in ein eigenkapitalersetzendes Gesellschafterdarlehen umzuqualifizieren.[1087]

3. Eigenkapitalersetzender Charakter der Leistung

Nicht jedes Darlehen, das die Gesellschafter ihrer Gesellschaft zur Verfügung stellen, fällt unter die Rechtsprechungsgrundsätze oder unter die gesetzlichen Regelungen. Dies gilt nur bei einem eigenkapitalersetzenden Charakter, der immer dann vorliegt, wenn das Darlehen in der Krise gewährt worden ist. Durch die objektive Würdigung aller Umstände muss im Einzelfall und für jedes Darlehen gesondert bestimmt werden, ob das Darlehen der Gesellschaft in einem Zeitpunkt gewährt worden ist, in dem die Gesellschaft nicht in der Lage war, das zur Geschäftsfortführung notwendige Kapital durch einen entsprechenden Kredit von dritter Seite zu marktüblichen Konditionen zu beschaffen.[1088] Die Formulierung der Novellenregelung in § 32 a I 1 GmbHG („Zeitpunkt, in dem ihr die Gesellschafter als ordentliche Kaufleute Eigenkapital zugeführt hätten") wurde schon vor der Normierung in der gleichen Weise verstanden.[1089] Daher hat der Gesetzgeber die jetzige Legaldefinition eingeführt.[1090] Die Krise der Gesellschaft ist der Anknüpfungspunkt für die Umqualifizierung von Gesellschafterleistungen in Kapitalersatz. Insolvenzreife einerseits und Kredit- und Überlassungsunwürdigkeit andererseits sind eigenständige, voneinander unab-

---

1087 *Dörrie*, ZIP 1999, 16; *Obermüller*, ZInsO 1998, 51, 53.

1088 BGHZ 76, 326, 330; 90, 381, 390; 105, 168, 184 f.

1089 *Hirte*, S. 263; *Hueck/Fastrich* in Baumbach/Hueck, § 32 a, Rn. 47.

1090 *Obermüller*, ZInsO 1998, 51, 53; *Siebert*, GmbHR 1998, 309, 310.

hängige Tatbestände der Krise im Sinne des Eigenkapitalersatzrechts.[1091] Tritt der Gesellschafter in diesem Zeitpunkt der Gesellschaft wie ein gesellschaftsfremder Dritter gegenüber, greifen die Kapitalersatzregeln ein. Ausschlaggebend ist, dass eine liquidationsreife Gesellschaft fortgeführt wird und dass die dafür benötigten Eigenmittel nicht zugeführt werden.

a) Insolvenzreife

Die Gesellschaft befindet sich im Zustand der Krise, wenn sie zahlungsunfähig im Sinne des § 17 I InsO ist, sie also nicht mehr in der Lage ist, ihre Zahlungsverpflichungen zu erfüllen. Davon kann ausgegangen werden, wenn die Gesellschaft Zahlungen aus laufenden Verbindlichkeiten einstellt. Sofern die Gesellschaft überschuldet ist, § 19 II InsO, ist dies ansatzweise eine Verletzung des § 30 GmbHG, da das zu erhaltende Stammkapital angegriffen ist. Eine rein bilanzielle Überschuldung reicht nicht aus, sondern es ist zu ermitteln, ob das Vermögen der Gesellschaft bei Ansatz von Liquidationswerten und unter Einbeziehung aller stillen Reserven die Gesellschaftsverbindlichkeiten nicht mehr deckt und sich eine negative Fortbestehensprognose ergibt.[1092] Nach herrschender Meinung[1093] sind die eigenkapitalersetzenden Leistungen zu passivieren. Werden nach Eintritt der Zahlungsunfähigkeit oder Überschuldung der Gesellschaft weitere Darlehen gewährt, sind sie nach der Rechtsprechung des BGH als eigenkapitalersetzend einzuordnen, da es der Gesellschaft in dem Zustand unmöglich ist, zu marktüblichen Konditionen einen Kredit zu bekommen.[1094]

b) Kredit- und Überlassungsunwürdigkeit

Auch die Kreditunwürdigkeit reicht aus, um ein danach gewährtes Darlehen als eigenkapitalersetzend einzuordnen.[1095] Kreditunwürdigkeit liegt vor, sobald ein außenstehender Dritter der Gesellschaft, ohne dass diese zahlungsunfähig oder überschuldet ist, das konkrete Darlehen in Kenntnis der Gesamtumstände überhaupt nicht oder nur zu marktunüblichen Konditionen gewährt hätte und die Gesellschaft deshalb ohne Finanzierungshilfe des Gesellschafters hätte liquidiert werden müssen.[1096] Maßgebend ist die objektive Würdigung sämtlicher Umstände im Zeitpunkt der Kreditgewährung. Für die Kreditwürdigkeit im Rahmen

---

[1091] BGH, NJW-Spezial 2006, 317.

[1092] BGHZ 119, 213 f.; BGH, NJW 1999, 3120; *Heidinger* in Michalski, §§ 32 a, 32 b, Rn. 59; *Hueck/Fastrich* in Baumbach/Hueck, § 32 a, Rn. 49.

[1093] BGHZ 124, 282, 285 f.; *K. Schmidt* in Scholz, §§ 32 a, 32 b, Rn. 63 m.w.N.

[1094] BGHZ 119, 201.

[1095] BGHZ 76, 326.

[1096] BGHZ 81, 317 f.; 119, 206; BGH, NJW 1980, 1525; *Burkert/Elser*, S. 299; *Hueck/Fastrich* in Baumbach/Hueck, § 32 a, Rn. 51; *Lutter/Hommelhoff* in Lutter/Hommelhoff, §§ 32 a/b, Rn. 19.

der §§ 30, 31 GmbHG ist die Sicht eines vernünftig handelnden außenstehenden Kreditgebers entscheidend,[1097] bei § 32 a GmbHG hingegen die Sicht des Gesellschafters.[1098] Obwohl sich die Betrachtungsweisen unterscheiden, ist die Kreditunwürdigkeit nach marktüblichen Kriterien das wesentliche gemeinsame Anknüpfungsmerkmal.[1099] Hierfür hat die Rechtsprechung verschiedene Indizien entwickelt, wie zum Beispiel die Kündigung eines anderen Kredits; die Weigerung anderer Gläubiger, sich an einem Kredit zu beteiligen; das Fehlen einer Kreditlinie bei der Hausbank; fehlendes Vertrauen in die Gesellschafter; fehlende Ertragsaussichten; das Fehlen stiller Reserven; Nichtbedienung fälliger Verbindlichkeiten beziehungsweise die Höhe des verlorenen Stammkapitals.[1100] Des Weiteren ist ausschlaggebend, ob der Gesellschaft noch Vermögensgegenstände zur Besicherung eines neuen Kredits zur Verfügung stehen.[1101] Falls die Gesellschaft in der Lage ist, dem kreditgebenden Gesellschafter eine Sicherheit zur Verfügung zu stellen wie sie auch ein Dritter verlangen würde, widerspricht dies einer eigenkapitalersetzenden Funktion des Darlehens.[1102] Ist die Gesellschaft hingegen darauf angewiesen, dass ein Gesellschafter eine Sicherheit stellt, um von einem Dritten einen Kredit zu marktüblichen Bedingungen zu erhalten, spricht dies für die Kreditunwürdigkeit der Gesellschaft.[1103] Wenn die Gesellschaft jedoch im unmittelbaren zeitlichen Zusammenhang mit der Leistung des Gesellschafters einen Kredit zu marktüblichen Konditionen erhält, ohne dass es einer besonderen Absicherung bedurfte, ist dies ein wesentliches Indiz für die Kreditwürdigkeit.

Bei eigenkapitalersetzenden Gebrauchsüberlassungen muss festgestellt werden, dass die Gesellschaft außerstande ist, sich einen zum Erwerb der Sache erforderlichen Kredit auf dem Kapitalmarkt zu beschaffen (spezielle Kreditunwürdigkeit) und dass anstelle des Gesellschafters kein vernünftig handelnder Dritter zur Vermietung oder Verpachtung der Sache bereit gewesen wäre (Überlassungsunwürdigkeit),[1104] wobei dieser Umstand im Falle der Überschuldung nicht mehr entscheidend ist.[1105] Bei Standardwirtschaftsgütern wird eine Überlassungsunwürdigkeit angenommen, wenn nicht gesichert ist, dass die Gesellschaft in der Lage ist, die laufenden Nutzungsentgelte aufzubringen und eventu-

---

[1097] BGH, WM 1987, 1488; *Burkert/Elser*, S. 299; *Lutter/Hommelhoff* in Lutter/Hommelhoff, §§ 32 a/b, Rn. 19; *Heidinger* in Michalski, §§ 32 a, 32 b, Rn. 45.

[1098] *Burkert/Elser*, S. 299.

[1099] *Burkert/Elser*, S. 299.

[1100] BGH, ZIP 1999, 1525.

[1101] BGH, NJW 1988, 824 f.; 1999, 3121; NJW-RR 2001, 1043 f.

[1102] *Haack*, NWB Fach 18, 3837, 3843.

[1103] OLG Frankfurt a.M., NZG 2000, 546 ff.

[1104] BGHZ 121, 38 f.; BGH, NJW 1990, 517; 1993, 2179; WM 1983, 144 m.w.N.; *Heidinger* in Michalski, §§ 32 a, 32 b, Rn. 186 ff.

[1105] BGH, NJW 1993, 2180; 1996, 722.

elle Schäden an der Sache auszugleichen. Bei individuellen Anlagegütern liegt eine Überlassungsunwürdigkeit vor, sobald ein vernünftig handelnder Vermieter nicht sicher sein kann, neben dem vereinbarten Mietzins auch die zusätzlichen Veränderungskosten zu erhalten.[1106] Sofern es für das überlassene Gut keinen Marktpreis oder keinen allgemeinen Markt gibt, kommt es darauf an, ob die Vermietung oder Verpachtung mit den Gepflogenheiten eines ordentlichen Kaufmannes zu vereinbaren ist.

c) Maßgeblicher Zeitpunkt

Grundsätzlich ist für die Frage, ob ein Darlehen eigenkapitalersetzenden Charakter hat, der Zeitpunkt der Kredithingabe beziehungsweise der rechtsverbindlichen Zusicherung des Kredits entscheidend.[1107] Der eigenkapitalersetzende Charakter ist dann rein objektiv zu bestimmen. Hierfür muss dem Gesellschafter die angeschlagene Liquidität der Gesellschaft nicht einmal bekannt gewesen sein.[1108] Wird ein Kredit prolongiert, kommt es bezüglich der Kreditwürdigkeit der Gesellschaft auf den Zeitpunkt der Prolongation an.[1109] Bei stehengelassenen Gesellschafterleistungen ist auf den Zeitpunkt abzustellen, in dem ein objektiver und vernünftiger Gesellschafter auf die Krise reagiert hätte.

III. Rechtsfolgen

Auch wenn die Tatbestandsvoraussetzungen einer eigenkapitalersetzenden Gesellschafterleistung bei den Rechtsprechungsgrundsätzen und den gesetzlichen Regelungen sich weitestgehend entsprechen, gibt es Unterschiede in den Rechtsfolgen des zweistufigen Schutzsystems. Während die Rechtsprechungsregeln das Darlehen nur insoweit binden, als es zur Deckung des Stammkapitals beziehungsweise zur Beseitigung einer darüber hinausgehenden Überschuldung erforderlich ist, führen die Novellenregelungen dazu, dass die Forderungen der Gesellschafter im Insolvenzverfahren in voller Höhe nachgeordnet sind. Allgemein lässt sich festhalten, dass das Eingreifen des Kapitalersatzrechts eine Rückstufung des entsprechenden Anspruchs im Verhältnis zu den übrigen Gesellschaftsgläubigern bewirkt, ohne dass der Anspruch in seinem Bestand angetastet wird.[1110] Durch diese Rückstufung wird aus rechtlichem Fremdkapital funktionelles Eigenkapital.

[1106] BGHZ 121, 39.

[1107] BGHZ 139, 298.

[1108] BGHZ 75, 334, 337 ff.; 119, 201, 207; 81, 311, 314 f.; 121, 31, 41 f.; *Hueck/Fastrich* in Baumbach/Hueck, § 32 a, Rn. 59 ff.; *K. Schmidt*, ZIP 1999, 1241, 1244; *Ulmer* in Hachenburg, § 32 a, b, Rn. 43, 56.

[1109] OLG Hamburg, DB 1986, 1329.

[1110] *Hueck/Fastrich* in Baumbach/Hueck, § 32 a, Rn. 63.

1. Rechtsfolgen nach den Grundsätzen des BGH

Das eigenkapitalersetzende Darlehen darf nach den Rechtsprechungsregeln in analoger Anwendung von § 30 I GmbHG nicht an die Gesellschafter zurückgezahlt werden, solange es verlorenes Stammkapital oder eine über diesen Verlust hinausgehende Überschuldung deckt. Die Durchsetzungssperre für Rückzahlungsansprüche aus eigenkapitalersetzenden Gesellschafterdarlehen endet erst in dem Zeitpunkt, in dem das Stammkapital der Gesellschaft nachhaltig wiederhergestellt ist, die Darlehensrückzahlung also aus freiem, die Stammkapitalziffer der GmbH übersteigenden Vermögen erfolgen kann.[1111]

Die analoge Anwendung des § 30 GmbHG kann keine weiteren Ansprüche begründen als die Norm in ihrer direkten Anwendung. Insofern würde es der gesetzlichen Wertung des Kapitalerhaltungsrechts widersprechen, wenn durch die Rechtsprechungsregeln das durch das eigenkapitalersetzende Darlehen abgedeckte Vermögen oberhalb der Stammkapitalziffer geschützt würde.[1112] Die Ausschüttungssperre richtet sich primär gegen die Geschäftsführer, da ihnen bei einem Verstoß die persönliche Haftung nach § 43 III GmbHG droht.[1113] Falls ein Prokurist eine solche Auszahlung ermöglicht, haftet er wegen Verletzung des Anstellungsvertrages.[1114] Das Verbot der Rückzahlung erfasst ebenso alle bei wirtschaftlicher Betrachtung vergleichbaren Tatbestände, wie zum Beispiel die Aufrechnung oder die Verrechnung mit einer noch bestehenden Einlageverpflichtung.[1115] Die Ausschüttungssperre betrifft auch etwaige Darlehenszinsen als Nebenforderungen.[1116]

Gegen die Gesellschafter steht der Gesellschaft bei einem zu Unrecht zurückgezahlten kapitalersetzenden Darlehen ein Rückforderungsanspruch analog § 31 I GmbHG zu. Dieser ist der Höhe nach nicht auf die Summe des Stammkapitals beschränkt, sondern besteht insoweit, als das zurückgezahlte Kapital gemäß § 30 I GmbHG gebunden war. Geltend zu machen ist der Anspruch durch den Geschäftsführer. Analog § 31 III GmbHG haften die Mitgesellschafter solidarisch, falls von dem eigentlichen Leistungsempfänger keine Befriedigung zu erlangen ist. Teilweise wird allerdings vertreten, dass diese Haftung auf die Summe des Stammkapitals begrenzt sei.[1117] Hat die Gesellschaft auf Betreiben eines Gesellschafters an einen Dritten geleistet, so ist der Gesellschafter zur Erstattung verpflichtet, denn er kann sich aufgrund des gesellschaftsrechtlichen Charakters des Rückerstattungsanspruchs nicht auf Entreicherung berufen. Falls

---

[1111] BGH, DB 2005, 2462.
[1112] BGHZ 76, 326, 333; *Lutter/Hommelhoff* in Lutter/Hommelhoff, §§ 32 a/b, Rn. 102.
[1113] *Haack*, NWB Fach 18, 3837, 3844.
[1114] BGH, GmbHR 2001, 771.
[1115] BGHZ 81, 365, 367 f.; 90, 370, 376; 95, 188, 191; BGH, ZIP 1999, 965, 966.
[1116] BGHZ 67, 171, 179.
[1117] *Höhn*, S. 76 m.w.N.

der empfangende Dritte eine dem Gesellschafter nahestehende Person ist, haftet er gesamtschuldnerisch mit dem Gesellschafter auf Rückzahlung.[1118] Dies ist bei Dritten der Fall, die mit dem Gesellschafter eine wirtschaftliche Einheit bilden. Gleiches gilt für Ehegatten oder minderjährige Kinder des Gesellschafters. Die diesbezüglichen in §§ 89 III, 115 II AktG normierten Umgehungstatbestände werden vom BGH in das GmbH-Recht übertragen.[1119] Die übrigen Vorschriften des § 31 GmbHG sind ebenfalls analog anwendbar, so dass der Erstattungsanspruch nach zehn beziehungsweise fünf Jahren verjährt.

Hat ein Gesellschafter ein Drittdarlehen eigenkapitalersetzend besichert, sind die Rechtsfolgen für die einzelnen Beteiligten zu differenzieren. Die Finanzierungsfolgenverantwortung kann nur Gesellschafter betreffen. Folglich muss der gesellschaftsfremde Dritte, der das Darlehen gewährt hat, stets seinen Rückzahlungsanspruch behalten. Die Gesellschaft kann den Darlehensgeber nicht darauf verweisen, zunächst seine Sicherungsrechte gegen den Gesellschafter zu verwerten.[1120] Hat der Gesellschafter lediglich eine Ausfallbürgschaft geleistet, ist er berechtigt, von dem Dritten vorrangige Befriedigung aus dem Vermögen der Gesellschaft zu verlangen. Stellt das Darlehen des Dritten der Gesellschaft ein über das Stammkapital hinausgehendes Vermögen zur Verfügung, muss allein die Gesellschaft diesen Betrag an den Darlehensgeber zurückgewähren.[1121]
Wenn die Gesellschaft das Drittdarlehen selbst tilgt oder wenn im Fall der Doppelsicherung die Sicherheit der Gesellschaft verwertet worden ist, stehen ihr Erstattungsansprüche gegen den in eigenkapitalersetzender Weise sichernden Gesellschafter zu. Der Höhe nach ist der Anspruch auf die Summe beschränkt, die erforderlich ist, um das Stammkapital vollständig wieder herzustellen.[1122] Hat der Gesellschafter die Gesellschaft oberhalb der Stammkapitalziffer freigestellt, steht ihm in dieser Höhe ein Rückgriffsanspruch zu.[1123]
Bei eigenkapitalersetzenden Gebrauchsüberlassungen kann der Gesellschafter entsprechend § 30 GmbHG kein Nutzungsentgelt verlangen, wenn dieses von der Gesellschaft benötigt wird, um damit eine Unterbilanz oder Überschuldung abzudecken. Die Nutzung des Gegenstandes ist der Gesellschaft unentgeltlich für den Zeitraum zu belassen, der in dem Überlassungsvertrag festgelegt worden ist.[1124] Für den Fall, dass trotzdem Zahlungen der Gesellschaft erfolgt sind, müs-

---

[1118] *Haack*, NWB Fach 18, 3837, 3845; Zurechung des Auszahlungsverbots: BGHZ 81, 365, 368 f.

[1119] BGHZ 81, 365, 368 f.; BGH, ZIP 1996, 68.

[1120] *Lutter/Hommelhoff* in Lutter/Hommelhoff, §§ 32 a/b, Rn. 121.

[1121] BGHZ 81, 252, 260 f.; *Lutter/Hommelhoff* in Lutter/Hommelhoff, §§ 32 a/b, Rn. 130; *K. Schmidt* in Scholz, §§ 32 a, 32 b, Rn. 176.

[1122] BGH, GmbHR 1998, 936.

[1123] §§ 670, 426 II, 774, 1143, 1225 BGB; siehe auch *Ulmer* in Hachenburg, § 32 a, b, Rn. 157, 175.

[1124] BGHZ 127, 1 - *Lagergrundstück III*; BGHZ 127, 17 - *Lagergrundstück IV*.

sen diese analog § 31 GmbHG erstattet werden.[1125] Nutzungsentgelt kann der Gesellschafter jedoch oberhalb der Stammkapitalziffer verlangen.[1126] Die dingliche Zuordnung ist auch bei einer eigenkapitalersetzenden Gebrauchsüberlassung strikt einzuhalten. Nicht der Gegenstand selbst fällt in den Haftungsverband der Gesellschaft,[1127] sondern lediglich das Nutzungsrecht, das der Gesellschafter der Gesellschaft eingeräumt hat. Dieses Recht kann der Insolvenzverwalter verwerten. Der Herausgabeanspruch des Gesellschafters ist entsprechend § 30 GmbHG ausgeschlossen.[1128] Sollte der Gegenstand dem Gesellschafter zurückgegeben worden sein, ist der Insolvenzverwalter berechtigt, diesen analog § 31 GmbHG herauszuverlangen. Nur das Nutzungsrecht, das der Gesellschafter seiner Gesellschaft durch die Gebrauchsüberlassung eingeräumt hat, wird mit Eigenkapital gleichgestellt.[1129] Für die Dauer der Zwangsüberlassung ist die vertraglich vereinbarte Nutzungsdauer maßgeblich.[1130]

Der Rückforderungsanspruch der Gesellschaft entfällt nicht dadurch, dass das Stammkapital wieder nachhaltig gedeckt ist,[1131] da der Erstattungsanspruch analog § 31 GmbHG der Einlageverpflichtung gemäß § 19 GmbHG gleichgesetzt wird. Deshalb wird in der Literatur vertreten, dass auch nach dauerhafter Wiederherstellung des Stammkapitals eine Rückzahlung eines eigenkapitalersetzenden Gesellschafterdarlehens erst aufgrund eines entsprechenden Gesellschafterbeschlusses erfolgen darf.[1132]

2. Rechtsfolgen nach den gesetzlichen Regelungen

Die Novellenregeln verbieten es einem Gesellschafter nicht, sich ein eigenkapitalersetzendes Gesellschafterdarlehen zurückzahlen zu lassen, solange kein Insolvenzverfahren eröffnet ist. Es ist ihm möglich, gegen eine Forderung der Gesellschaft aufzurechnen oder eine von der Gesellschaft bestellte Sicherheit zu verwerten. Die Geschäftsführer können sich bei der Rückzahlung eines eigenkapitalersetzenden Darlehens nicht aus § 43 GmbHG in Verbindung mit §§ 32 a, 32 b GmbHG schadensersatzpflichtig machen. Praktisch haben diese Einschränkungen nur eine geringe Bedeutung, denn zu den gesetzlichen Regelungen treten

---

[1125] so z.B. BGHZ 127, 1, 7; BGH, GmbHR 1998, 936, 938.
[1126] BGHZ 121, 31, 42.
[1127] BGHZ 127, 1, 9; a.A. *Lutter/Hommelhoff*, ZGR 1979, 31, 50 ff.; *Wiedemann*, ZIP 1986, 1293, 1300 m.w.N.
[1128] OLG Karlsruhe, ZIP 1996, 918, 920; *v. Gerkan/Hommelhoff*, Anm. 8.20, S. 187; a.A. wohl *Ulmer* in Hachenburg, §§ 32 a, b, Rn. 113: § 986 BGB.
[1129] BGHZ 127, 1, 9.
[1130] BGHZ 127, 1, 10.
[1131] BGH, DB 2000, 1455, 2. Leitsatz - *Balsam/Procedo*; anders die bis dahin st.Rspr.
[1132] *Kurth/Delhaes*, DB 2000, 2577; a.A. *Bormann*, DB 2001, 907 ff.

im Interesse des zweistufigen Gläubigerschutzsystems die Rechtsprechungsgrundsätze, so dass nur die Darlehensspitze oberhalb der Stammkapitalziffer für die Tilgung in Betracht kommt. Gemäß §§ 32 a, 32 b GmbHG wird das eigenkapitalersetzende Darlehen in voller Höhe verstrickt. Die Höhe des gebundenen Kapitals orientiert sich anders als nach den Rechtsprechungsregeln nicht an der Stammkapitalziffer. Es reicht aus, dass das Darlehen bei seiner Gewährung eigenkapitalersetzend war; die Fortdauer des Eigenkapitalersatzes wird von § 32 a GmbHG, § 135 InsO, § 6 AnfG unwiderleglich vermutet. Der BGH vermutet darüber hinaus unwiderleglich, dass eine Gesellschafterleistung bei Rückzahlung dann eigenkapitalersetzend war, wenn binnen der Jahresfrist aus § 32 b S. 1 GmbHG, § 135 Ziff. 2 InsO das Insolvenzverfahren über das Vermögen der Gesellschaft eröffnet wird.[1133] Nach alter Gesetzeslage konnte der Gesellschafter seine Forderung weder im Konkurs- noch im Vergleichsverfahren geltend machen, § 32 a I GmbHG a.F.; nach der aktuellen Regelung ist dies als nachrangiger Insolvenzgläubiger der letzten Rangstufe möglich, § 39 I Nr. 5 InsO in Verbindung mit § 32 a I GmbHG. Die Forderung kann nach § 174 III InsO jedoch nur angemeldet werden, wenn das Insolvenzgericht hierzu besonders aufgefordert hat. Gleiches gilt bei Rechtshandlungen, die einem Darlehen in wirtschaftlicher Hinsicht entsprechen, zum Beispiel bei stehengelassenen Forderungen.[1134] Auch bei Finanzplankrediten ergeben sich keine Besonderheiten; diese sind wie gewöhnliche Darlehen zu behandeln.[1135]

Wenn ein gesellschafterbesichertes Drittdarlehen vorliegt, das der Drittgläubiger innerhalb eines Jahres vor Antrag auf Eröffnung des Insolvenzverfahrens zurückerhalten hat, muss der Gesellschafter den Darlehensbetrag gemäß §§ 32 a II, 32 b S. 1 GmbHG an den Insolvenzverwalter erstatten, wobei die Erstattungspflicht auf den Wert der Sicherheit begrenzt ist. Wurde das Insolvenzverfahren eröffnet, bevor der Drittgläubiger Rückzahlungen erhalten hat, ist dieser verpflichtet, zuerst den Sicherungsgeber in Anspruch zu nehmen; ein etwaiger über die Sicherheit hinausgehender ungesicherter Betrag kann zur Insolvenztabelle angemeldet werden. § 32 a II GmbHG ist zwingend, so dass ein Verzicht auf die Verwertung der Sicherheit unbeachtlich ist.[1136] Besonderheiten ergeben sich bei Doppelsicherungen, d.h., wenn die Gesellschaft neben ihrem Gesellschafter zugunsten des Drittgläubigers eine Sicherheit bestellt hat. Der Drittgläubiger ist nicht gehindert, die Sicherheit der Gesellschaft zu verwerten. Die Gesellschaft hat in diesem Fall jedoch, ebenso wie bei einer Darlehens-

---

[1133] BGHZ 90, 370, 381; dazu *Goette*, DStR 1997, 2027, 2028.

[1134] das Insolvenzplanverfahren gem. §§ 217 ff. InsO hat das Vergleichsverfahren der alten KO abgelöst; im Rahmen des Insolvenzplanes gelten die Forderungen der nachrangigen Insolvenzgläubiger gem. § 225 I InsO als erlassen, sofern nichts anderes vereinbart worden ist.

[1135] *Höhn*, S. 83.

[1136] *K. Schmidt* in Scholz, §§ 32 a, 32 b, Rn. 159.

tilgung durch die Gesellschaft, einen Ausgleichsanspruch gegen den sichernden Gesellschafter analog § 32 b S. 1 GmbHG. Neben Leistungen innerhalb des letzten Jahres vor Antrag auf Eröffnung des Insolvenzverfahrens erfasst § 32 b S. 1 GmbHG auch solche nach der Antragstellung. Die herrschende Meinung geht davon aus, dass der Gesellschafter die Gesellschaft im Innenverhältnis auch vor der Eröffnung eines Insolvenzverfahrens von der Rückzahlungsverbindlichkeit freizustellen hat.[1137]
Einen Anspruch auf Nutzungsentgelt kann der Gesellschafter bei kapitalersetzenden Gebrauchsüberlassungen nach Eröffnung des Insolvenzverfahrens ebenfalls nur als nachrangiger Insolvenzgläubiger geltend machen, § 32 a I GmbHG, § 39 I Nr. 5 InsO. Wurde dennoch an den Gesellschafter gezahlt, ist es dem Insolvenzverwalter möglich, die Summe über § 135 InsO erstattet zu verlangen.[1138] Das Nutzungsrecht ist Teil der Insolvenzmasse und kann vom Insolvenzverwalter beispielsweise durch Weitervermietung verwertet werden.[1139]

Der Erstattungsanspruch aus § 32 b GmbHG ist ein eigener Insolvenzanfechtungstatbestand und somit im Wege der Anfechtung geltend zu machen.[1140] §§ 32 a, 32 b GmbHG statuieren keinen Rückforderungsanspruch der Gesellschaft, dieser gebührt gemäß § 143 I InsO dem Insolvenzverwalter beziehungsweise gemäß § 11 I AnfG den Gesellschaftsgläubigern. Anspruchsgegner ist der Gesellschafter oder der Dritte, sofern er Empfänger der Tilgung beziehungsweise eine dem Gesellschafter nahestehende Person ist. Angefochten werden können Rückzahlungen nur, wenn sie im letzten Jahr vor der Gläubiger- oder Insolvenzanfechtung erbracht worden sind. Diese kurze Anfechtungsfrist wirkt sich im Ergebnis nicht aus, da in der Praxis die Rechtsprechungsregeln parallel anwendbar sind. Besicherungen sind anfechtbar, sofern diese innerhalb der letzten zehn Jahre vor dem Insolvenzantrag oder in der Zeit danach erfolgt sind. Erforderlich ist für die Anfechtbarkeit eine objektive Gläubigerbenachteiligung, wobei eine mittelbare ausreicht.[1141] Weitere subjektive Voraussetzungen sind nicht vorgesehen. Der Rückzahlungsanspruch ist innerhalb der Anfechtungsfrist von drei Jahren geltend zu machen, §§ 143 I, 146 I InsO, § 195 BGB. Ein Regress auf die Mitgesellschafter ist regelmäßig nicht möglich, es sei denn, sie haben sich ausdrücklich dazu verpflichtet, ein eventuelles Ausfallrisiko zu tragen.
Auch außerhalb des Insolvenzverfahrens können Rechtshandlungen, die dem Gesellschafter Befriedigung oder Sicherheit für seine eigenkapitalersetzende Leistung gewährt haben, angefochten werden. Diese Anfechtungsmöglichkeit ergibt sich aus § 6 AnfG. Außerhalb der Insolvenz können die Gesellschafts-

---

[1137] BGH, BB 1997, 2183.
[1138] BGHZ 127, 1, 7.
[1139] BGHZ 127, 1, 7; *Ulmer* in Hachenburg, § 32 a, b, Rn. 113.
[1140] *Lutter/Hommelhoff* in Lutter/Hommelhoff, §§ 32 a/b, Rn. 133.
[1141] *Huber* in Graf-Schlicker, InsO, § 135, Rn. 3.

gläubiger, die bei der Einzelzwangsvollstreckung auszufallen drohen, etwaige Rückzahlungen gemäß § 6 Nr. 2 AnfG anfechten. § 6 Nr. 1 AnfG dehnt diese Anfechtungsmöglichkeit auf von der Gesellschaft gestellte Sicherheiten aus. Eine Besicherung ist anfechtbar, sofern sie innerhalb der letzten zehn Jahre vor Geltendmachung der Anfechtung erfolgt ist. Erforderlich ist auch hier eine objektive Benachteiligung des Gläubigers, also eine Beeinträchtigung der Zugriffslage, die zu einer Vermögensmehrung beim Anfechtungsgegner geführt hat.[1142]

IV. Geplante Änderungen durch das MoMiG

Das GmbH-Recht ist - abgesehen von den Änderungen durch die Insolvenzrechtsreform im Jahre 1999 - seit 1980 im Wesentlichen unverändert geblieben. Um auf die neuen wirtschaftlichen und rechtlichen Rahmenbedingungen insbesondere im Nachgang der Urteile Centros, Überseering und Inspire Art zu reagieren, hat das Justizministerium zusammen mit Experten aus Justiz, Wirtschaft und Praxis einen Referentenentwurf zur Novellierung des gesamten GmbH-Rechts entwickelt. Durch die Neuregelungen soll einem Missbrauch der Rechtsform der GmbH vorgebeugt und die deutsche GmbH als international konkurrenzfähige Gesellschaftsform ausgestaltet werden, indem ihre Attraktivität gegenüber konkurrierenden ausländischen Rechtsformen gesteigert wird.[1143]

Eine vollständige Neuregelung erfährt das Recht der eigenkapitalersetzenden Gesellschafterleistungen,[1144] wobei eine insolvenzrechtliche Sonderregelung für Gesellschafterdarlehen beibehalten[1145] wird. Diese insolvenzrechtlichen Regelungen werden rechtsformneutral festgelegt, um ihren Anwendungsbereich auch auf die den deutschen Rechtsformen vergleichbaren Auslandsgesellschaften zu erstrecken. Gesellschafterdarlehen sind im Insolvenzfall stets nachrangig, und zwar unabhängig davon, ob sie nach geltendem Recht als eigenkapitalersetzend eingeordnet werden oder nicht.[1146] Die Rechtsfigur des eigenkapitalersetzenden Gesellschafterdarlehens wird damit aufgegeben. Zahlt die Gesellschaft das Darlehen im Jahr vor Insolvenzantragstellung an die Gesellschafter zurück, kann es durch Anfechtung wieder zur Masse genommen werden. Sämtliche Rückzahlungen in dieser Zeitspanne sind anfechtbar, ohne dass zwischen kapitalersetzenden und normalen Darlehen zu differenzieren ist. Das Ziel ist es, fragwürdige Auszahlungen an die Gesellschafter in einer typischerweise kritischen Zeitspan-

---

1142 *Huber*, AnfG, § 6, Rn. 18.

1143 amtl. Begr., S. 33; zu den wesentlichen Änderungen siehe auch Kapitel B.

1144 dazu *Bormann*, DB 2006, 2616 ff.; *Schiffer*, BB-Special 2006, 16 ff.; *Tillmann*, GmbHR 2006, 1289 ff.

1145 amtl. Begr., S. 59; zur Gesellschafterfremdfinanzierung nach dem (Referenten-)Entwurf des MoMiG auch *Tillmann*, GmbHR 2006, 1289 ff.

1146 *Tillmann*, GmbHR 2006, 1289, 1295: allgemeine insolvenzrechtliche Gefahrtragung des Gesellschafters.

ne einem konsequenten Anfechtungsregime zu unterstellen. Mit dieser Normierung wird im Grunde die bisherige Rechtsprechung des BGH festgeschrieben, die für Rückzahlungen von Darlehen innerhalb eines Jahres vor der Stellung des Insolvenzantrages den eigenkapitalersetzenden Charakter unwiderleglich vermutet.[1147] Zeitgleich werden die Rechtsprechungsregeln zur analogen Anwendung der §§ 30, 31 GmbHG aufgegeben. Als Fremdkapital gegebene Beträge sind auf diese Weise nicht mehr in Eigenkapital umzuqualifizieren und das bislang praktizierte zweistufige Schutzsystem wird vereinfacht.[1148]
Können die Regeln zur Insolvenzanfechtung nicht eingreifen, da zum Beispiel ein Insolvenzantrag mangels Masse abgelehnt worden ist, muss die Anfechtung dem einzelnen Gläubiger zustehen. Dies wird insbesondere durch die Änderungen des AnfG ermöglicht.

Folgende Novellierungen sind auf dem Gebiet der (eigenkapitalersetzenden) Gesellschafterdarlehen durch den Regierungsentwurf des MoMiG vom 23.5.2007 im Einzelnen geplant:

1. Aufgabe der Rechtsprechungsregeln

§ 30 I GmbHG wird wie folgt gefasst:
„(1) Das zur Erhaltung des Stammkapitals erforderliche Vermögen der Gesellschaft darf an die Gesellschafter nicht ausgezahlt werden. Satz 1 gilt nicht bei Leistungen, die zwischen den Vertragsteilen eines Beherrschungs- und Gewinnabführungsvertrages (§ 292 des Aktiengesetzes) erfolgen oder durch einen vollwertigen Gegenleistungs- oder Rückgewähranspruch gegen den Gesellschafter gedeckt sind. Satz 1 ist zudem nicht anzuwenden auf die Rückgewähr eines Gesellschafterdarlehens und Leistungen auf Forderungen aus Rechtshandlungen, die einem Gesellschafterdarlehen wirtschaftlich entsprechen."

Der in § 30 I GmbHG einzufügende dritte Satz stellt klar, dass die Rechtsprechungsregeln zur analogen Anwendung der §§ 30, 31 GmbHG auf Gesellschafterdarlehen in Zukunft aufgegeben werden sollen, so dass eigenkapitalersetzende Gesellschafterleistungen nicht wie haftendes Eigenkapital behandelt werden können. Tilgungsleistungen der Gesellschaft auf derartige Darlehen stellen konsequenterweise auch keine verbotenen Auszahlungen zulasten des Stammkapitals im Sinne des § 30 I GmbHG dar.[1149] Dies ist darin begründet, dass von der Figur des eigenkapitalersetzenden Gesellschafterdarlehens insgesamt Abstand

---

[1147] BGH, ZIP 2006, 466, 467.
[1148] amtl. Begr., S. 59, 94.
[1149] *Bormann*, DB 2006, 2616 f. geht davon aus, dass für Finanzplankredite die bisherige Rechtsprechung auch nach der Gesetzesänderung weiterhin gilt.

genommen wird. Dem § 30 I 3 GmbHG-E 2007 kommt insoweit vorrangig eine klarstellende Bedeutung zu.
Durch die Aufgabe der Rechtsprechungsregeln und der gleichzeitigen Aufwertung der Novellenregelungen soll die Rechtslage vereinfacht und übersichtlicher gestaltet werden.[1150]

2. Aufhebung der §§ 32 a, 32 b GmbHG

Die §§ 32 a, 32 b GmbHG sowie alle Normen, die auf das GmbH-Kapitalersatzrecht verweisen und es auf andere Rechtsformen für anwendbar erklären, werden aufgehoben. Die Reform verlagert die Regelungen der Gesellschafterdarlehen in das Insolvenzrecht, dem sie systematisch korrekt zuzuordnen sind.[1151] Seit der Insolvenzrechtsreform wird das Regelungsanliegen des § 32 a I GmbHG ohnehin durch § 39 I Nr. 5 InsO übernommen.
Der Verzicht auf das Kriterium des eigenkapitalersetzenden Charakters einer Gesellschafterleistung soll Rechtsunsicherheiten ausräumen und zugunsten der mittelständischen Wirtschaft einen einfacheren und besser handhabbaren Rechtsrahmen vorgeben. Dieser Änderung liegt der Gedanke zugrunde, dass die Rückzahlung von Gesellschafterdarlehen auch nach der aktuellen Rechtslage erst in der Insolvenz beziehungsweise innerhalb eines Jahres davor kritisch ist. Die für die alten Eigenkapitalersatzregeln relevanten Zahlungen werden regelmäßig im Zeitraum von einem Jahr vor der Antragstellung erfolgen.[1152]

3. Nachrangige Insolvenzgläubiger - § 39 InsO-E 2007

Die Regelungen zu Gesellschafterdarlehen werden durch die Reform vollständig in das Insolvenzrecht übernommen. § 39 InsO wird in einigen Punkten geändert:

a) Absatz 1 Nr. 5 wird wie folgt gefasst:
„(1) Im Rang nach den übrigen Forderungen der Insolvenzgläubiger werden in folgender Rangfolge, bei gleichem Rang nach dem Verhältnis ihrer Beträge, berichtigt:
[...]
5. nach Maßgabe der Absätze 4 und 5 Forderungen auf Rückgewähr eines Gesellschafterdarlehens oder Forderungen aus Rechtshandlungen, die einem solchen Darlehen wirtschaftlich entsprechen.“

[1150] amtl. Begr., S. 96; ähnlich BGH, ZIP 2006, 466, 467.
[1151] amtl. Begr., S. 97; dazu ausführlich Kapitel D, V. 3. b).
[1152] amtl. Begr., S. 86; zu Neufassung der Novellenregeln vgl. *Bormann*, DB 2006, 2616, 2617 f.

Inhaltlich stellt § 39 I Nr. 5 InsO-E 2007 eine Übernahme des § 32 a II 1 GmbHG dar. Nach dem Konzept des neuen Rechts der Gesellschafterdarlehen entfällt die Konstruktion des eigenkapitalersetzenden Gesellschafterdarlehens. Insofern wird im Rahmen der Neuregelung auf das Merkmal „kapitalersetzend" verzichtet und der Nachrang für jegliche Gesellschafterdarlehen angeordnet. Dies entspricht nach der amtlichen Begründung des Regierungsentwurfs der international gängigen Regelungspraxis.[1153] Auswirkungen wird die Neuregelung insbesondere bezüglich der sogenannten eigenkapitalersetzenden Nutzungsüberlassungen zeigen. Die bisherige Rechtsfolge - die kostenlose Zurverfügungstellung der überlassenen Sache für den verbleibenden oder für einen angemessenen Zeitraum - findet in den §§ 103 ff. InsO keine Stütze mehr.[1154] Die Darlehensgewährung kann folglich nur das Nutzungsentgelt, nicht aber die Nutzungsüberlassung selbst betreffen.

b) Folgende Absätze 4 und 5 werden dem § 39 InsO angefügt:
„(4) Absatz 1 Nr. 5 gilt für Gesellschaften, die weder eine natürliche Person noch eine Gesellschaft als persönlich haftenden Gesellschafter haben, bei der ein persönlich haftender Gesellschafter eine natürliche Person ist. Erwirbt ein Gläubiger bei drohender oder eingetretener Zahlungsunfähigkeit der Gesellschaft oder bei Überschuldung Anteile zum Zwecke der Sanierung, führt dies bis zur nachhaltigen Sanierung nicht zur Anwendung von Absatz 1 Nr. 5 auf seine Forderungen aus bestehenden oder neu gewährten Darlehen oder auf Forderungen aus Rechtshandlungen, die einem solchen Darlehen wirtschaftlich entsprechen.
(5) Absatz 1 Nr. 5 gilt nicht für den nicht geschäftsführenden Gesellschafter einer Gesellschaft im Sinn des Absatzes 4 Satz 1, der mit zehn Prozent oder weniger am Haftkapital beteiligt ist."

Der neu einzufügende Absatz IV formuliert den Anwendungsbereich der Norm rechtsformneutral, wodurch sämtliche deutschen Kapitalgesellschaften sowie Personengesellschaften, bei denen kein persönlich haftender Gesellschafter eine natürliche Person ist, ohne Weiteres erfasst. Ziel der Neuregelung ist es auch, vergleichbare ausländische Gesellschaften in den Regelungsbereich einzubeziehen, sofern deren Insolvenz nach deutschem Recht abgewickelt wird.[1155]
Das Sanierungs- und das Kleingesellschafterprivileg, bislang in § 32 a III 2, 3 GmbHG gesetzlich verankert, werden in die Insolvenzordnung verlagert. Nach dem weiter gefassten Tatbestand des § 39 I Nr. 5 InsO-E 2007 gelten die Regelungen nun direkt für die OHG und die KG, so dass es des bisher erforderlichen

[1153] amtl. Begr., S. 131.
[1154] amtl. Begr., S. 131.
[1155] amtl. Begr., S. 131.

Verweises in §§ 129 a, 172 a HGB nicht mehr bedarf. Das Kleingesellschafterprivileg übernimmt die von der Literatur teilweise kritisierte 10-%-Grenze. Das Sanierungsprivileg gilt nach den Reformüberlegungen ebenfalls für Personen, die vor dem Anteilserwerb aus dem Anwendungsbereich des § 39 I Nr. 5 InsO herausfielen, weil sie weder Gesellschafter noch gleichgestellte Personen waren oder weil sie dem Kleinbeteiligtenprivileg unterfielen. Da das Merkmal der „Krise" der Gesellschaft aufgegeben wird, greift das Sanierungsprivileg zukünftig im Zeitraum von drohender Zahlungsunfähigkeit bis zur nachhaltigen Sanierung.[1156]

4. Kapitalersetzende Sicherung - § 44 a InsO-E 2007

Nach § 44 InsO wird folgender § 44 a InsO-E 2007 eingefügt:

„§ 44 a

Gesicherte Darlehen

In dem Insolvenzverfahren über das Vermögen der Gesellschaft kann ein Gläubiger nach Maßgabe des § 39 I Nr. 5 für eine Forderung auf Rückgewähr eines Darlehens oder für eine gleichgestellte Forderung, für die ein Gesellschafter eine Sicherheit bestellt oder für die er sich verbürgt hat, nur anteilsmäßige Befriedigung aus der Insolvenzmasse verlangen, soweit er bei der Inanspruchnahme der Sicherheit oder des Bürgen ausgefallen ist."

Durch diese Regelung werden die Tatbestände, die bislang unter dem Stichwort der „eigenkapitalersetzenden Besicherung" zusammengefasst wurden, in modifizierter Art in die Insolvenzordnung übernommen. Sachlich entspricht der eingefügte § 44 a InsO-E 2007 den Regelungen in § 32 a II GmbHG. Die Norm ist dabei rechtsformneutral ausgestaltet, um eine Anwendbarkeit in internationalen Insolvenzfällen mit deutschem Insolvenzstatut zu gewährleisten.

5. Anfechtbare Rechtshandlungen - § 135 InsO-E 2007

§ 135 InsO wird durch die Neuregelung wie folgt gefasst:

„§ 135

Gesellschafterdarlehen

(1) Anfechtbar ist eine Rechtshandlung, die für die Forderung eines Gesellschafters auf Rückgewähr eines Darlehens im Sinne des § 39 Abs. 1 Nr. 5 oder eine gleichgestellte Forderung

1. *Sicherung gewährt hat, wenn die Handlung in den letzten zehn Jahren vor dem Antrag auf Eröffnung des Insolvenzverfahrens oder nach diesem Antrag vorgenommen worden ist, oder*

[1156] amtl. Begr., S. 132.

2. *Befriedigung gewährt hat, wenn die Handlung im letzten Jahr vor dem Eröffnungsantrag oder nach diesem Antrag vorgenommen worden ist.*
(2) Anfechtbar ist eine Rechtshandlung, mit der eine Gesellschaft einem Dritten für eine Forderung auf Rückgewähr eines Darlehens im Sinne des § 39 Abs. 1 Nr. 5 oder für eine gleichgestellte Forderung innerhalb der in Absatz 1 Nr. 2 genannten Fristen Befriedigung gewährt hat, wenn ein Gesellschafter für die Forderung eine Sicherheit bestellt hatte oder als Bürge haftete."

Es wurde hier ebenfalls das Merkmal „kapitalersetzend" aus dem Tatbestand gestrichen, so dass Rückzahlungen auf Gesellschafterdarlehen in dem entsprechenden Zeitraum stets anfechtbar sind. In einem neuen Absatz II wird die Regelung des § 32 b GmbHG übernommen und rechtsformneutral ausgestaltet, da es sich der Sache nach bei § 32 b GmbHG um einen Anfechtungstatbestand handelt.[1157]

6. Rechtsfolgen - § 143 InsO-E 2007

Dem § 143 InsO wird folgender Absatz III angefügt:
„(3) Im Fall der Anfechtung nach § 135 Abs. 2 hat der Gesellschafter, der die Sicherheit bestellt hatte oder als Bürge haftete, die dem Dritten gewährte Leistung zur Insolvenzmasse zu erstatten. Die Verpflichtung besteht nur bis zur Höhe des Betrages, mit dem der Gesellschafter als Bürge haftete oder der dem Wert der von ihm bestellten Sicherheit im Zeitpunkt der Rückgewähr des Darlehens oder der Leistung auf die gleichgestellte Forderung entspricht. Der Gesellschafter wird von der Verpflichtung frei, wenn er die Gegenstände, die dem Gläubiger als Sicherheit gedient hatten, der Insolvenzmasse zur Verfügung stellt."

§ 143 InsO wird geändert, da die aktuellen Regelungen der Anfechtungsfolgen nicht mit § 135 II InsO-E 2007 (ehemals § 32 b GmbHG) harmonisieren. Danach hat nicht der Drittgläubiger das von der Gesellschaft Erlangte zurückzugewähren, sondern der durch die Leistung freigewordene sichernde Gesellschafter. In § 143 III InsO-E 2007 wird die Regelung des bislang geltenden § 32 b S. 3 GmbHG übernommen.

7. Anfechtung bei Forderungsausfall - §§ 6, 6 a und 11 III AnfG-E 2007

Im Zuge der GmbH-Rechtsreform wird auch das Anfechtungsgesetz dem geänderten rechtlichen Rahmen angepasst. Soweit Gesellschafterdarlehen betroffen sind, wird § 6 AnfG durch folgende §§ 6 und 6 a AnfG-E 2007 ersetzt:

[1157] amtl. Begr., S. 133; *Dauernheim* in Frankfurter Kommentar InsO, § 135, Rn. 114; *K. Schmidt* in Scholz, § 32 a, § 32 b, Rn. 167.

„§ 6
Gesellschafterdarlehen

(1) Anfechtbar ist eine Rechtshandlung, die für die Forderung eines Gesellschafters auf Rückgewähr eines Darlehens im Sinne des § 39 Abs. 1 Nr. 5 der Insolvenzordnung oder für eine gleichgestellte Forderung

1. *Sicherung gewährt hat, wenn die Handlung in den letzten zehn Jahren vor Erlangung des vollstreckbaren Schuldtitels oder danach vorgenommen worden ist, oder*
2. *Befriedigung gewährt hat, wenn die Handlung im letzten Jahr vor Erlangung des vollstreckbaren Schuldtitels oder danach vorgenommen worden ist.*

Wurde ein Antrag auf Eröffnung eines Insolvenzverfahrens nach § 26 Abs. 1 der Insolvenzordnung abgewiesen, bevor der Gläubiger einen vollstreckbaren Schuldtitel erlangt hat, so beginnt die Anfechtungsfrist mit dem Antrag auf Eröffnung des Insolvenzverfahrens.

(2) Die Anfechtung ist ausgeschlossen, wenn nach dem Schluss des Jahres, in dem der Gläubiger den vollstreckbaren Schuldtitel erlangt hat, drei Jahre verstrichen sind. Wurde die Handlung später vorgenommen, so ist die Anfechtung drei Jahre nach dem Schluss des Jahres ausgeschlossen, in dem die Handlung vorgenommen worden ist.“

Schon der Überschrift kann entnommen werden, dass die Regelung künftig nicht mehr auf Kapitalersatz, sondern auf Gesellschafterdarlehen im Allgemeinen abzielt. Dementsprechend wird auch hier auf das Merkmal „kapitalersetzend“ verzichtet, so dass wie bei § 135 InsO-E 2007 sämtliche Rückzahlungen aus dem fraglichen Zeitraum anfechtbar werden. Für Anfechtungen außerhalb des Insolvenzverfahrens wird der Zeitpunkt vorverlegt, von dem aus die Anfechtungsfrist zurückgerechnet wird. Durch diese Regelung soll der Gläubigerschutz gestärkt werden, denn die Anfechtungsfristen knüpfen künftig nicht mehr an die Geltendmachung der Anfechtung, sondern an die Erlangung des Vollstreckungstitels als Berechnungsbeginn an. Anderenfalls besteht die Möglichkeit, dass der Gläubiger zunächst einen Vollstreckungstitel langwierig erstreitet, danach einen erfolglosen Vollstreckungsversuch unternimmt und sodann die Anfechtung erklärt und aufgrund der vorangeschrittenen Zeit die Befriedigungshandlung aus dem Anfechtungszeitraum herausfällt. Sofern die Eröffnung eines Insolvenzverfahrens ausschließlich mangels Masse abgewiesen worden ist, bevor der Gläubiger einen Vollstreckungstitel erlangt hat, ist dieser Zeitpunkt als Berechnungsbeginn für ihn günstiger.[1158] Um einen Einklang mit der Regelung des § 135 InsO-E 2007 zu erzielen, ist in diesem Fall der Antrag auf Eröffnung des Insolvenzverfahrens maßgebend, denn die Anfechtbarkeit soll bei Fehlen und Vor-

---

[1158] amtl. Begr., S. 134.

handensein ausreichender Masse bei ansonsten begründeten Insolvenzanträgen nicht divergieren.[1159] Da die Fristen gemäß Absatz I an die Erlangung des vollstreckbaren Schuldtitels und nicht mehr an die Anfechtung anknüpfen, ist die Norm in Absatz II mit einer Regelung über die Dauer, während der die Anfechtung geltend gemacht werden kann, ergänzt worden. Nach der Systematik des Anfechtungsgesetzes handelt es sich anders als bei der Insolvenzanfechtung um eine Ausschlussfrist.

„§ 6 a

Gesicherte Darlehen

Anfechtbar ist eine Rechtshandlung, mit der eine Gesellschaft einen Dritten für eine Forderung auf Rückgewähr eines Darlehens im Sinne des § 39 Abs. 1 Nr. 5 der Insolvenzordnung oder für eine gleichgestellte Forderung innerhalb der in § 6 Abs. 1 Satz 1 Nr. 2 und Satz 2 genannten Fristen Befriedigung gewährt hat, wenn ein Gesellschafter für die Forderung eine Sicherheit bestellt hatte oder als Bürge haftete. § 6 Abs. 2 gilt entsprechend."

§ 6 a AnfG-E 2007 übernimmt inhaltlich die Regelungen des § 135 II InsO-E 2007 beziehungsweise in modifizierter Form die des alten § 32 b GmbHG in das Anfechtungsgesetz. Diese Regelung soll die Lücke schließen, die bisher mithilfe der Rechtsprechungsregeln abgedeckt wurde, denn der alte § 32 b GmbHG gilt nicht außerhalb des Insolvenzverfahrens.[1160]

Dem § 11 AnfG wird folgender Absatz III angefügt:
„(3) Im Falle der Anfechtung nach § 6 a hat der Gesellschafter, der die Sicherheit bestellt hatte oder als Bürge haftete, die Zwangsvollstreckung in sein Vermögen bis zur Höhe des Betrages zu dulden, mit dem er als Bürge haftete oder der dem Wert der von ihm bestellten Sicherheit im Zeitpunkt der Rückgewähr des Darlehens oder der Leistung auf die gleichgestellte Forderung entspricht. Der Gesellschafter wird von der Verpflichtung frei, wenn er die Gegenstände, die dem Gläubiger als Sicherheit gedient hatten, dem Gläubiger zur Verfügung stellt."

Durch die Einfügung des § 11 III AnfG-E 2007 soll § 11 AnfG den geänderten Regelungen in § 6 a AnfG-E 2007 und in § 135 II InsO-E 2007 angepasst werden. § 11 III AnfG-E 2007 übernimmt darüber hinaus die Regelung des § 32 b S. 3 GmbHG in das AnfG.
In Zukunft hat nicht der Drittgläubiger das von der Gesellschaft Erlangte zur Verfügung zu stellen, sondern der durch die Leistung der Gesellschaft von sei-

[1159] amtl. Begr., S. 134.
[1160] amtl. Begr., S. 135.

ner Verpflichtung als Bürge oder Sicherungsgeber freigewordene Gesellschafter; dieser ist künftig der Anfechtungsgegner.[1161] Der Gesellschafter hat seiner ursprünglich eingegangenen Verpflichtung vollumfänglich nachzukommen.

V. Kollisionsrechtliche Überlegungen bezüglich des geltenden Kapitalersatzrechts

Im weiteren Verlauf dieses Kapitels wird der Frage nachgegangen, ob die deutschen Regeln zu eigenkapitalersetzenden Darlehen auch auf EU-Auslandsgesellschaften mit Verwaltungssitz in Deutschland Anwendung finden können. Von entscheidender Bedeutung ist dafür die internationalprivatrechtliche Qualifikation. Als Kollisionsnormen kommen die delikts-, die gesellschafts- und die insolvenzrechtlichen Verweisungsregeln in Betracht.

Im Schrifttum wird überlegt, ob „das Kapitalersatzrecht" dem Gesellschaftsrecht, dem Insolvenzrecht oder beiden Rechtsgebieten zuzuordnen[1162] und aufgrund der jeweils als einschlägig erachteten Kollisionsnorm in seiner Gesamtheit auf ausländische Gesellschaften anwendbar ist. Dementsprechend sollen entweder das Gesellschaftsstatut, das Insolvenzstatut oder kollektiv beide Statute maßgeblich sein. Die Autoren schlussfolgern daraus überwiegend, dass „das Kapitalersatzrecht" nicht oder wohl nur in Ausnahmefällen anwendbar sein soll.[1163] Pauschale Lösungskonzepte vermögen jedoch nicht zu überzeugen,[1164] denn wie dargelegt handelt es sich bei „dem deutschen Kapitalersatzrecht" nicht

---

1161 s.o. Kapitel D, IV. 6.

1162 für die Maßgeblichkeit des Gesellschaftsstatuts *Altmeppen*, NJW 2004, 97, 103; *ders./Wilhelm*, DB 2004, 1083, 1088; *Eidenmüller*, § 9, Rn. 43; *K. Schmidt* in Scholz, §§ 32 a, 32 b, Rn. 15; *Westermann* in Scholz, Einl., Rn. 96. Für die Maßgeblichkeit des Insolvenzstatuts *v. Gerkan/Hommelhoff*, Anm. 15.8 ff.; *Haas*, NZI 2002, 457, 465 f.; *Schücking*, ZIP 1994, 1156, 1159; für eine Doppelqualifikation der Novellenregeln *Kindler* in Münchener Kommentar, IntGesR, 3. Auflage, Rn. 475, 531: das Kapitalersatzrecht richtet sich grundsätzlich nach dem Gesellschaftsstatut, die insolvenzrechtlichen Folgen nach dem Insolvenzstatut; wegen der engen Verzahnung mit dem Insolvenzrecht finden die §§ 32 a, 32 b GmbHG nur dann Anwendung, wenn deutsches Recht als Gesellschaftsstatut und Insolvenzstatut gleichzeitig zum Zuge kommt; für die Rechtsprechungsregeln hingegen bleibt es bei einer gesellschaftsrechtlichen Qualifikation.

1163 *Borges*, ZIP 2004, 733, 745; *Eidenmüller*, ZIP 2002, 2233, 2242; *ders.* in JZ 2004, 24, 28; *Forsthoff*, DB 2002, 2471, 2477; *Geyrhalter/Gänßler*, NZG 2003, 409, 410 f.; *Kallmeyer*, DB 2004, 636, 639; *Meilicke*, GmbHR 2003, 1271, 1272; *Mock/Schildt* in Hirte/Bücker, § 16, Rn. 62 ff.; *Müller*, NZG 2003, 414, 417; *Paefgen*, DB 2003, 487, 490; *ders.* ZIP 2004, 2253, 2261 f.; *Roth*, IPRax 2003, 117, 125; *Schumann*, DB 2004, 743, 748; *Zimmer*, NJW 2003, 3585, 3589.

1164 differenzierend *Forsthoff*, DB 2003, 1477, 1480; *Huber* in Lutter, S. 142; *Reinbach*, S. 209; *Schilling*, S. 193 f., *Kindler* in Münchener Kommentar, IntGesR, Rn. 593; *Zöllner*, GmbHR 2006, 1, 6.

um einen einheitlichen Normenkomplex, sondern vielmehr um zwei parallele Regelungsbereiche.[1165] Bis zur Novellierung des GmbHG durch das MoMiG muss die Frage nach der Anwendbarkeit „des deutschen Kapitalersatzrechts" auf ausländische Gesellschaften präzisiert werden. Sowohl für die Rechtsprechungsregeln als auch für die Novellenregeln ist separat zu fragen und im Folgenden voneinander unabhängig zu klären, ob und wie die Regelungen Anwendung finden können.

Die Rechtsprechungs- und die Novellenregeln unterliegen unterschiedlichen internationalprivatrechtlichen Anknüpfungen, was im Ergebnis dazu führt, dass zwar das normierte Kapitalersatzrecht auch auf Auslandsgesellschaften anzuwenden ist, die BGH-Regeln hingegen nicht.

1. Prinzipielle Übertragbarkeit des gesamten Kapitalersatzrechts auf ausländische Rechtsformen

Die Erstreckung der Rechtsprechungsregeln und der Novellenregelungen auch auf die englische Limited mit Verwaltungssitz in Deutschland kann internationalprivatrechtlich nur zulässig sein, wenn das deutsche Kapitalersatzrecht, das an sich auf die GmbH zugeschnitten ist, prinzipiell auf Gesellschaften mit anderer Rechtsform übertragen werden könnte. Eine Übertragung der deutschen Regeln zu eigenkapitalersetzenden Gesellschafterdarlehen auf englische Gesellschaften führt zu einer Anwendung deutschen Sachrechts trotz englischen Gesellschaftsstatuts. Dies birgt die Gefahr, dass es zu rechtslogischen Brüchen kommt. Die Frage ist letztlich, ob die deutschen kapitalersatzrechtlichen Konzepte mit der Rechtsform der englischen Limited vereinbar sind.

K. Schmidt[1166] vertritt die These, die Regelungen über eigenkapitalersetzende Gesellschafterleistungen seien generelle, rechts- und organisationsformübergreifende Grundsätze,[1167] denn es existiere ein allgemeines Rechtsinstitut der eigenkapitalersetzenden Gesellschafterhaftung.[1168] Er befürwortet eine Übertragung dieser Grundsätze auf andere Gesellschaftsformen, bei denen Finanzierungsfreiheit, Finanzierungsfolgenverantwortung und Gläubigerschutz gegeneinander abgewogen werden müssen wie bei ausländischen Kapitalgesellschaften, die in

---

[1165] vgl. *Fischer*, ZIP 2004, 1477, 1480; *Forsthoff/Schulz* in Hirte/Bücker, § 15, Rn. 35; *Huber* in Lutter, S. 140 f.; *Kindler* in Münchener Kommentar, IntGesR, Rn. 593; *Löwisch*, S. 289; *Ulmer*, NJW 2004, 1201, 1207; anders und nicht differenzierend *Altmeppen/Wilhelm*, DB 2004, 1083, 1088; *Bräuer*, S. 98; *Kallmeyer*, DB 2004, 636, 639; *K. Schmidt* in Scholz, §§ 32 a, 32 b, Rn. 15; *Westermann* in Scholz, Einl., Rn. 96; *Zimmer*, IntGesR, S. 292.

[1166] *K. Schmidt*, GesR, § 18 III 4, S. 527 ff.; *K. Schmidt* in Scholz, §§ 32 a, 32 b, Rn. 22.

[1167] *K. Schmidt*, GesR, § 18 III 4, S. 527 ff.; dazu: *v. Gerkan/Hommelhoff*, Anm. 2.29 ff., S. 6 ff.

[1168] *K. Schmidt* in Scholz, §§ 32 a, 32 b, Rn. 20.

Deutschland am Marktgeschehen teilnehmen. Die Einführung der §§ 129 a, 172 a HGB aufgrund der Novellenregelung spricht dafür, das deutsche Kapitalersatzrecht nicht als rechtsformgebundenen Regelungskomplex zu verstehen. Beide Normen statuieren, dass die §§ 32 a, 32 b GmbHG auch auf Personenhandelsgesellschaften anwendbar sind, sofern keiner der unbeschränkt haftenden Gesellschafter eine natürliche Person ist. Von der herrschenden Meinung[1169] werden die Grundsätze des Kapitalersatzrechts leicht modifiziert ebenfalls auf Aktiengesellschaften angewendet. Wegen des andersartigen Haftungssystems und wegen des anders ausgestalteten Kapitalschutzes in der Aktiengesellschaft sind die zur GmbH entwickelten Ansätze nicht ohne Weiteres auf Leistungen anwendbar, die ein Aktionär der AG zur Verfügung gestellt hat.[1170] Bejaht wird eine Übertragbarkeit dieser Grundsätze auf die Aktiengesellschaft zum Beispiel dann, wenn ein Aktionär einem GmbH-Gesellschafter vergleichbar „unternehmerisch" an der Gesellschaft beteiligt ist.[1171]
Die für die GmbH entwickelten Grundsätze lassen sich auf offene Handelsgesellschaften oder Kommanditgesellschaften übertragen, wenn als persönlich haftende Gesellschafter ausschließlich Gesellschaften mit beschränkter Haftung beteiligt sind.[1172] Über die §§ 129 a, 172 a HGB finden nur die §§ 32 a, 32 b GmbHG ausdrücklich Anwendung auf die Personenhandelsgesellschaften. Aber auch die zu §§ 30, 31 GmbHG entwickelten Rechtsprechungsgrundsätze sind nach Ansicht des BGH und der herrschenden Meinung[1173] auf Personenhandelsgesellschaften anwendbar, sofern keine natürliche Person unbeschränkt haftet.[1174] Dass die §§ 129 a, 172 a HGB nicht auf die Anfechtungstatbestände verweisen, wird als Redaktionsversehen betrachtet.[1175] Auch die Anfechtungstatbestände können somit grundsätzlich auf andere Gesellschaftsformen als die GmbH übertragen werden.
Dies zeigt, dass das Kapitalersatzrecht keinesfalls eine ausschließlich GmbH-spezifische Regelung ist. Vielmehr handelt es sich um den Ausdruck eines generellen Rechtsgrundsatzes, denn kapitalersetzende Gesellschafterleistungen sind

---

1169 BGH, ZIP 1984, 572, 574; *Lutter* in Kölner Kommentar AktG, § 57, Rn. 87.

1170 *v. Gerkan/Hommelhoff*, Anm. 2.38 ff., S. 60 ff.; Anm. 11.1, S. 215 ff.

1171 BGHZ 90, 381; dazu *K. Schmidt* in Scholz, §§ 32 a, 32 b, Rn. 22 m.w.N.

1172 BGHZ 67, 171; 81, 252; 81, 311; BGH, WM 1983, 1278; GmbHR 1986, 226, 227; 1990, 251; *Ulmer* in Hachenburg, §§ 32 a, b, Rn. 189 f.

1173 st.Rspr. seit BGHZ 67, 171, 175; vor der Novellierung grundlegend BGHZ 67, 171, danach fortgesetzt in BGHZ 81, 252; BGH, NJW-RR 1986, 834; *v. Gerkan/Hommelhoff*, Anm. 10.1, S. 205 ff.; *Ulmer* in Hachenburg, §§ 32 a, b, Rn. 193.

1174 falls nur natürliche Personen beteiligt sind: *v. Gerkan/Hommelhoff*, Anm. 10.22, S. 213; *Joost*, ZGR 1987, 370, 398; *K. Schmidt* in Scholz, §§ 32 a, 32 b, Rn. 23.

1175 *K. Schmidt* in Scholz, § 32 a, Rn. 204; *Roth/Altmeppen*, § 32 a, Rn. 223; *Ulmer* in Hachenburg, § 32 a, b, Rn. 192.

bei anderen gesellschaftsrechtlichen Rechtsformen gleichfalls möglich.[1176] Die Kapitalersatzregeln knüpfen nicht an einen bestimmten Gesellschaftstypus an, sondern allgemein an eine kreditunwürdige beziehungsweise insolvente Schuldnerin, bei der keine natürliche Person in unbeschränktem Umfang persönlich haftet.[1177] Das Kapitalersatzrecht ist universeller Ausdruck der Finanzierungsfolgenverantwortung.
Danach erscheint es prinzipiell möglich, das deutsche Kapitalersatzrecht, und zwar sowohl die Rechtsprechungsregeln als auch die Novellenregelungen, auf andere der GmbH funktionell vergleichbare ausländische Gesellschaftstypen anzuwenden. Grundlage hierfür ist ein allgemeines Finanzierungsprinzip, das es erforderlich macht, bei der Abgrenzung von Fremd- und Eigenkapital anhand formaler und funktionaler Kriterien zu differenzieren.[1178] Diese allgemeinen Grundsätze, die in §§ 32 a, 32 b GmbHG ihren positivrechtlichen Ausdruck gefunden haben, gelten nicht nur für die GmbH.[1179]
Bei der englischen Limited handelt es sich um einen funktional der GmbH vergleichbaren ausländischen Gesellschaftstypus. Finanzierungsfreiheit, Finanzierungsfolgenverantwortung und Gläubigerschutz müssen in Einklang gebracht werden, da keine natürliche Person unbeschränkt haftet. Die Tatbestandsvoraussetzungen „Darlehen eines Gesellschafters im Zeitpunkt der Krise“ lassen sich rechsformneutral auf jede Gesellschaft übertragen. Insoweit entsprechen sich die Interessenlagen bei der Gewährung eines Gesellschafterdarlehens bei einer kreditunwürdigen oder insolventen GmbH und einer kreditunwürdigen oder insolventen Limited. Auch das bei der Limited regelmäßig geringe Stammkapital spricht nicht gegen eine Übertragbarkeit.

Genau mit diesem Argument wird jedoch schon die potenzielle Übertragbarkeit der BGH-Regeln zu eigenkapitalersetzenden Darlehen teilweise abgelehnt. Nicht zu überzeugen vermögen die Ansichten von *Huber*[1180] und *Forsthoff/ Schulz*,[1181] die davon ausgehen, eine Anwendbarkeit der BGH-Regeln sei unabhängig von ihrer internationalprivatrechtlichen Qualifikation durch die Frage nach der Anwendbarkeit des Kapitalerhaltungsrechts vorherbestimmt. Die Autoren sind der Meinung, dass die BGH-Regeln bereits deshalb nicht auf die Limited übertragbar sein sollen, weil diese Regeln die Grundsätze der Kapitalerhaltung fortschreiben würden. Da die Kapitalerhaltungsregeln unanwendbar seien, sei es aus systematischen Gründen auch geboten, von einer Anwendung der Rechtsprechungsregeln auf die Limited Abstand zu nehmen.[1182] Die Ausdeh-

---

1176 *K. Schmidt*, GesR, § 18 III 4, S. 529 ff.; *ders.*, AG 1984, 12, 13 ff.; *ders.*, ZIP 1991, 1 ff.
1177 *Roth/Altmeppen*, § 32 a, Rn. 222.
1178 *K. Schmidt* in Scholz, §§ 32 a, 32 b, Rn. 22.
1179 *K. Schmidt* in Scholz, §§ 32 a, 32 b, Rn. 22 m.w.N.
1180 *Huber* in Lutter, S. 144 ff.
1181 *Forsthoff/Schulz* in Hirte/Bücker, § 15, Rn. 40, S. 449.
1182 *Forsthoff/Schulz* in Hirte/Bücker, § 15, Rn. 40, S. 449.

nung der §§ 30, 31 GmbHG auf eigenkapitalersetzende Darlehen könne nur bei Gesellschaften erfolgen, bei denen die Normen grundsätzlich anwendbar seien.[1183] Bei einer Gesellschaft, die kein durch § 30 GmbHG gebundenes Stammkapital habe, sei eine Gleichstellung von Gesellschafterdarlehen und Stammkapital sinnlos, so dass die BGH-Regeln von vornherein gegenstandslos seien. Da das deutsche Kapitalerhaltungsrecht keine Anwendung finde,[1184] müsse auch die Anwendung der Rechtsprechungsregeln ausscheiden.
Diese Ansicht wäre nur dann überzeugend, wenn die Anwendung des deutschen Kapitalerhaltungsrechts bereits daran scheitern würde, dass eine Übertragung der Vorschriften schon prinzipiell nicht ohne logische Brüche möglich wäre. Die direkte Anwendung der §§ 30, 31 GmbHG scheidet allein deshalb aus, weil keine deutsche Kollisionsnorm existiert, die auf die Normen verweist.[1185] Dass dies bei den Rechtsprechungsregeln, die zwar auf der analogen Anwendung der §§ 30, 31 GmbHG basieren, aber einen anderen Regelungsgegenstand haben, abweichend zu beurteilen sein könnte, ist damit jedenfalls nicht von vornherein ausgeschlossen.

Da es sich bei der englischen Limited um einen der deutschen GmbH vergleichbaren Gesellschaftstypus handelt, kann das Merkmal „Gesellschaft“ in §§ 30, 31, 32 a, 32 b GmbHG durch „englische Limited“ substituiert werden. Anstelle des Stammkapitals ist bezüglich der Limited auf das *issued capital* abzustellen.[1186] Der Begriff des Gesellschafters in §§ 39 I Nr. 5, 135 InsO, § 6 AnfG erfasst auch den *shareholder* einer Limited.
Das Kapitalersatzrecht knüpft nicht an eine bestimmte gesetzlich normierte Kapitalgröße an, sondern an das tatsächlich vorhandene Gesellschaftskapital beziehungsweise an die Summe, unterhalb derer die Überschuldung beginnt. Da es sich im Anwendungsbereich des Kapitalersatzrechts um eine kreditunwürdige beziehungsweise insolvente Schuldnerin handelt, bei der das ehemals vorhandene Stammkapital oder *issued capital* in der Regel aufgezehrt ist, kommt eine Übertragung sowohl der BGH- als auch der Novellenregeln grundsätzlich in Betracht, ohne dass dabei rechtliche Friktionen zu befürchten sind.

2. Anwendbarkeit der Rechtsprechungsregeln

Eine Anwendung der älteren Rechtsprechungsregeln auf die Limited ist in erster Linie von der inernationalprivatrechtlichen Qualifikation des Rechtsinstituts abhängig. Grundvoraussetzung ist die Anwendbarkeit deutschen Sachrechts. Gefragt ist folglich nach einer Kollisionsnorm, die in das deutsche Recht ver-

---

1183 *Huber* in Lutter, S. 144.

1184 *Huber* in Lutter, S. 146 ff. geht von einer Nichtanwendung aus, da die Übertragung des Kapitalerhaltungsrechts europarechtlich nicht gerechtfertigt sei.

1185 s.o. Kapitel C, IV.

1186 s.o. Kapitel C, II.

weist und deren Regelungsbereich die BGH-Grundsätze zuzuordnen sind. In Betracht kommen als allseitige Kollisionsnormen die Gründungstheorie als gesellschaftsrechtliche Verweisungsnorm oder die insolvenzrechtliche Anknüpfungsregel in Art. 4 I EuInsVO beziehungsweise § 335 InsO. Ist die gesellschaftsrechtliche Kollisionsnorm einschlägig, wird diese nicht in das deutsche, sondern in das englische Recht verweisen.
Zu erwägen ist sodann eine Korrektur des gefundenen Ergebnisses über einseitige Kollisionsnormen, die wie der ordre public oder eine Sonderanknüpfung deutsches Recht für anwendbar erklären.

a) Qualifikation

Von der rechtlichen Qualifikation ist abhängig, welche der vorgenannten allseitigen Kollisionsnormen einschlägig ist. Hierbei ist primär zu beachten, dass die Rechtsprechungsregeln zu eigenkapitalersetzenden Gesellschafterleistungen auf der analogen Anwendung der §§ 30, 31 GmbHG beruhen, die gesellschaftsrechtlich zu qualifizieren sind. Das legt den Schluss nahe, dass diese Qualifikation ebenfalls für die richterrechtlichen Regeln sachgemäß ist.
Rechtstechnisch handelt es sich bei der Analogie um eine teleologische Ausdehnung des Anwendungsbereichs der Norm.[1187] Grundgedanke der Rechtsprechungsregeln ist, dass die §§ 30, 31 GmbHG ihrer Schutzfunktion nur gerecht werden können, wenn der Anwendungsbereich nicht auf Stammkapital im formellen Sinne beschränkt ist, sondern dass Gesellschafterdarlehen, die materiell dem Stammkapital entsprechen und die eine ebenso große praktische Relevanz bei der Unternehmensfinanzierung haben, auch erfasst sind. Zu bedenken ist, dass Rechtsfolgen verbotener die Gesellschaftsgläubiger gefährdender Rückzahlungen an die Gesellschafter geregelt werden, deren Verbotswidrigkeit sich gerade aus der mitgliedschaftlichen Position des Darlehensgebers ergibt. Dies stellt einen mittelbaren Verstoß gegen das Kapitalerhaltungsrecht dar, denn die den Gläubigern zur Verfügung stehende Haftsumme wird durch die Rückgewähr des Gesellschafterdarlehens in der Krise der Gesellschaft geschmälert. Abgestellt wird darauf, dass die Darlehensform eine missbräuchliche Art der Unternehmensfinanzierung ist, wenn sie in eigenkapitalersetzender Weise erfolgt. In Rede stehen letztlich die Finanzierungsentscheidung des Gesellschafters und damit die Kapitalausstattung der Gesellschaft selbst. Regelungen, die die Kapitalausstattung betreffen, sind als gesellschaftsrechtlich zu qualifizieren. Die Rechtsprechungsgrundsätze konkretisieren die Finanzierungsfolgenverantwortung des Gesellschafters. Die Gesellschafter sind nicht vollständig frei in ihrer Entscheidung, wie sie die Gesellschaft mit Kapital ausstatten. Insbesondere dür-

---

[1187] *Huber* in Lutter, S. 143.

fen sie ihre Nähe zum Unternehmen nicht dazu ausnutzen, die Risiken der ihren unternehmerischen Interessen dienenden Finanzierung durch den Rückgriff auf Gesellschafterdarlehen so weit wie möglich auf die Gläubiger abzuwälzen.
Rechtsfolge ist ein Rangrücktritt der Darlehen, soweit diese unabhängig vom Eintritt der Insolvenz erforderlich sind, um verbrauchtes Stammkapital aufzufüllen. Einem etwaigen Rückzahlungsanspruch der Gesellschafter steht der zwingende Einwand der Kapitalerhaltung entgegen. Wird die gebundene Darlehenssumme dennoch ausgezahlt, hat diese freiwillige Rückzahlung den Charakter einer Einlagenrückgewähr.
Die §§ 30, 31 GmbHG greifen ein, wenn hierdurch eine Unterbilanz oder Überschuldung hervorgerufen wird. Im Ergebnis stellen die Rechtsprechungsregeln ebenfalls darauf ab, dass das zur Erhaltung des Stammkapitals erforderliche Vermögen regelwidrig an die Gesellschafter zurückgewährt wird. Die BGH-Regeln konkretisieren die gesellschaftsrechtliche Pflicht der Gesellschafter, die Gesellschaft mit entsprechendem Stammkapital zu führen.[1188] Der Rangrücktritt und die Rückgewährspflicht entsprechen einer Quasi-Einlageverpflichtung der Gesellschafter zur Sicherung des Stammkapitals. Da die Einlageverpflichtung unstreitig gesellschaftsrechtlich zu qualifizieren ist, erscheint es rechtslogisch konsequent, die in Analogie zu §§ 30, 31 GmbHG entwickelten Rechtsprechungsregeln ebenso gesellschaftsrechtlich zu qualifizieren.[1189]

Eine andere Sichtweise vertreten wohl nur *Haas*[1190] und *Bräuer*,[1191] die offensichtlich von einer insolvenzrechtlichen Qualifikation der BGH-Regeln ausgehen und sie immer dann angewendet wissen wollen, wenn deutsches Recht Insolvenzstatut ist. Seine Ansicht begründet *Haas* damit, dass zwischen Rechtsprechungs- und Novellenregeln auch hinsichtlich der Rechtsfolgen keine Unterschiede bestünden, so dass nur eine einheitliche Qualifikation des Kapitalersatzrechts Sinn mache.[1192] Nach den oben festgehaltenen Ergebnissen können die Differenzen in den Rechtsfolgen der BGH-Regeln und der Novellenregelungen jedoch kaum infrage gestellt werden. An dieser Stelle mag schon der Hinweis genügen, dass ein Fortbestehen des eigenkapitalersetzenden Charakters eines Darlehens, das im Jahr vor dem Antrag auf Eröffnung des Insolvenzverfahrens zurückgezahlt worden ist, bei den Novellenregeln unwiderleglich vermutet wird, aber im Rahmen der BGH-Regeln der Beweis zulässig ist, dass das Stammkapital zu diesem Zeitpunkt nachhaltig wiederhergestellt war.[1193] Die Gegenansicht verkennt offenbar ferner, dass die einschlägigen Kollisionsnormen

---

[1188] *Schilling*, S. 194.
[1189] so die ganz h.M.: *Hueck/Fastrich* in Baumbach/Hueck, § 32 a, Rn. 91 ff.; *Reinbach*, S. 204; *Ulmer*, NJW 2004, 1201, 1207, jeweils m.w.N.
[1190] *Haas*, NZI 2002, 457, 465 f.
[1191] *Bräuer*, S. 100.
[1192] *Haas*, NZI 2002, 457, 466; dem folgend *Bräuer*, S. 100.
[1193] zuletzt BGH, DStR 2006, 478, 479.

des deutschen Internationalen Insolvenzrechts, Art. 4 I EuInsVO und § 335 InsO, nur dann auf deutsches Recht verweisen können, wenn im Inland ein Insolvenzverfahren eröffnet worden ist. Die Rechtsprechungsregeln verbieten jedoch, und zwar unabhängig von einem Insolvenzverfahren, die Rückzahlung von Darlehen in der Krise. Die BGH-Regeln tragen vielmehr zu einem präventiven Gläubigerschutz bei,[1194] auch wenn sie nach der Eröffnung des Insolvenzverfahrens ihre Wirkung nicht verlieren. Nicht zu überzeugen vermag das Argument, dass es sich bei dem Begriff der Krise der Gesellschaft als Tatbestandsmerkmal einer eigenkapitalersetzenden Gesellschafterleistung um einen insolvenznahen Zustand handele, der eine insolvenzrechtliche Qualifikation rechtfertige.[1195] Die Nähe zur Insolvenz stellt lediglich auf deren mögliches Eintreten ab, setzt es jedoch nicht voraus. Zudem liegt eine Krise auch bei Kredit- oder Überlassungsunwürdigkeit unabhängig von der Insolvenzreife der Gesellschaft vor. Insofern fehlt es den Rechtsprechungsgrundsätzen anders als den Novellenregeln an einer unmittelbaren Verknüpfung mit der Insolvenz der Gesellschaft.

Demgemäß muss es bei der gesellschaftsrechtlichen Qualifikation bleiben, so dass die Rechtsprechungsregeln unter der Gründungstheorie nicht unmittelbar zur Anwendung berufen sind.

b) Ordre public

Da das Rechtsinstitut der fraus legis wegen des in Europa geltenden Maßstabes regelmäßig nicht zur Anwendung eines bestimmten inländischen Rechtsinstituts auf EU-ausländische Gesellschaften führen kann, bleiben als mögliche Durchbrechungen des einheitlichen Gesellschaftsstatuts nur der ordre public oder eine Sonderanknüpfung übrig. Eine Anwendung der Rechtsprechungsregeln könnte aufgrund der Ersatzfunktion des deutschen Rechts gemäß Art. 6 EGBGB in Betracht kommen.

aa) Abweichende Ergebnisse nach deutschem und englischem Recht

Prüfungsgegenstand des ordre public ist nicht die abstrakte ausländische Rechtsnorm, sondern das Ergebnis ihrer Anwendung im Einzelfall, also die Rechtswirkungen der fremden Sachnorm. Ergibt sich eine hypothetische Ergebnisgleichwertigkeit mit dem deutschen Recht, ist ein ordre-public-Verstoß von vornherein ausgeschlossen.

Nach den deutschen Rechtsprechungsregeln führt die Gewährung eines Gesellschafterdarlehens in der Krise zu einer Kapitalbindung in Höhe des zur Deckung des Stammkapitals erforderlichen Vermögens, verbunden mit einem Rangrück-

---

[1194] *Höhn*, S. 152.

[1195] so aber *Bräuer*, S. 100.

tritt des Darlehens, und einem Rückzahlungsverbot mit einer korrespondierenden Erstattungspflicht.

Bei der Finanzierung einer unterkapitalisierten Limited kennt das englische Recht keine richterrechtliche oder gesetzliche Anordnung eines Rangrücktritts.[1196] Die Normen des englischen CA 1985 machen keine entsprechenden Vorgaben und in der Rechtsprechung hat sich bisher keine Sonderbehandlung von Gesellschafterdarlehen herauskristallisiert. Soweit ersichtlich, beschäftigt sich die Rechtsprechung nicht mit der Frage, ob diesbezügliche Sonderregeln angebracht sein könnten. Auch in der englischen Literatur wird dieses Thema kaum beachtet.[1197] Der Vorschlag des *Corc Committee* von 1977, Verbindlichkeiten, die zumindest partiell langfristig das Kapital einer insolventen Gesellschaft darstellen, erst nach Befriedigung der übrigen Gläubiger zu begleichen, wurde nicht in die Praxis umgesetzt.[1198]

Dies ist in erster Linie auf die nach wie vor bindende *Salomon-doctrine* von 1897[1199] zurückzuführen. Neben ihrer Hauptaussage, der Gesellschaft eine von den Gesellschaftern unabhängige Rechtspersönlichkeit zuzusprechen, beschäftigt sich die Entscheidung damit, dass der Gesellschafter Salomon sein Unternehmen in erster Linie durch *debentures* finanziert hatte. *Debentures* sind Schuldverschreibungen, die in der Regel mit einer Sicherheit für die Darlehensforderung verbunden sind und der Fremdfinanzierung der *company* dienen.[1200] Entgegen der Ansicht des Konkursverwalters, der seinerzeit verlangte, Salomon sollte seinen Rückzahlungsanspruch gegen die zwischenzeitlich insolvent gewordene Gesellschaft erst nach Befriedigung der übrigen Gläubiger geltend machen, entschied das *House of Lords*, ein Gesellschafter sei ebenso wie gesellschaftsfremde Dritte berechtigt, *debentures* zu halten und die entsprechenden Forderungen geltend zu machen.[1201] Nach Meinung des *House of Lords* sind die Gläubiger primär selbst verpflichtet, Sicherheiten für ihre Forderungen zu verlangen; das Mitleid für ungesicherte Gläubiger hält sich in Grenzen.[1202] Das

---

1196 anders das US-amerikanische Recht: Hier kann der Richter aufgrund der doctrine of equitable subordination unter bestimmten Voraussetzungen Gesellschafterdarlehen in der Insolvenz der Gesellschaft auf einen von der üblichen Rangfolge abweichenden schlechteren Rang verweisen; dazu ausführlich: *Gehde*, Eigenkapitalersetzende Gesellschafterleistungen in Deutschland und in den USA.

1197 vgl. dazu auch *Finch*, MLR 1999, S. 633 ff.

1198 das vom Secretary of State for Trade eingesetzte Komitee unter Vorsitz von Mr. Cork hatte die Insolvenzrechte von England und Wales zu beurteilen; vgl. Insolvency Law and Practice, Report of the Review Committee, Cmnd 8558, 1982, S. 441.

1199 Salomon v Salomon Co Ltd [1897] A.C. 22.

1200 *Güthoff*, S. 29; *Behrens*, S. 880.

1201 in den Vorinstanzen war der Konkursverwalter mit seinem Vorbringen teilweise erfolgreich, vgl. ausf. *Pennington*, Company Law, S. 40 f.

1202 vgl. Salomon v Salomon & Co Ltd, [1897] A.C. 22, 53: „Any member of a company, acting in good faith, is as much entiteled to take and hold the company's debentures as an

House of Lords zieht in dieser Grundsatzentscheidung mit keinem Wort in Betracht, einen Rangrücktritt der Ansprüche Salomons anzuordnen. Da der Alleingesellschafter Salomon seine Ansprüche abgesichert hatte, wurde er vielmehr bevorzugt. Nach englischem Recht werden die Gesellschafter als Gesellschaftsgläubiger mit den übrigen Gesellschaftsgläubigern bis heute gleichbehandelt, denn die Entscheidungen des englischen *House of Lords* entfalten Bindungswirkung.[1203] Eine Abweichung durch die Untergerichte ist grundsätzlich nicht möglich. Insofern ist davon auszugehen, dass der Präzedenzfall *Salomon v Salomon & Co Ltd* wesentlich dazu beigetragen hat, dass in England kein Rangrücktritt für Forderungen der Gesellschafter gegen die Gesellschaft angeordnet werden kann. Eine derartige Lösung ist auch für die Zukunft nicht geplant, sondern die aktuelle Diskussion im englischen Gesellschaftsrecht beschränkt sich darauf, die die Limited betreffenden Regelungen weiter zu vereinfachen und noch gesellschafterfreundlicher zu gestalten. Dieser Vereinfachung und Erhaltung der Konkurrenzfähigkeit dient der CA 2006; ein Rangrücktritt von Gesellschafterdarlehen ist auch nach dieser Neuregelung nicht vorgesehen. Im Ergebnis lässt sich eine Abweichung der deutschen Regelungen von der englischen (Nicht-)Regelung feststellen.

Ein ordre-public-Verstoß muss immer dann ausscheiden, wenn ein dem deutschen Recht vergleichbares Ergebnis in der ausländischen Rechtsordnung auf andere Weise hergestellt wird. Es ist ausreichend, dass die anderen Regelungen zu einem Resultat führen, das nicht in einem so starken Widerspruch zu den Vorgaben des deutschen Rechts steht wie das Ergebnis, das allein durch das Fehlen entsprechender Normen in der ausländischen Rechtsordnung hervorgerufen würde. Es ist zu beachten, dass das englische Recht auf andere Weise versucht, den Gläubigerschutz sicherzustellen.[1204] In England liegen die Schwerpunkte auf einer ausgedehnten Geschäftsleiterhaftung, auf strengen Publizitätsvorschriften und auf einer strikten Staatsaufsicht. Dass das englische Recht keine dem Kapitalersatzrecht vergleichbaren Regelungen kennt, ist auch darauf zurückzuführen, dass in England der Gläubigerschutz weniger durch Kapitalschutz gewährleistet werden soll als in Deutschland.

Ein ordre-public-widriger Zustand kann sich aber gerade aus der Internationalität eines Sachverhalts ergeben. Insgesamt ist davon auszugehen, dass das englische Recht in seiner Gesamtheit einen Gläubigerschutzstandard gewährleistet, der dem deutschen Recht entspricht. Allerdings versagen einige dieser Schutzinstrumente, sobald die englische Gesellschaft ihren Verwaltungssitz

---

outside creditor. Every creditor is entiteled to get and to hold the best security the law allows him to take. The unsecured creditors of A. Salomon and Company Ltd may be entiteled to sympathy, but they have only themselves to blame for their misfortunes."

1203 *Triebel*, S. 36, Rn. 30: doctrine of stare decises.

1204 vgl. Kapitel B.

nach Deutschland verlegt.[1205] Das englische Recht ist dann nicht in der Lage, das vom deutschen Recht abweichende Ergebnis bei der Behandlung eigenkapitalersetzender Darlehen an anderer Stelle durch weitere auch tatsächlich auf den Sachverhalt anwendbare und durchgreifende Regelungen zu kompensieren. Es bleibt bei einer „erheblichen Diskrepanz“[1206] in der Anwendung deutschen und englischen Rechts auf kapitalersetzende Gesellschafterleistungen für zuziehende Limiteds.

bb) Wesentliche Grundsätze des deutschen Rechts

Die Rechtsprechungsregeln zu eigenkapitalersetzenden Darlehen müssten weiterhin zu den wesentlichen Prinzipien des deutschen Rechts gehören. Es ist deshalb zu ermitteln, ob gerade die Rechtsprechungsgrundsätze Ausdruck rechtlicher Grundwerte von zentraler Bedeutung für die deutschen Vorstellungen von ausgleichender Individualgerechtigkeit sind oder tragende Staatsinteressen betreffen. Diese Grundsätze sind einschränkend zu interpretieren.[1207] Ein verzichtbarer Rechtssatz kann nicht Teil des ordre public sein. Eine Norm, die stark umstritten oder Gegenstand konkreter gesetzgeberischer Reformvorhaben ist, wird anders einzustufen sein als Normen, die beispielsweise unmittelbarer Ausdruck der privatrechtlichen Umsetzung eines Grundrechts sind. Die wesentlichen Grundsätze des deutschen Rechts sind abhängig von Raum und Zeit und somit wandelbar.[1208] Ein wichtiger Faktor ist die zeitliche Relativität des ordre public.[1209] Die Einschätzung, ob ein Rechtsinstitut zum unantastbaren Kernbestand der deutschen Rechtsordnung gehört, ist abhängig von dem rechtlichen, wertemäßigen, politischen und sozialen Kontext des Beurteilungszeitpunktes. Ein zeitlicher Wandel der Beurteilung kann sich in einer Gesetzesänderung ausdrücken. Ein notwendiges Kriterium dafür, bestimmte Rechtsnormen, die bislang dem deutschen ordre public zugerechnet werden konnten, nun nicht mehr als Bestandteil der deutschen öffentlichen Ordnung anzusehen, ist dies jedoch nicht. Bereits eine Modifizierung der Rechtsprechung, eine intensive Reformdiskussion oder ein Änderungsbeschluss des Gesetzgebers können Ausdruck dieser gewandelten Anschauung sein, so dass es auf den konkreten Zeitpunkt des Inkrafttretens der Neuregelung nicht mehr ankommt.[1210] In diesem Zusam-

---

[1205] s.o. Kapitel B, VI.

[1206] BayObLGZ 1969, 70; *Sonnenberger* in Münchener Kommentar, EGBGB, Art. 6, Rn. 62.

[1207] *Sonnenberger* in Münchener Kommentar, EGBGB, Art. 6, Rn. 58.

[1208] *Sonnenberger* in Münchener Kommentar, EGBGB, Art. 6, Rn. 57.

[1209] BGH, IPRax 1990, 55; 1992, 380; *Blumenwitz* in Staudinger, EGBGB, Art. 6, Rn. 141; *Kegel/Schurig*, § 16 V; *Sonnenberger* in Münchener Kommentar, EGBGB, Art. 6, Rn. 57.

[1210] *Sonnenberger* in Münchener Kommentar, EGBGB, Art. 6, Rn. 57.

menhang kommt einer intendierten Gesetzesänderung eine Vorwirkung[1211] bezüglich der Beurteilung des zu ändernden Rechtsinstituts zu. Mit der Änderung eines Gesetzes oder eines Grundsatzes mit Rechtsnormqualität kann der „in diesem zum Ausdruck gekommene o. p. [= ordre public] nicht mehr gegenüber Vorgängen herangezogen werden, die zeitlich vor der Änderung liegen".[1212]

Ob die Rechtsprechungsregeln wesentlichen Prinzipien dienen und zum deutschen ordre public gehören, ist an dem hinter den Regelungen stehenden Grundsatz, also ihrem Sinn und Zweck, zu ermitteln. Sinn der Rechtsprechungsregeln ist es, in der Krise der Gesellschaft dem Verlust des für die Gläubigerbefriedigung vorgesehenen Stammkapitals durch unrechtmäßige Rückzahlungen an die Gesellschafter entgegenzuwirken. Der hinter der Regelung stehende Zweck ist der Schutz der strukturell schwächeren Gläubiger; ein Prinzip, das wie ein roter Faden die deutsche Rechtsordnung durchzieht und das als wesentlich eingeordnet werden muss. Dieses Ziel soll nach der Grundwertung des deutschen Kapitalgesellschaftsrechts durch die Gewährleistung eines entsprechenden Kapitals erreicht werden. Dem Kapitalgesellschaftsrecht liegt die Prämisse zugrunde, dass Mindestkapital und Kapitalschutz der Preis für die Haftungsbeschränkung sind. Hierbei handelt es sich um eine Grundwertung des deutschen Gesellschaftsrechts, denn in Deutschland soll Gläubigerschutz primär durch Kapitalschutz erzielt werden. Der Kapitalschutz ruht auf drei gleichrangigen Säulen: Sicherung der Kapitalaufbringung, Kapitalerhaltung und Kapitalersatzrecht. Das Kapitalersatzrecht dient unmittelbar der Verwirklichung dieser Grundwertung; Kapitalschutz ist Gläubigerschutz. Das Kapitalersatzrecht insgesamt gehört folglich zu den wesentlichen Prinzipien der deutschen Rechtsordnung.

In die Betrachtung einzubeziehen ist, dass das geltende deutsche GmbH-Recht einem zweigliedrigen Schutzsystem folgt, so dass gesondert zu überprüfen ist, ob gerade die Rechtsprechungsregeln zu diesen wesentlichen Grundsätzen gehören. Die Rechtsprechungsregeln werden seit nunmehr etwa 60 Jahren ununterbrochen angewendet, weiterentwickelt und der Gegenwart angepasst. Sie haben die Novellierungsbemühungen aus dem Jahre 1980 überstanden und werden nach wie vor neben den gesetzlichen Regelungen zum Schutz der Gesellschaftsgläubiger herangezogen. Für die Wesentlichkeit der Rechtsprechungsregeln spricht zudem, dass sie mit der GmbHG-Novelle von 1980 in eine gesetzliche Form gegossen werden sollten. Sie haben auch durch die Einfügung der §§ 32 a, 32 b GmbHG nicht an Bedeutung verloren. Dies wird an der unterschiedlichen Schutzrichtung der Regelungskomplexe deutlich und dadurch unterstrichen, dass sich der BGH für eine parallele Anwendbarkeit beider Schutzmechanismen ausgesprochen hat, so dass die Rechtsprechungsregeln

---

1211 *Sonnenberger* in Münchener Kommentar, EGBGB, Art. 6, Rn. 57.

1212 BGH, RIW 1998, 262; *Sonnenberger* in Münchener Kommentar, EGBGB, Art. 6, Rn. 57.

zumindest in der Vergangenheit den wesentlichen Prinzipien des deutschen Rechts zuzuordnen waren.

Die aktuelle rechtspolitische Diskussion macht jedoch eine andere Sichtweise erforderlich. Hierdurch verlieren die Rechtsprechungsregeln so viel an Gewicht, dass sich eine Einordnung als wesentlicher Grundsatz verbietet. Das deutsche Kapitalersatzrecht ist in der jüngeren Vergangenheit vermehrt in die Diskussion geraten. Es wird als veraltet, überreguliert und zu komplex eingeordnet.[1213]
Aus dieser wissenschaftlichen Diskussion haben sich nunmehr aktuelle gesetzgeberische Reformvorhaben ergeben. Durch das MoMiG wird eine umfassende Reform des gesamten Kapitalgesellschaftsrechts angestrebt, durch die in erster Linie die rechtliche Ausgestaltung der deutschen GmbH betroffen ist. Wesentlicher Bestandteil dieser Neuregelung ist sowohl nach dem Referentenentwurf von 2006 als auch nach dem aktuellen Regierungsentwurf die Schaffung eines einstufigen insolvenzrechtlichen Schutzsystems, das sämtliche Gesellschafterdarlehen gleichermaßen erfasst und als nachrangige Insolvenzforderungen behandelt. Insbesondere sollen die bislang geltenden Rechtsprechungsregeln zur analogen Anwendung der §§ 30, 31 GmbHG auf eigenkapitalersetzende Gesellschafterdarlehen aus Gründen der Vereinheitlichung und Vereinfachung aufgegeben werden.[1214]
Dies rechtfertigt, die Rechtsprechungsregeln nicht länger den wesentlichen Grundsätzen der deutschen Rechtsordnung zuzuordnen. Aus heutiger Sicht ist davon auszugehen, dass Rechtsgrundsätze, die derart stark in die Kritik geraten sind und die der deutsche Gesetzgeber als verzichtbare Regeln in naher Zukunft ohnehin aufgegeben wissen will, nicht zum unantastbaren Kernbestand der deutschen Rechtsordnung zu zählen sind. Die geplante Änderung des GmbH-Rechts entfaltet insofern Vorwirkung, als sie schon jetzt ausdrückt, dass die bisher geltenden Rechtsprechungsgrundsätze nicht mehr als wesentlich eingestuft werden können. Dies wirkt sich auch auf die Beurteilung von Altfällen aus, bei denen die Rechtsprechungsgrundsätze schon deshalb nicht über Art. 6 EGBGB auf Auslandsgesellschaften anzuwenden sind, da sie nicht mehr zum deutschen ordre public zählen.

cc) Zwischenergebnis

Da die Rechtsprechungsregeln aus heutiger Sicht nicht Bestandteil des deutschen ordre public sind, scheidet ihre Anwendung auf die Limited mit Verwaltungssitz in Deutschland über Art. 6 EGBGB aus.

[1213] vgl. aus jüngerer Zeit *Meilicke*, GmbHR 2007, S. 225 ff. m.w.N.
[1214] § 30 I 3 GmbHG-E 2007.

c) Sonderanknüpfung

Eine Anwendung der Rechtsprechungsregeln könnte über das Rechtsinstitut der Sonderanknüpfung in Betracht kommen. Der Ansatz *Ulmers*[1215] und *Forsthoffs*,[1216] die eine Sonderanknüpfung der Kapitalersatzregeln befürworten, um auf diese Weise Schutzlücken zu schließen, ist jedoch abzulehnen. Die Autoren setzen sich dabei nicht mit den internationalprivatrechtlichen Möglichkeiten und Erfordernissen einer Sonderanknüpfung auseinander, sondern gehen davon aus, dass diese immer möglich sein muss, wenn Interessen inländischer Gläubiger in Rede stehen.

Es müsste sich nach den allgemeinen Regeln zur Sonderanknüpfung bei der Beurteilung eigenkapitalersetzender Darlehen um eine Teilfrage handeln, die von der Hauptfrage, dem Gesellschaftsrecht, abgespalten werden kann und einer selbstständigen Anknüpfung unterliegt. Dies wiederum setzt einen international zwingenden Geltungswillen der Grundsätze voraus und ist unabhängig davon, ob eine Norm zu den wesentlichen Grundsätzen einer Rechtsordnung gehört. Dafür müsste festgestellt werden, dass die Rechtsprechungsgrundsätze auf sämtliche Kapitalgesellschaften, die sich innerhalb des deutschen Staatsgebietes niedergelassen haben, ihre Anwendung beanspruchen.

Wenn die Rechtsbeziehungen, die eine juristische Person beherrschen, als Hauptfrage verstanden werden, kann das Kapitalersatzrecht als Gegenpart zur Finanzierungsfreiheit der Gesellschafter als Teilfrage eingeordnet werden. Es ist überzeugend, bei einem Sachverhalt mit Auslandsberührung die Abspaltung von Teilfragen auch ohne gesetzlich normierte Grundlage zuzulassen.[1217] Somit ist nun zu klären, ob es sich bei den Rechtsprechungsregeln um Eingriffsnormen handelt. Da der internationale Geltungswille dem Wortlaut der zugrunde liegenden Normen nicht unmittelbar entnommen werden kann, muss er durch Auslegung ermittelt werden. Gemeint sind hier international zwingende Normen,[1218] deren Geltungsbereich sich räumlich auf Fälle mit Auslandsberührung erstreckt. Den international verbindlichen Charakter einer deutschen Sachnorm kann nur das deutsche Recht selbst festlegen.[1219] Die Auslegung hat sich primär am Sinn und Zweck zu orientieren.[1220]

Durch den Rangrücktritt kapitalersetzender Gesellschafterleistungen sollen die Befriedigungsaussichten der Gläubiger erhöht werden. Einer darüber hinausge-

---

1215 *Ulmer*, NJW 2004, 1201, 1209.

1216 *Forsthoff*, DB 2002, 2471, 2477.

1217 s.o. Kapitel C, III. 4. a) bb).

1218 *Magnus* in Staudinger, EGBGB, Art. 34, Rn. 3.

1219 BGH, IPRax 2003, 449, 451; *Sonnenberger*, IPRax 2003, 104, 107 ff., 110.

1220 allg.M.: EuGH, IPRax 2001, 225, 227, Tz. 24 - *Ingmar*; BGH, IPRax 2003, 449, 451; *Jayme*, IPRax 2001, 190; *Magnus* in Staudinger, EGBGB, Art. 34, Rn. 53; *Martiny* in Münchener Kommentar, EGBGB, Art. 34, Rn. 127.

henden ordnungspolitischen Funktion dienen die Rechtsprechungsregeln nicht. Insbesondere knüpfen sie nicht an das Merkmal der Insolvenz der Gesellschaft als Gemeinschuldnerin an, so dass der geordnete Ablauf des Insolvenzverfahrens hier nicht als über den Gläubigerschutz hinausgehender Zweck der Rechtsprechungsregeln angesehen werden kann. Der Normzweck erschöpft sich im Schutz der Gesellschaftsgläubiger. Die Regeln dienen damit ausschließlich dem Ausgleich der Interessen der Geschäftspartner an der Finanzierungsfreiheit beziehungsweise an der Rückzahlung der Forderungen gegen die Gesellschaft.
Es handelt sich folglich um national unabdingbares Recht; eine international zwingende Komponente kann mangels Gemeinwohlorientierung nicht festgestellt werden. Eine Anwendung der §§ 30, 31 GmbHG über die Lehre von der Sonderanknüpfung muss demnach ausscheiden.

d) Zwischenergebnis

Die Anwendbarkeit der BGH-Regeln zur analogen Anwendung der §§ 30, 31 GmbHG auf eigenkapitalersetzende Gesellschafterdarlehen scheidet für ausländische Kapitalgesellschaften schon auf kollisionsrechtlicher Ebene aus.[1221] Die Frage nach der europarechtlichen Vereinbarkeit der Rechtsprechungsregeln stellt sich insofern gar nicht.

e) Zusammenfassung

Obwohl die Rechtsprechungsregeln aus der Sicht des deutschen Sachrechts prinzipiell auf die Limited übertragen werden könnten, muss dennoch eine Anwendung aus kollisionsrechtlichen Gründen ausscheiden. Die Rechtsprechungsregeln zur analogen Anwendung der §§ 30, 31 GmbHG sind ebenso wie die Normen selbst als gesellschaftsrechtlich zu qualifizieren, so dass sie unter der Gründungstheorie nicht direkt zur Anwendung auf ausländische Gesellschaften berufen werden.
Eine Anwendung des nicht normierten deutschen Kapitalersatzrechts unter dem Gesichtspunkt des ordre public gemäß Art. 6 EGBGB scheidet aus. Zwar differieren die Anwendungsergebnisse des englischen und des deutschen Rechts hinsichtlich eigenkapitalersetzender Gesellschafterdarlehen, da das englische Recht keine entsprechenden Regelungen trifft, aber die Rechtsprechungsregeln zählen

---

[1221] im Ergebnis (keine Anwendung der Rechtsprechungsregeln) ebenso *Borges*, ZIP 2004, 733, 743; *Eidenmüller/Rehm*, ZGR 2004, 159; *Geyrhalter/Gänßler*, NZG 2003, 409, 410 ff.; *Kallmeyer*, GmbHR 2003, R 93; *Kindler* in Münchener Kommentar, IntGesR, Rn. 593; *Meilicke*, GmbHR 2003, 1271, 1272; *Müller*, NZG 2003, 414, 417; *Paefgen*, DB 2003, 487, 489 f.; *Schilling*, S. 208; *Zöllner*, GmbHR 2006, 1, 6; teilweise mit anderen Begründungen.

aufgrund der Vorwirkung der geplanten GmbHG-Änderung nicht mehr zu den wesentlichen Prinzipien des deutschen Rechts.
Eine Sonderanknüpfung der Rechtsprechungsregeln ist nicht möglich, da es den BGH-Grundsätzen an einem international zwingenden Charakter fehlt. Die Regeln zur analogen Anwendung der §§ 30, 31 GmbHG dienen ausschließlich dem Ausgleich widerstreitender Parteiinteressen.

3. Anwendbarkeit der Novellenregeln

Die folgenden Ausführungen sollen klären, ob über das kodifizierte Kapitalersatzrecht, also über die §§ 39 I Nr. 5, 135 InsO, §§ 32 a, 32 b GmbHG und § 6 AnfG, ein zusätzlicher Gläubigerschutz gewährleistet werden kann. Die internationalprivatrechtliche Qualifikation wird auch hier über die Anwendung der §§ 39 I Nr. 5, 135 InsO, §§ 32 a, 32 b GmbHG entscheiden, wobei insbesondere eine insolvenzrechtliche Qualifikation in Erwägung zu ziehen ist. Die Anwendung nichtgesellschaftsrechtlicher Normen, die kraft anderer Kollisionsnormen zum Zuge kommen, stellt keine Durchbrechung des Gesellschaftsstatuts dar, denn diese Vorschriften finden neben dem Gesellschaftsstatut Anwendung.[1222] Unter Geltung der EuInsVO hat das Insolvenzstatut den Vorteil, dass ähnliche Kriterien wie bei der Sitztheorie im Gesellschaftskollisionsrecht heranzuziehen sind. Deshalb ist das Insolvenzrecht des Staates zur Anwendung berufen, in dem sich der Interessenmittelpunkt des Schuldners befindet. Dies entspricht den dortigen Verkehrs- und Ordnungsinteressen. Die insolvenzrechtliche Anknüpfung hat bei ausländischen Gesellschaften mit Verwaltungssitz in Deutschland die vorteilhafte Konsequenz, dass sie regelmäßig zur Anwendung deutschen Rechts und damit der Novellenregeln führt.

Lange Zeit haben Rechtsprechung und Literatur der genauen internationalprivatrechtlichen Einordnung der Novellenregeln kaum Beachtung geschenkt. Das deutsche Kapitalersatzrecht führte ein „Mauerblümchen-Dasein“, wie *Schücking*[1223] es bildhaft ausdrückt. In der jüngeren Literatur mehren sich jedoch die Stimmen, die sich für eine gesellschaftsrechtliche,[1224] für eine insolvenzrechtliche Qualifikation[1225] oder für eine Doppelqualifika-

---

1222 *Kindler* in Münchener Kommentar, IntGesR, Rn. 413.
1223 *Schücking*, ZIP 1994, 1156.
1224 *Borges*, ZIP 2004, 733, 734; *Müller*, NZG 2003, 414, 417; *Paefgen*, DB 2003, 487, 490; *Riedemann*, GmbHR 2004, 345, 349; *Sandrock*, BB 2004, 987; *Schilling*, S. 194; *Schumann*, DB 2004, 743, 748; *Römermann*, S. 110 f., 226 differenziert offensichtlich zwischen den §§ 32 a, 32 b GmbHG und den §§ 39 I Nr. 5, 135 InsO.
1225 *Fischer*, ZIP 2004, 1477, 1480; *Haas*, NZI 2002, 457, 466; *ders.*; NZI 2001, 1, 5 ff.; *Löwisch*, S. 291; *Mellert/Verfürth*, S. 249, 272; *Paulus*, ZIP 2002, 729, 734; *Schilling*, S. 194; *Ulmer*, NJW 2004, 1201, 1204.

tion[1226] der §§ 32 a, 32 b GmbHG, §§ 39 I Nr. 5, 135 InsO aussprechen. Teilweise wird auch eine deliktische Qualifikation des Eigenkapitalersatzrechts für möglich gehalten und eine Anwendung der Regeln nach Maßgabe des Art. 40 I EGBGB befürwortet.[1227] Der BGH hat zur internationalprivatrechtlichen Qualifikation der Novellenregeln noch nicht Stellung genommen. Die wohl herrschende Meinung in der Literatur qualifiziert aus dem Blickwinkel der lex fori und der Lehre vom einheitlichen Gesellschaftsstatut alle gläubigerschützenden Haftungstatbestände gesellschaftsrechtlich.[1228] Auch die §§ 32 a, 32 b GmbHG werden trotz der funktional korrespondierenden Anfechtungsregelung in § 135 InsO und entgegen einiger Stimmen in der Literatur[1229] überwiegend als gesellschaftsrechtlich eingeordnet.[1230] Kapitalschutzpflichten der Gesellschafter beträfen den Kernbereich des Gesellschaftsrechts. Diese Ansicht ist im Anwendungsbereich der EuInsVO nicht mehr haltbar.[1231] Es ist, wie nachfolgend gezeigt wird, vielmehr einer insolvenzrechtlichen Qualifikation der §§ 32 a, 32 b GmbHG, §§ 39 I Nr. 5, 135 InsO der Vorzug zu geben. Die Anwendbarkeit des § 6 AnfG bestimmt sich nach § 19 AnfG als der für Anfechtungen außerhalb der Insolvenz einschlägigen Kollisionsnorm.

a) Die EuInsVO

aa) Regelungsinhalt

Das Internationale Insolvenzrecht bestimmt, welche Sachrechte auf insolvenztypische grenzüberschreitende Tatbestände anzuwenden sind. Die am 31.5.2002 in Kraft getretene EuInsVO regelt das Insolvenzkollisionsrecht innerhalb der EU-Mitgliedstaaten. Sie ist in allen Mitgliedstaaten außer in Dänemark unmittelbar geltendes Recht. Durch die Verordnung wurde das Insolvenzkollisionsrecht weitestgehend vereinheitlicht und stellt damit einen „Meilenstein auf dem

---

[1226] *Kindler* in Münchener Kommentar, IntGesR, 3. Auflage, Rn. 475, 531, der davon ausgeht, die §§ 32 a, 32 b GmbHG seien nur anwendbar, wenn deutsches Recht gleichzeitig Gesellschafts- und Insolvenzstatut ist; für die insolvenzrechtlichen Folgen sei ansonsten das Insolvenzstatut entscheidend; *Schücking*, ZIP 1994, 1156, 1159.

[1227] *Reiner*, Boujong-FS, S. 415, 454; ihm folgend *Jüttner*, S. 124.

[1228] BGH NJW 2001, 3123; *Ebenroth/Kieser*, KTS 1988, 19, 29 ff.; *Reinhart* in Münchener Kommentar InsO, Art. 102 EGInsO, Rn. 22 ff.; *Zimmer*, IntGesR, S. 292 m.w.N.

[1229] *Haas*, S. 57 ff.; *ders.*, NZG 2002, 457, 466; *Paulus*, ZIP 2002, 729, 734; *Hirte* in Uhlenbruck, InsO, § 135, Rn. 44 ff.

[1230] OLG Bremen, RIW 1998, 63, 64; OLG Jena, ZIP 1998, 1496, 1497; *Geyrhalter/Gänßler*, NZG 2003, 409, 411 f.; *Haubold*, IPRax 2002, 157, 159; *Kranemann*, EWiR 1998, 779, 780; *Müller*, NZG 2003, 414, 417.

[1231] *Weller*, S. 263; auch *Ulmer*, NJW 2004, 1201, 1207; *ders.*, KTS 2004, 291, 294 ff., mit Hinweis, dass die EuInsVO der primäre Maßstab ist.

Weg zu einem einheitlichen europäischen Wirtschaftsrecht" dar.[1232] Diese Rechtsvereinheitlichung ist geboten, da die Geschäftstätigkeit von Unternehmen zunehmend über einzelstaatliche Grenzen hinausgeht und die Insolvenz derartiger Unternehmen nachteilige Konsequenzen für das Funktionieren des Binnenmarktes hat.[1233] Es soll durch die EuInsVO ein *forum shopping* verhindert werden, so dass die Parteien Vermögensgegenstände oder Prozesse nicht in andere Mitgliedstaaten verlegen können, um in den Genuss bestimmter Vergünstigungen zu kommen.[1234] Der Regelungsinhalt der EuInsVO hat drei mit dem Insolvenzverfahren zusammenhängende Bereiche zum Gegenstand, und zwar die internationale Zuständigkeit der nationalen Insolvenzgerichte, das in dem jeweiligen Verfahren anwendbare Insolvenzrecht und die Anerkennung eines in einem Mitgliedstaat eröffneten Insolvenzverfahrens. Ausweislich des Erwägungsgrundes Nr. 23 ersetzt die EuInsVO in ihrem Anwendungsbereich das IPR der einzelnen Mitgliedstaaten. Das Insolvenzstatut für im EU-Ausland gegründete und im Inland ansässige Kapitalgesellschaften bestimmt sich somit nicht mehr nach § 335 InsO, sondern nach Art. 4 - 15 EuInsVO.[1235]

bb) Anwendbarkeit

Die EuInsVO gilt gemäß Art. 1 I EuInsVO für Gesamtverfahren, welche die Insolvenz des Schuldners voraussetzen und den vollständigen oder teilweisen Vermögensbeschlag sowie die Bestellung eines Verwalters zur Folge haben. Der sachliche Anwendungsbereich wird innerhalb der Verordnung nicht weiter konkretisiert, ist entsprechend den Regelungszielen und -gegenständen aber eröffnet, sobald der Gemeinschuldner des Insolvenzverfahrens seinen Interessenmittelpunkt innerhalb der EU hat und sein Vermögen auf mehrere Staaten der EU verteilt ist.[1236] Dieses grenzüberschreitende Element wird bereits dann bejaht, wenn der Ort der Inkorporation und der Belegenheitsort des Gesellschaftsvermögens divergieren[1237] oder wenn der Satzungs- und der Verwaltungssitz der Gesellschaft in verschiedenen Mitgliedstaaten liegen.[1238]

[1232] *Eidenmüller*, IPRax 2001, 2.

[1233] Erwägungsgrund Nr. 3.

[1234] Erwägungsgrund Nr. 4.

[1235] *Müller*, NZG 2003, 414, 415; ausgenommen vom Anwendungsbereich der EuInsVO sind die Insolvenzen von Banken, Versicherungen, Finanzdienstleistern und Investmentfonds; für diese gilt weiterhin das autonome deutsche Internationale Insolvenzrecht gem. §§ 335 ff. InsO, dazu *Ludwig*, S. 38 ff.

[1236] ausf. *Huber* in Gerhardt-FS, S. 397, 402 ff.; *Mock/Schildt* in Hirte/Bücker, § 16, Rn. 6 ff.; *Schilling*, S. 52 ff.

[1237] allg.M.: *Duursma-Kepplinger/Duursma/Chalupsky*, EuInsVO, Art. 3, Rn. 22 ff.; *Müller*, NZG 2003, 414, 415; *Paulus*, ZIP 2003, 1725, 1727; *Schilling*, S. 51; *Smid*, EuInsVO, Art. 1, Rn. 7.

[1238] *Huber* in Lutter, S. 162.

Der Grundnorm des Art. 4 EuInsVO entsprechend findet auf insolvenztypische Tatbestände das Recht des Staates Anwendung, der für die Eröffnung des Insolvenzverfahrens international zuständig ist. Die internationale Zuständigkeit der nationalen Insolvenzgerichte richtet sich gemäß Art. 3 I 1 EuInsVO nach dem Interessenmittelpunkt des Gemeinschuldners. Entsprechend dem Erwägungsgrund Nr. 13 ist dieses *center of main interest* der Ort, „an dem der Schuldner gewöhnlich der Verwaltung seiner Interessen nachgeht und damit für Dritte feststellbar ist".[1239] Die Anknüpfung an den Interessenmittelpunkt des Schuldners entspricht dem kollisionsrechtlichen Grundsatz der engsten Verbindung und damit den Verkehrsinteressen. An diesem Ort werden sich regelmäßig der Hauptteil des Schuldnervermögens sowie die Mehrheit der Gläubiger befinden.[1240] Den Interessenmittelpunkt als Hauptanknüpfungskriterium zu wählen, fördert eine vollstreckungsrechtliche Durchsetzung der Forderungen gegen den Schuldner.[1241] Das Prinzip der lex fori concursus entspricht internationalen Standards und dient dem äußeren Entscheidungseinklang. Die einheitliche Anwendung des Insolvenzrechts des Eröffnungsstaates vermeidet Normwidersprüche und der innere Entscheidungseinklang wird gewahrt. Durch das Abstellen auf die Sicht eines außerhalb der Gesellschaft stehenden Dritten soll gewährleistet werden, dass sich Gläubiger schon zu „Lebzeiten" der Gesellschaft auf die Konsequenzen einer eventuellen Insolvenz einstellen können. Hierdurch kommt das angestrebte Universalitätsprinzip zum Ausdruck, nach dem ein Gleichklang von internationaler Zuständigkeit und anwendbarem Recht angestrebt wird. Das Insolvenzverfahren hat universelle Geltung mit dem Ziel, das gesamte Vermögen des Schuldners zu erfassen.[1242]

Modifiziert wird dieses Prinzip zum Schutz des Rechtsverkehrs im Geltungsbereich der EuInsVO durch das Territorialitätsprinzip. Erkennbar wird dieses Prinzip in den Möglichkeiten, neben dem Hauptinsolvenzverfahren auch territorial begrenzte Partikularinsolvenzverfahren zu eröffnen sowie durch die in Art. 5 - 15 EuInsVO normierten Sonderanknüpfungen für Lebensbereiche, bei denen der Rechtsverkehr regelmäßig nicht mit der Geltung ausländischen Insolvenzrechts zu rechnen braucht.[1243]

[1239] zur Bestimmung des Interessenmittelpunkts ausführlich *Schilling* S. 63 ff.; selbst wenn die Gesellschaft ihren Interessenmittelpunkt nach der Stellung des Insolvenzantrages in einen anderen Staat verlegt, bleibt die einmal begründete Zuständigkeit erhalten, vgl. EuGH, IPRax 2006, 149 - *Staubitz-Schreiber*; dazu *Kindler*, IPRax 2006, 114 ff.

[1240] *Duursma-Kepplinger/Duursma/Chalupsky*, EuInsVO, Art. 3, Rn. 12.

[1241] *Reinhart* in Münchener Kommentar InsO, vor Art. 102 EGInsO, Rn. 47.

[1242] Erwägungsgrund Nr. 12.

[1243] *Ehricke/Ries*, JuS 2003, 313, 315 ff.; *Huber*, EuZW 2002, 490, 492 ff.; *Duursma-Kepplinger/Duursma/Chalupsky*, EuInsVO, Vorbem., Rn. 56 ff., Art. 4, Rn. 35 ff., 49; *Lüer* in Uhlenbruck, InsO, EuInsVO, Vorb. Rn. 17 ff.

Nach Art. 3 I 2 EuInsVO wird widerleglich vermutet, dass der Interessenmittelpunkt mit dem Satzungssitz zusammenfällt. Sofern Anhaltspunkte für ein Auseinanderfallen vorliegen, ist der Ort des hauptsächlichen Interesses von Amts wegen zu ermitteln.[1244] Falls der Interessenmittelpunkt nicht abschließend ermittelt werden kann, kommt der Vermutung die Funktion einer Zweifelsfallregelung zu.[1245] Die Vermutung ist bei der gewöhnlichen EU-Auslandsgesellschaft mit Verwaltungssitz im Inland jedoch unschwer zu widerlegen.[1246] Das *center of main interest* fällt dann mit dem tatsächlichen Verwaltungssitz zusammen, so dass die internationale Eröffnungszuständigkeit bei einer Limited mit Verwaltungssitz in Deutschland bei den deutschen Insolvenzgerichten liegt.[1247] Deren örtliche Zuständigkeit ergibt sich aus § 3 I InsO.
Durch die EuInsVO soll ermöglicht werden, dass über das gesamte Schuldnervermögen nur ein Hauptinsolvenzverfahren mit universeller Wirkung eröffnet werden muss. Sofern das erkennende Gericht nicht das rechtliche Gehör der Gesellschaft und damit den ordre public verletzt, werden die Wirkungen des Verfahrens in allen anderen Mitgliedstaaten anerkannt, ohne dass es eines besonderen Exequaturverfahrens bedarf, Art. 16 - 26 EuInsVO. Sobald in einem Mitgliedstaat das Insolvenzverfahren eröffnet worden ist, wird das gesamte innerhalb der EU belegene Schuldnervermögen gemäß Art. 17 EuInsVO dem Insolvenzbeschlag unterworfen. Die Entscheidungen des Insolvenzgerichts werden in den anderen Mitgliedstaaten ohne weitere Förmlichkeiten gemäß Art. 25 EuInsVO vollstreckt. Partikularinsolvenzverfahren sollen nur in Ausnahmefällen eröffnet werden und in ihrer Wirkung auf einen Mitgliedstaat beschränkt sein. Dies gilt insbesondere, wenn die Abwicklung des Gesellschaftsvermögens wegen tatsächlicher oder rechtlicher Schwierigkeiten in nur einem Hauptinsolvenzverfahren nicht möglich ist.[1248] Erforderlich ist darüber hinaus, dass die Gesellschaft nicht nur über Vermögen in dem Eröffnungsstaat des Partikularinsolvenzverfahrens, sondern auch über eine dortige Niederlassung verfügt.[1249]

Nach Art. 4 I EuInsVO gilt für das Insolvenzverfahren und seine Wirkungen grundsätzlich[1250] das Insolvenzrecht des Staates der Verfahrenseröffnung, die lex fori concursus. Nach der lex fori sind auch die Eröffnungsgründe für ein Insolvenzverfahren sowie die Insolvenzfähigkeit des Gemeinschuldners zu bestimmen, Art. 4 II 1, 2 lit. a EuInsVO. Die Insolvenzfähigkeit der englischen

---

1244 *Duursma-Kepplinger/Duursma/Chalupsky*, EuInsVO, Art. 3, Rn. 23 ff.

1245 *Duursma-Kepplinger/Duursma/Chalupsky*, EuInsVO, Art. 3, Rn. 24.

1246 vgl. dazu auch *U. Huber*, Gerhardt-FS, S. 397, 405 ff.

1247 *Borges*, ZIP 2004, 733, 737; *Degenhardt*, S. 65; *Eidenmüller*, § 9, Rn. 11; *Huber* in Lutter, S. 162, 163.

1248 Erwägungsgründe Nr. 17–20, dazu *Duursma-Kepplinger/Duursma/Chalupsky*, EuInsVO, Vorbem., Rn. 52.

1249 *Reinhart* in Münchener Kommentar InsO, EuInsVO, Art. 3, Rn. 5.

1250 Ausnahmen in Art. 5 ff. EuInsVO.

Limited mit Verwaltungssitz in Deutschland ergibt sich somit aus dem deutschen Insolvenzrecht, sofern deutsche Gerichte international zuständig sind. Nach § 11 I 1 InsO ist die Limited dann insolvenzfähig, wenn sie als juristische Person anzusehen ist. Bei dieser Feststellung handelt es sich um eine selbstständig anzuknüpfende Vorfrage, so dass sich das Bestehen als juristische Person nach dem Gesellschaftsstatut richtet, mithin nach englischem Recht.[1251] Die Limited besitzt nach ihrem Heimatrecht eine eigene Rechtspersönlichkeit, so dass sie unproblematisch als insolvenzfähig im Sinne des deutschen Rechts anzusehen ist.[1252]

Die Eröffnungsgründe können ebenfalls der deutschen Rechtsordnung entnommen werden. Insofern kommen bei der Limited die Zahlungsunfähigkeit gemäß § 17 InsO, die Überschuldung gemäß § 19 InsO und bei Antragstellung durch die Gesellschaft auch die drohende Zahlungsunfähigkeit nach § 18 InsO in Betracht. Das Verfahren wird eröffnet, wenn der Insolvenzantrag von einer der nach Art. 13 - 15 EuInsVO antragsberechtigten Personen gestellt worden ist und die Limited über ein Vermögen verfügt, das voraussichtlich die Kosten des Verfahrens decken wird.

Bei einer typischen Auslandsgesellschaft, die im Ausland von inländischen Gesellschaftern gegründet worden ist und die danach ihren Verwaltungssitz nach Deutschland verlegt, wäre die EuInsVO anwendbar.[1253] Der Interessenmittelpunkt fällt dann mit dem tatsächlichen Verwaltungssitz in Deutschland zusammen, so dass deutsche Gerichte für die Eröffnung des Insolvenzverfahrens zuständig sind. In diesem Fall verweist Art. 4 I EuInsVO auf das deutsche Insolvenzrecht.[1254]

cc) Reichweite der Verweisung

Nach Art. 4 I EuInsVO als der maßgeblichen Kollisionsnorm ist nach der Verfahrenseröffnung in Deutschland das deutsche „Insolvenzrecht" anwendbar. Diese Vorschrift lässt im Wesentlichen offen, welche Regelungsmaterien unter den Begriff des Insolvenzrechts zu subsumieren sind.[1255] Ausweislich des Erwägungsgrundes Nr. 23 regelt die lex concursus alle verfahrensrechtlichen und

---

[1251] *Huber* in Lutter, S. 164.

[1252] LG Hannover, NZI 2003, 608; AG Duisburg, GmbHR 2003, 121, 121 f.; AG Hamburg, EuZW 2003, 774, in dem dies grundsätzlich bestätigt wird, die Haftungsbeschränkung der englischen Limited wegen Missbrauchs der Rechtsform in casu jedoch nicht anerkannt wurde; *Huber* in Lutter, S. 164, *Mock/Schildt* in Hirte/Bücker § 16 Rn. 28, S. 478; *dies*., ZInsO 2003, 396, 399; *Müller*, NZG 2003, 414, 415; *Schilling*, S. 53 ff.

[1253] *Reinbach*, S. 210.

[1254] allgemein zur Insolvenz einer Limited mit Verwaltungssitz in Deutschland s. *Schilling*, S. 19 ff.

[1255] *Müller*, NZG 2003, 414, 415.

materiellrechtlichen Wirkungen des Insolvenzverfahrens auf die davon betroffenen Personen und Rechtsverhältnisse. Das Insolvenzrecht des Mitgliedstaates entscheidet über alle Voraussetzungen für die Eröffnung, Abwicklung und Beendigung des Insolvenzverfahrens, Art. 4 II 1 EuInsVO, denn das Insolvenzstatut ist als umfassendes Gesamtstatut mit exterritorialem Geltungsanspruch konzipiert.[1256]
Bezüglich des Terminus „Insolvenzrecht" ist, wie dies bei europäischen Verordnungen üblich ist, eine autonome Qualifikation vorzunehmen. Diese trägt dem Entscheidungseinklang Rechnung und vermeidet, dass logische Brüche dadurch entstehen, dass abhängig von der jeweiligen lex fori ein Rechtsinstitut einmal dem Insolvenzrecht, ein andermal dem Gesellschaftsrecht zugewiesen wird. Abzustellen ist dabei in erster Linie auf eine teleologische Auslegung.[1257]
Um den integrativen Zielen der Verordnung gerecht zu werden, ist von einer weiten Auslegung des Begriffs „Insolvenzrecht" auszugehen.[1258] Insofern sind alle Normen, die innerhalb des Insolvenzverfahrens materielle Wirkung entfalten, auch dem Insolvenzrecht im Sinne des Art. 4 I EuInsVO zuzuordnen.[1259]

Die europarechtlichen und damit verbindlichen Kriterien zur autonomen insolvenzrechtlichen Qualifikation können bislang nur der EuGH-Entscheidung Gourdain ./. Nadler[1260] entnommen werden.[1261] Der EuGH geht von dem Prinzip aus, dass der geltend gemachte Anspruch seine Wurzeln im Insolvenzrecht haben muss.[1262] Er hat darüber hinaus Indizien festgelegt, wann ein Anspruch insolvenzrechtlich qualifiziert werden kann. Hierzu zählen neben der Zuständigkeit des Insolvenzgerichts die Einziehungs- und Prozessführungsbefugnis des Insolvenzverwalters. Auf materiellrechtlicher Seite streitet für eine insolvenzrechtliche Einordnung insbesondere der Umstand, dass durch die Realisierung des Anspruchs die Masse erhöht und insofern die Befriedigungsaussichten der Gesamtheit der Gläubiger gesteigert werden sollen.[1263] Diese durch den EuGH aufgestellten Kriterien sind nicht abschließend, so dass es in der Regel auf eine Einzelfallbewertung ankommt, ob die Rechtsfigur insgesamt insolvenzrechtlich geprägt ist,[1264] wobei der EuGH in seiner Beurteilung eher restriktiv vorgeht. Hierbei ist zu berücksichtigen, dass es zur Zeit der Entscheidung noch keine europarechtlich einheitliche Regelung für grenzüberschreitende Insolvenzver-

---

1256 *Lüer* in Uhlenbruck, InsO, EuInsVO, Art. 4, Rn. 2 f.
1257 *Smid*, EuInsVO, Art. 1, Rn. 13.
1258 *Duursma-Kepplinger/Duursma/Chalupsky*, EuInsVO, Art. 4, Rn. 7.
1259 ausführlich zur insolvenzrechtlichen Qualifikation *Weller*, S. 235 ff.; insbes. S. 247 ff. für die Existenzvernichtungshaftung.
1260 EuGH, RIW 1979, 273 - *Gourdain/Nadler.*
1261 allgemein zu den Abgrenzungskriterien *Weller*, S. 260 ff.
1262 EuGH, RIW 1979, 273, 274, Tz. 6 - *Gourdain/Nadler.*
1263 EuGH, RIW 1979, 273, 274, Tz. 5 - *Gourdain/Nadler.*
1264 *Haubold*, IPRax 2002, 157, 162 f.

fahren gab. Angesichts der integrativen Ziele der EuInsVO erscheint nunmehr eine extensive Interpretation angezeigt.[1265] Zweck des Art. 4 EuInsVO ist es, gemeinschaftsweit sowohl den Entscheidungseinklang zu fördern als auch die Gläubigergleichbehandlung zu gewährleisten.[1266] Dies lässt sich am sichersten durch eine möglichst weitgehende Ausschaltung der allgemeinen einzelstaatlichen Kollisionsrechte erfüllen.[1267] Gestützt wird eine solche extensive Anwendung durch einen Umkehrschluss aus Art. 5 - 15 EuInsVO, denn diese Sonderanknüpfungstatbestände durchbrechen das Prinzip der lex fori concursus generali und sind restriktiv auszulegen. Ob ein Anspruch prozessual vor dem Insolvenzgericht durchzusetzen ist, kann als Qualifikationskriterium nach dem Erlass der EuInsVO keine entscheidende Bedeutung mehr beigemessen werden, da die Verordnung ausweislich ihres Erwägungsgrundes Nr. 15 nur die internationale, nicht jedoch die innerstaatliche Zuständigkeit regelt.[1268]

Erleichtert wird die Qualifikation eines Rechtsinstituts als insolvenzrechtlich durch die konkretisierende, nicht abschließende Liste von Beispielen in Art. 4 II 2 lit. a - m EuInsVO. Diese Begriffe sind losgelöst vom deutschen Verständnis des Insolvenzrechts autonom zu bestimmen, indem vornehmlich die Erwägungsgründe, die Ziele und der Aufbau der infrage stehenden europarechtlichen Regelungen als Auslegungshilfen herangezogen werden.[1269] Die in der Liste des Art. 4 II 2 EuInsVO genannten Regelungsgegenstände unterliegen „insbesondere" dem Recht des Eröffnungsstaates. Die Regelung ist so zu verstehen, dass diese Materien unabhängig von der jeweiligen nationalen Einordnung zum Insolvenzrecht zu zählen sind.[1270] Diese Sichtweise wird dadurch unterstrichen, dass die Art. 5 ff. EuInsVO bestimmte Regelungsgegenstände dem Bereich des Insolvenzrechts entziehen und gesondert anknüpfen, auch wenn diese Gegenstände in der jeweiligen Heimatrechtsordnung unstreitig dem Insolvenzrecht zugeordnet werden.[1271] Bezüglich der in der Liste des Art. 4 II 2 EuInsVO genannten Materien hat sich die Qualifikationsproblematik durch die eindeutige gesetzgeberische Entscheidung folglich bereits erledigt.[1272] Die genannten Rechtsbereiche sind dem Insolvenzrecht zuzuordnen, und zwar unabhängig davon, ob man dieser Einordnung aus dem jeweiligen mit-

---

1265 *Duursma-Kepplinger/Duursma/Chalupsky*, EuInsVO, Art. 4, Rn. 7.

1266 Erwägungsgründe 3-5, 23.

1267 *Duursma-Kepplinger/Duursma/Chalupsky*, EuInsVO, Art. 4, Rn. 7.

1268 *Haas*, NZG 1999, 1149, 1151; *Haubold*, IPRax 2002, 157, 160.

1269 EuGH, RIW 1979, 273, 274, Tz. 3 - *Gourdain/Nadler*; *Duursma-Kepplinger/Duursma/Chalupsky*, EuInsVO, Vorbem., Rn. 20 ff.

1270 *Huber* in Lutter, S. 166; *Kindler* in Münchener Kommentar, IntGesR, Rn. 415: Qualifikation ist gesetzlich vorgegeben.

1271 *Huber* in Lutter, S. 166.

1272 *Huber* in Lutter, S. 166; *Kindler* in Münchener Kommentar, IntGesR, Rn. 415.

gliedstaatlichen Blickwinkel in sachlicher Hinsicht zustimmt oder nicht.[1273] Eine vertiefte Auseinandersetzung mit der Abgrenzung zwischen Insolvenzrecht und Gesellschaftsrecht hat bei den katalogisierten Materien zu unterbleiben.

b) Kollisionsrechtliche Verweisung auf die Novellenregeln

Voraussetzung für die Anwendbarkeit der Novellenregeln ist, dass eine Kollisionsnorm für den Fall eines eigenkapitalersetzenden Darlehens auf deutsches Recht verweist. Hier kommen als Kollisionsnormen Art. 4 I EuInsVO sowie § 19 AnfG in Betracht.

Damit die §§ 39 I Nr. 5, 135 InsO, §§ 32 a, 32 b GmbHG durch die EuInsVO zur Anwendung berufen werden, ist es erforderlich, dass sie insolvenzrechtlich qualifiziert werden können. Unter dieser Prämisse werden sie bei einer Verfahrenseröffnung in Deutschland von Art. 4 I EuInsVO grundsätzlich als das materielle Insolvenzrecht der lex fori für anwendbar erklärt.

Die Anwendbarkeit des durch Art. 4 I EuInsVO berufenen Insolvenzrechts ist vorbehaltlich einer anderen Beurteilung aufgrund der Niederlassungsfreiheit zwingend. Insbesondere kann nicht argumentiert werden, dass die Anwendung deutschen Insolvenzrechts für manche Konstellationen ausscheiden müsse, da es sich dabei um für den Gesellschaftsgründer überraschende Vorschriften handele.[1274] Verlegt eine Gesellschaft ihren Verwaltungssitz nach Deutschland und wird dort insolvent, muss den Gesellschaftern klar sein, dass das deutsche Insolvenzrecht gilt. Es ist durchaus zumutbar und - verglichen mit den Ansprüchen, die der EuGH an die Selbstinformationsobliegenheiten von Gläubigern oder Verbrauchern stellt - auch nicht übertrieben, von den Gesellschaftern zu verlangen, sich über die jeweiligen Regelungsinhalte zu informieren. Dann kann von einer Überraschung keine Rede mehr sein.[1275] Zudem ist es den Gesellschaftern nach Art. 13 EuInsVO in bestimmten Fällen möglich zu beweisen, dass das Darlehen nach der für die Gewährung einschlägigen Rechtsordnung nicht angreifbar ist und deshalb auch nach deutschem Recht nicht angefochten werden kann. Dies ist als Vertrauensschutz ausreichend.[1276]

Nicht entscheidend für die Verweisung des Art. 4 I EuInsVO ist ferner, welche gläubigerschützenden Regelungen das Heimatrecht der Gesellschaft

---

[1273] für eine insolvenzrechtlliche Qualifikation der Novellenregeln aus der Sicht des deutschen Sachrechts sprechen neben den typisch insolvenzrechtlichen Rechtsfolgen auch der spezifische Insolvenzbezug des Rechtsinstituts; vgl. *Kindler* in Münchener Kommentar, IntGesR, Rn. 708, 710.

[1274] so aber *Müller*, NZG 2003, 414, 417.

[1275] i.E. ebenso *Löwisch*, S. 293.

[1276] *Huber* in Lutter, S. 183.

kennt.[1277] Insolvenzrechtliche Regelungen des Gründungsstaates können nicht beachtet werden, da Art. 4 I EuInsVO gerade nicht auf diese verweist.[1278] Gesellschaftsrechtliche Regelungen können parallel zum deutschen Insolvenzrecht angewendet werden. Das ist typisch bei einem Auseinanderfallen von Gesellschafts- und Insolvenzstatut. Eine Verdrängung des deutschen Insolvenzrechts kann dadurch nicht begründet werden.
Gemäß Art. 4 II 2 lit. a - m EuInsVO sind die dort spezialgesetzlich geregelten Materien zwingend dem materiellen Insolvenzrecht des Staates der Verfahrenseröffnung zugeordnet. Dazu zählen unter anderem die Fragen, „welche Forderungen als Insolvenzforderungen anzumelden sind",[1279] in welchem „Rang" die jeweilige Forderung zu berichtigen ist[1280] sowie die Frage, „welche Rechtshandlungen nichtig, anfechtbar oder relativ unwirksam sind, weil sie die Gesamtheit der Gläubiger benachteiligen".[1281] Durch die konsequente Befolgung der Norm ist die Anwendbarkeit der §§ 39 I Nr. 5, 135 InsO, §§ 32 a, 32 b GmbHG vorgegeben.[1282] Die Verweisung in Art. 4 I EuInsVO gilt dabei ausweislich des Erwägungsgrundes Nr. 23 sowohl für das Haupt- als auch für das Partikularinsolvenzverfahren.
Für die Anfechtung außerhalb des Insolvenzverfahrens nach § 6 AnfG ist das Anfechtungskollisionsrecht nach § 19 AnfG entscheidend. Bei Sachverhalten mit Auslandsberührung ist für die Anfechtbarkeit einer Rechtshandlung das Recht maßgeblich, dem die Wirkungen der Rechtshandlung unterliegen. Die Vorschrift verweist auf deutsches Recht, wenn das Wirkungsstatut der Darlehensgewährung ebenfalls deutsches Recht ist.

Da die Normen der §§ 39 I Nr. 5, 135 InsO, §§ 32 a, 32 b GmbHG, § 6 AnfG unterschiedliche Einzelregelungen enthalten, bietet es sich an, zu differenzieren und für jede Regelung gesondert deren Anwendbarkeit zu untersuchen.

[1277] *Huber* in Lutter, S. 183; a.A.: *Eidenmüller*, ZIP 2002, 2233, 2242; *ders.*, JZ 2004, 24, 28; *Forsthoff*, DB 2002, 2471, 2477; *Roth*, IPRax 2003, 117, 125; diese wollen das deutsche Recht nur anwenden, wenn das jeweilige ausländische Gründungsrecht keine „angemessenen", „adäquaten" bzw. „hinreichenden" Schutzbestimmungen zur Verfügung stellt.

[1278] *Eidenmüller*, JZ 2004, 24, 28; *Huber* in Lutter, S. 183.

[1279] lit. g.

[1280] lit. i.

[1281] lit. m.

[1282] *Fischer*, ZIP 2004, 1477, 1480; *v. Gerkan/Hommelhoff*, Anm. 15.8 ff.; *Huber* in Lutter, S. 166; *Kindler* in Münchener Kommentar, IntGesR, Rn. 415; *Paulus*, ZIP 2002, 729, 734; *Ulmer*, NJW 2004, 1201, 1207; *ders.*, KTS 2004, 291, 298 ff.

aa) Insolvenzrechtlicher Nachrang eigenkapitalersetzender Darlehen, § 39 I Nr. 5 InsO, §§ 32 a I, 32 a III 1 GmbHG

Die Anwendbarkeit des § 39 I Nr. 5 InsO ergibt sich aus Art. 4 II 2 lit. g, i EuInsVO in Verbindung mit Art. 4 I EuInsVO. Durch § 39 I Nr. 5 InsO werden zwei Rechtsfragen geklärt: Zum einen wird festgelegt, dass es sich im Unterschied zu der alten Regelung auch bei Forderungen aus eigenkapitalersetzenden Darlehen um Insolvenzforderungen handelt. Diese Regel betrifft die Frage, welche Forderungen zum Insolvenzverfahren angemeldet werden können und fällt somit unter Art. 4 II 2 lit. g EuInsVO.[1283]

Zum anderen regelt § 39 I Nr. 5 InsO, dass die Gesellschafter ihre Forderungen nur als nachrangige Insolvenzforderungen geltend machen können, d.h., dass sie nur befriedigt werden können, wenn die Forderungen sämtlicher anderer Insolvenzgläubiger bereits beglichen worden sind und noch verteilbares Vermögen zur Verfügung steht. Die Feststellung der Nachrangigkeit der Forderung betrifft den Rang der Forderung im Insolvenzverfahren und fällt unter Art. 4 II 2 lit. i EuInsVO.[1284]

§ 32 a I GmbHG regelt dieselbe Materie wie § 39 I Nr. 5 InsO. Ob die Norm neben § 39 InsO noch eine eigenständige Bedeutung hat,[1285] kann dahinstehen, denn dies ist für ihre insolvenzrechtliche Qualifikation ohne Belang. Auch § 32 a I GmbHG betrifft die Fragen, welche Forderungen zum Insolvenzverfahren angemeldet werden können und welchen Rang die Forderungen aus kapitalersetzenden Gesellschafterdarlehen in einem Insolvenzverfahren haben. Die Norm ist insofern ohne Probleme unter Art. 4 II 2 lit. g, i EuInsVO zu subsumieren; sie ist insolvenzrechtlich im Sinne der autonomen Qualifikation nach der EuInsVO.[1286]

Gleiches muss für § 32 a III 1 GmbHG gelten. Diese Norm regelt ebenfalls, in welchem Rang bestimmte Forderungen zu befriedigen sind, indem sie den Anwendungsbereich des § 32 a GmbHG auch auf die einem Darlehen gleichstehenden Rechtshandlungen im Sinne der Absätze I und II ausdehnt. Die Regelung stellt damit nochmals klar, dass Forderungen aus Rechtsgeschäften, die einem Darlehen gleichgestellt sind, nur nachrangig zu befriedigen sind. Ihr Inhalt entspricht folglich dem des anders formulierten und ebenfalls anwendbaren § 39 I Nr. 5 InsO.

1283 so auch *Huber* in Lutter, S. 167; *Schilling*, S. 209.

1284 *Huber* in Lutter, S. 167; *Kindler* in Münchener Kommentar, IntGesR, Rn. 593; *Schilling*, S. 209.

1285 dies wird von *Huber* in Lutter, S. 138, 168 bezweifelt.

1286 so auch *Huber* in Lutter, S. 168; i.E. sowohl für § 39 I Nr. 5 InsO als auch für § 32 a I GmbHG ebenfalls *Forsthoff/Schulz* in Hirte/Bücker, § 15, Rn. 41 ff.; S. 449 f. mit Verweis darauf, dass sich die deutsche Regelung im „Spielraum" der durch den europäischen Verordnungsgeber eingeräumten Maßnahmen halte.

Die Gegenansicht,[1287] die eine gesellschaftsrechtliche Qualifikation des § 32 a I GmbHG befürwortet, ist nicht überzeugend. Zum einen bleibt eine solche Qualifikation letztlich unerheblich, da das in § 32 a I GmbHG angeordnete Ergebnis ohnehin als Rechtsfolge des § 39 I Nr. 5 InsO erreicht wird. Zum anderen steht einer gesellschaftsrechtlichen Qualifikation der klare Wortlaut der EuInsVO entgegen, die sämtliche Vorschriften, die das Rangverhältnis von Insolvenzforderungen betreffen, dem Insolvenzrecht zuordnet. Im Anwendungsbereich der EuInsVO ist es nicht entscheidend, ob die Novellenregeln nach deutschem Verständnis ebenfalls dem Insolvenzrecht zuzuordnen sind.[1288] Da die autonome Qualifikation gerade dazu dient, Widersprüche zu vermeiden, die dadurch entstehen, dass bestimmte Normenkomplexe in den Rechtsordnungen der Mitgliedstaaten unterschiedlichen Rechtsbereichen zugewiesen werden, kann sie nicht durch eine abweichende Qualifikation lege fori ausgehebelt werden. Der Art. 4 II 2 lit. g, i EuInsVO stellt die Anwendbarkeit der Normen positivrechtlich fest.[1289]
Dass bei Kapitalgesellschaften, bei denen Satzungs- und tatsächlicher Verwaltungssitz auseinanderfallen, die lex societas und die lex fori concursus divergieren, ist bei der in Art. 4 I EuInsVO gewählten Anknüpfungsform unvermeidlich. Die Einwände, auf diese Weise würde ein einheitlicher Lebenssachverhalt auseinandergerissen[1290] und es käme zu Wertungswidersprüchen,[1291] können sich nur gegen die Konzeption des Internationalen Insolvenzrechts oder gegen die insolvenzrechtliche Ausrichtung der Novellenregeln an sich richten. Beide Themen stehen hier jedoch aufgrund der klaren und eindeutigen gesetzgeberischen Entscheidung nicht zur Diskussion.

bb) Gesellschafterbesicherte Drittdarlehen, § 32 a II GmbHG

Eine insolvenzrechtliche Qualifikation ergibt sich auch für die in § 32 a II GmbHG normierten Probleme der kapitalersetzenden Besicherung eines Drittdarlehens durch einen Gesellschafter. Die Regelung des § 32 a II GmbHG kann unter Art. 4 II 2 lit. g, i EuInsVO subsumiert werden, denn die Norm regelt genauer, welche Forderungen in welcher Höhe der gesellschaftsfremde Dritte in der Insolvenz anmelden kann und wie das Rangverhältnis der Forderungen

---

1287 *Geyrhalter/Gänßler*, NZG 2003, 409, 411 f.; *Haubold*, IPRax 2002, 157, 159; *Kranemann*, EWiR 1998, 779, 780; *Müller*, NZG 2003, 414, 417.

1288 dafür: z.B. *Huber* in Lutter, S. 169, *Ulmer*, NJW 2004, 1201, 1207; *ders.*, KTS 2004, 291, 298; dagegen: *Westermann* in Scholz, Einl., Rn. 96; *Zimmer*, IntGesR, S. 292.

1289 *Huber* in Lutter, S. 168.

1290 so *Meilicke*, GmbHR 2003, 1271, 1272; *Wachter*, GmbHR 2004, 88, 102, Fn. 99; *Paefgen*, ZIP 2004, 2253, 2261.

1291 *Schumann*, DB 2004, 743, 748.

beschaffen ist.[1292] § 32 a II GmbHG betrifft dabei die rein insolvenzrechtliche Frage, die das Verhältnis der Gesellschaft zu einem gesellschaftsfremden Dritten in der Insolvenz bestimmt.[1293] Dabei wird angeordnet, dass der Drittgläubiger im Falle der Insolvenz vorrangige Befriedigung aus der von dem Gesellschafter bestellten Sicherheit suchen soll und dass er die Gesellschaft nur insoweit in Anspruch nehmen kann, wie er bei der Verwertung der Sicherheit mit seiner Forderung ausgefallen ist. Das bedeutet, dass der Drittgläubiger seine Forderung aus dem Darlehen zwar grundsätzlich in voller Höhe zur Insolvenztabelle anmelden darf und sich nur dann, wenn der Erlös aus der Verwertung der Sicherheit und die auf die volle Forderung entfallende Konkursquote zusammen den Betrag der Forderung übersteigen, den Überschuss von der Quote abziehen lassen muss. Die Masse trifft demnach eine volle, aber nachrangige Haftung.[1294] Die Quote, die ein Gläubiger in der Insolvenz der Gesellschaft zu beanspruchen hat, kann sich nicht dadurch verringern, dass der Gläubiger sich zugleich oder nachträglich von einem Gesellschafter eine Sicherheit gewähren lässt; denn die Verringerung der Quote des Gläubigers kann nicht aus Gründen eintreten, die ausschließlich das Innenverhältnis zwischen Gesellschaft und ihrem Gesellschafter betreffen. § 32 a II GmbHG regelt folglich für die beiden Haftungen nur das Rangverhältnis, wobei auf das Innenverhältnis abgestellt werden kann.[1295] Insofern wird § 32 a II GmbHG durch die EuInsVO zur Anwendung berufen.

cc) Ausnahmen nach § 32 a III 2, 3 GmbHG

Auch § 32 a III 2, 3 GmbHG findet bei einem inländischen Insolvenzverfahren der englischen Limited mit Verwaltungssitz in Deutschland Anwendung. Die Vorschriften sind nach Art. 4 II 2 lit. i EuInsVO insolvenzrechtlich zu qualifizieren. Nach § 32 a III 2, 3 GmbHG hat das deutsche Eigenkapitalersatzrecht keine Geltung für nicht geschäftsführende Gesellschafter mit Beteiligungen bis zu 10 % sowie für Sanierungsgesellschafter. Daraus folgt, dass für Darlehen oder gleichgestellte Finanzierungshilfen dieser Gesellschafter die §§ 39 I Nr. 5, 135 InsO, §§ 32 a I, 32 b GmbHG nicht anzuwenden sind. § 32 a III 2, 3 GmbHG betrifft demnach ebenfalls den Rang der Insolvenzforderung des Gesellschafters, indem die Norm eine Ausnahme zur Nachrangigkeit von Gesellschafter-

---

[1292] ebenso *Forsthoff/Schulz* in Hirte/Bücker, § 15, Rn. 46, S. 451.

[1293] *Fastrich* in Zöllner-FS, S. 143, 158; *Ulmer* in Hachenburg, §§ 32 a, b, Rn. 2; *K. Schmidt*, ZIP 1999, 1821, 1822; *Stodolkowitz* in Münchener Kommentar, InsO, § 135, Rn. 5.

[1294] *Huber* in Lutter, S. 204 f.; *Roth/Altmeppen*, § 32 a, Rn. 125; *K. Schmidt* in Scholz, §§ 32 a, 32 b, Rn. 156 a; a.A.: *Lutter/Hommelhoff* in Lutter/Hommelhoff, §§ 32 a/b, Rn. 124 m.w.N., die davon ausgehen, dass der Kreditgeber die Forderung nur in Höhe des Ausfalls anmelden kann, so dass die Masse nur eine Ausfallhaftung trifft.

[1295] *Huber* in Lutter, S. 204 f.

forderungen im Zusammenhang mit eigenkapitalersetzenden Gesellschafterleistungen anordnet.[1296]

dd) Anfechtungstatbestände, § 135 InsO, § 32 b GmbHG, § 6 AnfG

(1) Anwendbarkeit von § 135 InsO, § 32 b GmbHG

§ 135 InsO wird über Art. 4 II 2 lit. m EuInsVO dem Insolvenzrecht zugeordnet und gemäß Art. 4 I EuInsVO zur Anwendung berufen. § 135 Nr. 1, 2 InsO legt in Verbindung mit § 129 InsO fest, dass die Besicherung eines Gesellschafterdarlehens durch die Gesellschaft anfechtbar ist, sofern die Besicherung nicht länger als zehn Jahre vor dem Antrag auf Eröffnung des Insolvenzverfahrens erfolgt ist, und dass Befriedigungen von Gesellschafterdarlehen, die in dem Jahr vor Antragstellung vorgenommen wurden, ebenfalls angefochten werden können, wenn durch die Besicherung oder Befriedigung die übrigen Insolvenzgläubiger benachteiligt werden. Geregelt wird folglich die in den Regelungsbereich des Art. 4 II 2 lit. m EuInsVO fallende Frage, welche Rechtshandlungen in einem späteren Insolvenzverfahren anfechtbar sind, da sie die Gesamtheit der Gläubiger benachteiligen.[1297]

Der Anspruch aus § 32 b GmbHG wird ebenfalls durch Art. 4 II 2 lit. m EuInsVO dem Insolvenzrecht zugeordnet. Es handelt sich nach der Konzeption des § 32 b GmbHG eigentlich um eine Regelung der Insolvenzanfechtung,[1298] die die §§ 39 I Nr. 5, 135 InsO ergänzt und gegen Umgehung sichert.[1299] Dies wird durch den Verweis in § 32 b GmbHG auf § 126 InsO unterstrichen, durch den auch die Fristen zur Insolvenzanfechtung auf § 32 b GmbHG übertragen werden. § 32 b GmbHG ordnet an, dass der Insolvenzverwalter von einem Gesellschafter die Erstattung der von ihm bestellten Sicherheit für ein Drittdarlehen zur Masse verlangen kann, wenn die Gesellschaft die Darlehensforderung des Dritten innerhalb eines Jahres vor dem Antrag auf Eröffnung des Insolvenzverfahrens oder danach getilgt hat. Dies ist eine Rechtsfolge, die im deutschen Recht regelmäßig im Wege der Anfechtung geltend gemacht wird.
§ 32 b GmbHG wird als Anfechtungsregel ausdrücklich von Art. 4 I EuInsVO in Verbindung mit Art. 4 II 2 lit. m EuInsVO zur Anwendung berufen.[1300]

[1296] ähnlich *Ulmer* in Hachenburg, §§ 32 a, b, Rn. 2; *Fastrich*, Zöllner-FS, S. 143, 158; *Stodolkowitz* in Münchener Kommentar, InsO, § 135, Rn. 5.

[1297] so grds. auch *Forsthoff/Schulz* in Hirte/Bücker, § 15, Rn. 38, S. 448; *Kindler* in Münchener Kommentar, IntGesR, Rn. 593; *Reinbach*, S. 211; *Schilling*, S. 209; *Weller*, S. 268.

[1298] *Roth/Altmeppen*, § 32 a, Rn. 2 m.w.N.

[1299] *v. Gerkan/Hommelhoff*, Anm. 6.52; *Huber* in Lutter, S. 206; *K. Schmidt*, ZIP 1999, 1821, 1822.

[1300] a.A. *Forsthoff/Schulz* in Hirte/Bücker, § 15, Rn. 47, S. 451, die davon ausgehen, dass eine Anwendung des § 32 b GmbHG zu einer Ausweitung der Kapitalerhaltungsregeln führe.

(2) Besonderheiten im Sekundärinsolvenzverfahren

Die Normen beanspruchen nicht nur Geltung, wenn im Inland das Hauptinsolvenzverfahren eröffnet wird, sondern auch, wenn es zu einem Sekundärinsolvenzverfahren über das in Deutschland belegene Vermögen nach Art. 3 II, 27 EuInsVO kommt. Deutsche Gerichte können auch dann nur ein Sekundärinsolvenzverfahren eröffnen, wenn ein anderer Staat seine Zuständigkeit für das Hauptinsolvenzverfahren zu Unrecht bejaht hat, denn der Eröffnungsbeschluss ist nach Art. 16 I, II EuInsVO bindend.[1301] Für ein Sekundärinsolvenzverfahren reicht es aus, dass die Gesellschaft eine Niederlassung im Inland im Sinne des Art. 2 lit. h EuInsVO hat. Niederlassung ist dabei jeder Tätigkeitsort, an dem der Schuldner einer wirtschaftlichen Aktivität von nicht nur vorübergehender Art nachgeht, die den Einsatz von Personal und Vermögenswerten voraussetzt. Diese Voraussetzung ist bei der typischen EU-Auslandsgesellschaft als erfüllt zu betrachten.[1302] Antragsberechtigt für ein Sekundärinsolvenzverfahren sind alle Antragsberechtigten nach der inländischen Rechtsordnung sowie der Verwalter in dem Hauptinsolvenzverfahren.[1303] Als Eröffnungsgrund für das Sekundärinsolvenzverfahren ist dann allein entscheidend, dass im Ausland das Hauptinsolvenzverfahren eröffnet worden ist. Auch in dem Sekundärinsolvenzverfahren sind sämtliche Gläubiger nach Art. 32 I EuInsVO berechtigt, ihre Forderungen in voller Höhe anzumelden. Das Verfahren richtet sich sodann nach dem inländischen Insolvenzrecht. Wiederum ist Art. 4 II EuInsVO zu entnehmen, welche der inländischen Regelungen dem Insolvenzrecht zuzuordnen sind. Der Verwalter ist auch berechtigt, eine den Interessen der Gläubiger dienende Anfechtungsklage zu erheben, Art. 18 II 2 EuInsVO, wobei sich das Anfechtungsrecht nach dem jeweiligen inländischen Insolvenzrecht bestimmt.

Der Insolvenzverwalter kann folglich die Rückzahlung oder Besicherung von Darlehen nach § 135 InsO beziehungsweise nach § 32 b GmbHG anfechten. Der Anfechtungsanspruch muss dafür jedoch im Inland belegen sein, Art. 2 lit. g EuInsVO. Das ist bei Masseforderungen - zu denen auch die Einforderung von Geld der Gesellschafter an die Gesellschaft zu zählen ist - das Land, in dem der zur Leistung verpflichtete Dritte den Mittelpunkt seiner hauptsächlichen Interessen hat. Eine Anfechtung nach § 135 InsO im Sekundärinsolvenzverfahren ist nach Art. 2 lit. g 3. Spiegelstrich EuInsVO also dann möglich, wenn sich Wohnsitz oder Niederlassung des empfangenden Gesellschafters in Deutschland befindet. Sofern die Gesellschaft für ein kapitalersetzendes Darlehen eine dingliche Sicherheit bestellt hat, kann der Insolvenzverwalter eine solche Besicherung im Sekundärinsolvenzverfahren nur dann angreifen, wenn sich die als

---

[1301] dazu *Huber* in Lutter, S. 198.

[1302] AG Köln, NZI 2004, 151; *Paulus*, ZIP 2003, 1725, 1728.

[1303] vgl. Art. 29 EuInsVO, §§ 13-15 InsO.

Sicherheit dienende Sache im Inland befindet, Art. 2 lit. g 1. und 2. Spiegelstrich EuInsVO. Dies gilt im Ergebnis auch für gesellschafterbesicherte Drittdarlehen. Der sichernde oder bürgende Gesellschafter ist zur Erstattung verpflichtet, wenn sein Sitz im Inland liegt; bei einer dinglichen Sicherheit ist auch hier auf deren Belegenheitsort abzustellen.
Damit steht fest, dass auch bei einem in Deutschland eröffneten Sekundärinsolvenzverfahren die gleichen Anfechtungsrechte gelten wie bei einem Hauptinsolvenzverfahren. Wegen der territorialen Beschränkung des Verfahrens sind diese jedoch mit gewissen Einschränkungen verbunden.

(3) Ausnahmetatbestand des Art. 13 EuInsVO

Eine Ausnahme von der Möglichkeit der Insolvenzanfechtung ergibt sich aus Art. 13 EuInsVO. Demgemäß richtet sich die Insolvenzanfechtung nicht nach dem Recht des Eröffnungsstaates, wenn der Anfechtungsgegner nachweisen kann, dass für die Rechtshandlung das Recht eines anderen Mitgliedstaates einschlägig und die Handlung nach dieser Rechtsordnung in keiner Weise angreifbar ist. Der Anfechtungsgegner muss dies einredeweise geltend machen und bei Bestreiten beweisen. Eine Handlung ist nach dem einschlägigen Recht nur dann in keiner Weise angreifbar, wenn sie weder der Insolvenzanfechtung unterliegt noch aus anderen Gründen rechtlich unwirksam oder anfechtbar ist.[1304] Das für die Rückzahlung oder Besicherung eines kapitalersetzenden Darlehens maßgebliche Recht bestimmt sich nach der Rechtsprechung des BGH nach dem jeweiligen Schuldstatut.[1305] Die Berechtigung, das aufgrund eines Vertrages Erlangte auch behalten zu dürfen, ergibt sich aus dem Vertrag, der der Erfüllung zugrunde liegt. Insofern entscheidet auch das Recht des Staates, das für das Schuldverhältnis maßgeblich ist, darüber, ob der Gläubiger in der Insolvenz des Schuldners berechtigt ist, das Empfangene zu behalten.[1306] Hat der Gesellschafter eine Sicherheit bestellt, so ist für ihn das Erlangte in diesem Sinne das Freiwerden seiner Sicherheit.
Im Rahmen der Insolvenzanfechtung nach § 135 InsO, § 32 b GmbHG bedeutet dies, dass die Anfechtung der Rückzahlung eines eigenkapitalersetzenden Darlehens oder der Besicherung eines solchen Darlehens unter den Voraussetzungen des § 135 InsO oder des § 32 b GmbHG auch bei der Limited möglich ist, wenn deutsches Recht nach Art. 4 I EuInsVO das Insolvenzstatut ist. Die lex fori concursus kann nur dann verdrängt werden, wenn der Anfechtungsgegner die Einrede des Art. 13 EuInsVO erhebt und geltend macht, dass der zwischen

---

1304 *Duursma-Kepplinger/Duursma/Chalupsky*, Art. 13, Rn. 15; *Forsthoff/Schulz* in Hirte/Bücker, § 15, Rn. 39, S. 448; *Huber* in Lutter, S. 192.

1305 BGHZ 143, 116, 123; *Duursma-Kepplinger/Duursma/Chalupsky*, Art. 13, Rn. 15; *Huber* in Lutter, S. 192.

1306 dazu ausführlich *U. Huber*, Heldrich-FS, S. 695 ff.

der Gesellschaft und dem Gesellschafter geschlossene Darlehens- oder Sicherungsvertrag nicht deutschem Recht unterliege, sondern dem Recht eines anderen Mitgliedstaates, nach dem er nicht angreifbar sei. Welchem Recht der Vertrag unterliegt, ist als gesondert anzuknüpfende Vorfrage dem Vertragsstatut zu entnehmen und nach Art. 27, 28 EGBGB zu ermitteln. Die Verordnung selbst trifft hierzu keine Aussage, sondern verweist in das Internationale Privatrecht der Mitgliedstaaten.

Bei reinen Binnensachverhalten, wenn also Gesellschaft und Gesellschafter ihren gewöhnlichen Aufenthalt in demselben Staat haben, ist das Recht dieses Staates für den Darlehensvertrag beziehungsweise Sicherungsvertrag entscheidend. Bei der typischen Limited mit Verwaltungssitz in Deutschland ist dies regelmäßig der Fall: Die Limited hat ihre tatsächliche Hauptniederlassung in Deutschland und ihr typischerweise ebenfalls deutscher Gesellschafter wird seinen gewöhnlichen Aufenthalt gleichfalls in Deutschland haben. Auf das Darlehen wäre unproblematisch deutsches Recht anwendbar, und zwar mit der Folge, dass die Einrede des Art. 13 EuInsVO nicht durchzugreifen vermag. Die von *Forsthoff/Schulz*[1307] vertretene Gegenansicht, die Befriedigung oder Besicherung müsse ebenso nach dem Gründungsrecht der Gesellschaft angreifbar sein, ist wenig überzeugend. Diese Ansicht setzt sich über den eindeutigen Wortlaut des Art. 13 EuInsVO hinweg, der auf das für die anzufechtende Rechtshandlung geltende Recht abstellt. Auch wenn als Alternative zum deutschen Recht rein faktisch bei der Darlehensgewährung an eine englische Limited beziehungsweise bei der Besicherung eines solchen Darlehens wohl in erster Linie das englische Recht als Vertragsstatut in Betracht kommen wird, hat dieses Zusammentreffen mit dem ebenfalls englischen Gesellschaftsstatut nur mittelbar zu tun. Das Gesellschaftsstatut ist rechtlich unabhängig von dem für Verträge der Gesellschaft einschlägigen Schuldstatut, so dass es sich als ungeeignet für die Bestimmung des auf Verträge einer Gesellschaft anwendbaren Rechts erweist.[1308] Eine Anknüpfung an das englische Recht wäre in der oben genannten Konstellation nur nach Art. 28 I 1 EGBGB möglich, wenn der Darlehensvertrag eine wesentlich engere Verbindung zu dem englischen Gründungsrecht aufweist als zu der deutschen Rechtsordnung. Dies erscheint bei gleichzeitigem Tätigkeitsschwerpunkt der Gesellschaft und gewöhnlichem Aufenthalt des Gesellschafters im Inland kaum begründbar.

Bei reinen Binnensachverhalten ist eine Rechtswahl zugunsten einer Rechtsordnung, die keine Anfechtungsregeln für eigenkapitalersetzende Darlehen kennt, ebenfalls ausgeschlossen. Hierfür spricht zunächst die in Art. 27 III EGBGB normierte Beschränkung, nach der ein Sachverhalt, der nur zu einem Staat

---

1307 *Forsthoff/Schulz* in Hirte/Bücker, § 15, Rn. 38, S. 448.

1308 *Huber* in Lutter, S. 194, *ders.* in Gerhardt-FS, S. 422; anders *Forsthoff/Schulz* in Hirte/Bücker, § 15, Rn. 38, S. 448.

Beziehungen aufweist, den zwingenden Bestimmungen in dessen Rechtsordnung nicht durch eine Rechtswahl entzogen werden kann. Allein das englische Gesellschaftsstatut vermag eine solche erforderliche Auslandsberührung nicht zu begründen, wenn der Gesellschafter und die Gesellschaft ihren gewöhnlichen Aufenthalt beziehungsweise ihre Niederlassung im Inland haben und der Gesellschafter in dieser Konstellation ein Darlehen gewährt hat, das er nun zurückgezahlt erhält oder das besichert wird.

Bei der typischen Limited mit Verwaltungssitz in Deutschland wird es den Beteiligten demnach auch im Wege einer Rechtswahl nicht möglich werden, in den Genuss der Regelung des Art. 13 EuInsVO zu gelangen.[1309]

Nur wenn Gesellschaft und Gesellschafter ihre Niederlassung beziehungsweise ihren Aufenthalt in unterschiedlichen Mitgliedstaaten haben, bestimmt sich das anwendbare Recht über Art. 28 I 1, II, 1, 2 EGBGB nach dem gewöhnlichen Aufenthalt des Darlehensgebers, da dieser die vertragstypische Leistung zu erbringen hat.[1310] Insofern wäre dann nur beispielsweise englisches Recht auf den Darlehensvertrag anwendbar mit der Folge, dass eine Anfechtung nach deutschem Insolvenzrecht ausscheiden müsste, wenn der darlehensgewährende Gesellschafter seinen gewöhnlichen Aufenthalt in England hätte. Da dies üblicherweise nicht der Fall sein dürfte, bleibt es trotz der Einredemöglichkeit nach Art. 13 EuInsVO regelmäßig bei der Anfechtbarkeit nach § 135 InsO, § 32 b GmbHG.

(4) Anfechtbarkeit außerhalb des Insolvenzverfahrens, § 6 AnfG

Auch die Anfechtung eigenkapitalersetzender Darlehen außerhalb des Insolvenzverfahrens ist nach § 6 AnfG bei der englischen Limited mit Verwaltungssitz in Deutschland möglich.[1311] Wenn weder im In- noch im Ausland ein Insolvenzverfahren über das Vermögen der Gesellschaft eröffnet worden ist, richtet sich die Anfechtbarkeit von Rechtshandlungen nicht nach der InsO, sondern nach dem AnfG, hier nach § 6 AnfG. Diese Regelung wird besonders dann bedeutsam, wenn die Eröffnung eines Insolvenzverfahrens mangels Masse abge-

---

1309 i.E. ebenso *Huber* in Lutter, S. 194, 195. Selbst wenn man das ausländische Gesellschaftsstatut als ausreichende Auslandsberührung anerkennt und der Darlehensvertrag nach Art. 27 III EGBGB an sich einer Rechtswahl zugänglich wäre, ist eine solche Rechtswahl nach der Rechtsprechung des BGH dennoch ausgeschlossen (*Huber* in Lutter, S. 195). Eine Rechtswahl ist bei Fällen mit zweifelhafter Auslandsberührung ausgeschlossen, wenn ein überwiegender Bezug zum Eröffnungsstaat besteht und zudem übergeordnete Gründe für eine Geltung des Insolvenzstatuts sprechen. Spätestens an dieser Schranke scheitert eine Rechtswahl zugunsten des ausländischen Rechts (vgl. BGH WM 1999, 226, 227); zur diesbezüglichen Entscheidungskompetenz des BGH im Rahmen der EuInsVO siehe *Huber* in Lutter, S. 196 f.

1310 *Heldrich* in Palandt, Art. 28 EGBGB, Rn. 13 m.w.N.

1311 *Huber* in Lutter, S. 208.

lehnt worden ist. In Fällen mit Auslandsberührung ist § 19 AnfG die einschlägige Kollisionsnorm. Ein Sachverhalt mit Auslandsberührung liegt vor, wenn entweder der anfechtende Gläubiger oder sein Schuldner oder der Anfechtungsgegner einen Bezug zu einem ausländischen Staat aufweist oder sich der Anfechtungsgegenstand im Ausland befindet.[1312] Da die Limited als Schuldnerin ihren Satzungssitz in England hat, liegt ein Fall mit Auslandsberührung vor, so dass für die Anfechtbarkeit einer Rechtshandlung nach § 19 AnfG das Recht des Staates maßgeblich ist, dem die Wirkungen der Rechtshandlung unterliegen. Daher ist das deutsche Anfechtungsrecht zur Anwendung berufen, wenn das Vertragsstatut des Darlehensvertrages, aufgrund dessen die Rückzahlung erfolgt, deutsches Recht ist.[1313] Nicht angeknüpft wird insbesondere an das Recht des Hauptanspruchs, also an den Anspruch des Anfechtungsgläubigers gegen die Limited als Schuldnerin. Anders als im Geltungsbereich der EuInsVO ist die Anfechtung dinglicher Besicherungen auch nur von dem Recht abhängig, dem das gesicherte Darlehen unterliegt. Das Sachenrechtsstatut der Sicherheit ist dabei ohne Belang. Diese Sichtweise ist geboten, denn nur das Recht, dem der Vertrag unterliegt, soll als Wirkungsstatut darüber entscheiden dürfen, ob der Empfänger einer Leistung auch berechtigt sein soll, diese zu behalten.[1314] Ist für den Darlehensvertrag deutsches Recht anwendbar, ergibt sich die Anfechtbarkeit aus § 6 AnfG.[1315]

Wenn das Vertragsstatut des Darlehensvertrages ausnahmsweise nicht deutsches Recht ist, kann sich die Anfechtbarkeit nach § 6 AnfG nur ergeben, wenn die berufene ausländische Rechtsordnung gemäß Art. 4 I 2 EGBGB in das deutsche Recht zurückverweist. Anderenfalls ist eine Anfechtung nur nach einem etwa vorhandenen dem § 6 AnfG entsprechenden ausländischen Anfechtungstatbestand möglich.

[1312] *Huber*, AnfG, § 19, Rn. 4.

[1313] teilw. differenzierend zwischen Anfechtungsgegner und Drittem *U. Huber*, Heldrich-FS, S. 701.

[1314] vgl. dazu die Wertung des Internationalen Bereicherungsrechts: Die Abwicklung fehlgeschlagener Vertragsverhältnisse richtet sich nach dem Recht des Staates, dem der Vertrag unterliegt. Nur dieses Recht kann über ein Behaltendürfen entscheiden, Art. 38 I EGBGB.

[1315] a.A. offenbar *Forsthoff/Schulz* in Hirte/Bücker, § 15, Rn. 36 ff., S. 447 ff.; die sich für eine Übertragung des Art. 13 EuInsVO aussprechen, ohne auf § 19 AnfG einzugehen. Eine Begründung, warum die Angreifbarkeit auch nach dem Gründungsrecht gegeben sein müsse, fehlt jedoch vollständig.

ee) Eigenkapitalersetzende Darlehen: Keine gesellschaftsrechtliche Vorfrage

Teilweise wird auch von denjenigen, die eine insolvenzrechtliche Qualifikation der Novellenregeln befürworten, vorgetragen, eine Anwendbarkeit der §§ 32 a, 32 b GmbHG, §§ 39 I Nr. 5, 135 InsO, § 6 AnfG müsse im Ergebnis ausscheiden.[1316] Vor der Anwendung der Novellenregeln würde sich die selbstständig anzuknüpfende Vorfrage stellen, ob es sich überhaupt um ein eigenkapitalersetzendes Gesellschafterdarlehen handelt. Diese Frage sei gesellschaftsrechtlich anzuknüpfen, da dabei ein enger Zusammenhang zum Gesellschaftskapital an sich bestehe.[1317] Das Eigenkapitalersatzrecht betreffe die Finanzierungsfolgenverantwortung und somit die ordnungsgemäße Kapitalisierung der Gesellschaft.[1318] Im englischen Recht sei die Figur des eigenkapitalersetzenden Darlehens jedoch unbekannt und insofern gebe es auch keinen Anwendungsbereich für die Novellenregeln.[1319] Anderenfalls käme es zu Normenwidersprüchen, da die Finanzverfassung der GmbH teilweise auf die Limited übertragen werde.[1320] Dieser Meinung kann nicht gefolgt werden. Richtigerweise stellt sich keine gesellschaftsrechtlich anzuknüpfende Vorfrage, ob ein Darlehen eigenkapitalersetzenden Charakter hat. Das Vorliegen eines eigenkapitalersetzenden Gesellschafterdarlehens ist eine Anwendungsvorausetzung der Novellenregeln, jedoch keine Vorfrage im Sinne eines präjudiziellen Rechtsverhältnisses.[1321] Eigenkapitalersetzend sind per definitionem solche Darlehen, die der Gesellschaft in einem Zeitpunkt gewährt werden, in dem ein ordentlicher Geschäftsmann Eigenkapital zugeführt oder die Gesellschaft liquidiert hätte. Dies ist immer dann der Fall, wenn sich die Gesellschaft in der Krise befunden hat, also überschuldet, zahlungsunfähig oder aus anderen Gründen kreditunwürdig war. Insolvenzreife einerseits und Kredit- beziehungsweise Überlassungsunwürdigkeit andererseits sind eigenständige, in ihren Anwendungsvoraussetzungen voneinander unabhängige Tatbestände der Krise im Sinne des Eigenkapitalersatzrechts.[1322] Eine Krise ist zum einen bei Insolvenzreife, zum anderen bei Kredit- oder Überlassungsunwürdigkeit gegeben.[1323] Insofern ist zu differenzieren:

[1316] *Eidenmüller*, S. 321, Rn. 42; *Schilling*, S. 195; *Zimmer*, NJW 2003, 3585, 3589.

[1317] *Eidenmüller*, S. 321, Rn. 42; *Mock/Schildt* in Hirte/Bücker, § 16, Rn. 63, S. 489, *Müller*, NZG 2003, 414, 417; *Reinbach*, S. 211, 212; *Zimmer*, NJW 2003, 3585, 3589.

[1318] *Eidenmüller*, S. 321, Rn. 43; *Müller*, NZG 2003, 414.

[1319] *Eidenmüller*, S. 322, Rn. 43; *Müller*, NZG 2003, 414, 417; *Zimmer*, NJW 2003, 3585, 3589.

[1320] *Forsthoff/Schulz* in Hirte/Bücker, § 16, Rn. 49, S. 485, die davon ausgehen, dass die weitere Behandlung eines eigenkapitalersetzenden Gesellschafterdarlehens jedoch dem Insolvenzstatut unterliege.

[1321] zum Begriff der Vorfrage *v. Hoffmann/Thorn*, § 6, Rn. 56 ff.

[1322] BGH, NJW-Spezial 2007, 317.

[1323] BGH, NJW-Spezial 2007, 317.

Das Merkmal der Krise der Gesellschaft ist insoweit als Vorfrage zu verstehen, als es sich mit den Voraussetzungen der Insolvenzreife deckt, sich die Gesellschaftskrise also daraus ergibt, dass die Gesellschaft zahlungsunfähig oder überschuldet ist. Ob eine Gesellschaft insolvenzreif ist, bestimmt sich unter Zugrundelegung der EuInsVO nach dem Recht des Eröffnungsstaates, Art. 4 II 1 EuInsVO, hier also nach deutschem Recht. Die Frage der Insolvenzreife ist insolvenzrechtlich und nicht gesellschaftsrechtlich anzuknüpfen.[1324]
Resultiert die Krise der Gesellschaft aus einer Kredit- beziehungsweise Überlassungsunwürdigkeit, stellt sich keine rechtlich zu beurteilende Vorfrage.[1325] Es handelt sich bei der Feststellung, ob eine Gesellschaft kreditunwürdig ist, um eine tatsächliche Frage. Die Kreditunwürdigkeit einer Gesellschaft ist nicht etwa anhand bestimmter Normen, sondern rein wirtschaftlich zu ermitteln.
Praktisch relevant können eigenkapitalersetzende Gesellschafterdarlehen bei allen Gesellschaften werden, bei denen kein unbeschränkt haftender Gesellschafter eine natürliche Person ist oder, anders formuliert, jeder Gesellschafter nicht persönlich oder nur auf einen bestimmten Betrag beschränkt haftet.[1326] Insbesondere ist die Einordnung als kapitalersetzend nicht von einem bestimmten Stamm- oder Grundkapital abhängig, wie die Verweisungen für die OHG und die KG in §§ 129 a, 172 a HGB zeigen. Die Bezeichnung „kapitalersetzendes Darlehen" bezieht sich nicht, wie man mit Blick auf die Rechtsprechungsregeln annehmen könnte, darauf, dass das Darlehen verlorenes Stammkapital der Gesellschaft abdecken soll. Dies heißt vielmehr, dass durch das Darlehen Eigenkapital der Gesellschaft ersetzt wird. Der Begriff des Eigenkapitals ist im wirtschaftlichen Sinne zu verstehen, nämlich als Gegensatz zu Fremdkapital.[1327] Bei Eigenkapital handelt es sich um die der Gesellschaft zur Verfügung stehenden Mittel, die ihren Haftungsfonds erhöhen und die nicht an die Gesellschafter zurückgezahlt oder verzinst werden dürfen. Fremdkapital hingegen vermehrt den Haftungsfonds nicht und belastet die Gesellschaft mit Zins- und Tilgungsleistungen, die die Passiva in entsprechender Weise steigern. In der Krise der Gesellschaft kann der Gesellschafter beispielsweise durch Nachschüsse im Sinne des § 26 GmbHG Eigenkapital zuführen. Dieses Kapital wird ersetzt, wenn der Gesellschafter der Gesellschaft ein Darlehen gewährt, obwohl die Zuführung von Eigenkapital aufgrund der Krisensituation an sich geboten wäre und die Gesellschaft nicht in der Lage ist, von unbeteiligten Dritten zu marktüblichen

1324 *Kindler* in Münchener Kommentar, IntGesR, Rn. 711.
1325 *Römermann*, S. 226: ein eigenkapitalersetzendes Darlehen ist eine Voraussetzung, aber keine Vorfrage; in diesem Sinne wohl auch *Huber* in Lutter, S. 171 f.; *Löwisch*, S. 290; *Schilling*, S. 195 f.
1326 Bei Unternehmen, an denen eine natürliche Person als unbeschränkt persönlich haftender Gesellschafter beteiligt ist, haftet der Gesellschafter ohnehin persönlich auf den vollen zur Deckung der Insolvenzmasse erforderlichen Fehlbetrag; vgl. BGHZ 112, 31, 39.
1327 *K. Schmidt*, GesR, § 18 III 4, S. 530.

Konditionen ein Darlehen zu erhalten. Auch das englische Recht kennt die Unterscheidung von Eigen- und Fremdkapital, knüpft daran jedoch keine dem deutschen Recht entsprechenden Sanktionen. Der Limited kann grundsätzlich ebenfalls ein eigenkapitalersetzendes Darlehen gewährt werden.[1328]

ff) Zwischenergebnis

Die §§ 32 a, 32 b GmbHG, §§ 39 I Nr. 5, 135 InsO sind kraft autonomer Qualifikation dem Regelungsbereich des Insolvenzrechts zuzuordnen. Sie werden über Art. 4 EuInsVO zur Anwendung berufen; § 6 AnfG ist über § 19 AnfG anwendbar.

c) Europarechtliche Rechtfertigung

Zahlreiche Stimmen in der Literatur gehen davon aus, eine Anwendung der Novellenregeln beziehungsweise „des Kapitalersatzrechts" sei letztendlich ausgeschlossen, da sie europarechtlich nicht gerechtfertigt werden könne.[1329] Dieses Ergebnis wird teilweise damit begründet, dass es sich bei „dem Kapitalersatzrecht" um einen Aspekt der Finanzverfassung handele.[1330] Eine Rechtfertigung komme nicht in Betracht, da kein Fall des Missbrauchs der Niederlassungsfreiheit gegeben sei und das Kapitalersatzrecht auch nicht zum Gläubigerschutz erforderlich sei, da dasselbe Ziel durch Tatbestände zur persönlichen Haftung von Geschäftsführern und Gesellschaftern erreicht werden könne.[1331]
Diese Ansicht ist jedoch abzulehnen. Die Anwendung der Novellenregeln auf ausländische Gesellschaften mit Verwaltungssitz in Deutschland im deutschen Insolvenzverfahren ist gerechtfertigt. Im Bereich der Niederlassungsfreiheit kann nicht zwischen den einzelnen Regeln des normierten Kapitalersatzrechts differenziert werden. Die Novellenregeln sind als in sich geschlossenes Konzept gedacht, das nicht willkürlich auseinandergerissen werden sollte. Es ist vielmehr stets auf das gesamte Regelungskonzept abzustellen, denn das deutsche Kapitalersatzrecht wird erst effektiv, wenn die einzelnen Normen sich ergänzen und gegenseitig unterstützen. So erscheint nur die geschlossene Anwendung auf EU-Auslandsgesellschaften sinnvoll. Zudem sind die Vorschriften vom Regelungsgehalt und von der Eingriffsintensität her vergleichbar. Insofern ist darauf abzu-

---

[1328] *Römermann*, S. 226.

[1329] *Borges*, ZIP 2004, 733, 743; *Eidenmüller/Rehm*, ZGR 2004, 159, 181; *Paefgen*, DB 2003, 487, 489 f.; *ders.*, ZIP 2004, 2253, 2261; *Riedemann*, GmbHR 2004, 345, 349; *Sandrock*, ZVglRWiss 102 (2003), 447, 473-479; *Schilling*, S. 209 ff.; *Zimmer*, NJW 2003, 3585, 3589.

[1330] *Borges*, ZIP 2004, 733, 734.

[1331] *Borges*, ZIP 2004, 733, 734; *Eidenmüller*, ZIP 2002, 2233, 2242; *Forsthoff*, DB 2002, 2471, 2477; *Paefgen*, DB 2003, 487, 489 f.; *Roth*, IPRax 2003, 117, 125.

stellen, ob die Anwendung des kodifizierten Kapitalersatzrechts als Ganzes mit der Niederlassungsfreiheit im Einklang steht.

aa) Eröffnung des Schutzbereiches

Zunächst ist zu prüfen, ob es sich bei den deutschen Novellenregelungen zum Eigenkapitalersatzrecht um Bestimmungen handelt, die den Schutzbereich der Niederlassungsfreiheit berühren. Die Tatsache, dass die §§ 39 I Nr. 5, 135 InsO, §§ 32 a, 32 b GmbHG durch die EuInsVO zur Anwendung berufen werden, kann nicht dazu führen, dass zwingend von einer europarechtlichen Zulässigkeit auszugehen ist.[1332] Wie dargestellt, ist für die europarechtliche Rechtfertigung nicht entscheidend, ob die betreffenden Normen dem Gesellschaftsrecht oder dem Insolvenzrecht zuzuordnen sind. Jede nationale Regelung ist an der Niederlassungsfreiheit zu messen, selbst wenn sie aufgrund einer europäischen Verordnung als insolvenzrechtlich qualifiziert und zur Anwendung berufen wird, denn es geht allein um die praktischen Auswirkungen der Normen auf die ausländische Gesellschaft.[1333]

Auch wenn sämtliche die Niederlassungsfreiheit beschränkenden Maßnahmen grundsätzlich am vollen Gewährleistungsinhalt der Niederlassungsfreiheit zu messen sind, besteht Einigkeit, dass Tätigkeitsausübungsregeln einer geringeren Schutzintensität unterliegen als Marktzugangsregeln.[1334] Für die Phase der Errichtung der Niederlassung ist der Gewährleistungsinhalt der Niederlassungsfreiheit intensiver als für die spätere Aktivität der niedergelassenen Gesellschaft.[1335] Tätigkeitsausübungsregelungen sind folglich einer weniger strengen Rechtfertigungsprüfung zu unterziehen.

Insofern ist entscheidend, auf welcher Ebene die Novellenregeln den Schutzbereich der Niederlassungsfreiheit berühren. Bei der Einordnung ist zu beachten, dass die Novellenregeln von einer zuziehenden Gesellschaft nicht verlangen, ihre innere Struktur, besonders ihre Kapitalausstattung, zu verändern.

Die Regeln betreffen nur die Fälle des Scheiterns der Gesellschaft und greifen somit erst in einem späten Stadium des gesellschaftlichen Lebens ein. Es handelt sich folglich nicht um eine Marktzugangsbeschränkung im eigentlichen Sinne. Die Novellenregelungen sind auch keine Maßnahmen mit gleichen tatsächlichen Auswirkungen, die ähnlich strikten Kontrollen wie bei Marktzugangshindernissen unterliegen. Durch die Novellenregeln wird der Marktrückzug nicht ausgeschlossen, sondern nur in geordnete Bahnen gelenkt.[1336] Den Novellenregeln

---

[1332] *Schilling*, S. 209 f.; a.A. *Huber* in Lutter, S. 166 ff.

[1333] *Weller*, S. 200.

[1334] *Fleischer*, JZ 2003, 865, 872; *v. Halen*, S. 77; *Tersteegen*, S. 78; *Weller*, S. 201; *Werlauff*, ZIP 1999, 867, 875.

[1335] *Werlauff*, ZIP 1999, 867, 875.

[1336] vgl. *Weller*, S. 201 ff. zur Existenzvernichtungshaftung.

wohnt keine vom EuGH vorausgesetzte marktzersplitternde Wirkung[1337] inne. Von einer solchen könnte erst ausgegangen werden, wenn die Regelung die wechselseitige wirtschaftliche Durchdringung der inländischen Märkte erschwert; ein Kriterium, das durch insolvenzrechtliche Vorschriften nur schwerlich zu erfüllen sein dürfte.

Insofern könnte das normierte Kapitalersatzrecht eine Tätigkeitsausübungsregelung darstellen. Standortbedingungen beziehungsweise Tätigkeitsausübungsregeln sind nach der bisherigen EuGH-Rechtsprechung dadurch gekennzeichnet, dass sie auf die werbende Tätigkeit einer niedergelassenen Person oder Gesellschaft abzielen. Der EuGH spricht im Keck-Urteil von „Bestimmungen, [die] für alle Wirtschaftsteilnehmer gelten, die ihre Tätigkeit im Inland ausüben [und die] den Absatz der inländischen Erzeugnisse und der Erzeugnisse aus anderen Mitgliedstaaten rechtlich wie tatsächlich in gleicher Weise berühren".[1338] Auch andere Entscheidungen des EuGH beschäftigen sich mit den unternehmerischen Tätigkeiten, d.h. mit der werbenden Phase des Geschäftslebens.[1339] Die Abwicklung der Gesellschaft kann der werbenden Tätigkeit jedoch nicht mehr zugerechnet werden. Es handelt sich bei dem kodifizierten Kapitalersatzrecht als Normen des materiellen Insolvenzrechts folglich auch nicht um Tätigkeitsausübungsregeln.[1340] Dies gilt ebenfalls für die Anfechtung nach § 6 AnfG. Obwohl diese Regelung während des Lebens der Gesellschaft bedeutsam werden kann, ist ihr Hauptanwendungsfeld die Endphase der Gesellschaft. § 6 AnfG kommt meistens dann zur Anwendung, wenn eine Anfechtung nach § 135 InsO, § 32 b GmbHG ausscheidet, weil ein Insolvenzverfahren mangels Masse abgewiesen worden ist.[1341] Das dann gegebenenfalls stattfindende gesellschaftsrechtliche Liquidationsverfahren, in dem die Vorschriften des AnfG Geltung beanspruchen, erfüllt eine ähnliche Funktion wie das insolvenzrechtliche Liquidationsverfahren.[1342] Die tatsächlichen Auswirkungen - und nur auf diese kommt es im Bereich der Niederlassungsfreiheit an - entfaltet § 6 AnfG erst im Rahmen der Abwicklung der Gesellschaft.

Insofern ist davon auszugehen, dass es sich bei den Novellenregelungen um eine dritte Kategorie, nämlich um Marktrückzugsregeln handelt.[1343] Darunter fallen solche Normen, die den Rückzug vom Markt als Gegenstück zum Zugang kanalisieren und in geordnete Bahnen lenken wollen. Vorschriften des materiellen

[1337] EuGH, Slg. 1989, 3885 - *Torfaen.*

[1338] EuGH, EuZW 1993, 770, Rn. 15 f. - *Keck.*

[1339] EuGH, Slg. 1986, 1475 - *Kommission/Frankreich*; EuGH, Slg. 1992, I-3375 - *Ramrath*; Slg 1996, I-711 - *Kemmler*; *Geiger*, EGV, Art. 43, Rn. 16 ff.; Art. 48, Rn. 10.

[1340] so für die Existenzvernichtungshaftung *Weller*, S. 204.

[1341] *Huber* in Lutter, S. 208.

[1342] *Eidenmüller*, S. 320, Rn. 37.

[1343] der Begriff wurde entwickelt von *Weller*, S. 204 ff.

Insolvenzrechts, zu denen auch die Novellenregelungen zu zählen sind, lassen sich unter dieses Tatbestandsmerkmal subsumieren.

Wie Marktrückzugsregelungen im Lichte der Niederlassungsfreiheit zu bewerten sind, ist im Folgenden zu klären. Es wird teilweise davon ausgegangen, dass Liquidationsvorschriften und damit Marktrückzugsregeln von der Niederlassungsfreiheit nicht erfasst werden, denn bei der Niederlassungsfreiheit handele es sich ausschließlich um eine Neugründungsfreiheit.[1344] Wie bereits im Kapitel A[1345] ausgeführt, kann es im Bereich der Niederlassungsfreiheit nicht auf die rechtliche Einkleidung einer Norm ankommen. Entscheidend sind allein ihre tatsächlichen Auswirkungen. Es erscheint insoweit konsequent, den Rechtsbereich des Marktrückzugs als Gegenstück zum Marktzugang nicht vollständig von einer Kontrolle anhand der Niederlassungsfreiheit auszuschließen, denn anderenfalls könnte ein „Weiterziehen" der Gesellschaft in einen anderen Mitgliedstaat und damit ein erneuter Marktzugang im Extremfall verhindert werden.[1346] Auch im Rahmen der Kapitalverkehrsfreiheit fallen Beschränkungen der Desinvestition in deren Schutzbereich,[1347] was angesichts des Gleichlaufs der Grundfreiheitendogmatik für eine entsprechende Behandlung im Bereich der Niederlassungsfreiheit spricht. Marktrückzugsregeln sind wie alle anderen nationalen Regelungen sowohl an dem Diskriminierungs- als auch an dem Beschränkungsverbot zu messen.

Der Schutzbereich der Niederlassungsfreiheit ist folglich durch eine Anwendung der Novellenregelungen eröffnet.

bb) Eingriff

Die Anwendung der Novellenregeln auf in Deutschland niedergelassene ausländische Gesellschaften greift in deren Niederlassungsfreiheit ein. Da die Marktrückzugsregeln vom Gewährleistungsbereich der Niederlassungsfreiheit erfasst werden, sind alle Maßnahmen, die den Marktrückzug einschränken oder die Niederlassung in dem entsprechenden Land weniger attraktiv machen, als Beschränkungen der Niederlassungsfreiheit anzusehen. Eine Einschränkung der Niederlassungsfreiheit scheidet nicht deshalb aus, weil von den Novellenregelungen in direkter Weise nur die Gesellschafter betroffen sind.[1348] Die Novellenregeln normieren einen Teilbereich der mit der Finanzierungsfreiheit korrespondierenden Finanzierungsfolgenverantwortung. Hierdurch wird die Finanzierungsfreiheit zumindest eingeschränkt. Eine derartige Einschränkung, verbunden

---

1344 *Lutter*, Europ. UnternehmensR, S. 299; *Huber* in Lutter, S. 187; *Kindler* in Münchener Kommentar, IntGesR, Rn. 420.

1345 s.o. Kapitel A, III. 3. a) aa).

1346 *Schilling*, S. 210; *Weller*, S. 205.

1347 EuGH, ZIP 2003, 991, 992, Tz. 54, 58 ff. - *Goldene Aktien*.

1348 vgl. dazu für die Existenzvernichtungshaftung *Weller*, S. 208.

mit der Möglichkeit des Verlustes des als Darlehen zur Verfügung gestellten Geldes aufgrund des insolvenzrechtlichen Nachranges, kann Deutschland als Ort der Niederlassung einer Gesellschaft für die Gesellschafter weniger attraktiv machen. Die Anwendung der Novellenregeln ist demnach als Eingriff in die Niederlassungsfreiheit der Gesellschaft selbst zu werten.

cc) Rechtfertigung

Der Eingriff in die Niederlassungsfreiheit ist jedoch aus Gründen des Allgemeinwohls gerechtfertigt. Bei der Anwendung der Novellenregeln handelt es sich um eine zulässige Beschränkung der Niederlassungsfreiheit.

(1) Maßgebliche Kriterien

Für eine Rechtfertigung ist entscheidend, welchen Schranken Marktrückzugsregeln unterliegen und an welchen Kriterien sie zu messen sind. Unstreitig ist, dass Regelungen, die den Markt nicht abschotten, sondern lediglich die Geschäftstätigkeit regeln, mit geringerer Intensität als Marktzugangsregelungen geschützt werden. Beschränkungen, die allein die Betätigung im Inland betreffen, sind damit eher einer Rechtfertigung zugänglich.[1349] Bezüglich der Schutzintensität und des spezifischen Gewährleistungsinhalts der Niederlassungsfreiheit erscheint es interessengerecht, von einer den Tätigkeitsausübungsregeln entsprechenden Schutzintensität auszugehen.[1350] Marktrückzugsregeln entsprechen in ihrer Eingriffsintensität nicht den Marktzugangshindernissen, so dass es auch nicht geboten ist, sie ähnlich strengen Rechtfertigungsvoraussetzungen zu unterwerfen. Für einen abgeschwächten Maßstab kann auch die Existenz der EuInsVO als Argument angeführt werden. Es ist anerkannt, dass das Sekundärrecht bei der Auslegung primärrechtlicher Vorgaben als Hilfsmittel herangezogen werden kann. Durch den Erlass dieser Verordnung gibt der europäische Normgeber zu erkennen, dass er von der grundsätzlichen Gleichwertigkeit der nationalen Insolvenzrechte ausgeht. Der Rat der Europäischen Union selbst hat das jeweilige nationale Insolvenzrecht des Eröffnungsstaates und damit auch die Novellenregeln für anwendbar erklärt. Er geht davon aus, dass durch das materielle Insolvenzrecht der Mitgliedstaaten nicht eklatant in die Niederlassungsfreiheit der abzuwickelnden Gesellschaft eingegriffen wird. Aus diesem Blickwinkel ist es vorzugswürdig, die aufgrund der europäischen Verordnung anwendbaren nationalen Insolvenzvorschriften, also die Marktrückzugsregeln, einer erleichterten Rechtfertigung zugänglich zu machen. Hätte der europäische Gesetzgeber gewollt, dass das nationale Insolvenzrecht gleichsam „mit der

---

[1349] *Fleischer*, JZ 2003, 865, 872; *v. Halen*, S. 77; *Tersteegen*, S. 78 f.; *Werlauff*, ZIP 1999, 867, 875.

[1350] *Weller*, S. 207.

Lupe" nach Eingriffen in die Niederlassungsfreiheit zu untersuchen ist, wäre die EuInsVO der Vereinfachung des mitgliedstaatlichen Rechtsverkehrs wenig förderlich. Als einzig gangbarer Weg hätte sich in diesem Falle angeboten, die Rechtsvereinheitlichung voranzutreiben und ein europaweit einheitliches Insolvenzrecht zu schaffen.
Angelehnt an die Rechtsprechung des EuGH zu Tätigkeitsausübungsregeln sind Eingriffe dann als gerechtfertigt anzusehen, wenn sie in nicht-diskriminierender Weise angewandt werden, zwingenden Gründen des Allgemeinwohls dienen, geeignet sind, dieses Ziel zu erreichen und nicht über das hinausgehen, was zur Erreichung des Zieles erforderlich ist.[1351]
Im Folgenden ist insofern zu ermitteln, ob es sich bei den Novellenregeln um verhältnismäßige Beschränkungen der Niederlassungsfreiheit handelt.

(2) Keine Diskriminierung ausländischer Gesellschaften

Die Novellenregelungen können gleichermaßen auf deutsche und ausländische Gesellschaften mit beschränkter Haftung angewendet werden. Eine offene Diskriminierung ausländischer Gesellschaften ist demnach nicht zu befürchten.[1352] Dass die Limited durch die Anwendung der Novellenregeln im Einzelfall stärker belastet wird als eine deutsche GmbH in der gleichen Situation, ist ebenfalls nicht ersichtlich. Sogar etwaige marginale verdeckte Diskriminierungen sind nach der Judikatur des EuGH einer Rechtfertigung zugänglich, sofern sie aus Gründen des Allgemeinwohls geboten erscheinen.[1353]

(3) Rechtfertigung aufgrund zwingender Gründe des Allgemeinwohls

Das kodifizierte Kapitalersatzrecht dient dem Gläubigerschutz, einem Zweck, den der EuGH im Überseering-Urteil als zwingenden Grund des Allgemeinwohls anerkannt hat. Das Prinzip des Gläubigerschutzes repräsentiert einen hohen Gemeinschaftswert, der einem wertenden Vergleich aller europäischen Rechtsordnungen entnommen werden kann[1354] und somit als tragender europäischer Rechtsgrundsatz anzusehen ist.[1355] Im deutschen Recht wird der Gläubigerschutz, wie im Verlauf dieser Arbeit dargestellt, ebenfalls durch die geordnete Abwicklung der Kapitalgesellschaften sichergestellt. Dass dieses Ziel im europäischen Bereich durch insolvenzrechtliche Vorschriften verfolgt werden

---

[1351] EuGH, NJW 2003, 3331, 3334, Tz. 133 - *Inspire Art*.
[1352] *Kindler* in Münchener Kommentar, IntGesR, Rn. 712.
[1353] EuGH, Slg. 1993, I-5185, Tz. 18; *Eidenmüller*, S. 54, Rn. 21; *Randelzhofer/Forsthoff* in Grabitz/Hilf, vor Art. 39-55, Rn. 139 m.w.N.
[1354] *Schluck-Amend*, S. 159 ff.
[1355] dazu eingehend *Schluck-Amend*, S. 153 ff.

soll, lässt sich auch dem Vorentwurf der europäischen Liquidationsrichtlinie[1356] entnehmen, denn hierdurch sollten die Gesellschaftsgläubiger gleichfalls vor einer nachteiligen Verteilung des Gesellschaftsvermögens geschützt werden. Mit dem deutschen Kapitalersatzrecht wird insofern ein Ziel verfolgt, das eindeutig dem Gemeinwohl entspricht.[1357]

(a) Geeignetheit

Die Novellenregeln müssten geeignet sein, dieses Ziel zu erreichen. Hierbei sind mehrere Gesichtspunkte in die Betrachtung einzubeziehen. Im Rahmen der Geeignetheit ist zu beachten, dass die insolvenzrechtlichen Regelungen im Stadium der Liquidationsreife eingreifen. Das gilt im Ergebnis auch für § 6 AnfG. Ferner ist zu bedenken, dass durch die Ansprüche gegen die empfangenden Gesellschafter die Gläubiger bei einer rein wirtschaftlichen Betrachtung praktisch neue Schuldner hinzugewinnen und damit die haftende Vermögensmasse insgesamt vermehrt wird.[1358] Im Gegensatz zu den Mindestkapitalregelungen, die der EuGH als zum Gläubigerschutz ungeeignete Mittel einordnet, sind die Novellenregeln generell geeignet, die Befriedigung der Gesellschaftsgläubiger zu sichern, denn durch die Anordnung des insolvenzrechtlichen Nachranges, verbunden mit Rückforderungs- und Anfechtungsmöglichkeiten, werden die tatsächlichen Befriedigungsschancen erhöht.[1359]
Auch wenn das primäre Ziel der §§ 32 a, 32 b GmbHG in Verbindung mit §§ 39, 135 InsO, § 6 AnfG darin besteht, das haftende Vermögen für die Gesellschaftsgläubiger zu vergrößern, darf die Präventivfunktion einer etwaigen Rückzahlungsverpflichtung nicht außer Acht gelassen werden. Ein drohender Vermögensverlust wirkt als gewollte Nebenfolge verhaltenssteuernd,[1360] denn der Einzelne richtet sein Verhalten darauf aus, mögliche Vermögenseinbußen zu minimieren.[1361] Insofern bewirken die Novellenregeln präventiv, dass ein Gesellschafter in der Krise der Gesellschaft entweder von vornherein Eigenkapital hinzuführt oder, um sein Privatvermögen zu schonen, die nicht mehr lebensfähige Gesellschaft ordnungsgemäß liquidiert. Es wird verhindert, dass die an sich insolvenzreife Gesellschaft durch Darlehen künstlich am Leben erhalten wird. Die Vorschriften sind demnach geeignet, den Gläubigerschutz zu verbessern.

[1356] *Habersack*, EuropGesR, § 4, Rn. 3 ff.; Lutter, Europ. UnternehmensR, S. 59.
[1357] *Kindler* in Münchener Kommentar, IntGesR, Rn. 712.
[1358] EuGH, EuZW 2004, 216, Nr. 48; *Kindler* in Münchener Kommentar, IntGesR, Rn. 712.
[1359] EuGH, EuZW 2004, 216, Nr. 48; *Kindler* in Münchener Kommentar, IntGesR, Rn. 712.
[1360] *Hager* in Staudinger, BGB, Vorb. zu §§ 823 ff., Rn. 10; *Wagner* in Münchener Kommentar, BGB, vor §§ 823-853, Rn. 34.
[1361] *Hager* in Staudinger BGB, Vorb. zu §§ 823 ff., Rn. 10; *Wagner* in Münchener Kommentar, BGB, vor §§ 823-853, Rn. 34.

(b) Erforderlichkeit und Verhältnismäßigkeit im engeren Sinne

Die Beschränkung der Niederlassungsfreiheit müsste erforderlich und im engeren Sinne verhältnismäßig sein. Es dürfte kein milderes Mittel als die konkrete mitgliedstaatliche Maßnahme existieren und das Mittel dürfte zu dem angestrebten Zweck auch nicht außer Verhältnis stehen. Die Erforderlichkeit einer nationalen Regelung ist durch den EuGH strengen Regeln unterworfen. Der Gerichtshof hat im Bereich des Gesellschaftsrechts stets geprüft, ob der angestrebte Schutzzweck nicht bereits durch Publizitätsvorschriften erreicht werden kann[1362] und stellt zunächst auf die Selbstschutzmöglichkeiten der Gläubiger ab. Soweit der Mitgliedstaat bei der Erreichung seines Schutzanliegens zugunsten einer Gruppe von Personen nicht zwischen schutzbedürftigen und nicht-schutzbedürftigen Personen trennen kann, scheitert die Erforderlichkeit einer Maßnahme jedoch nicht daran, dass Einzelne durchaus in der Lage sind, sich selbst zu schützen.[1363] Sodann prüft der EuGH, ob die Anwendung bestimmter Schutzinstrumente des Gründungsrechts ein milderes Mittel darstellt, so dass ein Rückgriff auf die nationalen Vorschriften des Sitzstaates nicht erforderlich ist.[1364] In einem weiteren Schritt ist zu erwägen, ob der Schutzzweck auch durch weniger einschneidende Maßnahmen aus dem Recht des Sitzstaates gewährleistet werden kann. Das alternative Mittel muss das angestrebte Schutzziel nicht in dem Maße erreichen können wie die eigentlich einschlägige nationale Vorschrift. Es kann aus der Sicht des EuGH nicht im engeren Sinne verhältnismäßig sein, für ein geringfügig verbessertes Schutzniveau die Niederlassungsfreiheit in einem stärkeren Maße zu beschränken.[1365] Zu bedenken ist ferner, dass das verfolgte Schutzziel bei einer Gesamtabwägung mit der Niederlassungsfreiheit umso weniger ins Gewicht fällt, je ähnlicher die Schutzniveaus der einzelnen Mitgliedstaaten sind, wobei grundsätzlich von der Gleichwertigkeit aller mitgliedstaatlichen Rechtsordnungen auszugehen ist.[1366] Da sämtliche Mitgliedstaaten über „ausgefeilte und ausgewogene" Rechtsordnungen verfügen,[1367] kann nicht unterstellt werden, dass ein zwingender Grund des Allgemeinwohls von einer europäischen Rechtsordnung überhaupt nicht beachtet wird. Der EuGH geht in Bezug auf gesellschaftsrechtliche Regelungen dem Grundsatz „in dubio pro libertate" folgend von einem strengen Erforderlichkeitsmaßstab aus. Eine Maßnahme ist demnach nur dann als erforderlich anzusehen, wenn das anwendbare Gründungsrecht einen gänzlich unzureichenden Schutz bietet, dieser nicht durch Ini-

---

[1362] EuGH, NJW 2003, 3331, 3334, Tz. 135 - *Inspire Art.*

[1363] *Eidenmüller*, S. 61, Rn. 42.

[1364] EuGH, Slg. 1981, 3305, Tz. 17; vgl. dazu *Eidenmüller*, S. 61, Rn. 45; *Randelzhofer/ Forsthoff* in Grabitz/Hilf, vor Art. 39-55 EGV, Rn. 173 ff. m.w.N.

[1365] *Eidenmüller*, S. 67, Rn. 65.

[1366] *Eidenmüller*, S. 61, Rn. 44, 52 ff.; S. 64, Rn. 57.

[1367] *Eidenmüller*, S. 66, Rn. 61.

tiativen der Gläubiger sichergestellt werden kann und das Sitzrecht keine weniger einschneidenden, wenn auch nicht vollständig gleichwertigen Möglichkeiten bietet.[1368]

Dies kann für den Bereich insolvenzrechtlicher Regelungen jedoch nicht gelten. Die für gesellschaftsrechtliche Fragen entscheidenden Urteile des EuGH in Sachen Centros, Überseering und Inspire Art enthalten zum Insolvenzrecht keine Aussagen.[1369] Falls die Anwendung inländischer insolvenzrechtlicher Regelungen mit der Niederlassungsfreiheit vollständig unvereinbar wäre, würde dies dazu führen, dass die EuInsVO an sich wegen Verstoßes gegen die Niederlassungsfreiheit als nichtig anzusehen wäre.[1370] Es ist aufgrund der integrationsfördernden Zielsetzung der EuInsVO vielmehr davon auszugehen, dass sich die in Art. 4 I EuInsVO enthaltene Verweisung auf das Insolvenzrecht des Eröffnungsstaates kollisionsfrei in das System der Grundfreiheiten des EG-Vertrages einfügt. Demgemäß ist ein abgemilderter Erforderlichkeitsmaßstab zugrundezulegen. Da der europäische Normengeber und der EuGH von einer grundsätzlichen Gleichwertigkeit der Insolvenzordnungen der Mitgliedstaaten ausgehen, würde ein Erforderlichkeitsmaßstab im Sinne der Inspire-Art-Entscheidung zu dem sinnwidrigen Ergebnis führen, dass die meisten Insolvenzvorschriften des Eröffnungsstaates nicht anwendbar sind, da der Gründungsstaat ebenfalls gleichwertige Vorschriften bereithält. Dies legt den Schluss nahe, im Bereich des Insolvenzrechts vollständig auf das Kriterium der Erforderlichkeit zu verzichten. Das Ergebnis wäre dann ein reines Diskriminierungsverbot. Im Interesse des Gleichlaufs der Grundfreiheitsdogmatik ist es jedoch geboten, auch die Marktrückzugsregeln an dem Beschränkungsverbot zu messen und die Erforderlichkeit der einzelnen Rechtsinstitute zu erwägen und dabei einen gemilderten Maßstab zugrundezulegen.

Da das Problem etwaiger Doppelkontrollen im Bereich des Insolvenzrechts aufgrund der EuInsVO von vornherein ausscheidet, ist lediglich zu überprüfen, ob es sich im Einzelfall um verzichtbare Regelungen handelt, die zu dem angestrebten Ziel in eklatanter Weise außer Verhältnis stehen. Das nationale Insolvenzrecht ist zunächst ohne Rücksicht darauf anzuwenden, ob mildere Mittel denkbar sind. Der europäische Verordnungsgeber billigt den Mitgliedstaaten einen diesbezüglichen Beurteilungsspielraum zu, indem er von der grundsätzlichen Gleichwertigkeit der nationalen Insolvenzvorschriften ausgeht. Damit impliziert er, dass die Mitgliedstaaten keine überflüssigen oder zu scharfen Insolvenzvor-

---

1368 in dieser Richtung auch *Jüttner*, S. 122 ff., insbes. S. 124, der für das Kapitalersatzrecht ebenfalls davon ausgeht, dass dies nur erforderlich ist, wenn die Heimatrechtsordnung der Gesellschaft weder Regeln zu eigenkapitalersetzenden Gesellschafterdarlehen noch zur Insolvenzverschleppung kennt.

1369 *Ulmer*, NJW 2004, 1201, 1207.

1370 *Huber* in Lutter, S. 186.

schriften erlassen und dass sie auch das innerstaatliche Verhältnismäßigkeitsprinzip berücksichtigt haben. Eine gesonderte Prüfung, ob mildere Mittel eventuell denkbar sind, wird damit entbehrlich. Dies führt zu einer Umkehr des vom EuGH für gesellschaftsrechtliche Vorschriften entwickelten Regel-Ausnahme-Prinzips:

Eine insolvenzrechtliche Rechtsnorm ist nicht so lange für unanwendbar zu halten, bis die Erforderlichkeit ihrer Anwendung positiv festgestellt worden ist, sondern sie ist so lange als anwendbar anzusehen, bis sich herausstellt, dass sie evident nicht erforderlich ist.

Daraus ergibt sich, dass die Novellenregeln als erforderlich einzustufen sind.[1371] Die Anwendung der Novellenregeln ist auch deshalb angezeigt, weil bisher eine einheitliche Regelung für die Liquidation von Kapitalgesellschaften und für die Behandlung eigenkapitalersetzender Darlehen in Europa nicht existiert. Bislang liegt lediglich ein überarbeiteter Vorentwurf der Liquidationsrichtlinie vor.[1372] Durch die Richtlinie wäre ohnehin nur der Grundsatz normiert worden, dass die Gesellschaftsgläubiger prinzipiell vorrangig zu befriedigen sind. Genau diesem Grundsatz wird mit den Novellenregeln Rechnung getragen und die Lücke wird über das nationale Recht durch die §§ 32 a, 32 b GmbHG in Verbindung mit §§ 39 I Nr. 5, 135 InsO, § 6 AnfG geschlossen.

Die Regeln sind darüber hinaus auch im engeren Sinne verhältnismäßig. Aus den oben genannten Gründen ist auch bezüglich der vom EuGH im Rahmen der Erforderlichkeit geprüften Verhältnismäßigkeit davon auszugehen, dass insolvenzrechtliche Vorschriften diesem Maßstab genügen, bis das Gegenteil festgestellt ist. Die Novellenregeln legen einen der Höhe nach beschränkten (Erstattungs-)Anspruch der Gesellschaft gegen ihre Gesellschafter sowie den insolvenzrechtlichen Nachrang von eigenkapitalersetzenden Darlehen fest. Sie dienen nicht nur dem Gläubigerschutz an sich, sondern auch der gerechten Verteilung des Gesellschaftsvermögens zwischen den verschiedenen Gläubigergruppen und haben damit die ordnungsgemäße Abwicklung der Gesellschaft selbst zum Gegenstand. Es handelt sich um Normen, die in einem sehr späten Stadium des gesellschaftlichen Lebens eingreifen und damit dem ultima-ratio-Prinzip Rechnung tragen. Die Wirkungsweise entspricht auch dem bei der Limited vorherrschenden ex-post-Ansatz des englischen Rechts.[1373] Das Kapitalersatzrecht entfaltet erst Wirkung, wenn die Gesellschaft als eigentliche Schuld-

---

1371 Selbst wenn man den für gesellschaftsrechtliche Fragen entwickelten Erforderlichkeitsmaßstab des EuGH zugrundelegt, handelt es sich bei den Novellenregeln um erforderliche Vorschriften. Bei kapitalersetzenden Sicherheiten versagt das vom EuGH eingeführte Informationsmodell. Die Gesellschaftsgläubiger können sich als milderes Mittel jedoch auch keine Sicherheiten einräumen lassen, da diese in Insolvenznähe regelmäßig anfechtbar sein werden; *Kindler* in Münchener Kommentar, IntGesR, Rn. 714, 715.

1372 *Habersack*, EuropGesR, § 4, Rn. 3 ff.; *Lutter*, Europ. UnternehmensR, S. 59.

1373 *Reinbach*, S. 113.

nerin ohnehin dauerhaft leistungsunfähig geworden ist[1374] und will die GmbH nicht in die Lage versetzen, unter Auffüllung ihrer Kapitalgrundlage ihre werbende Tätigkeit wieder aufzunehmen, sondern ist lediglich ein letztes Mittel des Gläubigerschutzes.[1375] Das normierte Eigenkapitalersatzrecht stellt deshalb eine der Sache nach angemessene und verhältnismäßige Gläubigerschutzbestimmung dar.[1376]

dd) Zwischenergebnis

Die Novellenregelungen sind eine europarechtlich gerechtfertigte Beschränkung der Niederlassungsfreiheit. Der Schutzbereich der Niederlassungsfreiheit ist für derartige Marktrückzugsregeln zwar eröffnet, die Erfordernisse an eine Rechtfertigung sind jedoch reduziert. Die Novellenregeln können den Zuzug für ausländische Gesellschaften weniger attraktiv machen und ihre Anwendung bedarf der Rechtfertigung. Die Normen dienen dem Gläubigerschutz und damit einem zwingenden Grund des Allgemeinwohls. Da die Novellenregeln unterschiedslos auf in- und ausländische Gesellschaften mit beschränkter Haftung angewendet werden, kommt es nicht zu einer Ausländerdiskriminierung. Das normierte Kapitalersatzrecht ist geeignet, den Gläubigerschutz abzusichern, da es einerseits auf die Vermehrung der Insolvenzmasse abzielt und andererseits die Gesellschafter präventiv dazu anhält, der Gesellschaft entweder Eigenkapital zuzuführen oder die nicht mehr lebensfähige Gesellschaft zu liquidieren. Die Normen sind als Marktrückzugsregeln an einem geminderten Erforderlichkeitsmaßstab zu messen. Die Erforderlichkeit einer insolvenzrechtlichen Regelung ist danach als gegeben anzusehen, bis das Gegenteil positiv festgestellt ist.

d) Keine neue Betrachtungsweise durch das MoMiG

Die Novellierung des Rechts der Gesellschafterdarlehen durch das MoMiG wird hinsichtlich der Anwendbarkeit der dann geltenden Regeln im Vergleich zur aktuellen Rechtslage keine Neuerungen mit sich bringen. Auch wenn die Rechtsfigur des eigenkapitalersetzenden Gesellschafterdarlehens aufgegeben wird, bleiben die Regeln der gegenwärtigen §§ 32 a, 32 b GmbHG, §§ 39 I Nr. 5, 135 InsO, § 6 AnfG im Wesentlichen erhalten. Die Neuregelungen werden dieselben Darlehen erfassen, die bis jetzt als eigenkapitalersetzend eingeordnet werden, denn es handelt sich dabei regelmäßig um Darlehen, die in unmittelbarer zeitlicher Nähe zur Insolvenz der Gesellschaft gewährt worden sind. Die Novellierung schreibt die bisherige Rechtsprechung des BGH fest, nach der bei Darlehen, die innerhalb eines Jahres vor der Insolvenz der Gesell-

---

1374 *Ehricke*, AcP 199 (1999), 257, 261 f.

1375 *Ehricke*, AcP 199 (1999), 257, 261.

1376 *Kindler* in Münchener Kommentar, IntGesR, Rn. 414 f.

schaft gewährt worden sind, der eigenkapitalersetzende Charakter unwiderleglich vermutet wird. Die Aufgabe des Begriffs „eigenkapitalersetzend" dient, verbunden mit der zeitlich ansetzenden Regelung des Rechts der Gesellschafterleistungen, im Wesentlichen der Beweiserleichterung.
Die Neuregelung wird einige noch vorhandene Zweifelsfragen zur Anwendbarkeit der deutschen Normen klären und im Sinne der oben entwickelten Lösung festlegen.
Durch die Überführung des gesamten Regelungskomplexes in das Insolvenzrecht, dem er systematisch richtig auch zuzuordnen ist, wird Rechtsklarheit geschaffen. Die Meinung, die eine Zuordnung des Rechts der eigenkapitalersetzenden Gesellschafterleistungen zum Gesellschaftsrecht befürwortet, wird nach der Neuregelung nicht mehr zu vertreten sein. Die Bundesregierung hat ihre Ansicht, dass es sich um insolvenzrechtliche Vorschriften handelt, durch die Neuordnung klar herausgestellt. Diese Absicht kann eindeutig der amtlichen Begründung des MoMiG[1377] entnommen werden, so dass kein Zweifel mehr daran besteht, dass die Vorschriften bei deutschem Insolvenzstatut zur Anwendung berufen sind.
Indem die Rechtsfigur des eigenkapitalersetzenden Gesellschafterdarlehens aufgegeben wird, ist der Meinung, die deutschen insolvenzrechtlichen Regelungen zu Gesellschafterdarlehen seien nicht anwendbar, weil die Vorfrage, ob das Gesellschafterdarlehen eigenkapitalersetzenden Charakter habe, gesellschaftsrechtlich zu qualifizieren sei, endgültig der Boden entzogen. Die angebliche „Vorfrage" wird sich zukünftig definitiv nicht mehr stellen und die Anwendbarkeit der Regeln zu Gesellschafterdarlehen auf ausländische Gesellschaften wird vereinfacht.
Die Neuregelungen sind zudem vollständig rechtsformneutral formuliert, wie dies bisher schon bei den §§ 39 I Nr. 5, 135 InsO, § 6 AnfG der Fall war. Hierdurch wird ebenfalls die Anwendung auf ausländische Gesellschaften erleichtert, denn es bedarf des im Rahmen der §§ 32 a, 32 b GmbHG erforderlichen „Kunstgriffs" der Substitution nicht mehr. Die Normen können auf sämtliche in Deutschland insolventen Gesellschaftsformen angewendet werden, bei denen kein persönlich haftender Gesellschafter eine natürliche Person ist. Dies ist bei ausländischen Kapitalgesellschaften, deren Insolvenzfähigkeit in Deutschland anerkannt wird, regelmäßig der Fall. Mit der rechtsformneutralen Ausgestaltung unterstreicht der Entwurf zugleich den Willen, die Normen auf ausländische Gesellschaften angewendet zu wissen, um den inländischen Gläubigern über das Insolvenzrecht einen zusätzlichen Schutz zu gewährleisten.

Bei grenzüberschreitenden Insolvenzfällen werden die Neuregelungen durch die vorrangige Qualifikation nach Art. 4 II 2 lit. g, i und m EuInsVO ausdrück-

---

[1377] amtl. Begr., S. 131.

lich dem Insolvenzrecht zugeordnet und finden bei der Insolvenz einer ausländischen Kapitalgesellschaft mit tatsächlichem Interessenmittelpunkt in Deutschland über die Verweisung in Art. 4 I EuInsVO Anwendung. Im Einzelnen wird sich die Rechtslage nach der Novellierung wie folgt darstellen:
Bei § 39 I Nr. 5 InsO-E 2007 tritt hinsichtlich der Anwendbarkeit gegenüber § 39 I Nr. 5 InsO keine Änderung ein. Die Norm wird als Vorschrift, die den Rang von Insolvenzforderungen zum Gegenstand hat, nach Art. 4 II 2 lit. i EuInsVO dem Insolvenzrecht zugeordnet und über Art. 4 I EuInsVO zur Anwendung berufen. Die Absätze IV und V des § 39 InsO-E 2007 übernehmen das Sanierungs- und Kleingesellschafterprivileg des bisherigen § 32 a III 2, 3 GmbHG. Die insolvenzrechtliche Qualifikation und damit die Anwendbarkeit auf EU-ausländische Kapitalgesellschaften ergeben sich ebenso aus Art. 4 II 2 lit. i EuInsVO in Verbindung mit 4 I EuInsVO wie bei der aktuellen Regelung.
§ 44 a InsO-E 2007 überführt den aktuellen § 32 a II GmbHG in die Insolvenzordnung. Die Anwendbarkeit der Neuregelung in der Inlandsinsolvenz ausländischer Kapitalgesellschaften ergibt sich aus denselben Gründen wie bei der geltenden Vorschrift, also aus Art. 4 II 2 lit. g und i EuInsVO in Verbindung mit 4 I EuInsVO.
In § 135 InsO-E 2007 werden die bisherigen Anfechtungstatbestände aus § 135 InsO, § 32 b GmbHG zusammengefasst und rechtsformneutral ausgestaltet. Diese Anfechtungsregel unterfällt Art. 4 II 2 lit. m EuInsVO und ist folglich als insolvenzrechtlich zu qualifizieren. Die Folgen einer erfolgreichen Anfechtung werden in § 143 InsO-E 2007 zusammengefasst, der auch den aktuellen § 32 b S. 3 GmbHG umsetzt. Auch diese Vorschrift ist über Art. 4 II 2 lit. m EuInsVO dem Insolvenzrecht zuzuordnen, da die Rechtsfolgen einer Anfechtung in direktem Zusammenhang mit der Frage stehen, welche Rechtshandlungen im Insolvenzverfahren anfechtbar sind.
Auch für die Anfechtung außerhalb der Insolvenz ergeben sich hinsichtlich der Anwendung der deutschen Anfechtungsvorschriften auf ausländische Gesellschaften keine Neuerungen. Das Internationale Anfechtungsrecht wird nach wie vor in § 19 AnfG geregelt, so dass die Anfechtung bei deutschem Wirkungsstatut der angefochtenen Handlung nach deutschem Recht erfolgen kann. Das Recht wird in § 6 AnfG-E 2007 den Neuerungen, die sich aus dem Verzicht auf die Rechtsfigur des eigenkapitalersetzenden Darlehens ergeben, angepasst und in § 6 a AnfG-E 2007 in Verbindung mit § 11 III AnfG-E 2007 wird die Regelung des § 32 b GmbHG für Anfechtungen außerhalb des Insolvenzverfahrens aufgenommen. Die Normen finden auf Sachverhalte mit Auslandsberührung Anwendung, wenn der Darlehensvertrag, mit dem die Anfechtung im Zusammenhang steht, deutschem Recht unterliegt.

Die Anwendung der Neuregelungen ist europarechtlich gerechtfertigt, denn sie steht im Einklang mit der Niederlassungsfreiheit. Es handelt sich wie bei den alten Vorschriften um Marktrückzugsregeln, die geeignet sind, einen höheren

Gläubigerschutz zu gewährleisten und die zur Erreichung dieses Zieles erforderlich sind. Nach dem für insolvenzrechtliche Marktrückzugsregeln geltenden abgemilderten Erforderlichkeitsmaßstab sind die Vorschriften so lange als erforderlich anzusehen, wie nicht feststeht, dass es sich um verzichtbare Regelungen handelt, die zu dem angestrebten Ziel in eklatanter Weise außer Verhältnis stehen. Von einem solchen Missverhältnis ist bei den durch das MoMiG geplanten Neuregelungen nicht auszugehen.

e) Zusammenfassung

Für die Insolvenz einer englischen Limited mit Verwaltungssitz in Deutschland findet die EuInsVO Anwendung. Da der Interessenmittelpunkt einer solchen Gesellschaft regelmäßig im Inland liegt, sind deutsche Gerichte für die Eröffnung des Insolvenzverfahrens über das Vermögen der Limited zuständig und wenden deutsches Insolvenzrecht als die einschlägige lex fori concursus an.

Die Vorschriften der §§ 39 I Nr. 5, 135 InsO, §§ 32 a, 32 b GmbHG sind kraft autonomer Qualifikation im Bereich der EuInsVO dem Insolvenzrecht zuzuordnen. Dies ergibt sich unmittelbar aus der in Art. 4 II 2 EuInsVO aufgeführten Liste der Materien, die zwingend als insolvenzrechtlich zu qualifizieren sind. Eine Auseinandersetzung mit der Frage, ob die Vorschriften auch aus deutscher Sicht dem Insolvenzrecht zuzuordnen sind, ist damit entbehrlich. Die Normen werden in der Inlandsinsolvenz über Art. 4 I EuInsVO auf ausländische Kapitalgesellschaften sowohl im Hauptinsolvenzverfahren als auch mit leichten Modifikationen im Sekundärinsolvenzverfahren zur Anwendung berufen.

Der Ausnahmetatbestand des Art. 13 EuInsVO wird bei Anfechtungen nach § 135 InsO und nach § 32 b GmbHG regelmäßig nicht eingreifen, da bei Binnensachverhalten eine Rechtswahl ausscheidet und das Darlehen beziehungsweise die Besicherung damit in der Regel deutschem Recht unterstehen wird.

Die Anfechtung eigenkapitalersetzender Gesellschafterdarlehen außerhalb des Insolvenzverfahrens ist nach §§ 6, 19 AnfG möglich.

Eine gesellschaftsrechtliche Vorfrage, ob ein Darlehen eigenkapitalersetzenden Charakter hat, stellt sich nicht. Das Merkmal der Krise als Voraussetzung eines eigenkapitalersetzenden Gesellschafterdarlehens ist als Vorfrage insolvenzrechtlich anzuknüpfen, soweit die Modalität der Insolvenzreife betroffen ist. Die Kredit- oder Überlassungsunwürdigkeit wird nach rein wirtschaftlichen Kriterien bestimmt.

Die Anwendung der Novellenregeln ist europarechtlich gerechtfertigt. Die Novellenregelungen sind als Marktrückzugsregeln einzuordnen, deren Auswirkungen grundsätzlich am vollen Gewährleistungsinhalt der Niederlassungsfreiheit zu messen sind, für die jedoch ein abgemilderter Erforderlichkeitsmaßstab gilt. Danach handelt es sich um geeignete und erforderliche Maßnahmen zur Gewährleistung eines effektiven Schutzes für die Gesellschaftsgläubiger.

Die Neuregelungen aufgrund des MoMiG werden ebenfalls auf ausländische Kapitalgesellschaften in der Inlandsinsolvenz anwendbar sein. Diesbezüglich ergeben sich im Vergleich zu den aktuell gültigen Normen keine Veränderungen. Die Neuregelung enthält einige Klarstellungen und führt zu Beweiserleichterungen.

E. Thesen

1. Der Europäische Gerichtshof hat mit seiner Rechtsprechung zur Niederlassungsfreiheit Fakten geschaffen, die sich richtungsweisend auf das deutsche Internationale Gesellschaftsrecht auswirken. Durch die Entscheidungen Centros, Überseering und Inspire Art wird die transnationale Mobilität europäischer Kapitalgesellschaften ermöglicht. Die spätestens seit dem Inspire-Art-Urteil gebotene Anwendung der Gründungstheorie auf Gesellschaften aus EU-Staaten führt zu einer europäischen Rechtsformwahlfreiheit im Gesellschaftsrecht. Vor diesem Hintergrund konnte ein echter Wettbewerb zwischen den einzelnen nationalen Gesellschaftsformen beginnen.

2. Die Mitgliedstaaten werden durch die Gründungstheorie verpflichtet, die zugezogenen Gesellschaften prinzipiell nach dem Recht ihres Gründungsstaates zu behandeln, das im Interesse des Schutzes inländischer Gläubiger nach Maßgabe einer eingeschränkten Gründungstheorie durch partielle Sonderanknüpfungen von gläubigerschützenden Normen des Sitzrechts zur Schließung von Schutzlücken modifiziert werden kann.

3. Auch marginale Beschränkungen, die durch die Anwendung deutschen Rechts auf EU-ausländische Gesellschaften entstehen, müssen sich am vollen Gewährleistungsinhalt der Niederlassungsfreiheit messen lassen. Eine Übertragung der Keck-Grundsätze, die auf einen gewissen Schweregrad der Einschränkungen abstellen, ist im Bereich der Niederlassungsfreiheit nicht möglich. Die Rechtfertigung der Anwendung mitgliedstaatlicher Normen über das Missbrauchskriterium scheidet aufgrund der vom EuGH postulierten Einzelfallbezogenheit aus. Wenn die nationale Maßnahme dem Vier-Kriterien-Test der Gebhard-Formel genügt, kann auch die Anwendung gesellschaftsrechtlicher Schutzinstrumente anhand zwingender Gründe des Allgemeinwohls gerechtfertigt werden.

4. Im Grundsatz folgen das deutsche und das englische Recht den gleichen Schutzprinzipien, da in beiden Rechtsordnungen die Sicherheit der Gläubiger über Vorschriften zur Finanzverfassung, zur Rechnungslegungspublizität, zur persönlichen Haftung von Gesellschaftern und Geschäftsführern, durch administrative Maßnahmen und durch das Insolvenzrecht gewährleistet werden soll. Mittelpunkt der Schutzsysteme ist jeweils die Person des Geschäftsleiters mit vergleichbaren Pflichten und Haftungsrisiken.

5. Deutliche Unterschiede ergeben sich hinsichtlich der Finanzverfassungen. Im deutschen Recht wird davon ausgegangen, dass durch das Stammkapital und durch die strengen Vorschriften zur Kapitalerhaltung und zu kapitaler-

setzenden Gesellschafterdarlehen die beschränkte Haftung gewissermaßen erkauft werden muss. Für die Limited fehlen sowohl eine gesetzlich vorgeschriebene Mindestkapitalziffer als auch Normen, die die Kapitalaufbringung sichern, sowie Sondervorschriften für kapitalersetzende Darlehen. Aus dem Blickwinkel eines kontinentaleuropäischen Gläubigers stellt die Tatsache, dass bei der Limited eine Seriositätsschwelle in Form eines gesetzlich fixierten Mindestkapitals nicht überwunden zu werden braucht, ein Schutzdefizit dar. Dieses Regelungsgefälle durchzieht die gesamte Kapitalverfassung der Limited.

6. Im Gegensatz zum deutschen Recht betont das englische Recht die Gründungsformalitäten und die damit verbundene Publizität als Preis der Haftungsbeschränkung. Der Schutz der Gläubiger soll in erster Linie durch Publizitätsvorschriften, Selbstinformationsmöglichkeiten eventueller Vertragspartner und durch eine strenge Staatsaufsicht gewährleistet werden. Ob sich hierdurch ein effektiver Gläubigerschutz garantieren lässt, kann zumindest in Zweifel gezogen werden. Publizitätspflichten sind rückwärts gerichtet und liefern oftmals kein hinreichend aktuelles Bild von der Vermögenslage der Gesellschaft. Weniger erfahrenen Vertragspartnern werden diese Informationen nicht in der gleichen Weise zugänglich sein wie institutionellen Kreditgebern. Aufgrund des Territorialitätsprinzips erweisen sich die englischen Regeln zur Staatsaufsicht jedenfalls für in Deutschland domizilierte Gesellschaften als weitgehend wirkungslos.

7. Unübersehbar ist, dass ein Haftungsdurchgriff auf die Gesellschafter in England nur unter sehr engen Bedingungen zulässig ist. Im deutschen Recht sind zahlreichere Durchgriffshaftungstatbestände bekannt, die jedoch in erster Linie herrschende Gesellschafter betreffen. Wenn auch noch nicht höchstrichterlich entschieden ist, ob diese Tatbestände auf die Limited mit Inlandssitz Anwendung finden können, sind Schutzlücken im Bereich der Durchgriffshaftung zu befürchten.

8. Da das Insolvenzrecht in beiden Rechtskreisen dem Gläubigerschutz dient, kommen bestimmte Haftungstatbestände, die für ein in sich geschlossenes Schutzsystem unverzichtbar sind, wegen des Auseinanderfallens von Insolvenz- und Gesellschaftsstatut nicht zur Anwendung. Englisches Recht wird unter der EuInsVO regelmäßig nicht Insolvenzstatut sein, so dass es als weiterer Teil des in sich ausgewogenen englischen Gläubigerschutzkonzepts nicht dazu beitragen kann, fehlendes Gesellschaftskapital zu kompensieren. Auf ausländische Gesellschaften ist das deutsche Insolvenzrecht nicht primär zugeschnitten und die Anwendung der einzelnen Rechtsinstitute ist nicht rechtsverbindlich geklärt.

9. Die Schutzlücken ergeben sich in erster Linie dadurch, dass auf die Limited in Deutschland weder das vollständige in sich geschlossene Gläubigerschutzsystem des englischen Rechts noch sämtliche aufeinander abgestimmten Regeln des deutschen Rechts Anwendung finden können. Das Auseinanderfallen von Satzungs- und Verwaltungssitz als kollisionsrechtlich bedeutende Anknüpfungsmomente führt bei EU-Auslandsgesellschaften regelmäßig dazu, dass das Gesellschaftsstatut einerseits und das Insolvenz-, Vertrags- und Deliktsstatut andererseits divergieren. Normenmängel ergeben sich insbesondere bei Auslandsgesellschaften aus Rechtsordnungen, die den Gläubigerschutz nicht nur über gesellschaftsrechtliche, sondern kumulativ auch über strafrechtliche oder hoheitliche Instrumente sicherstellen, die bei ausschließlich exterritorial operierenden (Briefkasten-)Gesellschaften ihre Wirkung verlieren.

10. Bei der Sitzverlegung einer Limited nach Deutschland besteht eine Schutzlücke im Bereich der Finanzverfassung, da in Deutschland das fehlende Mindestkapitalerfordernis nicht durch eine effektive Staatsaufsicht oder andere beispielsweise insolvenzrechtliche Gläubigerschutzmittel des englischen Rechts ausgeglichen wird, so dass es geboten ist, im Interesse des Gläubigerschutzes die Anwendung deutscher Vorschriften zu erwägen.

11. Die deutsche Kapitalerhaltungshaftung gemäß §§ 30, 31 GmbHG kann auf die Limited mit Verwaltungssitz in Deutschland keine Anwendung finden und ist folglich nicht geeignet, einen zusätzlichen Schutz für den inländischen Rechtsverkehr zu gewährleisten. Eine Übertragung des deutschen Kapitalerhaltungsrechts auf die englische Limited ist prinzipiell zwar denkbar, da die Kapitalerhaltungshaftung unabhängig von einem bestimmten Mindestkapital ist. Bedenken ergeben sich jedoch aus kollisionsrechtlichen Erwägungen.

12. Die deutsche Kapitalerhaltungshaftung ist gesellschaftsrechtlich zu qualifizieren und kann deshalb unter der Gründungstheorie nicht direkt auf ausländische Kapitalgesellschaften mit inländischem Verwaltungssitz angewendet werden. Eine Durchbrechung des einheitlichen englischen Gesellschaftsstatuts unter Rekurs auf eine einseitige Kollisionsnorm ist nicht möglich.

13. Innerhalb der Europäischen Union kann nicht auf das Institut der Rechtsumgehung zurückgegriffen werden, da die Wahl eines permissiven Gründungsrechts gerade kein Missbrauch, sondern ein erwünschter Gebrauch der Niederlassungsfreiheit ist. Es müsste ein im Einzelfall nachzuweisender Missbrauch der Niederlassungsfreiheit selbst und nicht nur des nationalen Rechts eines Mitgliedstaates vorliegen.

14. Obwohl die §§ 30, 31 GmbHG zu den wesentlichen Prinzipien des deutschen Rechts gehören, ist eine Anwendung der Normen über einen ordre public abzulehnen. Die Anwendung englischen Rechts führt zwar zu Ergebnissen, die sich nicht vollständig mit denen des deutschen Rechts decken, aber im Interesse einer europarechtskonformen Auslegung des Art. 6 EGBGB ist hinsichtlich der Rechtsfolgen von einer Ergebnisgleichwertigkeit auszugehen.

15. Eine Sonderanknüpfung der Kapitalerhaltungshaftung muss ebenso scheitern, denn die §§ 30, 31 GmbHG dienen ausschließlich dem Gläubigerschutz, so dass nicht auf einen international zwingenden Charakter dieser Bestimmungen geschlossen werden kann.

16. Sämtliche Regelungen des zweistufigen Systems des deutschen Kapitalersatzrechts gehen von einem einheitlichen Tatbestand der eigenkapitalersetzenden Gesellschafterleistung aus und knüpfen daran unterschiedliche Rechtsfolgen. Der allgemeine Grundtatbestand einer eigenkapitalersetzenden Gesellschafterleistung kann auch auf ausländische Gesellschaften mit beschränkter Haftung übertragen werden, denn das deutsche Kapitalersatzrecht bezieht sich nicht auf ein bestimmtes gesetzlich verordnetes Mindestkapital. Bei der Anwendbarkeit auf EU-Auslandsgesellschaften ist zwischen den BGH-Grundsätzen und den Novellenregeln zu unterscheiden.

17. Eine Anwendung der Rechtsprechungsregeln auf die englische Limited mit Verwaltungssitz in Deutschland muss aus kollisionsrechtlichen Gründen ausscheiden. Die Gründungstheorie verweist nicht auf die in Analogie zu §§ 30, 31 GmbHG entwickelten Prinzipien, denn diese sind ebenso wie die Normen selbst gesellschaftsrechtlich zu qualifizieren.

18. Über die residuale Funktion des ordre public, Art. 6 EGBGB, kommt eine Anwendung ebenfalls nicht in Betracht, obwohl sich ein abweichendes Ergebnis zwischen den Vorgaben des deutschen und des englischen Rechts darstellt. Die BGH-Regeln können aufgrund der beabsichtigten Änderungen durch das MoMiG nicht länger zu den wesentlichen Grundsätzen des deutschen Rechts gezählt werden.

19. Bei den Rechtsprechungsgrundsätzen handelt es sich um ein Rechtsinstitut, das in erster Linie dem Ausgleich widerstreitender Parteiinteressen dient, so dass mangels Gemeinwohlorientierung bereits der Eingriffsnormcharakter verneint werden muss und somit eine Sonderanknüpfung nicht zulässig ist.

20. Anwendbar auf die englische Limited mit Verwaltungssitz in Deutschland sind die Novellenregeln. Kollisionsrechtlich sind die §§ 32 a, 32 b GmbHG, §§ 39 I Nr. 5, 135 InsO nach der im Anwendungsbereich der EuInsVO angezeigten autonomen Qualifikation dem materiellen Insolvenzrecht zuzuordnen. Bei in Deutschland domizilierten Auslandsgesellschaften hat die insolvenzrechtliche Qualifikation regelmäßig zur Konsequenz, dass die §§ 32 a, 32 b GmbHG, §§ 39 I Nr. 5, 135 InsO über das deutsche Insolvenzstatut sowohl für Haupt- als auch für Sekundärinsolvenzverfahren Anwendung finden. Für die Anfechtung eigenkapitalersetzender Gesellschafterleistungen außerhalb des Insolvenzverfahrens wird § 6 AnfG über das internationale Anfechtungsrecht in § 19 AnfG zur Anwendung berufen.

21. Eine gesellschaftsrechtlich anzuknüpfende Vorfrage, ob ein eigenkapitalersetzendes Darlehen vorliegt, stellt sich nicht. Voraussetzung der Novellenregeln ist, dass der Gesellschaft von einem Gesellschafter ein Darlehen in einem Zeitpunkt gewährt worden ist, in dem die Gesellschaft insolvenzreif oder kreditunwürdig war. Die Insolvenzreife wird nach dem nationalen Insolvenzrecht bestimmt, die Kreditunwürdigkeit ist eine rein wirtschaftliche Frage.

22. Trotz der Einordnung der Novellenregeln als Marktrückzugsregeln sind die Auswirkungen an der Niederlassungsfreiheit zu messen. Sie sind europarechtlich als Beschränkung der Niederlassungsfreiheit einzustufen, da sie die Niederlassung ausländischer Gesellschaften in Deutschland weniger attraktiv machen können.
Die Anwendung der Novellenregeln ist jedoch aus zwingenden Gründen des Allgemeinwohls gerechtfertigt, denn es handelt sich um geeignete und erforderliche Maßnahmen zur Gewährleistung eines effektiven Gläubigerschutzes. Die Vorschriften dienen der Anreicherung der Insolvenzmasse und sind somit geeignet, die Befriedigungschancen der Gläubiger zu erhöhen. Die Rechtfertigung nationaler Marktrückzugsregeln unterliegt einem abgemilderten Erforderlichkeitsmaßstab. Es ist davon auszugehen, dass insolvenzrechtliche Rechtsinstitute so lange als erforderlich anzusehen sind, bis ihre Entbehrlichkeit positiv festgestellt werden kann.

23. Das MoMiG führt auf internationaler Ebene zu keinen wesentlichen Änderungen für Gesellschafterdarlehen. Durch die geplanten Novellierungen entfällt das Merkmal „eigenkapitalersetzend“, so dass grundsätzlich alle Gesellschafterdarlehen von diesen Regelungen erfasst werden. Der Tatbestand ist nicht an einen bestimmten Gesellschaftstypus geknüpft, sondern rechtsformneutral formuliert und kann ohne Einschränkungen auf ausländische Gesellschaften übertragen werden. Die Anwendung des neuen Rechts der Gesell-

schafterdarlehen bei zugezogenen Auslandsgesellschaften ist aus europarechtlicher Sicht ohne Bedenken möglich. Mit den angestrebten Änderungen wird das Recht der Gesellschafterdarlehen für die Unternehmensgründer zukünftig leichter handhabbar und Zweifelsfragen werden bereinigt. Nach den Änderungen durch das MoMiG wird der rechtliche Rahmen für Gesellschafterdarlehen bei einer Limited mit Verwaltungssitz in Deutschland und bei einer deutschen GmbH vollständig übereinstimmen, so dass im Ergebnis in diesem Bereich ein äquivalentes Niveau des Gläubigerschutzes erreicht wird.

Glossar

accounting	Buchführung
acquisitions	Zugänge
acquisition of company's own shares	Erwerb eigener Anteile ⇒ *purchase of own shares*
administration	Verwaltung
administrative receivership	Zwangsverwaltung
agent	Vertreter, Bevollmächtigter
„and reduced"	Namenszusatz nach Kapitalherabsetzungen
annual account	Jahresabschluss
annual return	Jahresmeldung (an das ⇒ *Companies House*)
articles of association	Bestandteil der Gesellschaftersatzung, der das Innenverhältnis regelt
asset	Vermögensgegenstand, Anlagegegenstand
auditor	Abschlussprüfer, Rechnungsprüfer, Wirtschaftsprüfer
auditor's report	Bericht des Abschlussprüfers
avoidance of floating charges	insolvenzrechtliche Anfechtungsmöglichkeit bei Sicherheiten am Gesellschaftsvermögen, die in Insolvenznähe gewährt worden sind
balance sheet	Bilanz, Bilanzaufstellung
board (of directors)	Direktorium (mit mehreren Direktoren)
bona fide	in gutem Glauben
bonus share	Gratisanteil
breach of duties	Pflichtverletzung
breach of fiduciary duties	Treuepflichtverletzung

breach of the duty of skill and care	Sorgfaltspflichtverletzung
breach of trust	Verletzung von Treuhandpflichten
capital clause	Festlegung des Kapitals im Gesellschaftsvertrag
capital maintenance	Kapitalerhaltung
capital redemption reserve	Kapitalrücklage
Case Law	Fallrecht, Richterrecht
cash-pooling	konzerninterner Liquiditätsausgleich durch ein zentrales Finanzmanagement, das den Unternehmensteilen im Konzern Kredite zur Deckung von Liquiditätslücken offeriert
center of main interest	Interessenmittelpunkt einer Gesellschaft
certificate of registration	Gründungszertifikat
certificate of incorporation	Gründungsurkunde der Gesellschaft, wird zugesandt vom ⇒ *Companies House*
chaising the rainbow	Jagd nach dem Regenbogen
Common Law	Gemeines Recht, im Gegensatz zum Statute Law (kodifiziertes Recht) weitgehend Gewohnheitsrecht in Form des Fallrechts (⇒ *Case Law*)
company law review	Expertengruppe zur Überprüfung des Gesellschaftsrechts und seiner Entwicklung
Companies Act 1985 (CA 1985)	Gesetz betreffend Private und Public Limited Companies
Companies Act 1989 (CA 1989)	Änderungsgesetz zum CA 1985
Companies House, Companies Registration Office	Englisches Gesellschaftsregister (zentrales Register aller Gesellschaften ohne dem deutschen Handelsregister vergleichbare Prüfungskompetenzen); zuständig für England und Wales ist das Companies House in Cardiff, für Schottland in Edinburgh

companies investigation branch	Abteilung des Wirtschaftsministeriums, die für Überprüfungen der Gesellschaften zuständig ist
compulsory winding up (by court)	(gerichtliche) Zwangsliquidation
consideration doctrine	Einlage muss wirtschaftlichen Wert haben
constructive trust	fingiertes Treuhandverhältnis
contribution order	gerichtliche Festsetzung, einen bestimmten Geldbetrag zu zahlen
County Court	Amtsgericht für Zivilsachen
court	Gericht
Court of Appeal	Berufungsgericht
creditors' voluntary liquidation	freiwillige Liquidation der Gesellschaft ohne Solvenzerklärung unter Kontrolle der Gläubiger
declaration	Erklärung
de facto director	Scheindirektor, ⇒ *shadow director*; nach s. 251 CA 2006 (die s. 271 (2) CA 1985 entspricht) eine Person, deren Anweisungen die directors bei der Geschäftsführung regelmäßig Folge leisten
Department of Trade and Industry (DTI)	Wirtschaftsministerium
director	Direktor der Limited (vergleichbar mit dem GmbH-Geschäftsführer)
directors' duties	Pflichten der Direktoren
director's report	Geschäftsbericht des Direktors
disqualification	Disqualifikation, Berufsverbot
disqualification order	gerichtlicher Disqualifikationsbeschluss
dissolution	Auflösung
distributable profit	Bilanzgewinn
distribution	Gewinnausschüttung
distribution in kind	Sachleistung

dormant company	Limited, die „schläft“, d.h. die im UK keine steuerlichen und bilanztechnischen Vorgänge hat, wenn z.B. nur der Name gesichert werden soll. Dies ist der Regelfall bei Aktivitäten und ausschließlicher Betriebsstätte in Deutschland. Die *dormant company* kann von einigen Publizitätsvorschriften befreit werden, insbesondere zur Erleichterung der Verwaltung.
duty	Pflicht
duty of skill and care	Sorgfaltspflicht (des Direktors)
equity	Billigkeitsrecht, Equityrecht
extortional credit transactions	Wucherkreditgeschäfte
extraordinary resolution	außerordentlicher Beschluss mit Dreiviertelmehrheit
fair dealing	Wohlverhalten
fiduciary duty	Fürsorge- und Treuepflicht (des Direktors gegenüber der Gesellschaft)
final return	Abschlussbericht
financial assistance	finanzielle Unterstützung (der Gesellschaft beim Kauf ihrer Anteile durch Dritte)
financial reporting standards (FRS)	Regelungen über die Grundsätze der Finanzberichterstattung
Financial Services and Markets Act 2000	Gesetz, das Wohlverhaltenspflichten in der Finanzbranche zum Gegenstand hat
financial year	Geschäftsjahr
form	Formular
form 363s	⇒ *annual-return*-Formular; neben dem ⇒ *account* das wichtigste Schriftstück, das jährlich zusammen mit einer Gebühr von 15 Pfund eingereicht werden muss
fraud	Betrug

fraudulent trading	betrügerische Geschäftsführung; Haftungstatbestand für ⇒ *officers* einer aufgrund Insolvenz liquidierten Gesellschaft für den Fall, dass sie die Geschäfte der Gesellschaft mit dem Vorsatz geführt haben, die Gläubiger der Gesellschaft zu schädigen (s. 213 ⇒ *Insolvency Act 1986*)
gazette	Amtsblatt
general meeting	reguläre jährliche Gesellschafterversammlung
goodwill	ideeller Firmenwert
hidden profit distribution	verdeckte Gewinnausschüttung
High Court (of Justice)	Zentralzivilgericht in London
House of Lords	Oberstes Gericht in Großbritannien („Herrenhaus")
insider dealing	Insidergeschäft
insolvency	Insolvenz
Insolvency Act 1986	Gesetz betreffend Insolvenzen
Insolvency Rules 1986	Regularien zum Insolvenzrecht
insolvent liquidation	Abwicklung der Gesellschaft wegen Insolvenz
inspection of documents	Prüfung der Geschäftsunterlagen
inspectors	Inspektoren
investigations	Untersuchungen
issued capital	ausgegebenes (gezeichnetes) Kapital
knowing assistance	wissentliche Unterstützung
law of trust	Treuhandrecht
legal entity	juristische Person
lifting the (corporate) veil	Durchgriffshaftung; Haftung der Gesellschafter für Verbindlichkeiten der Gesellschaft, auch ⇒ *piercing the (corporate) veil*

limited liability	beschränkte Haftung
liquidation	Liquidation
liquidator	Insolvenzverwalter
London Gazette	Staatsanzeiger
maintenance of capital	Kapitalerhaltung
members' voluntary liquidation	freiwillige Liquidation durch die Gesellschafter mit Solvenzerklärung
memorandum (of association)	erster Teil des Gesellschaftsvertrages, der den Namen, den Sitz, den Gesellschaftszweck und -typ sowie Haftungsbeschränkung, Stammkapital und Aktienzahl regelt; zweiter Teil sind die ⇒ *articles of association*
negligent misfeasance	Fahrlässigkeit
no-conflict-rule	Verpflichtung der *directors*, Interessenkonflikte zu vermeiden
nominal share capital	Nennkapital, Nominalkapital
notes	Anmerkungen
notes (to the accounts)	Anhang (zum Jahresabschluss)
officers	Bezeichnung für den ⇒ *director* oder den ⇒ *secretary*
official receiver	Zwangsverwalter, Konkursverwalter
ordinary resolution	Gesellschafterbeschluss mit einfacher Mehrheit
paid-up share capital	eingezahltes Kapital
payment out of capital	Zahlung aus dem Gesellschaftskapital
permissible capital payment	erlaubte Finanzierung des Anteilserwerbs mit dem Eigenkapital der Gesellschaft
phoenix company	Gesellschaft, die von den *directors* einer insolventen Altgesellschaft unter einem ähnlichen Namen weitergeführt wird
piercing the	Durchgriffshaftung; Haftung der Gesellschafter

(corporate) veil	für die Verbindlichkeiten der Gesellschaft, auch ⇒ *lifting the (corporate) veil*
preferences	hier: die Bevorzugung einzelner Gläubiger
preference shares	Vorzugsanteile
principal	Auftraggeber, Vertretener
private company limited by shares	Langform für Private Limited Company oder kurz Limited; englische Kapitalgesellschaftsform (der GmbH vergleichbar)
professional negligence	Fahrlässigkeit bei der Berufsausführung / Amtsführung
profit and loss account	Gewinn- und Verlustrechnung
profit distribution	Gewinnausschüttung
prohibited names companies	⇒ *phoenix company*
provisions against debt avoidance	Anfechtungsmöglichkeiten im englischen Liquidationsverfahren, um Gläubigerbenachteiligungen zu vermeiden
public company limited by shares	englische Kapitalgesellschaftsform (der AG vergleichbar)
purchase of own shares	Erwerb eigener Anteile ⇒ *acquisitions of company's own shares*
redeemable shares	rückkaufbare Anteile
reduction of (share) capital	Kapitalherabsetzung
registered	eingetragen (beim ⇒ *Companies House*)
registered office	registrierter Zustellungs- und Aufbewahrungsort der ⇒ *private company*
registrar	Registergericht beim ⇒ *Companies House*
registrar of companies	Registerführer des ⇒ *Companies House*
Secretary of State	Minister

section	Paragraph; abgekürzt s. oder ss. (Mehrzahl)
shadow director	Scheindirektor ⇒ *de facto director*; nach s. 251 CA 2006, die s. 271 (2) CA 1985 entspricht, eine Person, deren Anweisungen die *directors* bei der Geschäftsführung regelmäßig Folge leisten
share	Anteil
share buy-backs	Rückkauf von Anteilen
share capital	(Gesellschafts-, Stamm-)Kapital
share dealings	Anteilsgeschäfte
shareholders	Gesellschafter, Anteilseigner
solicitor	Anwalt
solvency	Solvenz, Zahlungsfähigkeit
solvency statement procedure	Verfahren zur Kapitalherabsetzung, bei dem eine Solvenzerklärung vorausgesetzt wird
special resolution	Sondergesellschafterbeschluss mit Dreiviertelmehrheit
statements of standard accounting practice (SSAP)	Regelung über die allgemeinen Grundsätze der Rechnungslegung
statutory duties	Rechtspflichten, gesetzliche Verpflichtungen
statutory declaration	eidesstattliche Erklärung
statutory declaration of solvency	Solvenzerklärung
transactions at an undervalue	Veräußerungen unter Wert
transactions defrauding creditors	unmittelbare Gläubigerbenachteiligungen
true and fair view	„wahres und angemessenes Bild", eine im Zusammenhang mit der Buchführung den tatsächlichen Verhältnissen entsprechende Darstellung der Finanz- und Ertragslage der Gesellschaft

trust	mit der Treuhand vergleichbares Institut des anglo-amerikanischen Rechts
trust property	Treuhandvermögen
uncalled share capital	nicht angefordertes Kapital
unfitness	Ungeeignetheit zur Geschäftsführung
upstream loans	konzerninterne Kredite zur Fremdfinanzierung der Mutter-Kapitalgesellschaft durch die Tochtergesellschaften
veil of incorporation	„Schleier" der Körperschaft, der das Privatvermögen der Gesellschafter vor dem Zugriff der Gesellschaftsgläubiger abschirmt
voluntary	freiwillig
voluntary arrangements	Vergleichsregelungen zur Abwendung des Konkurses
whitewash procedure	Verfahren, nach dem bei Private Companies die finanzielle Unterstützung Dritter beim Anteilserwerb ausnahmsweise ermöglicht wird
winding up	Abwicklung, Liquidation
winding up on grounds of public interest	Liquidation aus Gründen des Allgemeininteresses
wrongful trading	Haftungstatbestand für *directors*, die die Geschäfte der Gesellschaft trotz Kenntnis oder fahrlässiger Unkenntnis der Insolvenz weiterführen

Literaturverzeichnis

Alber, Siegbert	Schlussanträge des Generalanwalts Siegbert Alber vom 30.01.2003, in: NZG 2003, S. 262-274
Altmeppen, Holger	Insolvenzverschleppungshaftung Stand 2001, in: ZIP 2001, S. 2201-2211
ders.	Schutz vor „europäischen" Kapitalgesellschaften, in: NJW 2004, S. 97-104
ders.	Verschlimmbesserungen im Kapitalersatzrecht, in: ZIP 1996, S. 1455
ders.	Zur Entwicklung eines neuen Gläubigerschutzkonzeptes in der GmbH, zugleich Besprechung von BGH, Urt. v. 24.6.2002 - II ZR 300/00, ZIP 2002, 1578, in: ZIP 2002, S. 1553-1563
Altmeppen, Holger / Wilhelm, Jan	Gegen die Hysterie um die Niederlassungsfreiheit der Scheinauslandsgesellschaften, in: DB 2004, S. 1083-1089
Bäcker, Roland	Die Rechtsfolgen der eigenkapitalersetzenden Nutzungsüberlassung - Eine Analyse der Lagergrundstück-Urteile III und IV des Bundesgerichtshofes, in: GmbHR 1994, S. 766-777
Bälz, Kilian	Der Ausschluss des Ausgleichsanspruchs in internationalen Handelsvertreterverträgen, in: NJW 2003, S. 1559-1563
Bar, Christian von / Mankowski, Peter	Internationales Privatrecht, Band 1: Allgemeine Lehren, 2. Auflage, München 2003
Baumbach, Adolf / Hueck, Alfred	GmbH-Gesetz, Gesetz betreffend die Gesellschaften mit beschränkter Haftung, 18. Auflage, München 2006
Bayer, Walter	Aktuelle Entwicklungen im Europäischen Gesellschaftsrecht, in: BB 2004, S. 1-11
ders.	Die EuGH-Entscheidung „Inspire Art" und die deutsche GmbH im Wettbewerb der europäischen Rechtsordnungen, in: BB 2003, S. 2357-2366

Bechtel, Wolfram	Parteifähigkeit trotz Verlegung des Verwaltungssitzes nach Deutschland, Kommentar zu BGH, NZG 2000, 1025, OLG Frankfurt, RIW 1998, 783, in: NZG 2001, S. 21-23
Behrens, Peter	Das Internationale Gesellschaftsrecht nach dem Überseering-Urteil des EuGH und den Schlussanträgen zu Inspire Art, in: IPRax 2003, S. 193-207
ders.	Der Anerkennungsbegriff des Internationalen Gesellschaftsrechts, in: ZGR 1978, S. 499-514
ders.	Die Gesellschaft mit beschränkter Haftung im internationalen und europäischen Recht, 2. Auflage, Berlin 1997
ders.	Gemeinschaftliche Grenzen der Anwendung inländischen Gesellschaftsrechts auf Auslandsgesellschaften nach Inspire Art, in: IPRax 2004, S. 20-26
ders.	Niederlassungsfreiheit und Internationales Gesellschaftsrecht, in: RabelsZ 52 (1988), S. 498-525
Beitzke, Günther	Juristische Personen im Internationalprivatrecht und Fremdenrecht, München, Berlin 1938
Bernstorff, Christoph Graf von	Das Betreiben einer englischen Limited in Deutschland, in: RIW 2004, S. 498-502
Bleckmann, Albert	Teleologie und dynamische Auslegung des Europäischen Gemeinschaftsrechts, in: EuR 1979, S. 239-260
Borges, Georg	Die Sitztheorie in der Centros-Ära: Vermeintliche Probleme und unvermeidliche Änderungen, zugleich Besprechung von OLG Frankfurt a.M., RIW 1999, 783, in: RIW 2000, S. 167-178
ders.	Gläubigerschutz bei ausländischen Gesellschaften mit inländischem Sitz, in: ZIP 2004, S. 733-744
Bormann, Michael	Kapitalerhaltung bei Aktiengesellschaft und GmbH nach dem Referentenentwurf zum MoMiG, in: DB 2006, S. 2616-2621

ders.	Umdenken im Kapitalersatzrecht? - Die Auswirkungen der "Balsam/Procedo"-Entscheidungen auf eigenkapitalersetzende Gesellschafterdarlehen, Erwiderung zu Kurth/Delhaes, DB 2000, S. 2577 ff., in: DB 2001, S. 907-910
Bräuer, Michael	Neuere Entwicklungen im deutschen, europäischen und internationalen Gesellschaftsrecht: Eine Bedrohung für das Kapitalersatzrecht? zugl.: Hagen, Fernuniv., Diss., 2006, Baden-Baden 2007
Brand, Oliver	Das Kollisionsrecht und die Niederlassungsfreiheit von Gesellschaften, in: JR 2004, S. 89-96
Brunn, Johann Heinrich von	Der europäische ordre public, in: NJW 1962, S. 985-989
Burkert, Manfred / Elser, Matthias	Die GmbH: Recht, Steuer, 3. Auflage, Berlin 2004
Campos Nave, José	Die deutsche GmbH im Wettbewerb mit der UK-Ltd., in: NWB, Fach 18, S. 1107-1116
Canaris, Claus-Wilhelm	Die Rückgewähr von Gesellschafterleistungen durch Zuwendungen an Dritte, in: Lutter, Marcus (Hrsg.): Festschrift für Robert Fischer, S. 31-64, Berlin 1979
Castor, Bernd	Das Recht der eigenkapitalersetzenden Gesellschafterleistungen unter besonderer Berücksichtigung der Rechtsfolgen nachträglicher Änderungen in den Tatbestandsvoraussetzungen, zugl.: Saarbrücken, Univ., Diss., 1997, Frankfurt a.M. 1997
Cheffin, Brian R.	Company Law: Theory, Structure and Operation, Oxford 1997
Claussen, Carsten P.	Die GmbH braucht eine Deregulierung des Kapitalersatzrechts, in: GmbHR 1996, S. 316-327
ders.	Kapitalersetzende Darlehen und Sanierungen durch Kreditinstitute, in: ZHR 1983, S. 195-219

Cork, Sir Kenneth (Chairman)	Insolvency Law and Practice: Report of the Review Committee, Department of Trade, Cmnd 8558, 1982
Crabb, Leticia / Marshall, Enid A. / Morris, Richard / Morse, Geoffrey	Charlesworth & Morse, Company Law, 16. Auflage, London 1999
Dauner-Lieb, Barbara	Die Freistellung geringfügig beteiligter Gesellschafter von der Kapitalersatzhaftung: Ein Eingriff in die Fortbildungskompetenz der Gerichte? in: DStR 1998, S. 609-617
Davies, Paul L.	Legal Capital in Private Companies in Great Britain, in: AG 1998, S. 346-354
ders. (Hrsg.)	Palmer's corporate insolvency, London 1996
Degenhardt, Klaus	Die „Limited" in Deutschland, 3. Auflage, Bremen 2004
Dierksmeier, Jochen	GmbH und englische Ltd. im Wettlauf der Reformen 2006, in: BB 2006, S. 1517-1523
ders.	Der Kauf einer englischen „Private Limited Company": rechtsvergleichende Darstellung gesellschaftsrechtlicher und zivilrechtlicher Probleme, insbesondere der Haftung für Mängel, zugl.: Münster (Westfalen), Univ., Diss., 1997, Heidelberg 1997
Dörrie, Robin	Das Sanierungsprivileg des § 32a Abs. 3 Satz 3 GmbHG, in: ZIP 1999, S. 12-17
Doran, Nigel J. L.	Transactions at an undervalue and the maintenance of capital principal, in: 10 Company Lawyer [1991], S. 169 ff.
Duursma-Kepplinger, Henriette Christine / Duursma, Dieter / Chalupsky, Ernst	Europäische Insolvenzverordnung Kommentar, Wien 2002

Ebenroth, Carsten / Kieser, Markus	Die Qualifikation der „action en comblement du passif“ nach Art. 180 des neuen französischen Insolvenzrechts, in: KTS 1988, S. 19-48
Ebert, Sabine / Levedag, Christian	Die zugezogene „private company limited by shares (Ltd.)“ nach dem Recht von England und Wales als Rechtsformalternative für in- und ausländische Investoren in Deutschland, in: GmbHR 2003, S. 1337-1346
ECLR	Konzernrecht für Europa: Forum Europaeum Konzernrecht, in: ZGR 1998, S. 672-772
Ehricke, Ulrich	Zur Begründbarkeit der Durchgriffshaftung in der GmbH, insbesondere aus methodischer Sicht, in: AcP 199 (1999), S. 257-304
Ehricke, Ulrich / Ries, Julian	Die neue Europäische Insolvenzverordnung, in: JuS 2003, S. 313-320
Eidenmüller, Horst	Ausländische Kapitalgesellschaften im deutschen Recht, München 2004
ders.	Europäische Verordnung über Insolvenzverfahren und zukünftiges deutsches internationales Insolvenzrecht, in: IPRax 2001, S. 2-15
ders.	Mobilität und Restrukturierung von Unternehmen im Binnenmarkt - Entwicklungsperspektiven des europäischen Gesellschaftsrechts im Schnittfeld von Gemeinschaftsgesetzgeber und EuGH, in: JZ 2004, S. 24-33
ders.	Wettbewerb der Gesellschaftsrechte in Europa - zugleich Besprechung des Urteils des Europäischen Gerichtshofs vom 5.11.2002 in der Rechtssache C-208/00 (Überseering BV gegen Nordic Construction Company Baumanagement GmbH), in: ZIP 2002, S. 2233-2245

Eidenmüller, Horst / Rehm, Gebhard M.	Niederlassungsfreiheit versus Schutz des inländischen Rechtsverkehrs: Konturen des Europäischen Internationalen Gesellschaftsrechts - zugleich eine Besprechung der Entscheidung Inspire Art, EuGH NJW 2003, 3331, in: ZGR 2004, S. 159-188
Eikmann, Dieter et al. (Hrsg.)	Heidelberger Kommentar zur Insolvenzordnung, 4. Auflage, Heidelberg 2006
Engert, Anderas	Die Wirksamkeit des Gläubigerschutzes durch Nennkapital: Überprüfung anhand von Daten der Creditreform Rating AG und weiteren Rechtstatsachen, in: GmbHR 2007, S. 337-344
Everlink, Ulrich	Das Niederlassungsrecht der EG als Beschränkungsverbot, in: Wolfgang Schön (Hrsg.): Gedächtnisschrift für Brigitte Knobbe-Keuk, S. 607 ff., Köln 1997
Eyles, Uwe	Das Niederlassungsrecht der Kapitalgesellschaften in der Europäischen Gemeinschaft, Baden-Baden 1990
Farrar, John H. / Hannigan, Brenda	Farrar`s Company Law, 4. Auflage, London, Edinburgh 1988
Fastrich, Lorenz	Ketzerisches zur sogenannten Finanzierungsfolgenverantwortung, in: Lieb, Manfred et al. (Hrsg.): Festschrift für Wolfgang Zöllner zum 70. Geburtstag, Band 1, S. 143-162, Köln 1998
Ferran, Eilis	Company law and corporate finance, Oxford, New York 1999
Finch, Vanessa	Security, Insolvency and Risk: Who pays the price? in: MLR 1999, S. 633-670
Fischer, Michael	Die Verlagerung des Gläubigerschutzes vom Gesellschafts- in das Insolvenzrecht nach "Inspire Art", in: ZIP 2004, S. 1477-1486
Fischer, Peter	Überlegungen zum sog. Durchgriff im Zivil- und Steuerrecht, in: Kirchhoff, Paul et al. (Hrsg.), Festschrift für Arndt Raupach zum 70. Geburtstag, S. 339-361, Köln 2006

Fleck, Hans-Joachim	Der Grundsatz der Kapitalerhaltung - seine Auswertung und seine Grenzen, in: Lutter, Marcus; Ulmer, Peter (Hrsg.): Festschrift 100 Jahre GmbH-Gesetz, S. 391-419, Köln 1992
Fleischer, Holger	Der Rechtsmißbrauch zwischen Gemeineuropäischem Privatrecht und Gemeinschaftsprivatrecht, in: JZ 2003, S. 865-874
ders.	Gläubigerschutz in der kleinen Kapitalgesellschaft: Deutsche GmbH versus englische private limited company, in: DStR 2000, S. 1015-1021
ders.	Neue Entwicklungen im englischen Konzernrecht: Vergleichende Notizen im Lichte der Empfehlungen des Forum Europaeum Konzernrecht, in: AG 1999, S. 350-362
Flume, Werner	Allgemeiner Teil des bürgerlichen Rechts, 1. Band / 2. Teil: Die Juristische Person, Berlin 1983
ders.	Der Gesellschafter und das Vermögen der Kapitalgesellschaft und die Problematik der verdeckten Gewinnausschüttung, in: ZHR 144 (1980), S. 18-33
Forsthoff, Ulrich	Abschied von der Sitztheorie: Anmerkungen zu den Schlussanträgen des GA Damaso Ruiz-Jarabo Colomer in der Rechtssache Überseering, in: BB 2002, S. 318-321
ders.	EuGH fördert die Vielfalt im Gesellschaftsrecht - Traditionelle deutsche Sitztheorie verstößt gegen Niederlassungsfreiheit, in: DB 2002, S. 2471-2477
ders.	Internationales Gesellschaftsrecht im Umbruch - zugleich Anmerkung zum Urteil des BGH vom 13.3.2003, DB 2003, S. 986, in: DB 2003, S. 979-981
Frank, Susanne / Wachter, Thomas	Kapitalaufbringung bei der Bargründung einer GmbH in Europa, in: GmbHR 2002, S. 17-22

Gehde, Björn — Eigenkapitalersetzende Gesellschafterleistungen in Deutschland und in den USA: zugleich ein Beitrag zur marktkonformen Schutzkonzeption des Eigenkapitalersatzrechts, zugl.: Potsdam, Univ., Diss., 1995/96, Berlin 1997

Geiger, Rudolf — EG-Vertrag: Kommentar zu dem Vertrag zur Gründung der Europäischen Gemeinschaft, 2. Auflage, München 1995

Gerkan, Hartwig von — Der Entwurf des "Kapitalaufnahmeerleichterungsgesetzes" und das Recht des Eigenkapitalersatzes, in: GmbHR 1997, S. 677-682

ders. — Schwerpunkte und Entwicklungen im Recht der kapitalersetzenden Gesellschafterleistungen, in: GmbHR 1986, S. 218-225

Gerkan, Hartwig von / Hommelhoff, Peter — Kapitalersatz im Gesellschafts- und Insolvenzrecht, 5. Auflage, Köln 1997

Geyrhalter, Volker / Gänßler, Peggy — Internationales Gesellschaftsrecht, Niederlassungsfreiheit/"Inspire Art", Kurzkommentar, in: EWiR Art. 43 EG 2/03, S. 569-570

dies. — Perspektiven nach "Überseering" - wie geht es weiter? in: NZG 2003, S. 409-414

Goette, Wulf — Aus der neueren Rechtsprechung des BGH zum GmbH-Recht, in: ZIP 2005, S. 1481-1489

ders. — Die GmbH: Darstellung anhand der Rechtsprechung des BGH, 2. Auflage, München 2002

ders. — Die höchstrichterliche Rechtsprechung zur Behandlung eigenkapitalersetzender Leistungen im GmbH-Recht, in: DStR 1997, S. 2027-2035

ders. — Die Rechtsfolgen eigenkapitalersetzender Nutzungsüberlassungen - Die Urteile des II. Zivilsenates des Bundesgerichtshofes vom 11.07.1994, II ZR 146/92 und II ZS 162/92, in: DStR 1994, S.1658-1662

ders.	Zu den Folgen der Anerkennung ausländischer Gesellschaften mit tatsächlichem Sitz im Inland für die Haftung ihrer Gesellschafter und Organe, in: ZIP 2006, S. 541-546
Götz, Volkmar	Auf dem Weg zur Rechtseinheit in Europa? Drei Thesen zur europäischen Rechtsordnung, in: JZ 1994, S. 265-269
Gower, Laurence C. B. / Davies, Paul L.	Gower and Davies' principles of modern company law, 7. Auflage, London 2003
Grabitz, Eberhard / Hilf, Meinhard (Hrsg.)	Das Recht der Europäischen Union: Vertrag über die Europäische Union, Vertrag zur Gründung der Europäischen Gemeinschaft, München 2001
Graf-Schlicker, Marie Luise (Hrsg.)	InsO - Kommentar zur Insolvenzordnung, Köln 2007
Grasmann, Günther	System des internationalen Gesellschaftsrechts: Außen- und Innenstatut der Gesellschaften im internationalen Privatrecht, Herne, Berlin 1970
Großerichter, Helge	Ausländische Kapitalgesellschaften im deutschen Rechtsraum - Das deutsche Internationale Gesellschaftsrecht und seine Perspektiven nach der Entscheidung Überseering, in: DStR 2003, S. 159-169
Großfeld, Bernhard	Die Entwicklung der Anerkennungstheorien im internationialen Gesellschaftsrecht, in: Hefermehl, Wolfgang et al. (Hrsg.): Festschrift für Harry Westermann zum 65. Geburtstag, S. 199-222, Karlsruhe 1974
ders.	Die Sitztheorie in der Europäischen Union - ein mutiger Schritt des EuGH, in: RIW 2002, Heft 12, „Die erste Seite“
ders.	Europäisches Gesellschaftsrecht, in: WM 1992, S. 2121-2128

Grothe, Helmut	Die „ausländische Kapitalgesellschaft & Co.“ : Zulässigkeit grenzüberschreitender Grundtypvermischungen und Anknüpfung des Gesellschaftsstatuts unter besonderer Berücksichtigung des Europäischen Gemeinschaftsrechts, zugl.: Osnabrück, Univ., Diss., 1988/1989, Köln, Berlin, Bonn, München 1989
Group of German Experts on Corporate Law	Stellungnahme der Arbeitsgruppe Europäisches Gesellschaftsrecht zum Report of the High Level Group of Company Law Experts on a modern Regulatory Framework for Company Law in Europe, in: ZIP 2003, S. 863-880
Güthoff, Julia	Gesellschaftsrecht in Großbritannien: eine Einführung mit vergleichenden Tabellen, 3. Auflage, Heidelberg 2004
Haack, Hansjörg	Eigenkapitalersetzende Gesellschafterdarlehen, in: NWB, Fach 18, S. 3837-3850
Haas, Ulrich	Aktuelle Rechtsprechung zum Kapitalersatzrecht, in: NZI 2002, S. 457-466
ders.	Der Normzweck des Eigenkapitalersatzrechts, in: NZI 2001, S. 1-10
ders.	Geschäftsführerhaftung und Gläubigerschutz: unternehmerische Verhaltenspflichten des GmbH-Geschäftsführers zum Schutz Dritter, zugl.: Regensburg, Univ., Habil.-Schr., 1996, München 1997
ders.	Insolvenzverwalterklagen und EuGVÜ, in: NZG 1999, S. 1148-1153
ders.	Mindestkapital und Gläubigerschutz in der GmbH, in: DStR 2006, S. 993-1000
Habersack, Mathias	Europäisches Gesellschaftsrecht: Einführung für Studium und Praxis, 3. Auflage, München 2006
ders.	Eigenkapitalersatz im Gesellschaftsrecht - Überlegungen zum Anwendungsbereich der Regeln über eigenkapitalersetzende Gesellschafterhilfen, in: ZHR 162 (1998), S. 201-222

Hachenburg, Max (Begr.) / Ulmer, Peter (Hrsg.) — Gesetz betreffend die Gesellschaften mit beschränkter Haftung (GmbHG), Großkommentar, 1. Band: Allgemeine Einleitung, §§ 1-34, 8. Auflage, Berlin, New York 1992

Halen, Curt Christian van — Das Gesellschaftsstatut nach der Centros-Entscheidung des EuGH: Kollisionsrechtliche Tragweite, materiellrechtliche Folgen und gesellschaftsrechtliche Gestaltungsmöglichkeiten, zugl.: Münster, Univ., Diss., 2001, Heidelberg 2001

ders. — Das internationale Gesellschaftsrecht nach dem Überseering-Urteil des EuGH, in: WM 2003, S. 571-578

Hannigan, Brenda M. — Company Law, London 2003

Happ, Wilhelm / Holler, Lorenz — Limited statt GmbH? Risiken und Kosten werden gern verschwiegen, in: DStR 2004, S. 730-736

Hase, Karl von — Insolvenzantragspflicht für directors einer Limited in Deutschland? in: BB 2006, S. 2141-2149

ders. — Überseering und Inspire Art - EuGH formt das Gesellschaftsrecht der Zukunft, in: BuW 2003, S. 944 ff.

Haubold, Jens — Europäisches Zivilverfahrensrecht und Ansprüche im Zusammenhang mit Insolvenzverfahren, zur Abgrenzung von Europäischer Insolvenzverordnung und EuGVO, EuGVÜ und LugÜ, in: IPRax 2002, S. 157-163

Heckschen, Heribert — Deutsche GmbH vor dem Aus? Eine merkwürdige „wissenschaftliche" Diskussion, in: GmbHR 2004, R 25

Heinz, Bodo — Die kollisionsrechtliche Bedeutung des Termin- und Differenzeneinwandes bei Börsentermingeschäften im Ausland unter besonderer Berücksichtigung des EWG-Vertrages; zugleich ein Beitrag zur Anwendung des nationalen ordre public gegenüber Mitgliedsstaaten der Europäischen Gemeinschaften, zugl.: Hannover, Univ., Diss., 1990, Frankfurt a.M. 1991

Heinz, Volker G.	Die englische Limited: Eine Darstellung des Gesellschafts- und Steuerrechts mit Gesetzesauszügen und Mustern, Baden-Baden 2004
ders.	Englische Limited und Deutsche GmbH - eine vergleichende Darstellung, in: AnwBl 2004, S. 612-618
Herdegen, Matthias	Internationales Wirtschaftsrecht: Ein Studienbuch, 6. Auflage, München 2007
Hirsch, Alexander / Britain, Richard	Artfully Inspired - Werden deutsche Gesellschaften englisch? in: NZG 2003, S. 1100-1104
Hirte, Heribert	Das Kapitalersatzrecht nach Inkrafttreten der Reformgesetzgebung, in: ZInsO 1998, S. 147-154
ders.	Kapitalgesellschaftsrecht, 3. Auflage, Köln 2001
ders.	Wettbewerb der Rechtsordnungen nach „Inspire Art“: Auch das Beurkundungserfordernis für GmbH-Anteilsübertragungen steht zur Disposition, in: GmbHR 2003, S. R 421
Hirte, Heribert / Bücker, Thomas (Hrsg.)	Grenzüberschreitende Gesellschaften: ein Praxishandbuch für ausländische Gesellschaften mit Sitz im Inland, Köln 2005
Höfling, Barbara Sabine	Das englische internationale Gesellschaftsrecht, zugl.: Erlangen, Nürnberg, Univ., Diss., 2001/2002, Heidelberg 2002
Höhn, Christine	Wahrung von Gläubigerinteressen in der Gesellschaftskrise: eine rechtsvergleichende Studie zu zivilrechtlichen Instrumenten bei der Fortführung einer Krisen-GmbH, zugl.: Tübingen, Univ., Diss., 2002, Frankfurt a.M. 2003
Hoffmann, Jochen	Das GmbH-Konzernrecht nach dem "Bremer Vulkan"-Urteil, in: NZG 2002, S. 68-74
Hoffmann, Bernd von / Thorn, Karsten	Internationales Privatrecht einschließlich der Grundzüge des Internationalen Zivilverfahrensrechts, 8. Auflage, München 2005

Hommelhoff, Peter / Kleindiek, Detlev — Flexible Finanzierungsinstrumente im GmbH-Recht - das eigenkapitalersetzende Gesellschafterdarlehen zwischen Nachschusskapital und Finanzplankredit, in: Lutter, Marcus; Ulmer, Peter (Hrsg.): Festschrift 100 Jahre GmbH-Gesetz, S. 421-445, Köln 1992

Horn, Norbert — Deutsches und europäisches Gesellschaftsrecht und die EuGH-Rechtsprechung zur Niederlassungsfreiheit - Inspire Art, in: NJW 2004, S. 893-901

Huber, Michael — Anfechtungsgesetz (AnfG): Gesetz über die Anfechtung von Rechtshandlungen eines Schuldners außerhalb des Insolvenzverfahrens, 10. Auflage, München 2006

Huber, Peter — Die Europäische Insolvenzverordnung, in: EuZW 2002, S. 490 ff.

Huber, Ulrich — Inländische Insolvenzverfahren über Auslandsgesellschaften nach der Europäischen Insolvenzverordnung, in: Schilken, Eberhard et al. (Hrsg.): Festschrift für Walter Gerhardt zum 70. Geburtstag, S. 397-432, Köln 2004

ders. — Das für anfechtbare Rechtshandlungen maßgebliche Recht, in: Lorenz, Stephan et al. (Hrsg.): Festschrift für Andreas Heldrich zum 70. Geburtstag, S. 695-718, München 2005

Jänig, Ronny — Die Company Law Reform Bill: Zur Reform des Gesellschaftsrechts im Vereinigten Königreich, in: RIW 2006, S. 270-277

Jayme, Erik — Betrachtungen zur dépeçage im internationalen Privatrecht, in: Musielak, Hans-Joachim; Schurig, Klaus (Hrsg.): Festschrift für Gerhard Kegel zum 75. Geburtstag, S. 253 ff., Stuttgart 1987

ders. — Methoden der Konkretisierung des ordre public im Internationalen Privatrecht, Heidelberg 1989

ders.	Zum internationalen Geltungswillen der europäischen Regeln über den Handelsvertreterausgleich (zu EuGH, 9.11.2000 - Rs. C-381/98 - Ingmar GB Ltd. / Eaton Leonard Technologies Inc., IPRax 2001, 225, Nr. 18), in: IPRax 2001, S. 190-191
Joost, Detlev	Eigenkapitalersetzende Kommanditistenleistungen - zugleich ein Beitrag zur Außenhaftung des Kommanditisten, in: ZGR 1987, S. 370-402
ders.	Kapitalbegriff und Reichweite der Bindung des aufgebrachten Vermögens in der GmbH, in: GmbHR 1983, S. 285-290
Jüttner, Andreas	Gesellschaftsrecht und Niederlassungsfreiheit nach Centros, Überseering und Inspire Art, zugl.: Univ., Diss., Marburg 2004, Frankfurt a.M. 2005
Just, Clemens	Die englische Limited in der Praxis - einschließlich Ltd & Co KG - mit Formularteil, München 2005
Kallmeyer, Harald	Das Eigenkapitalersatzrecht vor dem Hintergrund von Centros und Überseering, in: GmbHR 2003, S. R 93
ders.	Vor- und Nachteile der englischen Limited im Vergleich zur GmbH oder GmbH & Co. KG, in: DB 2004, S. 636-639
Karsten, Frederik	Gläubigerschutz im Gesellschaftsrecht, in: NJ 2006, S. 385-392
Kegel, Gerhard / Schurig, Klaus	Internationales Privatrecht: Ein Studienbuch, 9. Auflage, München 2004
Kersting, Christian	Rechtswahlfreiheit im Europäischen Gesellschaftsrecht nach Überseering - Ein Richtlinienvorschlag, in: NZG 2003, S. 9-13
Kersting, Christian / Schindler, Clemens Phillipp	Die EuGH-Entscheidung "Inspire Art" und ihre Auswirkungen auf die Praxis, in: RdW 2003, S. 621-625

Kieninger, Eva-Maria	ECLR Niederlassungsfreiheit als Rechtswahlfreiheit: Besprechung der Entscheidung EuGH EuZW 1999, 216, Centros Ltd. ./. Erhvervs- og Selskabsstyrelsen, in: ZGR 1999, S. 724-749
dies.	Internationales Gesellschaftsrecht nach „Centros“, „Überseering“ und „Inspire Art“ - Antworten, Zweifel und offene Fragen, in: ZEuP 2004, S. 685-704
Kindler, Peter	„Anerkennung“ der Scheinauslandsgesellschaft und Niederlassungsfreiheit (zu BGH, 1.7.2002 - II ZR 380/00, unten S. 62, Nr. 4), in: IPRax 2003, S. 41-44
ders.	Auf dem Weg zur Europäischen Briefkastengesellschaft? Die „Überseering“-Entscheidung des EuGH und das Internationale Privatrecht, in: NJW 2003, S. 1073-1079
ders.	Die Begrenzung der Niederlassungsfreiheit durch das Gesellschaftsstatut, in: NJW 2007, S. 1785-1788
ders.	„Inspire Art“ - Aus Luxemburg nichts Neues zum internationalen Gesellschaftsrecht, in: NZG 2003, S. 1086-1090
ders.	Niederlassungsfreiheit für Scheinauslandsgesellschaften? Die „Centros“-Entscheidung des EuGH und das internationale Privatrecht, in: NJW 1999, S. 1993-2000
ders.	Sitzverlegung und internationales Insolvenzrecht (zu EuGH, 17.1.2006 - Rs. C-1/04 - Staubitz-Schreiber, unten S. 149, Nr. 7), in: IPRax 2006, S. 114-116
Knapp, Andreas	Überseering - Zwingende Anerkennung von ausländischen Gesellschaften? - Zugleich Anmerkungen zum Urteil des EuGH vom 5.11.2002 - Rs. C-208/00 (Überseering) -, in: DNotZ 2003, S. 85-92

Knobbe-Keuk, Brigitte	Umzug von Gesellschaften in Europa, in: ZHR 154 (1990), S. 325-356
Koegel, Steffen	Formalien der GmbH-Gründung - ein Musterbeispiel für zuviel Staat, in: GmbHR 2003, S. 1225-1230
Koppensteiner, Hans-Georg	Internationale Unternehmen im deutschen Gesellschaftsrecht, zugl.: Bochum, Habil.-Schr., 1971, Frankfurt a.M. 1971
Kranemann, Karl Robert	Eigenkapitalersatzklage des Konkursverwalters gegen ausländische Gesellschafter - international und örtlich zuständiges Gericht, in: EWiR 1998, S. 779-780
Kropholler, Jan	Internationales Privatrecht einschließlich der Grundbegriffe des Internationalen Zivilverfahrensrechts, 5. Auflage, Tübingen 2004
Kurth, Thomas / Delhaes, Wolfgang	Die Entsperrung kapitalersetzender Darlehen: Die Auswirkungen der Procedo-Urteile in rechtlicher, bilanzieller und steuerlicher Hinsicht, in: DB 2000, S. 2577-2585
Lackhoff, Klaus	Die Niederlassungsfreiheit des EGV - nur ein Gleichheits- oder auch ein Freiheitsrecht? zugl.: Münster (Westfalen), Univ., Diss., 1998, Berlin 2000
La Pergola, Antonio M.	Schlussanträge des GA La Pergola in der Rs. C-212/97 - Centros, in: Slg. 1999, I-1459
Latty, Elvin Remus	Pseudo-foreign Corporations, in: Yale Law Journal, Bd. 65 (1955/56), S. 157 ff.
Leible, Stefan	Niederlassungsfreiheit und Sitzverlegungsrichtlinie, in: ZGR 2004, S. 530-558
ders.	Überseering und das (vermeintliche) Ende der Sitztheorie: Anmerkung zu EuGH, Urteil vom 5.11.2002 - Rs. C-208/00, RIW 2002, 945 - Überseering, in: RIW 2002, S. 925-936

Leible, Stefan / Hoffmann, Jochen — "Überseering" und das deutsche Gesellschaftskollisionsrecht, zugleich Besprechung zu BGH, Urteil vom 13.03.2003 - VII ZR 370/98, ZIP 2003, 718, in: ZIP 2003, S. 925-931

dies. — Wie inspiriert ist Inspire Art? in: EuZW 2003, S. 677-683

Leuering, Dieter / Rubner, Daniel — Neues Konzept der Existenzvernichtungshaftung, in: NJW-Spezial 2007, S. 363-364

Löwisch, Gottfried — Eigenkapitalersatzrecht, Kommentar zu §§ 32 a, 32 b GmbHG, München 2007

Ludwig, Daniel — Neuregelungen des deutschen Internationalen Insolvenzverfahrensrechts: eine Untersuchung unter vergleichender Heranziehung der Europäischen Insolvenzverordnung, zugl.: Köln, Univ., Diss., 2004, Frankfurt a.M. 2004

Lutter, Marcus — Europäische Auslandsgesellschaften in Deutschland: mit Rechts- und Steuerfragen des Wegzugs deutscher Gesellschaften, Köln 2005

ders. — Europäisches Unternehmensrecht: Grundlagen, Stand und Entwicklung nebst Texten und Materialien zur Rechtsangleichung, 4. Auflage, Berlin 1996

ders. — Kapital, Sicherung der Kapitalaufbringung und Kapitalerhaltung in den Aktien- und GmbH-Rechten der EWG: eine Untersuchung zur Ausfüllung von Artikel 54 Absatz 3 lit.g des Vertrages über die Errichtung einer Europäischen Wirtschaftsgemeinschaft, zugl.: Mainz, Univ., Habil.-Schr., 1963/64, Karlsruhe 1964

ders. — Überseering und die Folgen, in: BB 2003, S. 7-10

ders. — Verdeckte Leistungen und Kapitalschutz, in: Lutter, Marcus et al. (Hrsg.): Festschrift für Ernst C. Stiefel zum 80. Geburtstag, S. 505-533, München 1987

Lutter, Marcus / Banerjea, Nirmal Robert — Die Haftung des Geschäftsführers für existenzvernichtende Eingriffe, in: ZIP 2003, S. 2177-2180

Lutter, Marcus / Hommelhoff, Peter — GmbH-Gesetz, Kommentar, 16. Auflage, Köln 2004

dies. — Nachrangiges Haftkapital und Unterkapitalisierung in der GmbH, in: ZGR 1979, S. 31-66

Martiny, Dieter — Die Zukunft des europäischen ordre public im Internationalen Privat- und Zivilverfahrensrecht, in: Coester, Michael et al. (Hrsg.): Privatrecht in Europa. Vielfalt, Kollision, Kooperation - Festschrift für Hans Jürgen Sonnenberger zum 70. Geburtstag, S. 523-548, München 2004

ders. — Gemeinschaftsrecht, ordre public, zwingende Bestimmungen und Exklusivnormen, in: Bar, Christian von (Hrsg.): Europäisches Gemeinschaftsrecht und internationales Privatrecht: Tagung des Instituts für Internationales Privatrecht und Rechtsvergleichung des Fachbereichs Rechtswissenschaft der Universität Osnabrück am 6. und 7. April in Osnabrück, Köln et al. 1991

Mayson, Stephen W. / French, Derek / Ryan, Christopher L. — Company Law, 20. Auflage, Oxford 2003-2004

Meilicke, Wienand — Das Eigenkapitalersatzrecht - eine deutsche Fehlentwicklung, in: GmbHR 2007, S. 225-236

ders. — Der GmbHR-Kommentar, in: GmbHR 2003, S. 1271-1273

ders. — Die Niederlassungsfreiheit nach „Überseering“, Rückblick und Ausblick nach Handelsrecht und Steuerrecht, in: GmbHR 2003, S. 793-809

Meister, Burkhardt W. — Die Sicherheitsleistung der GmbH für Gesellschafterverbindlichkeiten, in: WM 1980, S. 390-401

Mellert, Christofer Rudolf — Ausländische Kapitalgesellschaften als Alternative zu AG und GmbH - eine Synopse, in: BB 2006, S. 8-11

Mellert, Christofer Rudolf / Verführth, Ludger C.	Wettbewerb der Gesellschaftsformen: ausländische Kapitalgesellschaften als Alternative zu AG und GmbH, Berlin 2005
Michalski, Lutz	Kommentar zum Gesetz betreffend die Gesellschaften mit beschränkter Haftung (GmbH Gesetz), Band 1: §§ 1-34, Band 2: §§ 35-86, München 2002
Micheler, Eva	Gläubigerschutz im englischen Gesellschaftsrecht, Reformvorschläge mit Implikationen für Europa, in: ZGR 2004, S. 324-347
Mock, Sebastian / Schildt, Charlotte	Insolvenz ausländischer Kapitalgesellschaften mit Sitz in Deutschland, in: ZInsO 2003, S. 396-402
dies.	Insolvenzfähigkeit einer englischen Limited in Deutschland, in: NZI 2003, S. 444-445
Mülbert, Peter O. / Schmolke, Klaus Ulrich	Die Reichweite der Niederlassungsfreiheit von Gesellschaften - Anwendungsgrenzen der Art. 43 ff. EGV bei kollisions- und sachrechtlichen Niederlassungshindernissen, in: ZVglRWiss 100 (2001), S. 233-274
Müller, Hans-Friedrich	Insolvenz ausländischer Kapitalgesellschaften mit inländischem Verwaltungssitz, in: NZG 2003, S. 414-418
Münchener Kommentar	Münchener Kommentar zum Bürgerlichen Gesetzbuche, Band 5, Schuldrecht, Besonderer Teil III, §§ 705-853, Partnerschaftsgesetz, Produkthaftungsgesetz, 4. Auflage, München 2004
ders.	Münchener Kommentar zum Bürgerlichen Gesetzbuche, Band 10, Einführungsgesetz zum Bürgerlichen Gesetzbuche, (Art. 1-46) Internationales Privatrecht, 4. Auflage, München 2006
ders.	Münchener Kommentar zum Bürgerlichen Gesetzbuche, Band 11, Internationales Handels- und Gesellschaftsrecht, Einführungsgesetz zum Bürgerlichen Gesetzbuche, (Art. 50-237), 3. Auflage München 1999, 4. Auflage München 2006

ders.	Münchener Kommentar zum HGB, Band 4: §§ 238-342a, München 2001
ders.	Münchener Kommentar zur Insolvenzordnung, Band 2: §§ 103-269, München 2002, Band 3: §§ 270-335, Internationales Insolvenzrecht, Insolvenzsteuerrecht, München 2003
Neuhaus, Paul Heinrich	Die Grundbegriffe des internationalen Privatrechts, 2. Auflage, Tübingen 1976
Noack, Ulrich	Reform des deutschen Kapitalgesellschaftsrechts: Das Gesetz zur Modernisierung des GmbH-Rechts und zur Bekämpfung von Missbräuchen, in: DB 2006, S. 1475-1483
Obermüller, Manfred	Änderungen des Rechts der kapitalersetzenden Darlehen durch KonTraG und KapAEG, in: ZInsO 1998, S. 51-54
Ottersbach, Karin	Rechtsmissbrauch bei den Grundfreiheiten des europäischen Binnenmarktes, zugl.: Bonn, Univ., Diss., 2001, Baden-Baden 2001
Paefgen, Walter G.	Auslandsgesellschaften und Durchsetzung deutscher Schutzinteressen nach „Überseering“, in: DB 2003, S. 487-492
ders.	Wider die gesellschaftsrechtliche Ausländerphobie, in: ZIP 2004, S. 2253-2262
ders.	Zu Fragen der Niederlassungsfreiheit, in: BGH EWiR 2003, S. 571-572
Palandt, Otto (Begr.)	Bürgerliches Gesetzbuch, 66. Auflage, München 2007
Paulus, Christoph G.	Änderungen des deutschen Insolvenzrechts durch die Europäische Insolvenzverordnung, in: ZIP 2002, S. 729-737
ders.	Zuständigkeitsfragen nach der Europäischen Insolvenzverordnung: zugleich eine Besprechung von: High Court of Justice Leeds, Beschluss vom 16.05.2003 - No 861-876/03, ZIP 2003, 1362, in: ZIP 2003, S. 1725-1729

Pennington, Robert R.	Company Law, 8. Auflage, London, Edinburgh 2001
Pentz, Andreas	Die Änderungen und Ergänzungen der Kapitalersatzregeln im GmbH-Gesetz, in: GmbHR 1999, S. 437-451
Pohl, Dirk	Die „deutsche Limited“, in: Kirchhoff, Paul et al. (Hrsg.), Festschrift für Arndt Raupach zum 70. Geburtstag, S. 375-389, Köln 2007
Prentice, Dan	Corporate Personality, Limited Liability and the Protection of Creditors, in: Rickett, Charles E. F., Grantham, Ross B. (Hrsg.): Corporate Personality in the 20th century, S. 99 ff., Oxford 1998
Raape, Leo / Sturm, Fritz	Internationales Privatrecht, 6. Auflage, München 1977
Raiser, Thomas	Recht der Kapitalgesellschaften: ein Handbuch für Praxis und Wissenschaft; Aktiengesellschaft, Kommanditgesellschaft auf Aktien, Gesellschaft mit beschränkter Haftung, Kapitalgesellschaft & Co., Umwandlungsrecht, Konzernrecht, internationales Gesellschaftsrecht, 3. Auflage, München 2001
Rauscher, Thomas	Internationales Privatrecht: Mit internationalem und europäischem Verfahrensrecht, 2. Auflage, Heidelberg 2002
Rehberg, Markus	Internationales Gesellschaftsrecht im Wandel: Das Überseering-Urteil des EuGH und seine Folgen (Tagungsbericht), in: IPRax 2003, S. 175 ff.
Reinbach, Rita Ellen	Gläubigerschutz gegen den Missbrauch einer private limited company: eine Darstellung anhand einer Gesellschaft des englischen Rechts mit Sitz in Deutschland nach Inspire Art, zugl.: München, Univ., Diss., 2005, Frankfurt a.M. 2005

Reiner, Günter	Der deliktische Charakter der „Finanzierungsverantwortung“ des Gesellschafters: Zu den Ungereimtheiten der Lehre vom Eigenkapitalersatz, in: Ebenroth, Carsten Thomas (Hrsg.): Verantwortung und Gestaltung: Festschrift für Karlheinz Boujong zum 65. Geburtstag, S. 415 ff., München 1996
Riedemann, Susanne	Das Auseinanderfallen von Gesellschafts- und Insolvenzstatut: „Inspire Art“ und die Insolvenz über das Vermögen einer englischen „limited“ in Deutschland, in: GmbHR 2004, S. 345-349
Riegger, Bodo	Centros - Überseering - Inspire Art: Folgen für die Praxis, in: ZGR 2004, S. 510-530
Röhricht, Volker	Die GmbH im Spannungsfeld zwischen wirtschaftlicher Dispositionsfreiheit ihrer Gesellschafter und Gläubigerschutz, in: Geiß, Karlmann (Hrsg.): Festschrift aus Anlaß des fünfzigjährigen Bestehens von Bundesgerichtshof, Bundesanwaltschaft und Rechtsanwaltschaft beim Bundesgerichtshof, S. 83 ff., Köln 2000
Röhricht, Volker / Westphalen, Friedrich Graf von (Hrsg.)	Handelsgesetzbuch: Kommentar zu Handelsstand, Handelsgesellschaften, Handelsgeschäften und besonderen Handelsverträgen (ohne Bilanz-, Transport- und Seerecht), 2. Auflage, Köln 2001
Römermann, Volker	Der Entwurf des „MoMiG“ - die deutsche Antwort auf die Limited, in: GmbHR 2006, S. 673-681
ders.	Private limited company in Deutschland: Praxis-Leitfaden für Berater und Unternehmer, Bonn 2006
Roth, Wulf-Henning	"Centros": Viel Lärm um Nichts? Besprechung der Entscheidung EuGH EuZW 1999, 216, Centros Ltd. ./. Erhvervs- og Selskabsstyrelsen, in: ZGR 2000, S. 311-338
ders.	Der Einfluß des Europäischen Gemeinschaftsrechts auf das Internationale Privatrecht, in: RabelsZ 55 (1991), S. 623-673

ders.	Die Niederlassungsfreiheit zwischen Beschränkungs- und Diskriminierungsverbot, in: Wolfgang Schön (Hrsg.): Gedächtnisschrift für Brigitte Knobbe-Keuk, S. 729 ff., Köln 1997
ders.	Internationales Gesellschaftsrecht nach Überseering (zu EuGH, 5.11.2002 - Überseering BV / Nordic Construction Company Baumanagement GmbH, IPRax 2003, 65), in: IPRax 2003, S. 117-127
Roth, Günter H. / Altmeppen, Holger	Gesetz betreffend die Gesellschaften mit beschränkter Haftung (GmbHG) Kommentar, 5. Auflage, München 2005
Rowedder, Heinz (Begr.) / Schmidt-Leithoff, Christian (Hrsg.)	Gesetz betreffend die Gesellschaften mit beschränkter Haftung (GmbHG), Kommentar, 4. Auflage, München 2002
Rümker, Dietrich	Überlegungen zur gesellschafterlichen Finanzierungsverantwortung - Korreferat -, in: ZGR 1988, S. 494-515
Samtleben, Jürgen	Das Internationale Privatrecht der Börsentermingeschäfte und der EWG-Vertrag - zum Urteil des Europäischen Gerichtshofs vom 24.10.1978, in: RabelsZ 45 (1981), S. 218-252
Sandrock, Otto	Centros: Ein Etappensieg für die Überlagerungstheorie, in: BB 1999, S. 1337-1345
ders.	Die Konkretisierung der Überlagerungstheorie in einigen zentralen Einzelfragen, in: Sandrock, Otto (Hrsg.): Festschrift für Günther Beitzke zum 70. Geburtstag, S. 669-696, Berlin 1979
ders.	Die Multinationalen Korporationen im Internationalen Privatrecht, in: Berichte der Deutschen Gesellschaft für Völkerrecht, Heft 18, S. 169 ff., Karlsruhe 1978

ders.	Die Schrumpfung der Überlagerungstheorie - Zu den zwingenden Vorschriften des deutschen Sitzrechts, die ein fremdes Gründungsstatut überlagern können, in: ZVglRWiss 102 (2003), S. 447-504
ders.	Ein amerikanisches Lehrstück für das Kollisionsrecht der Kapitalgesellschaften, in: RabelsZ 42 (1978), S. 227-267
ders.	Sitzrecht contra Savigny? Zum angeblichen Chaos im internationalen Gesellschaftsrecht, in: BB 2004, S. 897-901
ders.	Sitztheorie, Überlagerungstheorie und der EWG-Vertrag - Wasser, Öl und Feuer, in: RIW 1989, S. 505-513
Sandrock, Otto / Austmann, Andreas	Das Internationale Gesellschaftsrecht nach der Daily Mail-Entscheidung des Europäischen Gerichtshofs - Quo vadis? in: RIW 1989, S. 249-253
Savigny, Friedrich Carl von	System des heutigen römischen Rechts, Band 8, Berlin 1849
Schärtl, Christoph	Die Doppelfunktion des Stammkapitals als Schlüssel für ein wettbewerbsfähiges GmbH-Recht in Deutschland? in: GmbHR 2007, S. 344-351
Schanze, Erich / Jüttner, Andreas	Anerkennung und Kontrolle ausländischer Gesellschaften - Rechtslage und Perspektiven nach der Überseering -Entscheidung des EuGH, in: AG 2003, S. 30-36
dies.	Die Entscheidung für Pluralität - Kollisionsrecht und Gesellschaftsrecht nach der EuGH-Entscheidung "Inspire Art", in: AG 2003, S. 661-671
Schiffer, K. Jan	Alea jacta est? Praxisanmerkungen zur vorgesehenen Deregulierung des Eigenkapitalersatzrechts, in: BB-Special 2006, S. 14-18
Schilling, Simon	Insolvenz einer englischen Limited mit Verwaltungssitz in Deutschland, zugl.: Jena, Univ., Diss., 2005, Frankfurt a.M. 2006

Schluck-Amend, Alexandra | Die Rückforderung gemeinschaftsrechtswidriger Beihilfen in ihren Auswirkungen auf das nationale Gesellschafts- und Insolvenzrecht, Baden-Baden 2004

Schmidt, Karsten | Die Rechtsfolgen der "eigenkapitalersetzenden Sicherheiten" - § 32a Abs 2 GmbHG zwischen materiellem Gesellschaftsrecht und Insolvenzverfahrensrecht, in: ZIP 1999, S. 1821-1828

ders. | Eigenkapitalersatz bei unbeschränkter Haftung - Eine folgenreiche Skizze über Sinn, Zweck und Ausdehnung der Regeln über eigenkapitalersetzende Kredite, in: ZIP 1991, S. 1-9

ders. | Finanzplanfinanzierung, Rangrücktritt und Eigenkapitalersatz: Zum System des Kapitalschutzes bei "funktionellem Eigenkapital", in: ZIP 1999, S. 1241-1250

ders. | Gesellschaftsrecht, 3. Auflage, Köln et al. 1997

ders. | Insolvenzordnung und Gesellschaftsrecht, in: ZGR 1998, S. 633-671

ders. | Kapitalersetzende Gesellschafterdarlehen - ein Rechtsproblem nur der GmbH und der GmbH & Co. KG? - Vier Thesen zur Institutionenbildung im Kapitalausstattungsrecht der Handelsgesellschaften, in: AG 1984, S. 11 ff.

ders. | Nutzungsüberlassung, Eigenkapitalersatz und materielle Unterkapitalisierung - Zum Fortgang der Rechtsprechung über eigenkapitalersetzende Nutzungsüberlassungen und zum sich ändernden Rechtsbild des § 32a GmbHG, in: ZIP 1993, S. 161-162

ders. | Zwerganteile im GmbH-Kapitalersatzrecht, Bemerkungen zum Referentenentwurf zur Ergänzung des § 32a Abs 3 GmbHG, in: ZIP 1996, S. 1586-1590

Schön, Wolfgang — Der „Rechtsmissbrauch“ im Europäischen Gesellschaftsrecht, in: Wank, Rolf (Hrsg.): Festschrift für Herbert Wiedemann zum 70. Geburtstag, S. 1270 ff., München 2002

ders. — Die Niederlassungsfreiheit von Kapitalgesellschaften im System der Grundfreiheiten, in: Schneider, Uwe H. (Hrsg.): Festschrift für Marcus Lutter zum 70. Geburtstag: deutsches und europäisches Gesellschafts-, Konzern- und Kapitalmarktrecht, S. 685 ff., Köln 2000

Scholz, Franz (Hrsg.) — Kommentar zum GmbHG, mit Nebengesetzen und den Anhängen Konzernrecht sowie Umwandlung und Verschmelzung, 1. Band: §§ 1-44, Anhang Konzernrecht, 9. Auflage, Köln 2000

Schücking, Christoph — Kapitalersetzende Gesellschafterdarlehen im internationalen Gesellschaftsrecht, in: ZIP 1994, S. 1156-1162

Schulz, Martin — (Schein-)Auslandsgesellschaften in Europa - Ein Schein-Problem? in: NJW 2003, S. 2705-2708

Schulz, Martin / Sester, Peter — Höchstrichterliche Harmonisierung der Kollisionsregeln im europäischen Gesellschaftsrecht: Durchbruch der Gründungstheorie nach "Überseering", in: EWS 2002, S. 545-552

Schumann, Alexander — Die englische Limited mit Verwaltungssitz in Deutschland: Kapitalaufbringung, Kapitalerhaltung und Haftung bei Insolvenz, in: DB 2004, S. 743-749

Schwarze, Jürgen / Bär-Bouyssière, Bertold — EU-Kommentar, Baden-Baden 2000

Schwilden, Stephan — Die rechtliche Stellung des GmbH-Geschäftsführers und des managing directors einer englischen private limited company im Vergleich, zugl.: Jena, Univ., Diss., 2004, Frankfurt a.M. 2005

Schwind, Fritz Freiherr von — Von der Zersplitterung des Privatrechts durch das Internationale Privatrecht und ihrer Bekämpfung, in: RabelsZ 23 (1958), S. 449 ff.

Seibert, Ulrich — GmbH-Reform: Der Referentenentwurf eines Gesetzes zur Modernisierung des GmbH-Rechts und zur Bekämpfung von Missbräuchen - MoMiG, in: ZIP 2006, S. 1157-1168

Seipen, Christoph von der — Akzessorische Anknüpfung und engste Verbindung im Kollisionsrecht der komplexen Vertragsverhältnisse, zugl.: Heidelberg, Univ., Diss., 1988, Heidelberg 1989

Serick, Rolf — Die Sonderanknüpfung von Teilfragen im Internationalen Privatrecht, in: RabelsZ 18 (1953), S. 633 ff.

Sieger, Jürgen J. / Aleth, Franz — Finanzplankredite - Stand der Rechtsprechung und offene Fragen, in: GmbHR 2000, S. 462-472

Siehr, Kurt — Internationales Privatrecht: deutsches und europäisches Kollisionsrecht für Studium und Praxis, Heidelberg 2001

Smid, Stefan — Deutsches und europäisches internationales Insolvenzrecht: Kommentar; Verordnung (EG) Nr. 1346/2000 des Rates vom 29. Mai 2000 über Insolvenzverfahren (Europäische Insolvenzverordnung - EuInsVO); Einführungsgesetz zur Insolvenzordnung (EGInsO) Art. 102 Durchführung der EurInsVO; Insolvenzordnung (InsO): Elfter Teil - Internationales Insolvenzrecht (§§ 335-358 InsO); Insolvenzordnung (InsO): Ausgewählte Vorschriften mit internationalem Bezug, Stuttgart 2002

Soergel, Hans-Theodor — Kommentar zum Bürgerlichen Gesetzbuch mit Einführungsgesetz und Nebengesetzen, Band 10, Einführungsgesetz, 12. Auflage, Stuttgart 1996

Sonnenberger, Hans-Jürgen — Eingriffsrecht - Das trojanische Pferd im IPR oder notwendige Ergänzung? in: IPRax 2003, S. 104-116

Sonnenberger, Hans-Jürgen / Großerichter, Helge	Konfliktlinien zwischen internationalem Gesellschaftsrecht und Niederlassungsfreiheit: Im Blickpunkt - Die Centros-Entscheidung des EuGH als gesetzgeberische Herausforderung, in: RIW 1999, S. 721-731
Spickhoff, Andreas	Der ordre public im Internationalen Privatrecht: Entwicklung - Struktur - Konkretisierung, zugl.: Göttingen, Univ., Diss., 1988/89, Neuwied, Frankfurt a.M. 1989
Spindler, Gerald / Berner, Olaf	Der Gläubigerschutz im Gesellschaftsrecht nach Inspire Art, in: RIW 2004, S. 7-16
dies.	Inspire Art - Der europäische Wettbewerb um das Gesellschaftsrecht ist endgültig eröffnet - Anmerkung zum EuGH, Urteil vom 30.9.2003 - Rs. C-167/01, RIW 2003, 957 - Inspire Art, in: RIW 2003, S. 949-957
Staudinger, Julius von (Begr.)	Kommentar zum bürgerlichen Gesetzbuch mit Einführungsgesetzen und Nebengesetzen, Internationales Gesellschaftsrecht, Neubearbeitung, Berlin 1998
ders.	Kommentar zum bürgerlichen Gesetzbuch mit Einführungsgesetz und Nebengesetzen, Art. 3-6 EGBGB Neubearbeitung Berlin 2003, Art. 27-37 EGBGB, 13. Bearbeitung, Berlin 2002
ders.	Kommentar zum bürgerlichen Gesetzbuch mit Einführungsgesetz und Nebengesetzen, 2. Buch: Recht der Schuldverhältnisse, §§ 823-825, 13. Bearbeitung, Berlin 1999
Steindorff, Ernst	Europäisches Gemeinschaftsrecht und deutsches Internationales Privatrecht - Ein Beitrag zum ordre public und zur Sonderanknüpfung zwingenden Rechts, in: EuR 16 (1981), S. 426-441

Stimpel, Walter — Zum Auszahlungsverbot des § 30 Abs. 1 GmbHG - Die Befreiung vom handelsrechtlichen Denken und die Unzulässigkeit von Vermögenszuwendungen an Gesellschafter gegen hinausgeschobene schuldrechtliche Ausgleichsverpflichtung, in: Lutter, Marcus; Ulmer, Peter (Hrsg.): Festschrift 100 Jahre GmbH-Gesetz, S. 335-361, Köln 1992

Streinz, Rudolf — EUV, EGV: Vertrag über die Europäische Union und Vertrag zur Gründung der Europäischen Gemeinschaft, München 2003

Tal, Michael — Das Verbot der Financial Assistance im englischen Gesellschaftsrecht: Leveraged Buy Outs nach der Companies Bill 2006, in: GmbHR 2007, S. 254-257

Tersteegen, Jens Axel — Kollisionsrechtliche Behandlung ausländischer Kapitalgesellschaften im Inland: unter besonderer Berücksichtigung von Scheinauslandsgesellschaften, zugl.: Köln, Univ., Diss., 2001, München 2002

Tillmann, Tobias — Der Entwurf des „MoMiG“ und die Auswirkungen auf die Gesellschafterfremdfinanzierung - Verstrickte und privilegierte Darlehen, in: GmbHR 2006, S. 1289-1295

Torwegge, Christoph — UK Companies Act 2006 - (Almost entirely) Enacted! in: GmbHR 2007, S. 195-197

ders. — UK Company Law Reform Bill - Think Small First! in: GmbHR 2006, S. 919-923

Triebel, Volker / Hodgson, Stephen / Kellenter, Wolfgang / Müller, Georg — Englisches Handels- und Wirtschaftsrecht, 2. Auflage, Heidelberg 1995,

Triebel, Volker — Nach Überseering (und demnächst Inspire Art): Verdrängen die englische Ltd. und PLC die deutsche GmbH und AG? in: BB 2003, Heft 36, Die erste Seite

Triebel, Volker / Peglow, Michael — Positive Funktion des ordre public bei Termingeschäften? - Zugleich Kritik an OLG Frankfurt 16 U 134/85 und 16 U 40/85 -, in: ZIP 1987, S. 613-614

Uhlenbruck, Wilhelm (Hrsg.) — Insolvenzordnung: Kommentar, 12. Auflage, München 2003

Ulmer, Peter — Gesellschafterhaftung gegenüber der GmbH bei Vorteilsgewährung unter Verstoß gegen § 30 Abs. 1 GmbHG, in: Lutter, Marcus ; Ulmer, Peter (Hrsg.): Festschrift 100 Jahre GmbH-Gesetz, S. 363-389, Köln 1992

ders. — Gläubigerschutz bei Scheinauslandsgesellschaften, Zum Verhältnis zwischen gläubigerschützendem nationalem Gesellschafts-, Delikts- und Insolvenzrecht und der EG-Niederlassungsfreiheit, in: NJW 2004, S. 1201-1210

ders. — Haftung von GmbH-Gesellschaftern, in: JZ 2002, S. 1049-1052

ders. — Insolvenzrechtlicher Gläubigerschutz gegenüber Scheinauslandsgesellschaften ohne hinreichende Kapitalausstattung? in: KTS 2004, S. 291-304

ders. — Schutzinstrumente gegen die Gefahren aus der Geschäftstätigkeit inländischer Zweigniederlassungen von Kapitalgesellschaften mit fiktivem Auslandssitz, in: JZ 1999, S. 662-665

Wachter, Thomas — Auswirkungen des EuGH-Urteils in Sachen Inspire Art Ltd. auf Beratungspraxis und Gesetzgebung, Deutsche GmbH vs. Englische private limited company, in: GmbHR 2004, S. 88-105

ders. — Errichtung, Publizität, Haftung und Insolvenz von Zweigniederlassungen ausländischer Kapitalgesellschaften nach „Inspire Art“, Rechtspraktische Anleitung und Wegweisung, in: GmbHR 2003, S. 1254-1257 ders. — Persönliche Haftung des Gründers einer englischen private limited company: Zugleich Besprechung von LG Kiel, Urteil vom 20.4.2006 - 10 S 44/05, BB 2006, 1468, in: BB 2006, S. 1463-1466

Weller, Marc-Philippe — Einschränkung der Gründungstheorie bei missbräuchlicher Auslandsgründung? zu AG Hamburg, 14.5.2003 - 67g IN 358/02, unten S. 534, Nr. 40, in: IPRax 2003, S. 520-524

ders. — Europäische Rechtsformwahlfreiheit und Gesellschafterhaftung: zur Anwendung der Existenzvernichtungshaftung auf Scheinauslandsgesellschaften nach 'Überseering' und 'Inspire Art', zugl.: Heidelberg, Univ., Diss., 2004, Köln 2004

ders. — Inspire Art - Weitgehende Freiheiten beim Einsatz ausländischer Briefkastengesellschaften, in: DStR 2003, S. 1800-1804

ders. — Scheinauslandsgesellschaften nach Centros, Überseering und Inspire Art: Ein neues Anwendungsfeld für die Existenzvernichtungshaftung, in: IPRax 2003, S. 207-210

Wengler, Wilhelm — Die allgemeinen Rechtsgrundsätze des internationalen Privatrechts und ihre Kollisionen, in: ZÖR 23 (1944), S. 473 ff.

ders. — Die Anknüpfung des zwingenden Schuldrechts im internationalen Privatrecht, in: ZVglRWiss, 54 (1941), S. 168 ff.

Werlauff, Erik — Ausländische Gesellschaft für inländische Aktivität "Centros aus dänischer Sicht", in: ZIP 1999, S. 867-876

Werner, Rüdiger — Der Nachweis des Verwaltungssitzes ausländischer juristischer Personen, zugl.: Tübingen, Univ., Diss., 1997, Frankfurt a.M. 1997

Westhoff, André O. — Die Verbreitung der englischen Limited mit Verwaltungssitz in Deutschland, in: GmbHR 2007, S. 474-480

Wiedemann, Herbert	Entwicklungen im Kapitalgesellschaftsrecht, in: DB 1993, S. 141-153
ders.	Gesellschaftsrechtliche Probleme der Betriebsaufspaltung, in: ZIP 1986, S. 1293-1294
ders.	Internationales Gesellschaftsrecht, in: Lüderitz, Alexander; Schröder, Jochen (Hrsg.): Festschrift für Gerhard Kegel zum 65. Geburtstag, S. 187-211, Frankfurt a.M. 1977
ders.	Reflexionen zur Durchgriffshaftung: Zugleich eine Besprechung des Urteils des BGH WM 2002, 1804 - KBV, in: ZGR 2003, S. 283-297
Wilhelm, Jan	Umgehungsverbote im Recht der Kapitalaufbringung, in: ZHR 167, S. 520-545
ders.	Die Vermögensbindung bei der Aktiengesellschaft und der GmbH und das Problem der Unterkapitalisierung, in: Jakobs, Horst Heinrich (Hrsg.): Festschrift für Werner Flume zum 70. Geburtstag, Band 2, S. 385 ff., Köln 1978
Wilhelmi, Rüdiger	Das Mindestkapital als Mindestschutz - eine Apologie im Hinblick auf die Diskussion um eine Reform der GmbH angesichts der englischen Limited, in: GmbHR 2006, S. 13-24
Wimmer, Klaus (Hrsg.)	Frankfurter Kommentar zur Insolvenzordnung, 4. Auflage, Neuwied u.a. 2006
Würdinger, Hans	Aktienrecht und das Recht der verbundenen Unternehmen: eine systematische Darstellung, 4. Auflage München 1981
Ziemons, Hildegard	Freie Bahn für den Umzug von Gesellschaften nach Inspire Art?! Zugleich Besprechung EuGH, Urteil vom 30.09.2003 - Rs. C- 167/01, ZIP 2003, 1885 - Inspire Art, in: ZIP 2003, S. 1913-1920
Zimmer, Daniel	Internationales Gesellschaftsrecht: Das Kollisionsrecht der Gesellschaften und sein Verhältnis zum Internationalen Kapitalmarktrecht und zum Internationalen Unternehmensrecht, zugl.: Göttingen, Univ., Habil.-Schr., 1995, Heidelberg 1996

ders. Internationales Gesellschaftsrecht und Niederlassungsfreiheit: Das Rätsel vor der Lösung? in: BB 2000, S. 1361-1366

ders. Mysterium "Centros" - Von der schwierigen Suche nach der Bedeutung eines Urteils des Europäischen Gerichtshofes, in: ZHR 164 (2000), S. 23-42

ders. Nach „Inspire Art“: Grenzenlose Gestaltungsfreiheit für deutsche Unternehmen? in: NJW 2003, S. 3585-3592

Zöllner, Wolfgang (Hrsg.) Kölner Kommentar zum Aktiengesetz, Band 1, §§ 1-75 AktG, 2. Auflage, Köln 1988

ders. Konkurrenz für inländische Kapitalgesellschaften durch ausländische Rechtsträger, insbesondere durch die englische Private Limited Company, in: GmbHR 2006, S. 1-12

FSC
www.fsc.org
MIX
Papier | Fördert
gute Waldnutzung
FSC® C083411

Kolibri 360 GmbH
Ferdinand-Jühlke-Straße 7
99095 Erfurt, Deutschland
produktsicherheit@kolibri360.de

Druck:
CPI Druckdienstleistungen GmbH
im Auftrag der
Kolibri 360 GmbH
Ferdinand-Jühlke-Str. 7
99095 Erfurt